变局

QUANQIU JINRONG KEJI
CHUANGXIN GUANCHA

全球金融科技

创新观察

贲圣林 李振华◎等著

人民出版社

责任编辑:冯　瑶

图书在版编目(CIP)数据

全球金融科技创新观察/贲圣林 等 著. —北京:人民出版社,2023.3
ISBN 978 - 7 - 01 - 025118 - 9

Ⅰ.①全… Ⅱ.①贲… Ⅲ.①金融-科学技术-研究 Ⅳ.①F830

中国版本图书馆 CIP 数据核字(2022)第 187357 号

全球金融科技创新观察
QUANQIU JINRONG KEJI CHUANGXIN GUANCHA

贲圣林 李振华 等 著

人民出版社 出版发行
(100706 北京市东城区隆福寺街 99 号)

北京盛通印刷股份有限公司印刷 新华书店经销

2023 年 3 月第 1 版 2023 年 3 月北京第 1 次印刷
开本:710 毫米×1000 毫米 1/16 印张:41
字数:620 千字

ISBN 978 - 7 - 01 - 025118 - 9 定价:168.00 元

邮购地址 100706 北京市东城区隆福寺街 99 号
人民东方图书销售中心 电话 (010)65250042 65289539

目　录

第二篇 数字货币及区块链

第三篇　数字信贷

第四篇　线上财富管理

第五篇　保险科技

第六篇 金融 IT 及其他

序　言

　　随着 21 世纪大数据、云计算、人工智能、区块链等新一代技术的蓬勃发展，金融科技对全球数字经济与金融行业发展的驱动不断提速。数字支付、智能投顾、保险科技等金融创新模式应运而生，给传统金融业带来巨大冲击；全球范围内新兴金融科技企业层出不穷、更迭迅速，推动金融科技行业不断革新重塑。然而，波涛之下也有暗流涌动。各国金融科技发展不均，金融科技创新水平良莠不齐，而金融科技带来的突破式创新也给政策制定、行业监管带来新的风险与挑战。

　　在此背景下，系统梳理全球金融科技案例，深刻而全面地理解金融科技在不同经济、社会、政治环境和技术水平下的应用和表现，以期为业界、学界、政府及监管部门提供既具理论深度又贴合市场的金融科技相关研究具有重要意义。本项目依托浙江大学—蚂蚁集团金融科技研究中心—全球金融科技实验室，整合浙大与蚂蚁双方研究力量和资源，遴选全球金融科技领域最具创新性和成长性的明星企业形成全球金融科技企业创新案例集，为产业发展提供有益借鉴。项目组邀请多名经济、管理、金融、计算机技术领域的国内外专家，充分结合金融创新理论与产业实践经验，经过充分的前期调研、多轮专家研讨论证，双方最终以六大行业的 30 个代表性企业作为研究对象进行深度案例研究。

1

通过对标全球最佳实践,本书旨在通过剖析全球成功案例传递最佳实践和经验总结,并为金融科技企业技术和模式创新提供前瞻性研究和实践指导,助其规避失败教训和风险"雷区"。与此同时,本书希望为本土企业的海外市场开拓提供参考,洞悉全球金融科技发展趋势,为中国金融科技行业及投资产业发展赋能。

基于以上研究目的,本书建立了较为科学及可比的案例研究框架,每个案例均以梳理企业基本信息、重要经营指标和发展历程为铺垫,并进一步从市场痛点解决、用户画像、产品与服务、营利模式、营销模式等方面深入分析其产品服务及商业模式,最后结合行业及竞品分析,总结研究对象的关键成功要素与现存风险挑战。

企业概况	• 基本介绍:成立时间、所属国家、创始团队、融资情况与估值、主要投资者等 • 经营指标:近年的收入、利润、用户规模、荣誉奖项等 • 发展历程:企业发展历史及关键里程碑事件回顾
产品服务与商业模式	• 市场痛点及解决:所处市场原有的痛点以及该企业的针对性解决方案 • 目标客户:用户细分、用户画像等 • 产品与服务:细分的产品及产品界面展示、增值服务、适用的场景等 • 销售模式:获客策略、分销渠道等 • 营利模式:定价模式、收入成本结构等
分析及总结	• 行业及竞品分析:所处细分领域的行业现状与趋势、同行业主要竞争者、各企业竞争优劣势对比 • 关键成功要素:企业成功发展的主要原因 • 风险与挑战:未来发展面临风险挑战及可能的应对措施

图 0-1 案例研究框架

就案例的选取而言,本书首先对焦数字支付、数字货币及区块链、数字信贷、线上财富管理、保险科技、金融 IT 及其他这六大金融科技子行业,并在此基础上综合考量业务创新度、模式参考性、市场认可度以及写作可行性等方面因素(具体见图 0-2),分别从以上六大行业中遴选出了 30 家代表企业。

业务创新度	模式参考性	市场认可度	写作可行性
• 金融科技专家推荐 • 业内同行评价 • 权威榜单或奖项 • 咨询机构报告	• 应用性前景 • 产业化前景 • 可持续发展程度	• 融资情况及估值 • 上市情况及市值 • 业务规模及增速 • 重要战略投资者	• 公开信息可获取性 • 同时兼顾案例新颖度,已被大量反复研究的企业原则上不考虑

图 0-2　案例企业选取参考因素

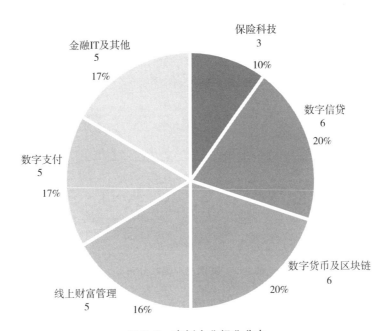

图 0-3　案例企业行业分布

　　具体而言,本项目研究对象的行业分布整体较为均匀,各行业平均案例数量为 5 个,其中数字信贷与数字货币及区块链企业最多,为 6 个,而保险科技最少,仅为 3 个。

　　从国家分布来看,30 个案例企业来自美国、英国、中国、印度、新加坡等 11 个国家,且美国确为全球金融科技创新的领头羊,共有 17 个企业入选,案例占比高达 57%,占据半壁江山;而次高则为英国(3 个企业,占比为 10%),再之为巴西(2个企业,占比为7%)。特别需要说明的是,在本轮案例选取时考虑到国内读者对我国的金融科技企业相对较为熟悉,因此项目组把更多的目光放之于除中国外的其余国家的金融科技企业,使得我国的入选企业相对偏低。

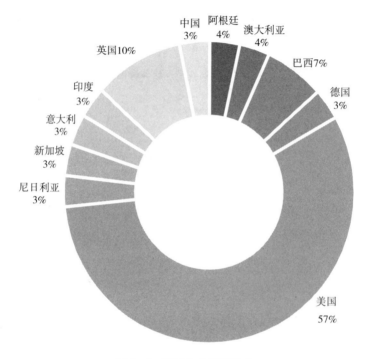

图 0-4　案例企业国家分布

从成立时间来看,本书案例企业的成立时间横跨 16 年,成立时间最久的数字支付企业 Interswitch 成立于 2002 年,而最年轻的区块链企业 Figure 则成立于 2018 年。此外,本书大部分案例企业在 2012 年前后成立,距今发展还不到 10 年,已见证和引领了全球金融科技发展浪潮的汹涌和激荡。

从融资上市情况来看,本书案例企业中 84%(25 家)的企业为未上市企业,其中既有市场认可度较高的独角兽企业(20 家),亦有成长可期的非独角兽企业(5 家)。其余 5 家企业已经成功在纳斯达克或纽约证券交易所上市或被收购。就市场认可度而言,在有市值、估值或者被收购价格数据的 27 家企

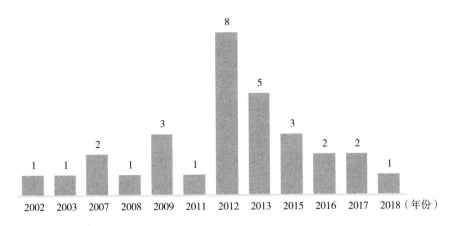

图 0-5　案例企业成立时间分布

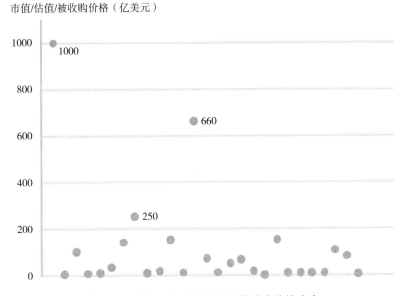

图 0-6　案例企业市值/估值/被收购价格分布

业中,截至 2021 年 1 月,加密货币服务商 Coinbase(估值 1000 亿美元)、数据
分析企业 Palantir(市值 660 亿美元)以及数字信贷企业 Nubank(估值 250 亿
美元)位列市场认可度前三位,其余企业价值均在 200 亿美元以内。

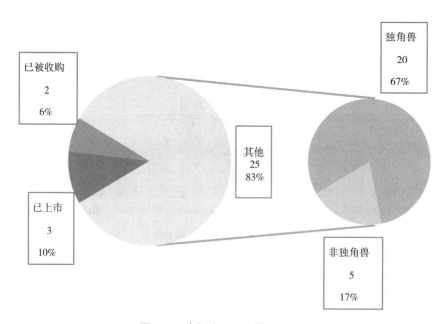

图 0-7　案例企业上市情况分布

第一篇　数字支付

数字支付行业综述

从以物易物、实物货币到纸质货币，再到数字化的电子货币甚至数字货币，货币作为"一般等价物"，其形式正不断地根据人类的交易需求与生产力水平变更与升级。在此过程中，数字支付便与货币的数字化相伴相生，让人们的生产生活更为快捷、便利。数字支付（Digital Payment）是指借助 POS 机、电脑等硬件终端以及通信技术、信息安全、分布式计算等技术手段实现的数字化支付方式。相较于传统支付方式，数字支付具有应用范围广、兼容性强、延展性强等特点，通过在消费、金融、个人应用等领域的全方位渗透以及对线上、线下场景的充分结合，为人们带来了更好的用户体验。

一、行业概览

（一）发展历程

根据所应用技术的由浅入深以及参与主体的逐渐拓宽，数字支付行业的发展历程可大致分为三个阶段。

银行电子化（1950s—1990s）：自 20 世纪 50 年代美国大来俱乐部（Diner's Club）成为世界首家独立信用卡公司起，银行体系伴随着电话与电脑信息系统

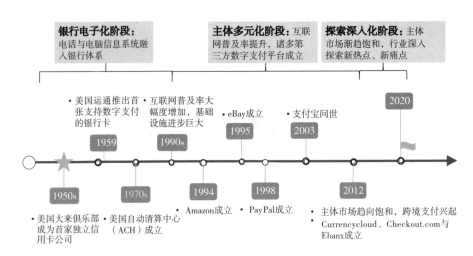

图 1-1　数字支付发展历程

的兴起迈向电子化、信息化时代。1959 年,美国运通(American Express)向世界推出了首张支持电子支付的银行卡;70 年代,美国自动清算中心(ACH)成立。银行的电子化趋势大大普及推广了数字支付。

主体多元化(1990s—2011 年):20 世纪 90 年代前后,互联网终于进入寻常百姓家。基础设施的巨大进步客观上为数字支付带来了发展的绝佳契机,1994 年、1995 年、1998 年,日后大放异彩的 Amazon、eBay 与 PayPal 接连成立,为数字支付行业引入了不同于银行等传统机构的新鲜血液——第三方数字支付平台。同时,发展中国家也融入潮流之中,例如 2003 年,支付宝正式推出,并逐渐发展成为中国最大的第三方数字支付平台。在这一阶段,数字支付得到不断打磨,从"能用"改进为"好用",参与主体也愈发多元。

探索深入化(2012 年至今):以 2012 年为分界点,更多的企业进入行业深入探索数字支付广袤的应用前景。此阶段,PayPal、支付宝、微信支付等在内的数字支付巨头已经占据 2B 与 2C 数字支付的主体市场,行业热点与痛点移向数字支付的细分领域,例如跨境支付以及相关的物流、换汇业务,努力开辟行业的新增长点。

（二）行业现状

从市场规模来看,作为金融科技行业发展较早也较为成熟的行业,全球数字支付行业体量较大,且仍在高速扩张中。据研究机构 Markets and Markets①数据,2020 年,全球数字支付市场规模已达 793 亿美元,并且有望在 2025 年再翻一番,达到 1541 亿美元。就国家而言,电子商务的兴起使得中国数字支付规模领跑全球,据 Statista② 估算,2021 年中国数字支付总额将达到全球的 43.6%,约为第二名美国的两倍之多。同时,美国、英国、日本等国家的数字支付行业规模也较大,增长率也预期维持在 10% 以上的较高水准。值得一提的是,容易被忽略的非洲市场,其实际数字支付同样潜力巨大,据 Statista 统计,从 2021 年到 2025 年,非洲的数字支付规模将有 20.19% 的平均年增长率③。

从技术发展来看,除上文中提到的通信技术(如 5G)、信息安全、分布式计算外,移动端开发、大数据、人工智能等同样是数字支付行业技术发展的重心。一方面,通信技术、分布式计算、移动端开发为数字支付行业提供了最为基础的展业平台,帮助其平衡资源、触达客户,并维持良好的用户体验。另一方面,大数据、人工智能等先进工具能够帮助行业主体识别记录用户支付习惯,以更加契合用户的喜好,提高支付成交率。此外,信息安全关系到用户的资产安全与切身利益,同样是数字支付行业不可缺少的核心技术。

从监管政策来看,各国对于数字支付行业的监管态度不一。在欧洲,各国实行机构监管,对于数字支付的约束较多。自 1998 年起,欧盟发布《支付服务指令》与《电子货币指令》,严格规定了数字支付行业的准入门槛,并要求对于数字支付机构进行跟踪与审慎监管。与此同时,美国监管方对于数字支付的

---

① Markets and Markets, Digital Payments Market Research Report-Global Forecast to 2025, 2020.

② Statista, Digital Payments Report 2021 (Worldwide), 2020.

③ Statista, Digital Payments Report 2021 (Africa), 2020.

态度较为宽松,政府将数字支付认定为传统货币服务的延伸并采用功能监管方式,根据《统一货币服务方案》分类管理数字支付企业。中国对于数字支付行业的监管经历了从宽至严的一个过程:2003 年支付宝问世,当时国内未对第三方数字支付进行明确的监管,但出于"鼓励创新"的原则,监管机构采取支持、包容的态度;2005 年,中国人民银行发布《支付清算组织管理办法(征求意见稿)》,侧面肯定了第三方数字支付的积极作用,同时,监管红利大大促进了国内数字支付市场的萌芽与繁荣;2010 年,中国人民银行发布的《非金融机构支付服务管理办法》宣布实行牌照制度,拉开第三方数字支付行业监管趋严的序幕;2020 年至 2021 年,中国人民银行相继发布了《非银行支付机构客户备付金存管办法(征求意见稿)》《关于加强支付受理终端及相关业务管理的通知(征求意见稿)》等一系列文件,"严监管"成为新时期下的主基调,持续探索创新与风险的平衡点。

(三)行业格局

数字支付行业的参与者主要包括经营数字支付的金融科技公司,拓展数字支付业务的银行等持牌金融机构,以及提供大数据、人工智能、硬件设施等技术解决方案的技术支持企业这三大类。

其中,经营数字支付的金融科技公司是全球数字支付行业发展中的鲜明力量,一方面,支付宝、PayPal 等巨头占据了本地线上支付与线下支付等主要数字支付场景的较大优势;另一方面,许多新兴企业在行业巨头竞争力较弱或尚未涉及的细分领域(如跨境支付场景)或新兴市场(如南美洲与非洲)积极探索。

二、核心洞见

在案例选取时,我们将经营数字支付业务的金融科技企业作为案例分析的重点,且由于业内已存在许多针对 PayPal 等数字支付巨头的相关研究,对于这些公司的业态等情况也有不少深入的分析,因此本文又进一步聚焦于成立时间较短、体量相对较小、更具分析意义的新兴数字支付企业。最终,本文案例研究选取了 Airwallex、Currencycloud、Checkout.com、Ebanx 与 Interswitch 这 5 家具有代表性的数字支付独角兽企业,其中,Airwallex 是尝试通过自建通信网络实现全球跨境支付的后起之秀,Currencycloud 是专为金融服务企业提供 B2B 业务的跨境支付平台,Checkout.com 是面向中大型跨境企业的一体化跨境支付解决方案提供商,Ebanx 是专注于拉丁美洲市场的金融科技独角兽,而 Interswitch 则是非洲数字支付服务拓荒者。

表 1-1　数字支付企业信息概览

公司名称	成立时间/国家	主营业务	客群/数量	是否上市	估值/上市日期	累计融资额/市值
Airwallex	2015 年中国香港	主营全球收款、国际付款以及货币兑换	亚太地区为主的大中小跨境企业,总数约 3 万家	否	18+亿美元	4.02 亿美元
Currencycloud	2012 年英国	为金融服务企业提供定制化的嵌入式 API 用于跨境支付、收款以及货币兑换	银行、金融科技公司、货币服务公司、外汇经纪商,企业客户 500+,用户数逾 160 万	否	2.2 亿美元	1.6 亿美元
Checkout.com	2012 年英国	为全球企业提供一体化的在线支付解决方案	中大型规模的跨境企业,企业客户 2000+	否	150 亿美元	8.3 亿美元（截至 2021 年 1 月）
Ebanx	2012 年巴西	为全球跨境企业在拉丁美洲地区提供以跨境支付为核心的跨境贸易一体化解决方案	在拉丁美洲开拓市场的全球跨境企业和巴西本土企业,企业客户 1000+,用户数逾 6000 万	否	10+亿美元	3000+万美元

续表

公司名称	成立时间/国家	主营业务	客群/数量	是否上市	估值/上市日期	累计融资额/市值
Interswitch	2009 年尼日利亚	个人支付产品、支付解决方案、贷款服务、咨询培训以及数字解决方案五大服务	个人用户、企业用户、政府用户,用户数逾250 万	否	10+亿美元	3.6 亿美元（截至2021 年 1月）

注:除单独标注,表格中数据截至 2020 年 12 月。

通过比较 5 家案例企业的异同,本书发现:

·从成立时间来看,除成立时间较晚的 Airwallex(2015 年)外,其他四家企业都成立于 2010 年前后,提前布局数字支付行业,抢占先发优势。

·从国家分布来看,5 个案例中,既有来自英国发达国家市场的企业(Currencycloud 与 Checkout.com),又有来自发展中国家市场,即中国香港(Airwallex)、巴西(Ebanx)、尼日利亚(Interswitch)的数字支付企业,全球数字支付市场皆较为活跃。

·从客户群体来看,5 个案例各有特色:Airwallex、Ebanx 与 Interswitch 都更注重解决本地市场数字支付的难点,体现了因地制宜的经营哲学;Currencycloud 聚焦金融服务企业的跨境支付需求,与同类竞品拉开了区分度;Checkout.com 只专注于服务中大型规模的跨境企业,以便提供更有针对性的服务,从而提高客户黏性。

·从营利模式来看,5 个案例较为相似,皆以从交易款项中按一定比例抽成作为主要营利手段;Airwallex、Currencycloud、Interswitch 也收取平台使用费,或进一步拓宽营收空间。

·从成功要素来看,5 家企业的崛起,都在一定意义上得益于数字支付需求扩大所带来的红利,以及提前布局带来的先发优势。

· 从面临挑战来看,随着越来越多的企业入局,行业竞争不断加剧,且该行业技术壁垒不高,同业竞争现象较为普遍,其能否继续保持比较优势,还有待进一步观察。

全球金融科技创新案例之数字支付篇：Airwallex 研究

摘　要：Airwallex 是跨境支付的后起之秀，主营全球收款、国际付款以及货币兑换。自 2015 年成立以来，Airwallex 发展迅速，业务覆盖 130 多个国家、50 多种货币，年营业收入突破千万美元，截至 2020 年 12 月累计融资达 3.62 亿美元，估值达到 20 亿美元。Airwallex 针对传统 SWIFT 网络效率低费用高的缺点，基于与各大银行的合作自主打造了点对点的全球清算架构，为平台客户与中小企业提供高效率、低费用的跨境交易服务。Airwallex 的关键成功要素主要有三：一是抓住跨境市场风口机会；二是依靠团队背景优势，在科技创新与金融合规之间取得了平衡；三是在持续完善支付网络的同时追求创新，探索对外输出金融系统以满足大小客户的多方面需求。然而，Airwallex 也正在面临受疫情影响营利不确定性增强、自身科技化程度仍稍显不足、核心优势未明显体现等挑战。本案例将从 Airwallex 的基本情况、经营指标和发展历程入手描述公司概况，从市场痛点解决、用户画像、产品与服务、营利模式、营销模式、技术优势等方面深入分析其产品服务及商业模式，并在此基础上结合行业及竞品分析，总结其关键成功要素与现存风险挑战。

一、企业概况

(一)基本介绍

1. Airwallex:跨境支付的后起之秀

Airwallex(中文名:空中云汇)是一家致力于重新构建全球跨境支付基础设施的金融科技公司,主营全球收款、国际付款以及货币兑换。其于 2015 年成立于澳大利亚,后迁至中国香港。

表 1-2　Airwallex 基本情况

成立时间/总部	2015 年/中国香港
创始人	Jack Zhang(外汇交易与投行经验丰富) Lucy Liu(曾就职于多家银行、投行) Xijing Dai(在前沿技术方面沉淀深厚)
估值	18+亿美元(截至 2020 年 12 月)
累计融资额	4.02 亿美元(截至 2020 年 12 月)
累计交易规模	约 150 亿美元/年(截至 2020 年 12 月)
员工数	约 450 名(截至 2020 年 12 月)
用户数	约 3 万名(截至 2020 年 12 月)
覆盖范围	130 余个国家;50 多种货币 (截至 2020 年 12 月)

资料来源:作者根据 Airwallex 官网、Crunchbase 资料整理。

2. 创始团队金融与科技兼容并包,科技员工比例高达 50%

Airwallex 的创始团队拥有丰富的金融行业经验与科技知识,其联合创始人兼 CEO Jack Zhang 曾在伦敦、墨尔本和中国香港积累了逾十年的外汇交易及投行经验,并帮助澳新银行和澳大利亚国民银行完成了在外汇交易方面的数字化变革。联合创始人兼 COO 刘月婷(Lucy Liu)曾就职于包括中金公司在内的多家银行和投行,在 2017 年被福布斯评为亚洲 30 位年轻企业家之一。

联合创始人兼 CTO Xijing Dai 在计算机技术、数学算法和机器学习方面有丰富的专业知识和实务经验,设计架构了 Airwallex 的核心支付开发技术。此外,核心团队还包括首席合规官 Jeanette K.Chan、法务与合规总监 Wilfred Goh 等人,在行业内均有超过 20 年的工作经验。在此团队经营之下,Airwallex 业务专业性较强,能够在敏锐捕捉跨境支付痛点后,自主构建技术解决方案并满足合规需求,迅速扩张全球市场。

从员工来看,截至 2020 年 12 月,Airwallex 已在北京、上海、深圳、中国香港、新加坡、墨尔本、伦敦、旧金山等全球范围内拥有 10 个办公室,员工超 450 人,且技术人员占比高达 30%[1],他们大多来自德意志银行、巴克莱银行、澳洲联邦银行、美国国际集团和毕马威等国际知名机构。同时,Airwallex 自成立以来一直保持着快速扩张的速度,公司员工规模年均增长速度超过 100%,位于行业中上游。

3. 众多知名投资机构青睐,疫情之下逆势完成 D 轮融资

截至 2020 年 12 月,Airwallex 共完成 7 轮融资,累计融资额达 4.02 亿美元,不仅腾讯、红杉中国等头部投资方多轮参与领投,对其保持高度期望,而且在疫情蔓延、经济波动的大环境下,其仍于 2020 年 4 月与 9 月逆势完成了 D 轮与 D+轮融资,并获得了 Hedosophia 的青睐,对资本的吸引力持续攀升。Hedosophia 被称为"巨头猎手",慧眼独具,曾投资蚂蚁集团、陆金所、N26 等金融科技企业[2]。

表 1-3 Airwallex 融资情况

融资轮数	投资方	时间	融资额（美元）	估值（美元）
Pre-A	戈壁创投、中国引力创投等	2016 年 7 月	300 万	—

---

① Craft, Airwallex Profile, 2020.
② 凤凰网财经,刚刚! Airwallex 空中云汇完成过亿美元 D 轮融资,2020。

续表

融资轮数	投资方	时间	融资额（美元）	估值（美元）
A	腾讯、红杉中国、万事达卡	2017 年 5 月	1300 万	—
A+	Square Peg Capital	2017 年 12 月	600 万	—
B	腾讯、红杉中国、高瓴资本、维港投资、Central Capital Ventura 等	2018 年 7 月	8000 万	—
C	DST Global、腾讯、红杉中国	2019 年 3 月	1 亿	—
D	Hedosophia、澳新资本	2020 年 4 月	1.6 亿	—
D+	Square Peg Capital、Skip Capital	2020 年 9 月	0.4 亿	18+亿

资料来源：作者根据 Airwallex 官网、未央网资料整理。

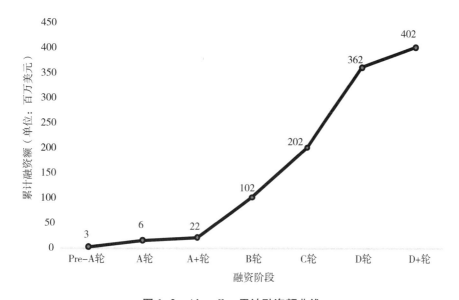

图 1-2 Airwallex 累计融资额曲线

资料来源：作者根据 Airwallex 官网、未央网资料整理。

（二）经营指标

1. 全球清算网络初具规模，经营指标增长迅速

截至 2020 年 12 月，Airwallex 全球清算网络的建立已颇具规模，陆续在澳

大利亚、中国香港、英国、美国、日本和加拿大获得当地金融服务牌照或注册登记,业务覆盖130多个国家以及50多种货币,已有80%的跨境电商头部曾或正在使用Airwallex的服务,每月访问网站次数已超过15万[1]。

就收入而言,由于Airwallex在2017年5月前主要精力在于基础架构铺设,因此其在2016—2017年间的服务收入仅为14803美元[2],而在此之后,公司营业收入增长便开始驶入快车道,不仅2018年营收相比2017年增长近五倍,每月保持"两位数"的增长[3],日均交易额接近千万美元[4],2019年公司营业收入更达到千万级美元[5],并在2020年创下1800万美元的新高。虽然在疫情期间,公司的交易量和营业收入下降了约15%至20%[6],但在2020年第三季度,公司全球客户量增长超过50%。且与第二季度相比净收入增长超过100%[7],截至2020年年末客户数目达到3万。

2. 综合竞争力强,多次入选金融科技独角兽榜单

Airwallex凭借在跨境支付领域的创新能力及突破性解决方案,2018年、2019年连续两年入选毕马威《中国领先金融科技企业50强》,2020年被新华财经评选为全球金融科技独角兽,入选CB Insights 2020全球Fintech榜单,并成为澳大利亚历史上发展最快的独角兽公司[8]。

(三)发展历程

Airwallex的发展历程可分为初创起步期、平台构建期、技术输出期三大阶

---

① Crunchbase,Airwallex Profile,2020.

② 亿欧,Airwallex获8000万美元融资,将沿"一带一路"重点发力,2018。

③ 京东数字科技研究院,支持超50种货币交易Airwallex重构跨境支付基础设施,2019。

④ 刘一鸣,Airwallex获8000万美元B轮融资,建立全球跨境支付平台的机会初现,2018。

⑤ 36氪,36氪专访 | 跨境支付平台"Airwallex"获1.6亿美元D轮融资,从金融服务发展至系统能力输出,2020。

⑥ Financial review,Airwallex gets ＄250m raise away despite COVID-19 crunch,2020.

⑦ Smartcompany,Stephanie Palmer-Derrien,Airwallex adds another ＄57 million to its Series D-as COVID-19 drives 100% revenue boost,2020.

⑧ 澳洲财经见闻,澳洲独角兽Airwallex再融资1亿美元,成澳历史上发展最快公司,2019。

段(见图1-3)。

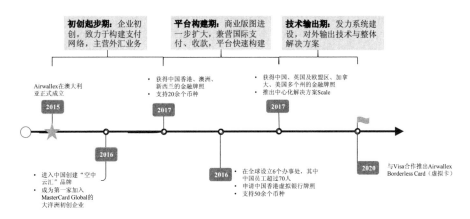

图 1-3　Airwallex 公司发展历程

资料来源:作者根据 Airwallex 官网、搜狐网、亿欧网资料整理。

1. 初创起步期(2015—2017 年)

自 2015 年成立之后,Airwallex 从外汇业务起步,并未着急开展业务拓展,而是花了两年多的时间致力于基础架构铺设,直到 2017 年 5 月才正式启动全球清算网络,并于同年 7 月签署了第一个主要机构客户。

2. 平台构建期(2017—2019 年)

相比于初创起步期,平台构建期的主要特征在于三张金融牌照的获取以及平台的快速构建,商业版图持续拓展。具体而言,在 2017 年时,Airwallex 获得了中国香港、澳洲、新西兰的金融牌照,与此同时,其将业务进一步扩大,兼营国际支付、收款业务,支持 20 余个币种的汇兑业务。

3. 技术输出期(2019 年至今)

技术输出期的核心特征主要表现为金融牌照的快速积累、对外输出跨境支付整合方案。具体而言,自 2019 年始,Airwallex 在原有基础上取得了英国、欧盟、加拿大、美国多个州的金融牌照,其跨境金融网络进一步扩张,而筹划已久的平台产品 Scale 正式上线,意在提高对外输出金融系统建设能力,以扩大营利空间,积极探索布局蓝海市场。

二、产品服务与商业模式

（一）市场痛点解决与用户画像

针对跨境支付手续费高昂、信息不透明、流程烦琐、耗时较长等痛点，Airwallex 摆脱了传统的国际支付系统 SWIFT（环球同业银行金融电讯协会）网络，并在全球范围内自主搭建了点对点的清算架构，从而为中小企业和个人提供便捷的资金路径与高频、小额跨境支付综合解决方案。

1. 自建跨境支付网络，解决中小额支付痛点

在金融科技企业入局跨境支付前，传统跨境支付绝大多数依赖 SWIFT 网络。SWIFT 成立于 1973 年，是一个国际银行间非营利性的国际合作组织，成立之初意在取代传输速度慢、手续费用高昂的 TELEX 网络。经过几十年的发展，SWIFT 网络随着科技水平的进步不断调整改善，运营范围也不断扩大，逐步成为跨境交易中最具权威性的面向金融机构的报文传输网络，通过标准的报文编码、传输模式充当跨境交易之间的通信纽带。在 SWIFT 网络下的跨境交易中，一笔交易需要经过付款方—付款方银行—付款方国家结算银行—收款方国家结算银行—收款方银行—收款方 6 个环节。

然而时过境迁，SWIFT 这样依赖银行间层层沟通的跨境交易架构在每一次中转中都会产生不菲的手续费用与较大的时间成本，从而导致跨境支付海外开户广泛存在流程烦琐、耗时长、收款难、手续费高昂、汇率风险高等问题，尤其是对于需要低额高频跨境支付服务的中小企业来说，更是亟待解决的痛点[1]，且在汇率波动大时尤甚。此外，由于大多数跨境支付企业无法开发能够满足银行间交易的系统，致使用户一般只能获取高于银行间汇率的零

---

[1] 京东数字科技研究院，支持超 50 种货币交易 Airwallex 重构跨境支付基础设施，2019。

售客户或公司客户汇率，从而进一步增加了其跨境支付成本。

针对以上市场痛点，Airwallex 开始针对 B2B 中的小额交易以及 B2C 中的资金下发场景，打造一个架构简单、高效、低成本的跨境支付新平台，为中小企业实现普惠、透明、快捷的跨境支付体验。其主要做法在于：

（1）基于自主搭建的点对点的清算架构，绕开全球范围内的 SWIFT 网络，直接与各国清算组织、央行及商业银行开展合作，进行授信与系统对接。截至 2020 年 12 月，Airwallex 在亚洲对接了东南亚 ASEAN 清算网络、韩国 KFTC Network 支付网络、日本全银数据通信系统等。同时，其也与欧美的 FedACH（美国）、ACSS（加拿大）以及 SEPA（欧盟）展开了点对点的合作。此外，对于自主清算难以触及的地区，Airwallex 也支持通过 SWIFT 电汇模式，为服务提供了更高的泛用性。

（2）不断提升技术实力，使其开发系统能够满足银行间交易的系统要求，并通过了众多银行内部反洗钱、反恐等合规检查，从而可以直接接入银行间，为客户提供更便宜的银行间汇率。例如，当客户有国际货币汇兑服务需求时，Airwallex 会根据实时汇率直接与当地支付网络完成"一步到位"货币兑换，并将款项分发至目标账户，同时收取少量手续费。

（3）在跨境支付服务初获成功后，Airwallex 注意到了非金融类的头部企业对于金融基础设施的迫切需求，并萌生了对外输出系统能力与更多元的产品的想法。Airwallex 聚焦客户量大、双向支付结算需求高的平台型企业，输出自身金融能力，助其管理各项交易、拓宽支付场景、提升用户体验。

2. 客户群体包含多个领域，大企业与中小商户兼具

从区域来看，Airwallex 的重点市场在于亚太地区，中国客户占比达 85%，并且积极开拓欧美地区 B 类客户。

从客群来看，Airwallex 的客户主要来自于跨境电商、在线旅游、物流、教育与留学、金融机构、数字营销、线上娱乐等七大领域，可分为两大类：

（1）领头客户：以京东、微信、腾讯金融、携程等为代表的平台品牌。这些跨境电子商务平台上的商家统一使用 Airwallex 的外汇、全球收付款产品进行境外交易，并通过平台以本币计价结算、完成打款。

（2）中坚力量：主营外贸的中小型企业。与京东、微信等平台商户不同，这些客户分布零散、总数繁多，多以 Amazon、Ebay 等境外电商平台为主要交易渠道，自身技术劣势明显，对于技术的迫切需求更加强烈。

（二）产品与服务

Airwallex 产品及业务主要分为两大板块：（1）针对中小额跨境支付痛点的基础支付产品；（2）面向平台型企业等生态系统的跨境支付整体解决方案。

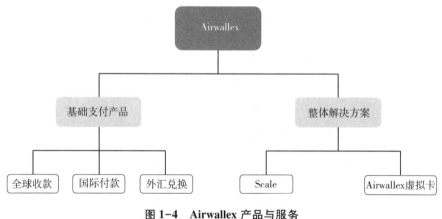

图1-4　Airwallex 产品与服务

资料来源：作者根据 Airwallex 官网资料整理。

Airwallex 的产品发展历程如下：

表1-4　Airwallex 产品发展历程

时间	产品与服务
2015 年	Airwallex Web App 客户端上线
2016 年	推出多币种数字钱包以及支持电子商务平台的应用程序接口（API）

续表

时间	产品与服务
2017 年	提供收款、换汇、支付等 API 接入服务
2018 年	提供跨境支付全流程自动化处理 API 产品
2019 年	发布战略级货币兑换产品 LockFX;上线针对平台型客户的集成式支付产品 Scale
2020 年	推出微信国际收单; 筹备 Airwallex Borderless Card 虚拟卡

资料来源:作者根据 Airwallex 官网、36 氪、亿欧网资料整理。

下文将对 Airwallex 两大业务板块进行深入分析:

1. 针对中小额跨境支付痛点的基础支付产品

(1)主要功能:Airwallex 提供的支付产品涵盖三大功能:全球收款、国际付款以及外汇兑换。在全球收款方面,Airwallex 为企业提供实名多币种账户,方便对账和财务控制,简化资金管理,帮助企业快速进入新的市场。同时,企业的客户可自由选择币种与支付方式,免去不必要的跨境交易费用。在国际付款方面,Airwallex 推出了支持当日到账、全额到账的国际付款业务,企业可以选择 Web App 客户端、API 两种方式实现支付批量高效自动化处理,每秒可以处理超过千笔业务。在外汇兑换方面,除接入 SWIFT 电汇方式外,Airwallex 自主研发了一套外汇交易系统,通过与世界各国众多金融组织保持良好合作,建立起本地分发模式,从而提供富有竞争力的汇率。值得一提的是,针对外汇兑换,Airwallex 为用户提供了基于两种逻辑的解决方案。其一为 MarketFX,在此种方案下,用户可通过接口批量获取有竞争力的银行间汇率,并实时执行换汇命令。而在 LockFX 逻辑下,用户可设立汇率报价,根据自身实际情况自由、自主选择锁汇时间(时长从 1 分钟到 24 小时不等),更好地控制跨境业务中存在的跨境风险。

(2)交互方式:Airwallex 产品形式多元,满足不同用户需求。为进一步便捷用户操作,Airwallex 为消费者开发了两种管理交易的交互方式以降低使用成本,优化用户体验。对于尚未拥有自有财务系统的用户,其可选用 Airwallex 的 Web App 客户端,实现获取信息、处理交易、财务管理一站式解决方案。对于拥有现有系统的用户,Airwallex 提供了 API 系统,通过智能技术,与现有系统实现无缝对接,实现自动化赋能。

(3)风险控制:Airwallex 注重风险控制与合规管理。在风险控制方面,Airwallex 也作出了许多努力。结合自身合规流程,Airwallex 与 Onfido、Comply Advantage、Trulioo 等监管科技公司展开合作,搭建了一套高效的合规审查系统。通过人工智能等科技手段高效甄别各国、各地区交易黑灰名单,利用生物技术手段等实现对用户的电子身份认证,并基于大数据进行交易资金流向的分析监测,以控制全球市场下的潜在风险。

2. 面向生态系统的跨境支付整体解决方案

Airwallex 目前的客户包括拥有大量上下游合作伙伴及客户的外贸企业。为更好地管理跨境交易与掌握运营情况,这些企业急需集成度更高的一体化解决方案。为此,Airwallex 推出两大跨境支付整体解决方案:(1)Scale;(2)Airwallex 虚拟卡。

(1)Scale 于 2019 年年初正式上线,意在为用户提供覆盖所有合作伙伴的中心化解决方案,其主要特点为:一站集成、灵活拓展以及量身定制[①]。基于便携的集成 Scale API,Scale 可提供一站式的注册、验证方案,使用户的平台得以绕过繁杂机制迅速落地实施,将帮助用户实现上下游合作伙伴、客户的中心化管理,快速实现以自身为核心的业务生态体系,并将涵盖收款、支付、兑换在内的财务流程标准化,为用户的使用提供充分的灵活性。量身定制则体现在 Scale API 的可拓展性,其可根据用户需求自主搭配组件,形成专属解决方案。

(2)Airwallex 虚拟卡是 Airwallex 推出的另一大整体化服务。通过一系列设定(如交易数量、货币种类、金额、商家类型),虚拟卡可在规避交易风险的

①　Airwallex, Introduction to Scale, 2020.

同时，大大便利交易流程。此外，信息化的虚拟卡还将极大减少对账成本。以电商商户为例，用户首先需要登录 Airwallex 平台，通过接口将资金转入外币账户，并通过对虚拟卡的一系列设置，便可获取 Airwallex 虚拟卡。随后，用户即可通过虚拟卡在全球范围内即时购买货物与服务，并查询各项交易记录、动态管理额度，设定账户的开支和对账。除此以外，Airwallex 运用大数据、人工智能技术判断交易风险，提升网络支付安全性，保障用户交易安全。

（三）营利模式

目前，Airwallex 的主营业务仍为全球收款、国际付款、货币兑换三大基本产品，其跨境交易服务的手续费较低，为 0.5%—1.0%，按交易量设定费率阶梯。以 Scale 等为代表的平台服务方才起步，其客户群体尚不完全，营收能力有待观察。但根据公司下一步的战略打法，对外输出平台服务将是"最高纲领"，同时也是未来主要的收入来源①与营利模式。

Airwallex 运行成本包括技术研发成本、牌照申请及经营成本、人力成本等。

（四）市场营销模式

Airwallex 推广主要面向具有跨境交易需求的中小企业，渠道主要为：（1）自营 Blog、雨果网等互联网媒体平台，（2）创蓝论坛等跨境交易论坛，（3）Airwallex Blog、Airwallex Ambassador 等自主营销渠道。

2019 年，Airwallex 提出终身"0 费率"②，即开户 0 费率、收款 0 费率、换汇 0 费率、付款 0 费率以招徕中小企业客户。随后"三人成团"③活动上线，以"0 费率"为奖励，激励老用户自发推广以扩大用户团体。2020 年，随着用户团体

---

① 创蓝论坛，Airwallex 宣传，2019。
② 创蓝论坛，跨境支付狠角色登场：Airwallex 宣布终身 0 费率，2019。
③ Airwallex，三人成团，必有 Airwallex 跨境收款 0 费率！再送 40 美元起奖励金！2019。

的进一步充实,终身"0 费率"活动更改为新人用户注册享一年"0 费率"服务①。一年期满后,将向该批用户征收标准费用。

而对于 Shopify、微信等平台品牌,Airwallex 主要采用合作引流的方式进行拉新营销,如派发企业软件优惠券、抵扣券,或限期免费使用等。

(五)研发情况及技术优势

Airwallex 联合创始人 Lucy Liu(刘月婷)表示,在 Airwallex 逾 400 人的团队之中,50% 以上为产品技术人员。Lucy Liu 指出,2020 年 Airwallex 将在 Airwallex 虚拟卡基础上,进一步推出卡收单等服务,完善端到端的用户体验,并进一步拓展中小企业客户群体②。

例如,在 2020 年,Airwallex 与微信合作推出的微信国际收单服务已正式上线,该服务打通诸多渠道,支持网页端、移动端 In-App、小程序以及微信公众号四大支付场景以及以外币、人民币作为标价方式,便利微信平台上的跨境交易,并为商户提供基于大数据的业务分析、战略建议③。

三、分析及总结

(一)行业及竞品分析

市场上,已有较多企业积极布局第三方跨境支付,相关产品已经落地。

Airwallex 与部分竞品的对比如下④:

① Airwallex,Airwallex 提现费介绍:Airwallex 手续费多少,2019。
② 36氪,36氪专访|跨境支付平台"Airwallex"获 1.6 亿美元 D 轮融资,从金融服务发展至系统能力输出,2020。
③ Airwallex,Airwallex 空中云汇推出微信国际收单,助力境外商户拓展亚洲市场,2020。
④ 京东数字科技研究院,支持超 50 种货币交易 Airwallex 重构跨境支付基础设施,2019。

表 1-5　Airwallex 竞品情况

企业名称	投资方	使用场景	业务能力	业务内容	跨境支付牌照
Airwallex	与全球各地清算组织、央行以及银行合作，搭建点对点的清算架构，无需开设海外银行账户	B2B B2C	130 多个国家、50 多种货币的全球支付	涵盖跨境收款、国际支付、外汇兑换在内的跨境支付服务以及 Scale、虚拟卡等平台服务	澳大利亚、中国香港、英国、美国部分州、日本和加拿大
易宝支付	与全球各地银行合作，帮助客户开设海外银行账户	B2C	支持美元、欧元、日元等多币种收款	提供多场景支付、跨境收付款等在内的一站式跨境支付解决方案	2013 年获中国跨境支付牌照
宝付	与各国银行通道合作，通过合规结汇通道实现跨境收付款	B2C	支持美元、欧元、英镑、港币、日元等 11 个币种	为跨境电商等多个行业的商户提供境内代收代付、跨境支付服务，同时也为入驻跨境电商平台的中国出口卖家提供跨境收款服务	2017 年获中国跨境支付牌照
PayPal	借助在全球积累的用户和商户资源，实现跨境电商的资金下发	B2C	已覆盖全球 200 多个国家和地区，支持全球 100 多种货币交易	为全球电商提供满足国际收付款需求在内的综合解决方案	2019 年 9 月通过收购国付宝 70% 股份获中国跨境支付牌照
CurrencyFair	主要市场在英国地区，欧洲区和亚太地区，货币交易平台	P2P	平台货币交易总额已超过 10 亿美元，兑换货币的平均费用约 0.35%，低于大型银行机构的 2%—5%	为企业和个人客户提供低成本的货币兑换平台，用户之间可以通过公司平台直接买卖货币或投资	—
Transferwise	与不同国家的本土支付网络进行合作	P2P	全球的用户总量超过 800 万，每月跨境支付处理量高达 40 亿英镑，服务覆盖 54 种货币，每年为用户节约近 10 亿英镑手续费	为企业和个人提供换汇和跨境转账服务	已获得英国金融服务管理局（FCA）的许可

续表

企业名称	投资方	使用场景	业务能力	业务内容	跨境支付牌照
嘉盛 FOREX	—	B2C B2B	已为来自全球 180 多个国家超过 14 万零售客户和机构投资者提供执行、清算、维护等服务和技术产品，资产超过 15 亿美元	为零售客户和机构投资者提供执行、清算、维护等服务和技术产品	已获得 FCA；NFA；ASIC；FSA；CIMA；MAS；IIROC；CFTC 的许可
EXNESSLimited	—	B2C B2B	客户月交易量超过 1800 亿美元,月开立交易账户数量超过 15000 个,全球唯一支持 1：2000 杠杆,支持 120 多种货币	为企业和个人提供换汇和跨境转账服务	已获得英国金融服务管理局（FCA）的许可

资料来源:作者根据各企业官网、未央网资料整理。

　　不难看出,一方面 Airwallex 的使用场景更为丰富,涵盖了 B2B、B2C 两大支付领域。另一方面,Airwallex 打通 130 多个国家、50 多种货币的全球支付底层脉络直击竞品币种数量少、覆盖地区小的痛点。Airwallex 在全球支付网络上的竞争优势,或许得益于 Airwallex 生于澳洲的"血统优势",与资本主义市场有着天生的亲和力,至今已获取六块跨境支付牌照。另外,较之业务能力更为强悍的 PayPal,Airwallex 以低价取胜。相比于 PayPal 逾 3% 的手续费率,Airwallex 部分"0 费率"以及 0.5%—1.0% 的低价可谓"降维打击",在市场上极富竞争力。

　　Airwallex 的劣势也同样明显。最为重要的一点,即是 Airwallex 缺少中国跨境外汇支付牌照,而《支付机构外汇业务管理办法》中指出,支付业务需要合法资质,这使得其在中国国内存在经营资质问题。与此同时,牌照申请难度进一步收紧。这一块缺少的牌照,或成 Airwallex 进一步发展的一大掣肘。

此外，作为一款主要面向跨境电商卖家的金融产品，Airwallex 只提供了最基本的收款账号多开、资金归集、换汇等功能，相比聚焦于跨境电商收款的其他服务商（连连支付 & Pingpong），缺少提前收款、供应链金融（贷款）、退税等符合跨境电商的差异化服务①。

（二）关键成功要素

1. 内部创新与团队优势

注重人才引进，团队经验丰富。团队优势是 Airwallex 能够做出跨境支付专业解决方案的根本优势。一方面，Airwallex 秉持以人为本的用人方针，投入大量成本吸引优质人才，BD（Business Development）、AM（Account Manager）与产品、技术等工种分布均匀，且激励、奖惩制度明确合理。另一方面，Airwallex 很多员工均来自全球知名银行等金融机构，为 Airwallex 与全球知名银行建立业务合作关系奠定了友好基础。此外，Airwallex 大量员工具有丰富的外汇交易经验或相关工作经验，对 Airwallex 制定专业的外汇对冲策略、开发汇率风险管理产品而言至关重要。Airwallex 团队的技术人员与合规人员也均有丰富的行业经验，使得 Airwallex 能够在最初设计基础架构时便能充分考虑业务与合规需求，避免了公司日后在建立银行间合作关系时可能面临的不合规风险。

自建技术架构，创新合规并行。技术优势是 Airwallex 最具壁垒的核心优势。不论是提供"智能点对点"的跨境支付解决方案、可一站式标准化管理跨境支付的 API 集成，还是外汇风险管理工具，其背后都是 Airwallex 运用独有的颠覆性创新技术打造的独特基础架构。譬如 Airwallex 用以避免外汇汇兑损失的货币兑换产品 LockFX，其通过打通底层架构，辅以 API 接口，使得用户能够锁定一定时间的最佳汇率，从而避免汇率波动产生的可能损失。Airwallex 的技术基础架构既包括高频交易底层技术，也包括在反洗钱、反恐、

① Airwallex，Airwallex 怎么样？Airwallex 空中云汇的优缺点介绍，2020。

合规审查方面做的技术调整。Airwallex 能在全球合规审查存在差异、牌照申请要求极其严格的情况下仍能获得英国、美国、加拿大、中国香港等发达金融市场的认可,足以证明其在合规与技术上的领先优势。

分客群采用拉新营销策略,按行业定制客户成长体系。针对小型企业、中型企业以及平台品牌,Airwallex 的营销方式各有侧重:以渗透式宣传占领小型企业市场,以产品、服务内容占据中型企业市场,以合作引流、折扣、试用等方式吸引平台品牌。多样化、有的放矢的拉新策略帮助 Airwallex 在发展新客户上取得了理想成绩。不只如此,Airwallex 针对客户所在行业量身定制跨境支付解决方案,通过行业研究、产业分析、痛点剖解、提供对策几个环节实现 Airwallex 价值的最大化,为客户提供更为理想、高质的服务,促进用户黏性增长。

2. 外部环境与政策红利

市场痛点明确,入局占据先机。市场优势是 Airwallex 能够迅速发展的重要风口。Airwallex 兴起于新兴跨境支付市场释放红利的大背景下。2017 年全年,第三方支付公司参与的跨境支付交易金额约为 3190 亿元人民币,预计 2020 年中国新兴跨境支付场景市场规模将达到 1 万亿元人民币以上。尽管银行仍在以大额、低频为典型特征的企业进出口贸易中占有很大份额,但《2018 年中小企业跨境贸易研究报告》的数据显示,全球中小微企业已占出口商总数的 78%,催生了大量对跨境支付有中小额、高频、快速需求的新兴交易场景。Airwallex 敏锐地在需求萌芽期捕捉到市场痛点,通过技术与合规审查接入全球的本地清算组织并获得多个国家和地区的金融牌照,构建了一个颇具规模和竞争壁垒的全球跨境支付清算网络,在跨境支付领域获得了发展先机。同时,伴随着"一带一路"倡议,中国的对外开放之路行稳致远,带动了对外贸易的进一步增长。相较于"五脏俱全"的行业巨头,一部分中小型外贸公司的科技能力尚不完全,无法自研一个集成收单收款功能的完整系统,因而其收单收款的效率、成本都受到了不小的考验,急需一个成熟且高度整合的解决方案。相较于提前布局支付整合模式的易宝支付等竞品，Airwallex 方才入局，但也为时未晚。其收单收款平台一站集成、灵活可拓展的特点为其赋予了充分的吸引力。

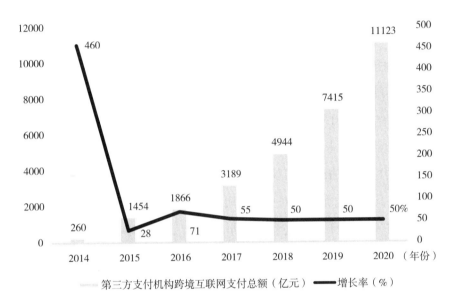

图 1-5　2014—2020 年支付机构跨境互联网支付总额及增长率

资料来源：中国产业信息网。

（三）挑战与风险

1. 受疫情影响营利不确定性增强

当前，由于新冠肺炎疫情以及各种政治事件的集中爆发，国际政治局势不稳，前途未明，同时，中美摩擦进一步加剧，美国"去全球化"思潮蔓延，这为 Airwallex 的发展平添了诸多不确定性。中美跨境支付是中国第三方跨境支付的一大业务板块，中美关系恶化必将影响市场，对于相关产业的发展产生不可忽视的负面效应。

2. 自身科技化程度仍稍显不足

尽管身为金融科技企业，Airwallex 在科技领域的沉淀尚显浅薄。其增长更趋向于业务驱动而非科技驱动,科技优势尚未完全体现。其大部分业务都基于与各大金融、清算机构合作建立的底层架构,缺乏真正有竞争力的王牌技术。而在风险控制方面,Airwallex 的现行策略基于监管科技公司的现有方案,未开发出自身的风险控制逻辑,在核心技术方面仍然受制于人。总而言之,Airwallex 的科技能力稍显稚嫩,仍需打磨。

3. 行业竞争渐趋激烈,客户拉新留存困难

跨境支付行业风起云涌,竞争激烈。在国家的利好支持下,大量本土竞品逐渐崛起,而"留洋归来"的 Airwallex 能否顺应时代趋势,克服"水土不服",形成差异化竞争,仍未可知。与此同时,Airwallex 的对手 SWIFT 正在逐渐褪去"传统"的标签,积极拥抱区块链等先进技术。创新之余,其权威、官方的传统形象也使其在监管角度面对更小的阻力。Airwallex 能否保持现有锐势最终取胜,要看它如何写下这份答卷①。同时,受行业竞争影响,Airwallex 的客户拉新成本与留存难度双双上升。据蚂蚁集团研究院研究,2021 年 1 月 Airwallex 获取新客户的成本达到 5000 元人民币/户,为公司运营带来较大的资金压力;同时,老客户留存难度上升,年活跃客户留存率低于同行业竞品,恐不利于公司的长期发展。

4. 新兴独角兽仍显稚嫩,核心优势未明显体现

作为一家成长很快的年轻公司,Airwallex 的市场反馈也围绕"重视用户体验"、"汇率很低"、"团队很有想法"、"银行合作壁垒很高"等关键词。然而,来自公司员工和用户的负面评价也仍然存在,公司核心优势未明显体现。一方面,相较于以速度取胜并支持 P2P 功能的强力竞争对手 TransferWire,Airwallex 的功能差异化不足。其次,Airwallex 的营利逻辑仍有待进一步梳理:基于当地支付网络的换汇交易定价受银行所限,同时其合作伙伴的汇率牌价本身偏高。在烧钱"冲单"之后如何接招,还有待观察。

---

① 潮汐商业评论,Airwallex,独角兽还是"纸老虎"? 2020。

全球金融科技创新案例之数字支付篇:Currencycloud 研究

摘 要: Currencycloud 是一家成立于英国的数字支付公司,主营业务为 B2B 跨境支付、货币兑换以及国际收款。自 2012 年成立以来,Currencycloud 以独特的技术优势从全球跨境支付市场中脱颖而出。截至 2020 年 12 月,其业务覆盖 200 多个国家、38 种货币,年营业收入突破 2000 万英镑(约 2553 万美元),累计融资额达 1.6 亿美元。针对传统跨境支付时效慢、流程繁、费用高等特点,Currencycloud 自主构建了 B2B 的跨境支付网络,为诸多银行、金融科技公司等金融服务企业带来了良好的跨境支付体验,并为用户提供了以 API(应用程序编程接口)为核心的快捷接入方式。Currencycloud 成功的关键要素在于:其一,其服务开放性、拓展性强,使用体验得以持续优化;其二,其吸收 SWIFT 网络创新之处,促进自身业务发展;其三,其抓住市场风口,快速发展自身客户群;其四,其在合规经营的基础上持续拓展市场。然而,Currencycloud 也面临着国际政治环境不稳定、行业竞争渐趋激烈等挑战。本案例将从 Currencycloud 的基本情况、经营指标和发展历程入手描述公司概况,从市场痛点解决、用户画像、产品与服务、营利模式、营销模式、技术优势等方面深入分析其产品服务及商业模式,并在此基础上结合行业及竞品分析,总结其关键成功要素与现存风险挑战。

一、企业概况

（一）基本介绍

1. Currencycloud：专营 B2B 业务的跨境支付平台

Currencycloud 是一家专注于 B2B 跨境支付的数字支付公司，它为银行、金融科技公司、货币服务公司（MSB）①、外汇经纪商②等金融服务企业提供定制化的嵌入式 API 用于跨境支付、收款以及货币兑换。

表 1-6　Currencycloud 基本情况

成立时间/总部	2012 年/英国伦敦
创始人	Nigel Verdon Stephen Lemon Mike Laven
估值	2.2 亿美元（截至 2020 年 12 月）
累计融资额	1.6 亿美元（截至 2020 年 12 月）
累计交易规模	650+亿美元（截至 2020 年 12 月）
累计处理付款额	500+亿美元（截至 2020 年 12 月）
员工数	250+名（截至 2020 年 12 月）
企业客户/用户数	500+家/160+万名（截至 2020 年 12 月）
覆盖范围	200 余个国家；38 种货币（截至 2020 年 12 月）

资料来源：作者根据 Currencycloud 官网、TechCrunch、IBS Intelligence 资料整理。

2. 创始人员业内经验丰富，员工规模迅速扩张

Currencycloud 由 Nigel Verdon、Stephen Lemon、Mike Laven 以及部分瑞银

---

① 货币服务公司（MSB）：从事数字货币、外汇、期货等金融业务的公司。

② 外汇经纪商（FX Broker）：外汇市场上经营代客买卖外汇业务的中介。

(UBS)前外汇技术人员创建。其中,三位创始人均拥有金融、外汇领域丰富的创业、管理经验,为 Currencycloud 的初创确立了良好的方向;而团队中的技术人员则将他们在外汇交易中积累的专业技能和经验带到了 Currencycloud 的跨境业务中,为其发展提供了坚实的技术支撑。2017 年,时任 CEO 的 Nigel Verdon 离开了 Currencycloud,投入到其新创立的 RailsBank(一家开放银行平台)的经营中,并将接力棒转交给了现任 CEO Mike Laven。2020 年初,Currencycloud 在新冠肺炎疫情期间逆势获得了由 Visa 领投的 E 轮融资,随之Visa 高级副总裁 Colleen Ostrowski 加入了其董事会。

截至 2020 年 12 月,Currencycloud 共有员工约 250 名,且半数以上位于伦敦总部。

3. 众多知名机构青睐,融资已至 E 轮

截至 2020 年 12 月,Currencycloud 共完成 9 轮融资,其中 7 轮为股权融资,2 轮为债权融资,累计融资额达 1.6 亿美元。不仅 GV(Google 母公司 Alphabet 旗下 VC 投资)等头部投资方参与了多轮投资,Visa、国际金融公司、法国巴黎银行等业内机构也纷纷入局,足见各资方对于 Currencycloud 的发展寄予厚望。几轮融资中,GV 的参与尤其引人注目:其于 D 轮对 Currencycloud 的领投为 GV 在欧洲金融科技领域的首次投资。据 GV 合伙人称,GV 高度认可 Currencycloud 以 API 为主提供跨境支付服务的业务模式,认为其拓展性强、对开发人员友好度高,富有实现业务全球化的潜力。同时,尽管 2016 年"英国脱欧"事件对英国金融科技初创企业造成不小的影响,行业全年融资总额仅为 7.83 亿美元,较 2015 年下降了 33.7%,但 Currencycloud 却逆势而上,于 2017 年初融资 2500 万美元。2020 年初,同样面对着新冠肺炎疫情带来的压力,Currencycloud 再度刷新融资额纪录,得到了由 Visa 领投的 8000 万美元 E 轮融资,估值达到 2.2 亿美元,为其后续发展再添筹码。

表 1-7 Currencycloud 融资情况

融资轮数	投资方	时间	投资金额（百万美元）	估值（亿美元）
A	Atlas Venture，硅谷银行，Xange，Anthemis 集团，Notion Capital	2012 年 3 月	4	—
A+	Notion Capital，Atlas Venture，Anthemis 集团	2012 年 7 月	3	—
A+	Xange	2012 年 10 月	1.9①	—
B	硅谷银行，Atlas Venture，Xange，Anthemis 集团，Notion Capital	2014 年 4 月	10	—
C	Sapphire Ventures，Xange，Anthemis 集团，Atlas Venture，Notion Capital，乐天	2015 年 6 月	18	—
D	GV，Notion Capital，Sapphire Ventures，Rakuten FinTech Fund 和 Anthemis 集团	2017 年 3 月	25	—
债权融资	Kreos Capital	2018 年 1 月	6.73②	—
债权融资	Capability and Innovation Fund	2019 年 3 月	13.19③	—
E	Visa，国际金融公司（世界银行集团的成员），法国巴黎银行，SBI 集团，泰国汇商银行，Sapphire Ventures，Notion Capital，GV，Accomplice，Anthemis	2020 年 1 月	80	2.2④

资料来源：作者根据 Crunchbase 网站资料整理。

（二）经营指标

1. 以英国为起点，向全球扩张

截至 2020 年 12 月，Currencycloud 已从英国扩张至欧洲、美洲及亚洲，业务覆盖 200 多个国家以及 38 种货币，每月网站访问量近 3 万⑤；同时，

---

① 原数据为 120 百万英镑，已换算。
② 原数据为 570 万欧元，已换算。
③ 原数据为 1000 万英镑，已换算。
④ Collin Brown，Ripple Partner SBI Asia and Visa Invest in Currencycloud，2020.
⑤ Crunchbase，Currencycloud Profile，2020.

（单位：百万美元）

图 1-6　2012—2020 年 Currencycloud 累计融资额

资料来源:作者根据 Crunchbase 网站资料整理。

Currencycloud 约有 500 家客户,包括瑞典支付企业 Klarna、桑坦德银行集团、国际旅行兑换平台 Travelex、创业企业 Azimo 和 Revolut 等。

2. 收入持续增加

随着平台用户数的增加,Currencycloud 的累计处理交易额持续突破,截至 2020 年 12 月,Currencycloud 已累计处理了超过 500 亿美元[①]的跨境支付。根据 Companies House 披露的历史数据(最新公开可查询的数据截至 2018 年),2015 年 至 2018 年 间 Currencycloud 的 营 业 收 入 涨 势 迅 速;2018 年,Currencycloud 实现 2000 万英镑的营业收入,较上一年增长达到 50%。

3. 综合能力强,获得多个奖项

凭借其优秀的产品和 API 技术,Currencycloud 获得多项奖项。2017 年,Currencycloud 因其创新的支付 API 获得了业内权威协会 API World 颁发的 2017 API 奖,该奖为 API 行业内最高的奖项。同年,Currencycloud 被 CB Insights 列入全球金融科技 250 强名单。2019 年,Currencycloud 荣登英国著名

---

① Currencycloud 官网, Currencycloud, The Market Leader in Embedded Cross-Border Payments, Secures ＄80 Million, 2020。

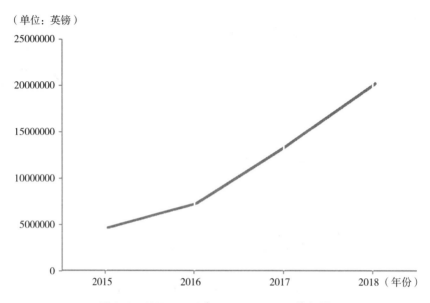

（单位：英镑）

图 1-7　2015—2018 年 Currencycloud 收入图

资料来源：作者根据 Companies House 网站资料整理。

媒体《星期日泰晤士报》"增长最快的金融科技公司 100 强"榜单，并入选科技企业孵化平台 Tech Nation 的"未来五十强"队列。2020 年，Currencycloud 被行研公司 Juniper Research 评选为非银行供应商创新领导者前三名之一，其他两家为 TransferWise 及 Veem。

（三）发展历程

Currencycloud 的发展历程可分为初创起步期、平台构建期、市场扩张期三大阶段。

1. 初创起步期（2012—2013 年）

2012 年，Currencycloud 正式成立于英国伦敦，并于同年获得了总计 800 万美元的 A 轮融资。在此期间，Currencycloud 基于其自主搭建的本地支付架构推出了第一代支付平台 APIv1。2013 年，为提高业务兼容性，Currencycloud 同样将 SWIFT 网络整合入自身平台中。

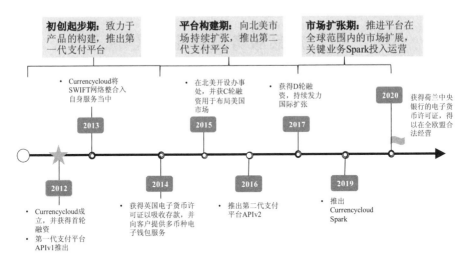

图 1-8　Currencycloud 公司发展历程

资料来源：作者根据 Currencycloud 官网资料整理。

2. 平台构建期(2014—2016 年)

产品初步构建完成后，Currencycloud 致力于获取更多许可证以扩大业务，同时持续打磨自身产品。具体而言，2014 年公司获得英国电子货币机构许可证(EMI)，并开始向客户提供多币种电子钱包服务；2015 年，Currencycloud 获得总额达 1800 万美元的 C 轮融资，并将其用于建设美国团队与开拓美国市场；2016 年，公司推出 APIv2，其较 APIv1 改进了部分功能，支持更多支付方式，支付效率也有所提升。

3. 市场扩张期(2017 年至今)

这一阶段，Currencycloud 的支付平台基本构建完毕，且以 2017 年的 D 轮融资为标志，其市场扩张明显加速，企业客户数从 2017 年初的约 200 个快速增长到 2020 年的约 500 个。此外，2019—2020 年间公司不断扩展 API 产品线，并进一步扩大其合作伙伴生态系统，先后与 Dwolla、Apply Financia、Visa、立陶宛银行等金融服务公司开展多种合作。

二、产品服务与商业模式

（一）市场痛点解决与用户画像

1. 市场痛点解决

在传统跨境支付领域，一方面，跨境支付严重依赖于 SWIFT 网络，带来了手续费高昂、信息不透明、流程烦琐、耗时较长等痛点（关于 SWIFT 网络的详细情况与缺点详见 Airwallex 案例）；另一方面，对于涉及跨境交易的传统金融机构、金融科技公司等金融服务企业而言，其尤需注意经营合规性与风险管理，而独立获取监管许可或分散其精力，为业务创新与扩展带来影响。

针对以上市场痛点，Currencycloud 面向提供金融服务的传统金融机构、金融科技公司提出了一个架构简单且高效实惠的 B2B 跨境解决方案。通过与银行和各地的本地支付网络合作，Currencycloud 构建了覆盖全球 200 多个国家、38 种货币的跨境支付体系，截至 2020 年 12 月，Currencycloud 已经接入了美国 ACH 系统①、欧盟 SEPA 网络②等本地支付网络。同时，通过与外汇机构合作，Currencycloud 能够为客户实时提供批发汇率，从而减少客户跨境支付的成本。此外，Currencycloud 加入了 SWIFT 网络以作为其自建跨境支付网络的补充，进一步扩大业务兼容性。

与此同时，为最大限度满足用户的定制化需求，Currencycloud 基于 API 接口为用户提供服务。Currencycloud 有着先进的 API 开发技术，其提供的 API 根据现代 Web 标准构建，并围绕 REST（表述性状态传递）进行组织，帮助客户通过接口高效、低成本地获取跨境支付服务。此外，

---

① ACH 系统：美国处理银行付款的本地系统。

② SEPA 网络：使欧盟内公民、企业等主体得以发起和接收欧元支付的本地支付网络。

Currencycloud 利用 Amazon Web Services 云服务器提供 API 接口，并将服务分为多个模块便于程序调用，进一步确保了其产品的可靠性与稳定性，且 Currencycloud 所开发的 API 兼有风险控制功能，如其能够学习用户的手动支付操作以规避可能的风险，并提供全面的交易监控帮助客户增强对于业务风险的把控。

除此之外，Currencycloud 还积极取得监管许可，致力于可以一站式满足客户的合规经营需求。截至 2020 年 12 月，Currencycloud 已获得英国、荷兰、美国、加拿大相关监管机构的电子货币授权，并获得美国 49 个州的金融犯罪执法网络局的许可。

2. 用户画像

Currencycloud 的主要用户均集中在金融服务企业，可细分为银行、金融科技公司、货币服务公司、外汇经纪商四类，且根据官网所列信息，主要集中在银行及货币服务公司（如跨境支付企业），具体如表 1-8 所示。

表 1-8　Currencycloud 的客群情况

客户类别	代表客户	客户描述
银行	Brookline Bank	一家美国银行，为个人和企业客户提供广泛的银行和金融服务，包括数字银行，贷款和资本市场。
	Standard Bank	南非标准银行，通过集成 Currencycloud 的 API，为其客户推出新的用户友好型数字解决方案。
货币服务公司	Nium	一家新加坡跨境支付公司，为中小企业和个人提供海外跨境支付。
	Agility Forex	一家加拿大跨境支付公司，为客户提供跨境支付服务。
	Clearshift	为用户提供简便的 B2B 跨境支付服务。
	Evaneos	为本地旅行社提供平台服务的网站。收集游客的付款，并支付给全球各地的代理商。
	Paddle	为全球应用开发者社区提供跨境支付服务，其端到端结账功能使开发人员可以通过该平台在全球范围内销售其软件。

客户类别	代表客户	客户描述
金融科技公司	Revolut	一款全球理财应用程序,可让客户在世界任何地方即时安全地进行汇款和消费。
	Fidor Bank	德国数字银行,为用户提供电子支付、存款、借贷等服务。
	Monese	一家英国金融科技公司,可为企业和个人提供快捷的多币种、快捷的银行账户服务。
	Lunar	丹麦数字银行,为用户提供账户、Visa 卡、付款转账、贷款、MobilePay、Apple Pay、Google Pay、手机财务管理等服务。
	Seeders	欧洲领先的纯股权众筹平台,可为投资者提供一种快速简单的解决方案,用于投资以其他货币筹集资金的企业。
	Dozens	一家英国金融科技公司,为用户提供涵盖经常账户管理、智能预算、自动储蓄和债券投资等服务。
外汇经纪商	Bannockburn Global Forex	一家主营外汇咨询、分析与交易处理的机构。

资料来源:作者根据各企业官网、Currencycloud 官网资料整理。

(二)产品与服务

Currencycloud 为有意向接入其全球支付网络的金融服务企业提供了收款、汇兑等基础服务与进阶的 Currencycloud Spark 应用,赋能客户开展跨境业务。同时,为方便用户使用其产品,Currencycloud 提供了灵活的使用及整合方式:客户可通过 API 接口或 Currencycloud Direct 平台,连接 Currencycloud 的跨境支付网络。

1. 跨境支付解决方案

(1)基础服务:Collect—Convert—Pay—Manage(收款、汇兑、支付、管理)

利用虚拟账户的收款服务。Currencycloud 提供了一个整合式的收款产品,可向用户提供虚拟的美国和欧盟本地账户。通过使用虚拟本地账户,用户无需通过烦琐的 SWIFT 网络下的银行系统进行收款,从而避免了高昂的手续费用。

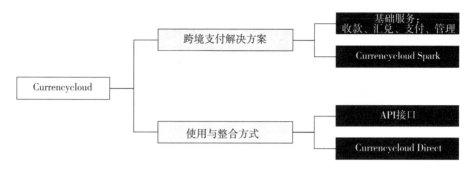

图 1-9　Currencycloud 产品与服务一览

资料来源：作者根据 Currencycloud 官网资料整理。

实时汇率的汇兑服务。通过与外汇机构合作，Currencycloud 允许用户在进行外汇交易之前实时获取汇率报价。由此，用户可以低成本进行货币转换，并且可以锁定长达 12 个月的远期汇率。同时，Currencycloud 也提供了合并交易、拆分交易、交易日期更改、交易取消等多项功能，帮助用户对其汇兑程序进行管理。

灵活可变的支付服务。Currencycloud 的支付服务让用户可以选择和控制本地和国际支付。一方面，用户可利用 Currencycloud 覆盖 38 种货币的跨境支付网络实现本地支付，以规避 SWIFT 网络带来的弊端；另一方面，Currencycloud 同样整合了兼容性更为强大的 SWIFT 网络，当自身的支付网络难以满足用户的支付需求时，平台依然能通过 SWIFT 网络为用户提供服务。

运筹帷幄的管理服务。通过 Currencycloud 的支付平台，用户可以享受包括管理余额、获取通知、更改权限等诸多管理服务。并且，Currencycloud 可在用户交易的全流程提供支持：交易前，Currencycloud 可帮助用户管理权限，并整理交易资料；交易中，其可实时跟踪付款进程；交易后，该平台可为用户提供历史记录查询和状态报告等功能。

（2）Currencycloud Spark

2019 年底，Currencycloud 推出了全新的产品线 Spark。Spark 为高度集成

上述四项基础服务的跨境支付解决方案,能够帮助客户开设国外的虚拟银行账户,从而将国际和本地清算集成到客户的支付和外汇平台中,为银行和金融科技公司等金融服务企业提供了更加灵活的业务经营模式。借助这一服务,用户能够轻松地在全球范围内创建多币种的应收账款账户,从而管理多种货币并即时转移资金。由于其高度集成性,Spark 能够在后台提供无缝对账流程和极具竞争力的外汇汇率,并提高了整个支付流程的可见性,使用户得以洞悉每一笔交易的详细状况。

表 1-9　Currencycloud spark 特征

特征	说明
指定客户账户	以客户名义开立的唯一多币种账户,供用户收款、汇兑、支付。
收款及支付	集成 Currencycloud 的基础功能,通过 SWIFT 接收、支付、汇兑 30 多种货币的资金,通过本地支付网络接收、支付、汇兑 17 种货币的资金。
流程自动化	系统自动筛选和核对资金,帮助用户节省时间和金钱成本。
控制体验	技术在后台无缝运行,使用户无感完成跨境支付。

资料来源:作者根据 Currencycloud 官网资料整理。

举例而言,假设 A 公司使用了 Currencycloud Spark,而 B 公司为 A 的客户,Spark 具体的服务流程如图 1-10 所示。

2. 使用及整合方式

(1)API

截至 2020 年 12 月,Currencycloud 在四个跨境支付服务板块(收款、汇兑、支付和管理)中构建了 85 种功能各异的 API,涵盖了 B2B 跨境支付的整个工作流程,可供用户各取所需,实现特定的跨境支付需求。

同时,Currencycloud 准备了细致的技术支持服务帮助用户更好地使用API。在开发者中心,Currencycloud 不仅为用户提供了各类 API 文档,还提供

- 假设B公司位于美国，向其位于英国的消费者销售产品
- B公司希望接收美元（USD）作为货款开具发票，但是英国的消费者希望使用英镑（GBP）付款

- A通过Spark为B提供专用的GBP账户

- B将账户详细信息传递给英国消费者，消费者向B专用的GBP本地账户支付英镑

- 数小时之内，付款就会被接收并通过Currencycloud支付网络的最优汇率转换为美元，B会从Currencycloud收到美元付款

图 1-10　Currencycloud Spark 服务流程

资料来源：作者根据 Currencycloud 官网资料整理。

了各种语言的软件开发工具包。若客户在开发过程中遇到困难，Currencycloud 还提供了客户服务予以支援。

（2）Currencycloud Direct

对于不希望借助 API 接口、希望快速进入市场的用户，Currencycloud 提供了一步到位的付款平台，即 Currencycloud Direct。该平台使用 Currencycloud 的 API 构建，尽管其无法实现高度定制化，但 Direct 拥有操作简单且功能丰富的在线界面，并支持用户添加自己的品牌 Logo，实现个性化经营。

（三）营利模式

Currencycloud 的收入主要来源于三部分：平台使用费、支付手续费与佣金。一方面，Currencycloud 从跨境支付与汇兑款项中抽成获得手续费与佣金；另一方面，Currencycloud 会根据用户的接入方式（Direct 平台或 API 接口）收取一定的平台使用费。

Currencycloud 近年来的收入情况与来源比例如图 1-11 所示，其中"其他"部分由于数量级差距巨大，在图中几乎无法察觉。随着其客户数量不断

增加,Currencycloud 的平台使用费收入平稳增长,并于 2018 年达到 708 万英镑(约 946 万美元);同时,Currencycloud 处理的跨境交易金额随客户数量水涨船高,进而使得 Currencycloud 的支付手续费与佣金收入连年突破,从 2015年的近 300 万英镑(约 459 万美元)增至 2018 年的近 1300 万英镑(约 1737 万美元),年均增长率超过 45%。

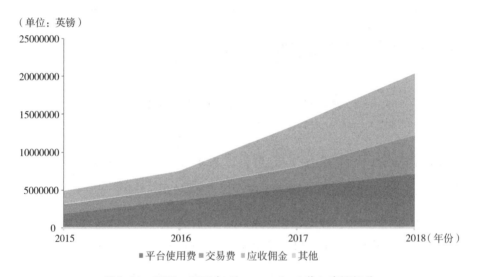

（单位：英镑）

图 1-11　2015—2018 年 Currencycloud 收入来源细分

资料来源:作者根据 Currencycloud 官网资料整理。

（四）市场营销模式

由于 Currencycloud 的用户画像极其清晰,因此其并没有采取"广撒网"式的营销方式,而是使用精准营销策略招徕客户。一方面,Currencycloud 通过销售人员触达有意向的客户(例如在 Currencycloud 官网注册账户的潜在客户等);另一方面,Currencycloud 将博客作为其扩大影响力的手段,发表了大量关于金融科技、外汇、银行、货币服务业务的原创内容以吸引相同领域的从业者,并促使其使用 Currencycloud 的服务。

销售及营销人员在 Currencycloud 的员工总数中占比较大。2018 年,

Currencycloud 有 46 名负责招揽客户的销售人员，以及 17 名负责制订营销策略的营销员，占 2018 年员工人数的 37.5%。虽然最新的员工组成数据未能从公开渠道获取，但从各种资料梳理后可以看出，营销仍是 Currencycloud 运营的重要组成部分。

三、分析及总结

（一）行业及竞品分析

源于企业对于跨境支付的需求，已有许多跨境支付企业入局并提供简捷便利的使用方式（例如通过 API）为用户提供相关服务。Currencycloud 的部分竞品信息如表 1-10 所示。

表 1-10　Currencycloud 竞品情况

企业名称	所在地	技术手段	用户画像	主营业务
Tipalti	美国	整合了多个本地或跨境支付方式	企业（商业服务、软件和技术、电商等）	支付、供应商管理、发票管理、税收和增值税合规、付款对账等；支付覆盖 120 种货币，196 个国家/地区
Afex	美国	整合了多个本地或跨境支付方式	企业（娱乐、教育、进出口商等）、个人	支付、换汇、风险管理等；支持 200 多个国家/地区的支付
Stripe	美国	整合了多个本地或跨境支付方式	企业（电商、B2B 平台、Saas 服务商等）	支付、终端产品、定制卡、风险管理等；支持超过 135 种货币的支付
Braintree	美国	整合了多个本地或跨境支付方式	企业（电商、网约车、餐饮等）	支付平台、支付数据管理平台；支持超过 130 种货币的支付

续表

企业名称	所在地	技术手段	用户画像	主营业务
TransferWise	英国	通过撮合有跨境支付需求的客户,将国际支付转化为本地支付	企业(银行、电商等)、个人	支付、多币种账户、定制卡等; 覆盖70多个国家/地区,40多种货币
Airwallex	中国香港	自主构建跨境支付网络	企业(娱乐、教育、电商等)、个人	涵盖跨境收款、国际支付、外汇兑换在内的跨境支付服务以及 Scale、虚拟卡等平台服务

资料来源:作者根据各企业官网、Crunchbase 网站资料整理。

可以看出,目前市面上已有多家成熟的跨境支付企业,相关产品也已经落地。当然,虽然已经有诸如 Stripe、TransferWise 这样的领先公司,但是市场仍未出现垄断企业,给予了市场参与者更多的机会。一方面,Currencycloud 自建了跨境支付网络,提供了快捷、实惠、便利的跨境支付体验,具有底层的技术优势;另一方面,相比于领先的跨境支付企业,Currencycloud 不面向终端用户与跨境电商,仅针对金融服务企业提供服务,用户画像极为清晰。并且得益于这一特性,Currencycloud 或与其他跨境支付企业存在业务合作的可能性。然而,值得注意的是,Currencycloud 仅支持借记卡,不支持信用卡服务,这使得其应用场景较为有限;同时,Currencycloud 仅面对企业用户的服务也可能成为其掣肘。

相较于同样入选数字支付行业案例的 Airwallex,两者相似度较高。其一,两者都自主建立了跨境支付网络以规避 SWIFT 网络带来的弊端,为用户带来了更好的体验;其二,两者都拥有支付、收款等基础服务,以及高度整合的平台服务。然而,Airwallex 与 Currencycloud 也存在一些不同,一是两者的主要市场不同,Airwallex 聚焦亚太市场,而 Currencycloud 主攻欧美市场;二是两者的技术倾向不同,同为金融科技企业,Airwallex 强调其于货币汇兑角度的技术创新(详见 MarketFX 与 LockFX 功能),而 Currencycloud 则将其门类繁多的 API

作为主要卖点；三是面向客户群体不同，Airwallex 客户主要包括经营外贸业务的中小企业与个人，而 Currencycloud 则针对金融服务企业，并不服务于跨境电商，亦不直接服务于个人。

（二）关键成功要素

与 Airwallex 类似，Currencycloud 的崛起深受市场红利的催化影响。而除了上文于 Airwallex 案例中提到的"市场痛点明确，入局占据先机"的成功要素之外，Currencycloud 还具有以下三个关键成功要素：

1. 灵活度高，API 赋予较强的可拓展性

通过开放式 API 进行整合已经成为一种不可阻挡的趋势，通过灵活的 API，用户可以将 Currencycloud 的跨境支付生态系统无缝接入自己的平台，这种嵌入式金融功能为企业提供了诸多便利，从而为终端用户提供更优质的服务。同时，得益于 API 的技术特点，Currencycloud 能够快速增加功能满足用户需求，如 Currencycloud 可以结合诸如亚马逊、谷歌地图、Stripe 和 Twilio 等服务，满足客户在其提供的基础服务之外的新需求。API 带来的开放性与可扩展性，赋予了 Currencycloud 未来更多的可能。

2. 兼收并蓄，以包容态度面对 SWIFT

尽管 Currencycloud 通过自建支付网络绕过了 SWIFT，这并非意味着其对于 SWIFT 的全盘否定。SWIFT 于 2017 年启动了 SWIFT GPI（Global Payment Innovation），通过该货币信息网络，参与者能够优化其汇款功能，包括支付信息透明化、端到端付款跟踪等。而 Currencycloud 积极响应这一创新，成为最早集成 SWIFT GPI 跟踪平台的非银行之一，也因而使得其付款失败率大幅下降，为客户带来了更好的使用体验，进一步提高了客户黏性。

3. 拥抱监管，全球覆盖范围不断增大

Currencycloud 持续开展业务的一个重要原因在于其日益增长的全球市场覆盖范围。而扩张的背后，正是 Currencycloud 对于合法合规经营的重视。例

如，在美国这个最大的跨境交易市场中，Currencycloud 团队积极响应监管要求，获取了在 49 个州开展业务的许可，使其覆盖范围几乎遍及整个国家。而在欧洲地区，Currencycloud 于 2020 年从荷兰中央银行获得了电子货币许可证，这一许可使得 Currencycloud 能够基于欧盟"牌照通行权"机制在整个欧盟范围内合法开展业务，从而避免英国脱欧对于自身经营带来的不利影响，为后续扩大市场布局再添利好。

（三）挑战与风险

除了上文 Airwallex 案例中提到的"受疫情影响营利不确定性增强"的风险之外，Currencycloud 还面临着以下两大挑战与风险：

1. 同质企业涌出，竞争压力增大

跨境支付行业内的大多数优质企业都位于美国（如 Venmo、Dwolla、Remitly、ClearxChange 等）和英国（TransferWise、WorldRemit、Azimo、Revolut 等），因而欧美市场的竞争极为激烈。同时，尽管 Currencycloud 已有与英国金融科技企业 Revolut 合作共赢的先例，为其面对同业竞争提供新的思路，但类似的合作模式可否套用于其他竞争对手仍待探索。

另外，诸多优质的跨境支付企业，如 Stripe 等早已向亚洲、拉丁美洲等新兴市场进军，体量稍逊、入局略晚的 Currencycloud 对于新市场的开辟可能并不容易。不仅如此，新兴市场的本土企业也会加入竞争，如中国的 Airwallex、菲律宾的 Ayannah 以及缅甸的 Red Dot 等，其对于本地市场的经验更为丰富，商业模式也不乏可圈可点之处，为 Currencycloud 的全球扩张再增变局。

2. 通过 SWIFT 网络进行的跨境支付仍占主导

尽管在跨境支付行业中，新兴金融科技公司及创新解决方案不断涌现，但是 SWIFT 网络仍在全球范围内管理着总金额占比高达 92.5% 的跨境支付业务，牢牢占据着跨境支付行业的绝对优势地位。因此，Currencycloud 不仅面临

着来自同质金融科技企业的竞争,更面临着来自 SWIFT 网络的挤压。此外,
倘若未来监管政策发生改变,监管机构对于跨境支付网络做出相关限制,
Currencycloud 的业务恐将受到较大的冲击。

全球金融科技创新案例之数字支付篇：Checkout.com 研究

摘　要：Checkout.com(简称 Checkout)是一家科技驱动的一体化跨境支付解决方案提供商,为客户提供高度整合的在线支付平台。自 2012 年成立以来,Checkout 不断扩张业务版图,现已支持 150 余种货币,涵盖所有主流国际信用卡与各地区流行的支付方式。在业务扩大的同时,Checkout 持续保持强大的营利能力,2018 年仅欧洲市场营业收入为 7480 万美元,截至 2021 年 1 月,累计融资 8.3 亿美元,估值超过 150 亿美元。Checkout 针对国际跨境支付市场支付方式繁多冗杂的痛点,自主建立一个高适配度的在线支付平台,主要为中型规模的企业提供跨境交易支持,并独立研发交易管理、风险控制技术辅助客户更好地开展公司运营,客户范围由欧洲的数字化转型传统企业向全球不断拓展。Checkout 的关键成功因素在于：第一,在运营模式上,公司基于深厚的技术底蕴不仅能够快速应对市场变化并不断推出差异化产品,更以技术输出为优势进行广泛的合作,全球竞争实力不断提升;第二,在主营业务上,公司建立了高度集成的支付平台并设计了清晰透明的收费模式,有效提升了支付效率;第三,在用户服务上,公司提供富有特色、个性化的增值服务,为其所在的市场博得了更多的好感。然而,Checkout 仍然面临客户范围拓展受限、市场布局竞争加剧、产品拓展空间有限、平台功能有待完善等挑战。本案例将从

Checkout 的基本情况、经营指标和发展历程入手描述公司概况,从市场痛点解决、用户画像、产品与服务、营利模式、技术优势等方面深入分析其产品服务及商业模式,并在此基础上结合行业及竞品分析,总结其关键成功要素与现存风险挑战。

一、企业概况

(一)基本介绍

1. Checkout.com:科技驱动的一体化跨境支付解决方案提供商

Checkout 为全球企业提供一体化的在线支付解决方案,在德勤《2018 UK Technology Fast 50》中名列第二,被誉为增长最快的英国科技公司之一①。

表 1-11　Checkout 基本情况

成立时间/总部	2012 年/英国伦敦
创始人	Guillaume Pousaz(CEO,前 NetMerchant 创始人)
估值	150 亿美元(截至 2021 年 1 月)
总融资金额	8.3 亿美元(截至 2021 年 1 月)
累计交易规模	数十亿美元②(截至 2020 年 12 月)
员工数	1000 名(截至 2020 年 12)
用户数	800+企业(截至 2020 年 12 月)
覆盖范围	78 个国家和地区,支持 150 余种货币,覆盖所有主流国际卡种以及各国本土市场常用的支付方式(截至 2020 年 12 月)

资料来源:作者根据 Checkout 官网资料整理。

2. 创始人拥有丰富数字支付行业从业经验,立志打造科技公司

Checkout 的创始人兼 CEO Guillaume Pousaz 拥有数学与经济学的交叉专

---

① 德勤,增长最快的英国科技公司,2018。

② One Million by One Million Blog,Checkout.com Keeps its Growth Targets in Check,2019。

业背景,以及较为丰富的支付企业从业经验与创业经历。在创建 Checkout 前,Pousaz 在位于美国加州的支付企业 International Payment Consultants(IPC) 短暂从业,后因 IPC 只关注美国国内市场缺乏对于全球支付市场的洞见,以及发展理念不同而辞职。此后,Pousaz 与同样从 IPC 离开的原销售主管共同建立了 NetMerchant,主营欧美间的货币兑换,并获得了可观利润。但这样一个传统的支付机构仍离 Pousaz 的憧憬和目标——创建一个真正的科技公司来彻底改变人们与金融服务的互动方式有所距离,在此背景下,Pousaz 离开了 NetMerchant,并尝试性地在新加坡创办了 Opus Payments,主营中国市场的跨境支付业务。2012 年,在 Opus Payments 积累了充分的跨境支付技术与经验之后,Pousaz 在英国伦敦正式创立 Checkout,面向全球提供跨境支付解决方案。

2018 年,Checkout 引进了 Adyen(荷兰头部数字支付创企)的前商务主管 Bradley Riss 为 COO,并意在通过其经验扩大 Checkout 的全球商业版图。

3. 融资轮次少但金额总值毫不逊色

截至 2021 年 1 月,Checkout 共完成三轮融资。尽管相比于同类企业, Checkout 的融资轮次较少,但其累计融资总额却高达 8.3 亿美元,颇有"不鸣则已,一鸣惊人"之势。具体而言,2019 年,Checkout 获得著名投资方 Insight Partners 和 DST Global 共计 2.3 亿美元的 A 轮融资,创欧洲金融科技 A 轮融资之最,估值同步上升至 20 亿美元。一年后,在全球疫情蔓延的大环境下, Checkout 依旧获得了资本的青睐:于 2020 年 6 月完成的 B 轮融资,融资额高达 1.5 亿美元。B 轮融资后,Checkout 估值达 55 亿美元,与瑞典电子商务银行 Klarna 和英国数字银行 Revolut 并列成为欧洲估值最高的金融科技初创企业①。2021 年 1 月公司完成 C 轮融资,估值达到 150 亿美元,使其成为全球第四大金融科技公司,也是欧洲、中东和非洲地区最有价值的风投支持企业。

① 东方企业家网,Checkout.com 的估值翻了三倍达到 55 亿美元成为欧洲顶级金融科技公司之一,2020 年。

表 1-12　Checkout 融资情况

融资时间	融资轮次	融资金额（亿美元）	公司估值（亿美元）	重要投资人
2019 年 5 月	A 轮	2.3	20	Insight Partners，DST Global
2020 年 6 月	B 轮	1.5	55	Coatue
2021 年 1 月	C 轮	4.5	150	Tiger Global Management

资料来源：作者根据 Checkout 官网、Crunchbase 网站资料整理。

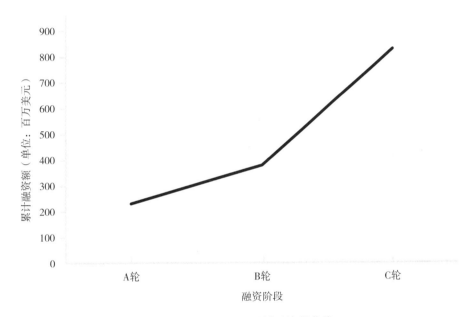

图 1-12　Checkout 累计融资额曲线

资料来源：作者根据 Checkout 官网资料整理。

（二）经营指标

截至 2020 年 11 月，Checkout 已在全球 78 个国家和地区建立起清算网络，不仅支持 150 余种货币，而且兼容所有主流国际卡种以及各国本土市场常用的支付方式。

在业务覆盖范围持续扩大以及全球数字支付市场红利释放的双重驱动

51

下,Checkout 的客户与交易量增长迅速。仅从 2019 年 5 月到 2020 年 5 月的一年内,公司新增客户 500 多家,在线交易金额增速高达 250%。

除此之外,不同于市场上较多数字支付初创企业以赤字换取客户与市场份额的发展模式及现状,Checkout 自 2012 年以来一直保持盈利状态,足见其盈利能力的强大。据 Checkout 官方公布信息,仅在欧洲市场,其 2018 年营业收入总额为 7480 万美元,与 2017 年的 4680 万美元相比增长 60%[①],总净利润达 230 万美元。2020 年,其营收金额达到 2 亿美元左右。

(三)发展历程

Checkout 的发展可分为业务拓展期以及技术输出期两个阶段[②](见图 1-13 所示)。

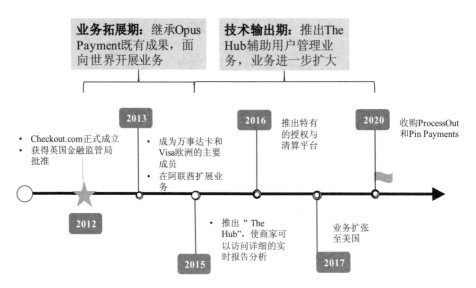

图 1-13　Checkout 公司发展历程

资料来源:作者根据 Checkout 官网、未央网资料整理。

---

① EU Startups, Mary Loritz, London-based Payments Processor Checkout.com Triples Office Space as It Sees Its European Revenues Leap by 60%,2019.

② Merchant Machine,2021 Checkout.com Reviews:UK Fees & Pricing,2021.

1. 业务拓展期(2012—2014 年)

得益于创始人 Guillaume Pousaz 在经营 Opus Payment 时期积累的经验、技术与市场资源,初创的 Checkout 即获得英国金融监管局批准,并跨过筹备期,直接进入业务拓展期,寻求在全球范围内开展跨境支付业务。这一阶段,Checkout 积极获取英国、阿联酋等国的监管许可,并与万事达卡、Visa、银联、Discover、American Express 等传统跨境支付服务商达成合作。

2. 技术输出期(2015 年至今)

2015 年开始,Checkout 在继续申请跨境支付服务商成员资质和牌照、拓展跨境支付业务的同时,逐步开始构建其技术输出与产品能力,顺利推出"The Hub"平台,使得客户可以批量管理订单并利用平台自动生成的分析报告适时调整运营模式。2016 年,Checkout 推出自研的授权与清算平台帮助客户提高其跨境交易的安全性并进一步优化业务效率。2020 年,Checkout 收购同属数字支付领域的创企 ProcessOut 与 Pin Payments,吸收借鉴其技术与经验,从而强化自身的业务能力。

二、产品服务与商业模式

(一)市场痛点解决与用户画像

1. 市场痛点解决

在传统的跨境交易中,不同国家和地区的商户依赖不同的支付手段,繁复的、难以统一的支付方式往往使消费者止步于"加入购物车",掣肘跨境交易的发展。与此同时,Visa、PayPal、Amazon Pay 等已有的跨境支付行业巨头由于创立较早,其支付程序已逐渐开始难以适应当前快节奏的外贸交易需求,广泛存在到款延迟、流程复杂等问题,且除了支付业务之外无法提供交易数据分析、风险防范等有利于客户增强其整体业务运营效果的增值服务。

针对以上市场痛点,Checkout 通过一面与银行、国际支付组织以及当地支付机构合作打通货币流通的基本渠道,一面与各大互联网消费平台建立合作使其接受将 Checkout 作为支付方式,帮助客户简化跨境支付的流程,构建了一个整合众多支付方式的统一支付平台。与此同时,Checkout 以支付平台为基底,逐步拓展追踪交易详情、助力风险管理等增值业务,帮助客户优化商业决策,降低业务风险。此外,Checkout 还通过为客户提供 API 和 SDK 接口等方式,拓宽服务兼容性和自动化程度,让客户只需初始构建一次,就可以持续访问自身所有的支付、财务等信息,还可以将 Checkout 中的支付明细与自己财务系统中的记录进行自动对账,并根据自己的需要定制报告。

2. 客户画像

在客户群体方面,与主打大企业的 Adyen 以及小微市场的 Stripe 不同,Checkout 主要聚焦于中型企业,因此其在用户门槛中规定,客户需要在连续三个月内每月保持 1 万美元以上的交易量。虽然这样的门槛约束使得许多小微企业望而却步,但对于中型客户的专注使得 Checkout 得以提供更有针对性的服务,从而进一步稳固客群忠诚度。此外,公司最初服务的客户大多为数字化转型中的传统企业,精准服务于成长中客户的跨境支付需求。截至 2020 年,公司 B 端客户数量在 2000 家左右。

在客户的地域分布上,首先,源于创始人 Guillaume Pousaz 对于中国市场庞大需求的认知,其初创的 Opus Payment 主要聚焦于中国企业的跨境支付需求,与微信以及支付宝的合作协议在这一阶段顺利落地。在 Checkout 成立后,公司直接吸收了 Opus Payment 的中国客户资源,但重点布局欧洲以及中东地区市场,并借助客户的转型机遇的同时试点多种新型支付方式逐渐站稳脚跟。此外,公司不断开发亚洲除中国外的其他亚洲国家市场,已获取包括三星、Grab、Revolut、Careem、Glovo、Robinhood、Farfetch、Klarna 和 Remitly 在内的诸多客户的支持,客户行业涵盖科技、金融、贸易、交通等多个领域。其代表性客户如表 1-13 所示。

表 1-13　Checkout 部分客户情况

名称	主营业务	地区	市值
支付宝（AliPay）	数字支付、金融服务等	中国	母公司估值近 2000 亿美元
微信（WeChat）	社交软件、数字支付	中国	估值近 836 亿美元①
发发奇（Farfetch）	奢侈品海淘平台	美国	200.53 亿美元②
户户送（Deliveroo）	食品外送	英国	估值约 50 亿美元③
三星（Samsung）	电器、金融等各领域	韩国	约 3000 亿美元
阿迪达斯（Adidas）	运动用品	德国	577.80 亿欧元④
必胜客（Pizza Hut）	餐饮	美国	320.58 亿美元⑤
布鲁明戴尔百货店（Bloomingdale's）	百货	美国	33.97 亿美元⑥
Careem	网约车	阿拉伯	以 31 亿美元被 Uber 收购
Grab	网约车	新加坡	140 亿美元
Revolut	挑战者银行	英国	55 亿美元
Glovo	餐饮	西班牙	10 亿美元
Robinhood	在线券商	美国	117 亿美元
Klarna	数字支付	瑞典	106.5 亿美元
Remitly	跨境支付	美国	10 亿美元

资料来源：作者根据 Wikipedia、Morningstar、企查查等资料整理。

（二）产品与服务

Checkout 专注于提供偏基础的支付类服务，并未开启其他金融类服务产品。其在商家与银行之间主要实现以下功能（如图 1-14 所示）：其一，Checkout 为交易充当支付网关（Gateway），向发卡银行（Issuer Bank）发送请

---

① 据汇丰银行（HKBC）4 月报告。

② 2020 年 12 月 14 日数据。

③ KarenKwok，Breakingviews-Deliveroo's IPO is a dish best served soon，2020.

④ 2020 年 12 月 14 日数据。

⑤ 2020 年 12 月 14 日数据。

⑥ 2020 年 12 月 14 日数据。

求;其二,在请求被批准后,Checkout 基于自身的支付处理器(Processor)向收单银行(Acquirer Bank)发送汇兑请求,为商家完成跨境支付;其三,在全流程中,Checkout 以自身的风险管理技术(Risk Management)为交易保驾护航。在这一基础逻辑之上,Checkout 的业务板块可分为两大类:(1)集成多种支付方式的在线支付平台;(2)基于支付业务的增值服务。

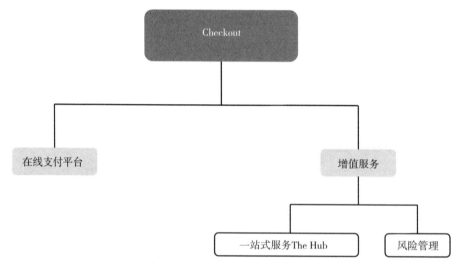

图 1-14　Checkout 产品与服务

资料来源:作者根据 Checkout 官网资料整理。

1. 集成多种支付方式的在线支付平台

为最大限度便利用户的跨境支付,Checkout 构建了一个整合众多支付方式的统一支付平台。具体而言,一方面,Checkout 整合了众多主流的支付渠道,不仅包括 Visa、万事达卡、美国运通卡、Discover 卡等多种信用卡,而且也与苹果公司推出的 Apple Pay、亚洲流行的支付宝、谷歌的 Google Pay、PayPal 等诸多数字支付企业展开对接,最大限度适配流行的支付方式。另一方面,Checkout 也照顾到相当一部分小众支付方式使用者的需求,与巴西的 Boleto、阿根廷的 Rapipago 以及埃及的 Fawry 等本地支付机构建立了合作,并涉足网络代币领域,接受 Visa 与万事达卡旗下的代币支付。然而,Checkout 目前缺失线下收单能力，未推出线下 POS 机帮助商户接入线上支付服务。

2. 基于支付业务的增值服务

在作为业务基底的在线支付平台之上，Checkout 还持续开发了多种增值服务帮助用户更好地进行经营决策和风险管理。

（1）The Hub：作为 Checkout 的重磅产品，"The Hub"致力于成为其一切业务的起点，用户只需登录 Checkout 账户，便可免费开通。其具体功能有三：其一，The Hub 对接用户的财务系统从而提供支付管理功能。通过交互界面，用户能够浏览支付历史、管理当前订单以及创建新的订单，追踪每一笔交易。其二，基于用户的历史记录自动生成报告，使得用户可以获悉其支付、退款情况，掌握业务表现，并可结合消费者的使用习惯、消费争端解决记录等信息开展综合运营分析，优化商业决策。其三，当有新交易事件发生时，The Hub 会向用户推送实时动态，方便用户快速处理业务，避免事件堆积。

（2）风险管理：Checkout 还为用户提供了功能齐全的风险管理引擎。一方面，通过提供 3D Secure、SCA 强身份认证、CVV（信用卡密码）核对、卡片认证等功能，Checkout 最大限度地赋能用户，避免他们遭受诈骗或恶意支付而蒙受损失。另一方面，Checkout 将管理风险引擎的权限交予用户，使其可以根据自身的风险承受能力自由设定风险管理规则，核对交易方地址、交易频率、信息正误、交易阈值等特征，以处理可能风险，帮助客户平衡好控制风险与交易批准率之间的关系，避免"一刀切"对业务造成影响。同时，Checkout 积极响应监管部门要求，其风险管理引擎的安全规范与最新的监管规则保持同步，使客户免去因监管标准更新而导致安全性不合标准的后顾之虞。

（三）营利模式

Checkout 按交易业务笔数计费，并不收取月费与安装费、合约费等其他费用，The Hub 等功能则作为免费增值服务的方式交予客户使用。对于每一笔交易，Checkout 都会收取 0.20 美元的固定费用与一定比例的手续费用，而手续费用的定价会因用户的支付方式有所不同:对于持有欧洲银行卡的用户来说,Checkout 将收取每一笔交易总额的 0.95% 为手续费;对于持有非欧洲银行卡的用户,Checkout 将收取交易总额的 2.90% 为手续费①。

除此之外,对于换汇交易量较大和历史交易记录良好的客户,Checkout 愿意适当让利以提升客户黏性:Checkout 会相应减少其费用,一般是在对应银行本身的交易费(Interchange Fee)的基础上收取 0.10%—0.40% 的手续费,以及每一笔交易 0.08 美元的固定费用。

(四)研发情况及技术优势

Checkout 的技术导向十分明显,其将大部分融资额用于了自身产品的升级和技术实力的提升。据创始人 Guillaume Pousaz 称,公司多达三分之二的员工②从事产品迭代、信息技术与工程建设,仅有 13% 的人员从事销售、客户关系维护等工作。如此高的技术人员配比,使得 Checkout 拥有良好的技术自研能力,其所有业务都基于自研的原创技术,而非应用其他公司提供的现存解决方案,使得其业务护城河不断加宽,竞争力持续提升。

三、分 析 及 总 结

(一)行业及竞品分析

Checkout 的主要竞争者分两类:(1)支付处理公司③;(2)支付网关平台④。支付处理公司为买卖双方充当中间人,而支付网关平台则为商户与信用卡发卡

---

① Card Payment Options,Checkout.com Review,2021.
② TechCrunch,Romain Dillet,What makes Checkout.com different from Stripe,2020.
③ G2,Top 10 Checkout.com Alternatives & Competitors,2020.
④ The UK Domain,Graham Charlton,Pros and cons of 11 payment gateways for web,mobile & apps,2020.

行之间建立安全交易的平台。当前市场上的头部数字支付企业大都集成了支付处理与支付网关两项功能,如 PayPal、Amazon Pay 等。与此同时,市场上也存在仅凭借支付处理或支付网关功能占据大量市场份额的企业,前者如凭借 2009 年成立的先发优势与极高的市场认可度在美国在线支付市场迅猛发展的 Square Payments,其目前市场份额仅次于 PayPal;后者则以 CyberSource、2checkout 等为翘楚,他们都深耕于信用卡安全支付领域。主要竞争者的具体情况如表 1-14 所示。

表 1-14　Checkout 竞品情况

行业类别	企业名称	使用场景	业务能力	业务优势	营利方式
支付处理+支付网关	Checkout. com	B2B	支持 159 种货币、所有主流信用卡以及本地支付方式,例如电子钱包	透明公开的收费方式;提供定制化服务;提供欺诈防护 24/7 客服	针对发卡行收取交易费用的 0.95%—2.90% 加 0.2 美元的固定服务费;针对企业计划客户,仅在银行汇兑费用基础上加收 0.10—0.40% 手续费与 0.08 美元固定费用
	Amazon Pay	B2B	美国电子支付市场渗透率达 4%	提供强大的卖家保护	对每笔支付收取 2.7% 的手续费加 0.3 美元的固定费用
	Stripe Payments	B2B	数百万家企业,支持超过 135 种货币及所有主要发卡行	可以自定义结账功能;可以处理定期付款专注于服务初创及小微企业;提供欺诈防护	对每笔支付收取 2.9% 的手续费加 0.2 美元的固定费用
	PayPal	B2B P2P	美国电子支付市场渗透率达 80%	平台知名度高,深受客户信任;国际支付容易处理	对商家用户:每笔支付收取 2.9% 的手续费加 0.3 美元的固定费用对个人用户:线上免费,转账收取 1% 的手续费

行业类别	企业名称	使用场景	业务能力	业务优势	营利方式
支付处理（payment processing）	Adyen	B2B	支持约200种支付方式并具备线上、线下融合的平台服务能力	平台知名度高，深受客户信任；同时提供支付类和金融类服务	对商家用户：每笔支付收取3%—4%的手续费加0.12美元的固定费用，因地区和支付渠道而异
	Venmo for Business	P2P	PayPal旗下应用，具备转账、评论、点赞、表情等功能	突出社交属性；深受年轻人喜爱；使用便利	使用账户余额进行消费和转账均免费提现收取1%但最多不超过10美元的手续费
	Square Payments	B2B	美国市场份额仅次于PayPal	使用便捷	对每笔支付收取2.6%的手续费加0.1美元的固定费用
支付网关（payment gateways）	Trust Payments	B2B	已连接全球60多家银行	支持电子钱包与40多个购物车集成；24/7客服	
	CyberSource	B2B	曾占美国电子商务交易市场25%的份额，覆盖190多个国家/地区；2010年被Visa收购	支持电子钱包；专注于服务小型企业；提供欺诈管理、付款安全等功能	
	2checkout	B2B	支持87种货币，覆盖200多个国家/地区；重视中国市场	可与Shopify等120多种购物车集成	对每笔支付收取3.5%的手续费加0.25美元的固定费用
	Bluesnap	B2B	覆盖180个国家/地区，支持29种语言	可以集成到网站；可以处理定期付款	对每笔支付收取4.9%的手续费加0.3美元的固定费用

资料来源：作者根据 Checkout 官网、G2. The UK Domain 资料整理。

相较于 PayPal、Square Payments 等数字支付巨头，Checkout 的市场份额稍逊一筹，交易门槛的设定使其对于小微企业的吸引力比较弱，此外业务能力也仅是堪堪打平。并且，与 PayPal 相比，Checkout 不支持 P2P 支付功能，一定程度上限制了其应用场景。但 Checkout 的优势也同样明显，一方面，Checkout 的科技加持能力强劲，其所提供的可定制化的风险控制、支付管理平台、业务报告等功能为消费者提供了更佳的使用体验。而且在多项增值服务的加持下，用户能够专注于商务，而免去技术问题的后顾之忧。另一方面，Checkout 的收费模式较为清晰，用户得以明确其交易成本，优化资金管理。此外，对于流水与历史记录满足要求的大中型企业而言，Checkout 的优惠力度更大，能够帮助其以较低的成本收获高于行业平均水准的服务，进一步增加了大中型企业的黏性和满意度。

另外，由于业态与体量的相似性，Checkout 常与同为跨境支付领域创企的 Stripe 和 Adyen 相提并论，同时，Checkout 又以自身独特的优势实现了差异竞争。与通过技术驱动、面向数百万小微企业的 Stripe 相比，Checkout 在技术角度的投入较大，自主研发能力同样出色；并且，其主要面向中大型企业的客群定位十分明确，利于 Checkout 集中服务能力[①]，为各行业的领跑者开展跨境服务提供了可靠支持，从而得到了细分市场的认可。而相比于以销售驱动、面向大型跨国企业的 Adyen，Checkout 的科技元素更为明显，高额的研发支出为其创造了技术上的优势。此外，Adyen 对其服务客户的规模提出了更高要求，其目标客户每月需达到 500 万美元的交易流水。虽然 Adyen 的最低服务要求已逐渐低至每月 1 万美元，但相比之下，Checkout 仍在科技化与中型企业服务方面具备较大优势，从而与主攻销售和大型企业的 Adyen 区分开来。

（二）关键成功要素

1. 技术底蕴深厚，快速学习、合作互补提升竞争实力

相比于同样通过整合多种支付方式建立在线支付平台的同类企业而言，

---

① Tech Crunch, Romain Dillet, What makes Checkout.com different from Stripe, 2020.

Checkout 的科技属性更为明显,从底层架构到风控机制,Checkout 深厚的技术底蕴不仅成为其快速研发产品的基础,也为公司通过合作提升整体竞争优势提供了机遇。一方面,拥有自研技术的 Checkout 能在第一时间依据客户反馈以及竞争对手的发展快速学习并改进、研发产品,在提升产品多样性的同时不断优化产品内在逻辑、提升标准化服务能力,在高度同质的市场环境下实现差异化竞争;另一方面,Checkout 基于技术优势不断寻求与同类机构的合作机会,通过提供支持技术和交易流量在中东、南美等地区逐渐扩大影响,从而不断提升其全球竞争力。

2. 平台高度集成,有效提升支付效率

截至 2020 年 11 月,Checkout 已覆盖全球 78 个国家和地区,支持 150 多种货币。集成平台不仅支持 Visa、MasterCard、China UnionPay 等全球所有主流发卡机构以及 Apple Pay、PayPal、Alipay 等数字钱包,更支持 Boleto、Rapipago、Swedbank 等各国本地支付方式。拉美、非洲等地的本地支付种类繁多、形式复杂,且国际信用卡使用率低,往往成为跨境交易的一大障碍,而 Checkout 通过将众多各国本地支付方式吸收入支付网络之中,大大加强了平台在全球开展服务的能力①。正由于几乎汇集了所有支付方式,Checkout 高度集成化的平台使得商户可以轻松开展跨境交易,有效提升了用户体验与客户黏性。

3. 定价模式清晰,具有价格优势

在收费方面,Checkout 以透明、简单的定价模式吸引了大量客户。一方面 Checkout 借鉴 Adyen 的刷卡定价模式,根据发卡行、卡组织、收单行等参数收取一定比例的服务费加少量固定费率,该费用已包括银行的转账费等第三方费用,且无需账户维护费、安装费、增值服务费等其他费用,简洁明了,组成简单,客户可以清晰地了解每一笔费用需要支付的成本,大大提升了对账、管理

① About Payment,Checkout.com Profile,2020.

资金等操作的便捷性。另一方面,Checkout 的服务费率(单笔最低仅需交易额 0. 95%+0. 20 美元)远低于 PayPal、Stripe、Amazon 等主流平台(费率皆高于每笔交易额的 2%),且无其他平台可能存在的月费、发卡行服务费、提前解约费等,并推出企业计划让利于净值高、体量大的大中型企业客户,以低价策略取得优势。

4. 产品功能丰富,服务高度人性化

在帮助用户有效管理跨境支付业务以外,Checkout 还通过 API、SDK 接口等形式,以 The Hub 为入口与客户的财务系统关联,并集成了其旗下所有的增值服务:如欺诈防护、自动对账、报表分析等,帮助客户拥有更多的工具以辅助、保障其运营。此外,Checkout 的增值服务并非"千人一面",而是赋予用户充分的自由度以定制其运行的各项参数,以最大程度贴合用户需求。同时,相较于服务效率较慢的 PayPal 等同类公司,Checkout 全天候的客服支持也为其在市场博得了更多的好感。

(三)挑战与风险

1. 客户范围拓展受限,市场布局竞争加剧

一方面,Checkout 主要面向中型企业,但其现有服务模式可能不利于其进入增长迅速的小型客户市场。Checkout 要求企业在开设账户前必须有持续高额的交易量,这可能导致小微企业或初创企业无法加入平台,进而不利于其在小微市场的拓展。尽管大中型企业带来的交易量与现金流更为可观,但也为 Checkout 的业务带来了不确定性。签约期满后,这些重点客户是否会依旧选择 Checkout,将左右其未来的发展情况。

另一方面,虽然 Checkout 在欧洲市场已取得了竞争优势,但在其不断向亚洲、拉美地区扩张的过程中,可能面临更加激烈的市场竞争。这些地区的竞争对手具有服务成本更低、人员投入更灵活等优势,可能给 Checkout 在未来布局全球市场的过程中带来压力与挑战。

2. 技术立足空间有限,平台功能有待完善

Checkout 作为跨境支付业务中的技术提供者,在发展方向上偏向于不断提升其支付平台的标准化空间和模块化能力,而在一定程度上忽视了对于支付本身的关注。一方面,在 Airwallex 等部分友商自建清算架构以最大程度降低换汇成本的背景下,Checkout 的支付网络仍然致力于整合 Visa、万事达卡等既有跨境支付方式,这使得客户使用成本的压缩空间有限。另一方面,Checkout 本身不提供发卡、信贷等拓展金融服务,使得公司无法深入利用资金和信息等资源拓展利润更为丰厚的服务空间。因此,当有性价比更高且功能更为齐全的解决方案问世时,Checkout 的用户黏性将显著受到影响。

全球金融科技创新案例之数字
支付篇:Ebanx 研究

摘　要: Ebanx 是一家专注于拉丁美洲市场的金融科技独角兽企业,主营以跨境支付为核心的跨境贸易一体化解决方案,兼营巴西国内商贸服务与传媒、物流等业务。自 2012 年在巴西成立以来,Ebanx 业务稳步增长,用户已超过 6000 万,合作商家超过 1000 家,在经历两轮融资后估值突破 10 亿美元,成为巴西最年轻的独角兽企业之一。针对拉丁美洲国际信用卡普及率低、支付方式繁多的问题,Ebanx 通过与多家银行合作,将数百种支付方式集成在 Ebanx 的支付解决方案中,并围绕跨境支付推出国际物流、跨境营销咨询等服务,从而帮助全球跨境企业更好地在拉丁美洲地区开展业务。此外,Ebanx 也针对巴西国内需求开发了本地支付、数字钱包等业务。Ebanx 的成功经验主要有以下几点:一是所处的移动支付市场增长,红利持续释放;二是市场尚未形成垄断,Ebanx 得以通过多种渠道拓展客户;三是 Ebanx 积极开拓其他业务,在为企业提供增值服务的同时,打造核心竞争力。然而,Ebanx 也面临着内部技术能力不足、外部竞争加剧、跨境购物市场环境恶化等诸多挑战。本案例将从 Ebanx 的基本情况、经营指标和发展历程入手描述公司概况,从市场痛点解决、用户画像、产品与服务、营利模式、技术优势等方面深入分析其商业模式及运营机制,并在此基础上结合行业及竞品分析,总结其关键成功要素与现存风险挑战。

一、企业概况

（一）基本介绍

1. Ebanx：专注于拉丁美洲市场的金融科技独角兽企业

Ebanx 成立于 2012 年,总部位于巴西库里提巴市,是一家主要致力于为全球跨境企业在拉丁美洲地区提供以跨境支付为核心的跨境贸易一体化解决方案,兼营巴西国内商贸服务与传媒、物流等业务的金融科技公司。

表 1-15　Ebanx 基本情况

成立时间/总部	2012 年/巴西库里提巴
创始人	阿方斯·沃伊特(Alphonse Voigt) 瓦格纳·鲁伊斯(Wagner Ruiz) 若昂·德尔·瓦莱(João Del Valle)
估值	10 多亿美元(截至 2020 年 12 月)
累计融资额	3000 多万美元(截至 2020 年 12 月)
累计交易规模	N/A
合作商家/用户数	1000 多家/6000 多万(截至 2020 年 12 月)
员工数	900 多名(截至 2020 年 12 月)
覆盖范围	9 个国家支持跨境支付,其中两个国家支持本地支付(截至 2020 年 12 月)

资料来源:作者根据 Ebanx 官网资料整理。

2. 创始团队背景充实,法律金融技术齐聚

Ebanx 的创始团队由 Alphonse Voigt,João Del Valle 与 Wagner Ruiz 组成。三位创始人的背景各有不同,却又高度互补,共同构成了 Ebanx 获得成功的关键因素:作为 CEO 的 Alphonse Voigt 在大学期间主修法律,为 Ebanx 的合法合规经营作出了专业的贡献;而 CFO Wagner Ruiz 则是经济学科班出身,在参与

创始 Ebanx 之前，Wagner 已参与了多家公司的初创工作，拥有丰富的从业经验与管理初创公司的相关经历；作为三人中唯一的技术导向人员，COO João Del Valle 在大学期间修习计算机科学与软件工程，兼有运营管理的教育背景，为 Ebanx 创始团队绘上了技术的底色。在高度复合的创始团队支撑下，Ebanx 得以兼顾合法、创新、业务等多个角度，实现全面发展。

3. 连获 FTV 资本两轮领投，成为巴西史上最年轻的独角兽企业之一

Ebanx 曾于 2018 年 1 月获得 FTV 资本领投、Endeavor Catalyst 基金跟投的 3000 万美元融资。FTV 资本对属于技术与服务、金融服务和支付与交易处理领域的企业青睐有加，仅在支付与交易处理行业，FTV 已布局近 20 家新兴企业。此后，Ebanx 的迅速成长吸引 FTV 持续加码投资力度，并于 2019 年 10 月获得其后续融资。二轮融资过后，Ebanx 估值突破 10 亿美元，成为巴西史上最年轻的独角兽企业之一。

表 1-16　Ebanx 融资情况

融资轮数	投资方	时间	投资金额	估值
天使轮	FTV 资本、Endeavor Catalyst 基金	2018. 1	3000 万美元	—
天使轮	FTV 资本	2019. 10	未披露	10 多亿美元

资料来源：作者根据 Crunchbase 资料整理。

（二）经营指标

1. 深耕拉丁美洲市场，经营指标稳步增长

从巴西到墨西哥，再至玻利维亚等国家，截至 2020 年 12 月，Ebanx 已能为全球跨境企业提供在拉丁美洲 9 个地区的收款服务，使用 Ebanx 支付解决方案的合作商家已有 1000 多家，用户数也达到了 6000 多万。庞大的客户群体为 Ebanx 带来了可观的交易规模，2017 年，Ebanx 处理交易额为 12 亿美元；

而在 2019 年度,Ebanx 的处理交易规模增速仍保持在 60% 以上,处理交易额达 20 亿美元。2019 年,公司实现营业收入高达 1.5 亿美元①,较 2018 年增长 50%。

2. 巴西跨境支付翘楚,受到国际社会关注

凭借在拉美市场的强大竞争力与市场份额,Ebanx 于 2020 年入选国际商业智能和数据分析公司 FXC Intelligence 发布的《Cross-Border Payments 150》榜单,一起上榜的还有 Monex、UniTeller、dLocal 等 7 家拉美地区跨境支付企业。

(三)发展历程

Ebanx 的发展历程可分为初创起步期、市场拓展期、资本积累期三大阶段,如图 1-15 所示。

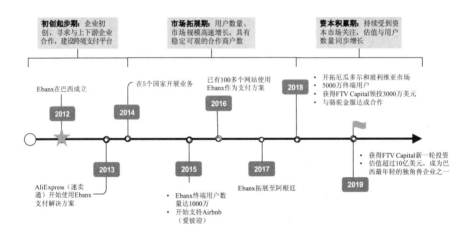

图 1-15　Ebanx 公司发展历程

资料来源:作者根据 Ebanx 官网资料、相关新闻报道整理。

1. 初创起步期(2012—2013 年)

自 2012 年成立之后,Ebanx 着手建立自己的跨境支付平台。通过与银

① Nearshore Americas、Narayan Ammachchi: "Brazilian Fintech Ebanx Achieves Unicorn Status with FTV Capital Funding", 2019.

行、收单机构展开合作,Ebanx 整合出一个完整的跨境支付解决方案。同时,Ebanx 积极寻求境外合作客户,如签约了阿里巴巴旗下的境外交易平台 AliExpress(速卖通)。

2. 市场拓展期(2014—2017 年)

2014 年起,Ebanx 的客户数量、市场份额呈现爆炸式增长,标志性事件为:2014 年,Ebanx 进一步扩大市场,在 5 个国家开展业务;2015 年,Ebanx 终端用户数量达 1000 万;2016 年,已有逾 100 个网站接入 Ebanx 使用其跨境支付服务。此外,Ebanx 将商业活动范围由巴西进一步扩大至阿根廷等其他拉美国家,持续探索拉丁美洲跨境支付市场。

3. 资本积累期(2018 年至今)

资本积累期的核心特征为初步获得资本关注。此期间,Ebanx 于 2018 年与 2019 年接连获得了 FTV Capital 的资本支持,估值跃升至 10 亿级别,成为巴西最年轻的独角兽企业之一。同时,Ebanx 也完成了向厄瓜多尔与玻利维亚市场的进军。此外,得益于资本市场强大的信心与头部优势,客户进一步向 Ebanx 集聚;用户由之前的 1000 万激增至 2018 年的 5000 万,并持续高速增长。

二、产品服务与商业模式

(一)市场痛点解决与用户画像

1. 市场痛点解决

拉丁美洲的在线交易市场持续释放红利,其中电子商务正以每年 25% 到 30% 的速度增长,由此带来了跨境支付需求的激增。然而,对于一部分需要进行高频跨境交易的全球跨境企业而言,在拉丁美洲的收款并非易事:拉丁美洲拥有 33 个国家和地区,其经济高度多元化,同时一体化程度较低,国家与国家之间的主流支付方式不尽相同,与世界市场的支付体系也存在不相兼容之处。此外,拉丁美洲有着独特的本地支付习惯,即一种"凭证"式的支付方式,消费者在线购物时可以选择该结账方式,从而使系统生成一张带有条码的支付单据,此后,消费者可以在线下网点或通过在线银行应用程序以现金为"凭证"付款。这种支付方式是拉丁美洲消费者日常付款方式的重要组成部分。例如,在巴西,该方式(其在巴西的本地化名称为"Boleto")占电子商务交易总额的17%。相比于"凭证"支付,借记卡及银行转账在线上支付的比率较小,共占比6.5%。

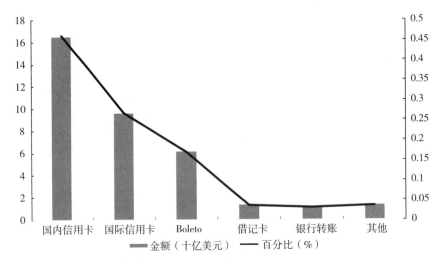

图 1-16　巴西线上支付方式占比

资料来源:作者根据 American Market Intelligence 资料整理。

在特殊的本地支付习惯占据大比例市场份额的同时,拉丁美洲国家的信用卡普及情况并不乐观。传统的跨境支付往往通过基于 SWIFT 网络的国际收单行开展,通过国际信用卡的技术支持,消费者通过国际货币(如美元)结算,商家以国际货币收款。而在拉丁美洲地区,国际信用卡普及率较低,国内信用卡虽普及率较高,但无法支持跨境支付服务,故并不能满足大多数人的跨境付款需求,且大大增加跨境企业在拉丁美洲开展业务的成本。此外,拉美居民获取金融产品的能力与当地电子商务增长速度的不平衡,跨境企业跨境收款的需求与拉美地区支付环境复杂、国际信用卡持有率低的矛盾成为亟待解决的痛点。

另外,尽管对于跨境商贸而言,支付是一个必须要打通的环节,而除去支付的适配工作,商家往往也需要在物流服务与本地化营销角度的业务支持,这为新入局探索拉美市场的跨境企业带来了高昂的成本。

针对拉美跨境支付市场收款复杂、跨境企业开展业务成本较高等种种痛点,Ebanx 一方面将其支付系统与拉丁美洲 9 个不同国家或地区的 100 多种本地付款方式相连接,从而整合出一个完整的端到端支付解决方案,基本覆盖拉美消费者常见的支付方式;另一方面,Ebanx 的平台直接连接 50 多家拉丁美洲的银行和相关机构,并与本地金融机构、VISA、监管机构和政府保持直接联系。高度信息化的平台可以让客户掌控付款全流程,实时获取数据动向,并依托 Ebanx 满足监管机构的合规要求。与此同时,针对客户实现本地化经营的迫切需求,Ebanx 还为客户提供跨境营销服务与国际物流服务等,帮助客户快速融入本地市场。

2. 用户画像

Ebanx 的客户群体为在拉丁美洲开拓市场的全球跨境企业和巴西本土企业。跨境企业中既有大型成熟的跨境大型企业,也有规模较小的跨境中小企业,主要覆盖跨境电商、在线教育、游戏、旅游、数字服务等五大领域,代表客户有速卖通、Airbnb、Spotify、Riot Games、Play Station、Facebook、Coursera、Ctrip、亚马逊、京东、Wish 等知名企业。

(二)产品与服务

Ebanx 通过与多个跨境、本地支付网络合作,将数百种支付方式集成在 Ebanx 的支付解决方案中,并围绕跨境支付推出增值服务与子品牌,从而帮助全球跨境企业更好地开展国际业务。同时,Ebanx 也针对巴西本土企业

开发了 Ebanx Beep 等服务,为拉美数字支付开辟更大空间。具体业务梳理如下:

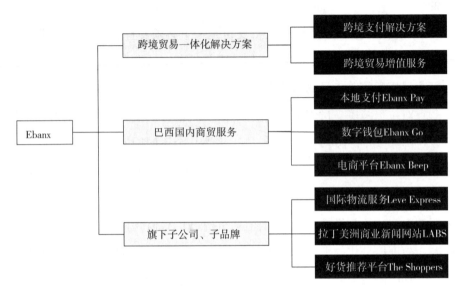

图 1-17　Ebanx 产品与服务

资料来源:作者根据 Ebanx 官网资料整理。

1. 跨境贸易一体化解决方案

Ebanx 能够为跨境企业提供跨境收款服务。借助 Ebanx 的解决方案,跨境企业可以通过本地支付网络以本地货币作为结款方式向消费者收费,或通过国际信用卡等支付方式将美元作为结算货币,为拉美居民的跨境购物与客户的跨境经营提供了极大的便利。

(1)跨境支付解决方案

从支付流程来看,当消费者在跨境商户的网站上进行购买并选择付款方式后,网站将自动生成消费者的付款信息;其后商家将此请求发送至 Ebanx 的支付网关,该网关将对请求进行验证并充当下一级支付处理者的接口,根据付款方式将交易信息发送给当地的第三方(基于消费者的支付方式,如发卡银行),第三方将根据风险控制等标准确认或拒绝该交易。批准交易后,交易类型的数据被传回 Ebanx 支付网关,后者将完成交易并通知商家,然后将状态显示给消费者,完成支付。在此过程中,Ebanx 被用作确保交易安全性和简便性的接口,负责将信用卡信息发送给收单行,并将交易的详细信息和响应都返回给客户。据 Ebanx 宣传,从商家收到付款请求,到 Ebanx 返回交易的详细信息,整个过程仅需 2.5 秒,提供了极大的便捷性。

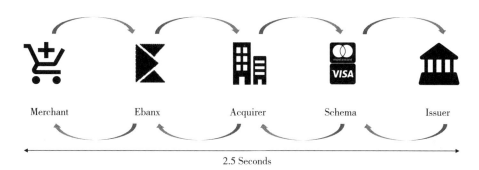

图 1-18 Ebanx 参与的支付流程

资料来源:作者根据 Ebanx 官网资料整理。

从支付方式来看,截至 2020 年 12 月,Ebanx 已与 9 个国家与地区的上百家银行和收单机构直接连接,商户网站只需通过 Ebanx 一家服务商,就可以处理以下近百种支付方式。

表 1-17 Ebanx 支持的部分支付方式

国家		支付方式
巴西	凭证	Boleto EBANX、InstantBoleto
	信用卡	Mastercard、Visa、American Express、Diners Club、Elo、Hipercard
	借记卡	Mastercard、Visa、Elo
	数字钱包	Mercado Pago、PayPal、PicPay
	其他	Bank Transfer、Online Debit、PIX

国家	支付方式	
墨西哥	凭证	OXXO、OXXO Pay
	信用卡和借记卡	Mastercard、Visa、American Express、Carnet
	数字钱包	Mercado Pago
	其他	SPEI
阿根廷	凭证	Pago Fácil、Cobro Express、Rapi Pago、Ripsa、Pampa Pagos、ChubutPagos、Bapro、Provincia Pagos、Pagolisto、Pronto Pago
	信用卡	Mastercard、Visa、American Express、Diners Club、Cabal、Naranja、Credimas
	借记卡	Maestro、Visa、Cabal
	数字钱包	Mercado Pago
智利	凭证	Multicaja、Sencillito、Servipag
	信用卡	Mastercard、Visa、American Express、Diners Club、Magna
	借记卡	Maestro、Visa
	数字钱包	Mach
	其他	Servipag
哥伦比亚	凭证	Via Baloto、Efecty
	信用卡	Mastercard、Visa、American Express、Diners Club
	借记卡	Mastercard、Visa、American Express、Diners Club
	数字钱包	Nequi
	其他	PSE
秘鲁	凭证	Pago Efectivo、Safety Pay
	信用卡	Mastercard、Visa、American Express、Diners Club
	借记卡	Mastercard、Visa、American Express、Diners Club
	其他	Pago Efectivo、Safety Pay

国家		支付方式
乌拉圭	预付卡	Midinero、Prex
	信用卡	Mastercard、Visa、American Express、Diners Club
	借记卡	Mastercard、Visa、American Express、Diners Club
厄尔多瓜	凭证	Cash&Electronic Payment Solution
	其他	Cash&Electronic Payment Solution
玻利维亚	凭证	PagosNet

资料来源：作者根据 Ebanx 官网资料整理。

从支付服务优化来看，根据跨境企业的规模与实际需求，Ebanx 提供了多种将其软件服务与企业平台整合的方式。一方面，Ebanx 为客户提供无缝强大的集成方式，通过底层的 API 接口与 SDK 应用包，方便客户以自下而上的方式更好地管理自身的跨境交易。另一方面，对于偏好直接应用即有解决方案的客户，Ebanx 提供了插件、数字钱包等即插即用的支付接口，使客户能够以较低的学习成本快捷地利用 Ebanx 的支付服务。

表 1-18　Ebanx 提供的整合方式

无缝强大的集成	API：可将 API 与商贸平台无缝集成并控制付款流程 Ebanx SDK： 构建以方便移动应用的代币创建和操作，并为 Android、IOS、PHP、Ruby 和 NodeJS 平台开发。
即插即用的整合	插件和扩展： 为流行的购物车软件设计的扩展和插件，现支持 magento、shopify、woocommerce、prestashop、opencart、corecommerce 等商务网站。 数字钱包： 巴西客户可使用 Apple Pay，拉美客户可使用 Google Pay，用银行卡和数字钱包进行支付。 无整合： 使用按需支付，手动生成支付链接并将其发送给客户。

（2）跨境贸易增值服务

Ebanx 以跨境支付为核心,打造了其他一系列的综合性跨境贸易增值服务,包括分期付款、24×7 全天候客服、物流追踪、市场营销、商业咨询服务等,为客户构筑多角度的运营支撑,便利其本地化转型。

分期付款提高跨境交易灵活性和转化率。拉丁美洲的居民普遍喜欢通过分期付款进行购物,分期付款交易额在交易总量中占据较大比例。据统计,巴西家庭每月收入的约 40%用以偿还分期付款①。针对这一消费者偏好,Ebanx 与部分信用卡机构展开合作,拓展分期付款业务,从而提高跨境交易的灵活性和交易转化率。在此业务中,Ebanx 与合作方共同为消费者提供分期贷款,而商家将一次性收到全部款项,便利其资金回笼。

	巴西	Mastercard、Visa、American Express、Diners Club、Elo、Hipercard
	墨西哥	Mastercard、Visa、American Express
	阿根廷	Mastercard、Visa、American Express、Diners Club、Cabal、Naranja、Credimas
	智利	Mastercard、Visa、American Express、Diners Club、Magna
	哥伦比亚	Mastercard、Visa、American Express、Diners Club
	乌拉圭	Mastercard、Visa、American Express、Diners Club

图 1-19 支持分期付款的信用卡机构

资料来源:作者根据 Ebanx 官网资料整理。

多样化的售后服务。在拉丁美洲,很大一部分人口仅熟悉葡萄牙语与西

---

① 搜狐网,海外市场分析 10|拉美洲之巴西篇,2018。

班牙语。根据 Ebanx 的《2019 年跨境研究》，语言不通成为跨境购物的阻碍之一，该问题在售后服务环节尤为明显。针对售后问题，Ebanx 专门成立了售后服务团队，帮助客户为消费者提供当地的语言沟通环境和多元沟通渠道，让跨境电商更具亲近感。

实用的物流追踪服务。针对消费者在部分合作伙伴（AliExpress、Gearbest、Banggood）的订单，Ebanx 推出了 Ebanx Track 帮助消费者获悉物流信息。从下单、转运到过关，再至国内运输以及派送，Ebanx Track 便利消费者实时获取物流、海关状态，并提醒消费者及时缴纳过关费用以免物流迟滞，显著提升了消费者的跨境购物体验。

多渠道的营销服务。Ebanx 能够为每一家企业制定本地化和定制化的内容计划，在拉丁美洲市场上开展营销服务。Ebanx 提供的营销服务包括：本地营销线下活动支持、本地化内容文案制作、视频制作、社交媒体宣传、当地公共和媒体关系处理。

本地化的战略咨询。Ebanx 能够通过咨询和数据分析为客户提供指导，使其适应当地文化并吸引拉丁美洲的更多消费者。具体而言，Ebanx 能提供关于提升用户体验、品牌定位、网站语言审核、竞争对手分析、结账页面和性能优化、节日促销建议等内容的咨询。

2. 巴西国内商贸服务

（1）本地支付 Ebanx Pay

除了为跨境企业提供支付服务，Ebanx 也为本地企业开发了本地支付服务 Ebanx Pay。Ebanx Pay 的产品逻辑与支付宝相近，主要为巴西本地企业提供线上收款服务，同时还为线下实体店提供对应的 POS 机，以营造无现金的数字支付环境，便利消费者支付。

（2）数字钱包 Ebanx Go

除了为企业提供支付解决方案，Ebanx 也在尝试向数字钱包领域进军。Ebanx 已宣布与 Visa 合作，面向巴西本土市场推出新的数字钱包账户 Ebanx

Go。在便利巴西消费者支付之余,Ebanx Go 还能使消费者享受消费折扣:Ebanx Go 持有者可在 18 个特定商家的服务列表中享受 5% 的现金返还折扣,这些商家包括 Spotify、AliExpress、Gearbest、UseGiraffe、PatPat、Ctrip 和 Civitatis 等。

尽管 Ebanx Go 业务暂时只在巴西国内进行运营,但 Ebanx 谋求将其推广至更大的市场。截至 2020 年 12 月,Ebanx 已获得英国金融行为监管局(Financial Conduct Authority)的电子货币许可证,为 Ebanx GO 在全球范围内的合法合规运营再添筹码。随着在数字钱包领域探索的深入,Ebanx Go 将进一步扩展至其他拉丁美洲国家、墨西哥以及美国部分地区。

(3)电商平台 Ebanx Beep

在疫情期间,隔离措施导致消费者的线下消费骤降。基于此,Ebanx 着手在巴西建设了名为 Ebanx Beep 的在线销售平台,本土的中小型企业和个体经营者能够使用 Ebanx Beep 创建网络商店出售产品,以刺激消费者进行线上消费。

3. 旗下子公司与子品牌

(1)国际物流服务 Leve Express

在跨境购物中,物流涉及两个以上国家的对接,效率与费用往往成为痛点。以巴西为例,95% 的包裹通过巴西邮政(Correios)进行清关和尾程派送。对于每个包裹,巴西邮政会收取 15 雷亚尔(约 2.7 美元)的包裹处理费并在清关时按照包裹价值收税;物流成本成为跨境交易的一大障碍。同时,Correios 还存在着信息不全和通知不足的问题。当包裹到达 Correios 并在海关等待缴费时,许多消费者并不会收到通知,从而导致包裹因未交税而被搁置,造成物流效率低下。此外,尽管 Correios 新近设立了速递服务,并采取暂时不收费的策略吸引顾客,但是交付时间缓慢,依然难以使消费者获得良好的购物体验。

表1-19 国际电子商务的邮政服务

运输模式	订单追踪	追踪 ID	包裹处理费	包裹到达巴西后的平均交付时间
平邮	—	U 开头	15 雷亚尔	41 天
挂号	基础信息	R 开头	15 雷亚尔	38 天
速递	详细追踪	L 开头	目前①不收费	19 天
LEVE 专线	更为精确的追踪	特殊的追踪单号	不收费	6 天

资料来源:作者根据 Ebanx 资料整理。

针对物流问题,Ebanx 收购了物流公司 Leve Express(以下简称 Leve),通过提供海外仓服务、智能的清关系统和高效的物流配送提升消费者的购物体验,同时降低商家的物流成本。一方面,Leve 在全球范围内(如中国与美国)设有仓库,能够为出口跨境电商企业提供货物批量发往海外仓的服务,并应用 Ebanx Track 帮助客户监督物流的全流程。另一方面,Leve 能够为客户提供预清关服务,实现高速放行、高速派送,大大缩短了包裹交付时间。通过 Leve 专线提供的海外仓服务、预清仓服务、国际物流服务及尾程派送服务,Ebanx 能够确保消费者在下单后 20—25 天内收到包裹,大大便利了跨境交易。

(2)拉丁美洲商业新闻网站 LABS

为了更好地帮助客户了解当地市场,Ebanx 运营着一个聚焦拉丁美洲市场的商业新闻网站 LABS(Latin America Business Stories,拉丁美洲商业故事),侧重于经济学、商业、技术和社会研究,并可根据企业的特定需求单独开展相应研究。

(3)好货推荐平台 The Shoppers

Ebanx 推出了一个流量聚合的平台 The Shoppers。该平台利用大数据,依据好货推荐的逻辑,帮助跨境电商把合适的产品推送至本地消费者面前,提高

---

① "目前"指截至 2020 年 12 月。

交易转化率。

除了现有的产品,Ebanx 与合作企业积极探讨更多合作的可能性。2019年度,Ebanx 与 AliExpress① 合作,在巴西库里蒂巴市的 Shopping Mueller 购物中心开设了第一家为期 30 天的实体销售试点,该销售点以"快闪店"的模式运作,配有物理和数字陈列柜,通过这些设备,购物者可以获得有关每种产品的信息,并扫描二维码访问 AliExpress 网站,通过 Ebanx 提供的跨境支付服务完成购物。对于线下场景的探索使 Ebanx 进一步拓展了自身业务的应用空间。

(三)营利模式

经过多年的发展,Ebanx 收费模式已较为成熟。对于跨境贸易一体化解决方案,Ebanx 收取的费用分为交易服务费、汇兑差和其他服务费。其中,交易服务费是 Ebanx 的主要收入来源。Ebanx 对不同规模的企业(跨境中小企业:每月交易额小于 50 万美元,跨境大型企业:每月交易额大于 50 万美元)有不同的收费标准:对于跨境中小企业,每笔交易服务费为付款额的 4.9% + 0.20 美元,而对于跨境大型企业则会按照一定的规则给予更低的费率。

除此之外,Ebanx 提供的跨境贸易增值服务属于定制服务,其费用也已包含在跨境贸易一体化解决方案当中,不需另外支付。巴西国内商贸服务中,除 Ebanx Beep 收费为交易额的 2.9% 之外,暂未找到 Ebanx Go 等其他服务的费率信息。旗下子公司与子品牌中,国际物流 Leve Express 将根据运输情况确定资费。而 The Shoppers 和 LAB 作为媒体平台,不直接面向客户收取服务费用。

(四)市场营销模式

Ebanx 的推广主要面向具有跨境交易需求的跨境中小企业。为推广产

---

① 阿里巴巴旗下跨境电商业务之一。

品,Ebanx 会定期和雨果网、LABS 等信息平台合作,开展线上直播峰会进行产品推介活动。此外,Ebanx 每年会举行拉丁美洲峰会等跨境交易论坛,推动与更多的客户建立合作关系。

(五)研发情况及技术优势

Ebanx 在风险管理技术上投入较高,不仅采用了业界最高的安全标准——一级 PCI DSS;而且针对拉丁美洲市场环境开发了 Ebanx 盾以保护企业免受欺诈的风险。此外,为加速自身技术积淀,Ebanx 于 2019 年末收购了圣保罗的一家金融科技企业 Joy Pay,后者成立于 2016 年,已在数字支付市场建立了良好的声誉。据 Contxto 报道,此次收购意在通过 Joy Pay 的技术扩展 Ebanx Pay,提高其在实体店的数字支付、QR 码交易中的服务能力与安全性。

此外,Ebanx 也寻求与技术型企业的合作。例如,Ebanx 与 tableau、亚马逊云服务合作以支持和管理数据;与 ACI 合作以优化支付业务;与 Konduto 合作以监督支付过程,降低欺诈风险。

三、分析及总结

(一)行业及竞品分析

Ebanx 的竞争对手可分为以 PayPal、Adyen 和 Stripe 等为代表的国际数字支付企业及 Kushki、PPRO 等在拉美地区为全球跨境企业提供跨境支付的数字支付企业两大类。

一方面,相比于 Paypal、Wordplay、Adyen 等国际数字支付企业,Ebanx 有着显著的优势。Ebanx 的解决方案一来费率更加低廉,二来流程也更稳定。在跨境支付流程中,国际数字支付企业的支付请求将被视为"非国内请求",发行银行无法得知客户或者商家信息,因此出于风控考量,可能会拒绝支付而限制交易成功率;而 Ebanx 立足于拉美本地,其支付属于国内业务,与本地银行的配合度更高,流程更加稳定、顺畅。此外,Ebanx 对本地消费者习惯、消费者行为数据等更有经验,风控系统可更精准地识别恶意欺诈行为,从而提前预警和拒绝欺诈订单,减少收款方的风险。

另一方面,Venmo、Stripe、Square 等初创公司鲜在拉丁美洲直接运营,更多地采用与当地服务机构合作运作的机制,其强有力的科技能力与市场资源难以直接作用于拉美市场,因此直接立足本地的 Ebanx 会更具优势。

表 1-20　跨境本地支付、国际数字支付企业对比

	跨境本地支付	国际数字支付企业
典型公司代表	Ebanx	Paypal/Wordplay/Adyen
商户接受币种	美元	美元
购买成本	低	高
拒付率	低	高
是否支持所有卡种类	是	否
是否支持分期	是	否
是否能为消费者提供当地语言服务	是	否
税收	外汇交易税率 0.38%	外汇交易税率 6.38%
覆盖人群	覆盖人群 100%	覆盖率较低
欺诈率	低	更高

资料来源:作者根据 Ebanx 官网资料整理。

除了国际数字支付企业,在拉美支付市场中亦已有较多本地企业布局整合支付业务,相关产品已落地,Ebanx 与部分竞品的对比如下:

表 1-21　部分跨境本地支付企业对比

企业名称	总部	成立时间	业务能力
Ebanx	巴西	2012	支持拉美 9 个国家上百种支付方式

续表

企业名称	总部	成立时间	业务能力
Kushki	厄瓜多尔	2015	支持拉美地区 5 个国家或地区主流支付方式
PPro	英国	2006	支持 4 个国家 140 种拉丁美洲主流付款方式（现金、本地卡、银行转账）
Epayco	哥伦比亚	2011	业务集中于哥伦比亚，支持多种哥伦比亚支付方式（在线支付，现金和银行转账）
Mercado Pago	巴西	2004	支持拉美地区 6 个国家多种主流支付方式
Conekta	墨西哥	2011	支持墨西哥多种支付方式

不难看出，拉美地区本地支付市场竞争较为激烈，融资事件频发，涌现出多家优秀的支付机构，也存在着 Mercado Pago 此类体量大、业务广的上市公司。然而，截至 2020 年 12 月，仍没有一家公司能占据绝对领先的市场规模，成为明确的市场领导者。从地域分布上看，Ebanx 所支持的付款方式更多、覆盖的区域更广，能够更好地满足跨境企业在拉美地区进行范围广、频次高、金额小的交易需求。从业务来源来看，虽然 Ebanx 也有巴西国内商贸业务，但其更专注于全球跨境企业于拉美地区的跨境支付服务，并积极开拓亚洲、欧美等地的订单；而 Mercado Pago、Kushki 等竞争者更多将拉美本地企业作为主要客源。Ebanx 错峰竞争，避免在红海市场与诸多企业进行正面较量。

（二）关键成功要素

与 Airwallex 类似，Currencycloud 的崛起深受跨境支付市场红利的催化影响。而除了上文于 Airwallex 案例中提到的跨境支付市场扩大带来机遇之外，Currencycloud 还具有以下 3 个关键成功要素：

1. 拉丁美洲移动支付市场持续增长，红利不断释放

随着通信基础设施的持续建设与经济的进一步发展，拉丁美洲的移动支付市场增长迅速，为 Ebanx 入局提供了关键的外部机遇。根据相关报道估算，

2017 年至 2021 年期间,巴西移动支付市场预计将以 29% 的增速增长,至 2021 年底,交易金额有望达到 812.7 亿美元①。如此大的市场规模为 Ebanx 的萌芽壮大提供了理想的沃土,促使其不断扩大市场、抢占先机。而未来,伴随着拉美地区支付场景的进一步拓展,市场红利将为 Ebanx 带来持续的积极影响。

2. 市场尚未形成垄断,渠道为王

虽然已有多家企业布局拉美本地支付业务,但市场尚未形成垄断,各竞品均有占据更多市场份额的机会。在积极布局蓝海市场的这一阶段,技术驱动优势暂不明显,渠道与市场更为重要。尽管技术能力并不突出,但由于成立时间较早,Ebanx 占据了先发优势并高速成长,并通过与头部企业的合作、多渠道的宣传等成功地吸引到更多的用户使用 Ebanx 支付解决产品,从而占据有利竞争地位。

3. 提供增值服务,打造核心竞争力

Ebanx 所处的跨境支付行业技术壁垒不高,早期竞争以拼费率为主,但随着行业竞争进入中场,行业内费率趋于统一,盈利模式渐趋成熟,竞争的重点逐渐聚焦于多元衍生服务。而 Ebanx 正是依托跨境贸易增值服务与子公司、子品牌进一步增加对商家的吸引力,从而拴紧既有用户并拓展全新市场,达到"正反馈"的积极效应。Ebanx 的物流、仓储、本土化营销亮点颇丰;从营销到支付再到物流和售后,Ebanx 能围绕整个跨境商贸产业链条提供一系列高质的富有竞争力的服务,这无疑是 Ebanx 的核心竞争力所在。

(三)挑战与风险

除了上文 Airwallex 案例中提到的"受疫情影响盈利不确定性增强"的风险之外,Currencycloud 还面临着以下两大挑战与风险。

---

① 于添:《巴西互金发展迅速,预计 2021 年移动支付交易金额达 812.7 亿美元》,2019。

1. 行业竞争愈演愈烈，未来竞争压力或增大

虽然 Ebanx 与 Mercado Pago 等企业存在着错峰竞争的现象，但是对于 Mercado Pago 来说，其对于跨境支付业务的收费相对较低，使其得以占据价格优势。此外，Ebanx 也面临着来自官方机构的竞争压力，如巴西中央银行推出即时支付系统 PIX。借助 PIX，用户可以通过移动应用、互联网银行和自动柜员机使用快捷且全天候的支付服务。创企与各类巨头的双双入局，对于 Ebanx 而言意味着合作的机遇，抑或强有力的竞争对手，尚未可知。

2. 科技化程度稍显不足，行业技术壁垒较低

尽管身为金融科技企业，Ebanx 在科技领域的沉淀尚显浅薄。其增长更趋向于业务驱动而非科技驱动。尽管已收购 Leve、Joy Pay 等企业强化自身科技实力，但收购后的企业能否持续输出技术创新，仍在未知之中，核心科技能力仍然缺乏。同时，Ebanx 的差异化竞争体现在其咨询、售后等配套服务，其属于劳动力密集而非技术密集型产业，不具有很高的行业壁垒，易受市场同类同质产品影响。

并且，Ebanx 现今的市场优势来源于其提前布局的先发机遇，以及拉美地区电子商务、数字支付高速发展的市场红利。跨境支付业务本身行业技术壁垒较低，若无法基于科技实力求新求变，实现差异化竞争，为消费者提供更高质量的服务，Ebanx 在拉美在线交易、跨境购物风口之后的处境将不容乐观。

全球金融科技创新案例之数字支付篇：Interswitch 研究

摘　要：Interswitch Limited（以下简称"Interswitch"）是尼日利亚第一家专注数字支付服务的公司，为客户提供全面的数字支付产品和解决方案。自2002 年成立以来，Interswitch 快速发展，网络用卡激活数量超过 2200 万张，每日交易处理数量超过 19 万笔，截至 2021 年 1 月累计融资金额达 3.6 亿美元，估值超过 10 亿美元。在尼日利亚数字支付服务市场接近空白、传统金融服务无法满足支付需求的情况下，Interswitch 自主构建了数字支付基础设施、提供全面的支付产品和解决方案以及咨询培训等服务，用户范围由个人、中小型企业逐渐扩展至大型企业以及政府。其关键成功因素有三：第一，在市场定位上，Interswitch 深度挖掘了尼日利亚数字支付市场的巨大潜力，占据先机实现迅猛发展；第二，公司具有强大的创新实力，自主构建了安全、可靠、可扩展的支付基础设施，技术实力雄厚；第三，Interswitch 产品与服务全面，覆盖渠道广阔，业务领域横跨支付产品、解决方案以及咨询培训，充分满足市场需求。然而，随着全球疫情的持续、尼日利亚政局和经济的波动以及大批新兴企业入局非洲支付市场，Interswitch 正面临空前的竞争和挑战。本案例将从 Interswitch 的基本情况、经营指标和发展历程入手描述公司概况，从市场痛点解决、用户画像、产品与服务、营利模式、营销模式、技术优势等方面深入分析其产品服务及商业模式,并在此基础上结合行业及竞品分析,总结其关键成功要素与现存风险挑战。

一、企业概况

(一)基本介绍

1. Interswitch:非洲数字支付服务拓荒者

Interswitch 是一家专注于数字支付服务的综合服务商,且已成为尼日利亚的金融科技独角兽企业。Interswitch 在尼日利亚的数字支付生态系统建设中长期占据主导地位,并推动了非洲的支付创新。

表 1-22　Interswitch 基本情况

成立时间/总部	2009 年/尼日利亚拉各斯
创始人	Mitchell Elegbe(丰富的信息技术和金融服务经验)
估值	超过 10 亿美元(截至 2021 年 1 月)
总融资金额	3.6 亿美元(截至 2021 年 1 月)
累计交易规模	每月交易数量超过 4200 万笔(截至 2021 年 1 月)
员工数	500 多名(截至 2021 年 1 月)
用户数	250 多万(截至 2021 年 1 月)
覆盖范围	非洲大陆 23 个国家(截至 2021 年 1 月)
牌照	PSSP 牌照(截至 2021 年 1 月)

资料来源:作者根据 Interswitch 官网、Crunchbase 等资料整理。

2. 创始人兼具金融与技术背景,管理经验丰富

Interswitch 的创始者、集团董事总经理兼 CEO Mitchell Elegbe 拥有丰富的金融从业经验以及信息技术背景,使得公司在创业初期便能提供专业的产品和服务。Mitchell 毕业于尼日利亚贝宁大学电子工程专业,也参加过沃顿商学院(Wharton)、IESE 商学院(IESE)的全球 CEO 项目,具有丰富的软件开发知

识和专业的企业管理能力。同时,Mitchell 坚持以人为本的领导策略,具有较强的变革适应能力。Mitchell 杰出的领导能力也受到过多次嘉奖,诸如 CNBC／福布斯的 2012 非洲商业领袖(AABLA)、国际金融公司的普惠商业领袖奖以及非洲领袖网络(ALN)的 2013 非洲企业家奖(AAE)及 2019 年非洲银行家偶像。在他的领导下,Interswitch 实现了业务的多元化发展,推动了非洲支付行业的革命性创新进程。2014 年公司被德勤评为"非洲增长最快的科技公司"①。

3. 业内头部机构陆续加盟,知名投资人多轮领投

自成立以来,Interswitch 先后获得 4 轮融资,截至 2021 年 1 月累计融资金额达 3.6 亿美元,估值超过 10 亿美元,率先在非洲同行业公司中实现迅速发展。具体而言,2010 年知名投资公司 Helios 以 0.96 亿美元获得了 Interswitch 52%的股份,使公司估值达到 1.84 亿美元;2019 年国际支付巨头 Visa 以 2 亿美元获得了 Interswitch 约 20%的股份,使公司估值达到 10 亿美元,成为非洲金融科技公司发展的新里程和独角兽企业。

表 1-23　Interswitch 融资情况

融资轮次	融资时间	重要投资人	融资金额（美元）	公司估值（美元）
风险投资	2010. 12	Helios Investment Partners	9600 万	1.84 亿
风险投资	2011.9	Adlevo Capital	1050 万	—
私募股权投资	2017.3	TA Associates	—	—
公司轮融资	2019.11	Visa	2 亿	10 亿

资料来源:作者根据 Interswitch 官网、Crunchbase 等资料整理。

---

① Businessday, Online transactions volume: Interswitch rewards First Bank for topping chart, 2016.

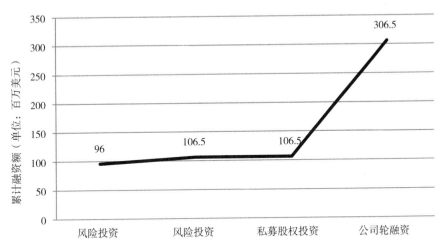

图 1-20　Interswitch 累计融资额曲线

资料来源：作者根据 Interswitch 官网、Crunchbase 等资料整理。

（二）经营指标

在覆盖区域方面，自 2002 年在尼日利亚设立总部以来 Interswitch 发展迅速，至 2020 年 11 月，Interswitch 已在乌干达、冈比亚和肯尼亚等 23 个非洲内的国家和地区开展业务并销售产品。

在交易数量方面，Interswitch 拥有非洲发行量最大的本地发行卡品牌 Verve。截至 2021 年 1 月，其网络用卡激活数量已超过 2200 万张，可触达尼日利亚 10 多万 POS 终端、1.1 万 ATM，还可以在世界上 185 个国家使用。此外，早在 2019 年 7 月 31 日，该公司面向消费者的支付平台 Quickteller 每月处理交易数量已超过 4200 万笔，交易总额超过 5600 亿奈拉（约 18.2 亿美元）①，截至 2021 年 1 月，Quickteller 在尼日利亚拥有超过 26600 个代理点，可触达超过 8000 的商户，每日交易数量超 19 万笔②。

①　CNBC，Nigerian"unicorn"Interswitch sells stake to Visa，2019.

②　Interswitch 官网，公司简介，2021。

在营业收入方面,穆迪公司的报告显示,2017 年至 2019 年 Interswitch 平均净收入增长率为 17%,同期 EBITDA 平均利润率为 40%。2019 年 Interswitch 税后利润为 67 亿奈拉(约 1758 万美元),EBITDA 利润率达到 43%。

(三)发展历程

Interswitch 的发展历程可分为技术积累期、业务拓展期、技术输出期 3 个阶段,如图 1-21 所示。

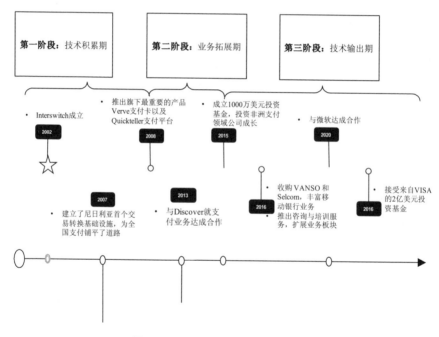

图 1-21　Interswitch 发展历程

资料来源:作者根据 Interswitch 官网,未央网等资料整理。

1. 技术积累期(2002—2007 年)

Interswitch 在创立之初便专注于非洲市场,瞄准非洲庞大的数字支付业务需求,致力于开发最符合当地条件的支付软件和相应硬件设施。在技术积累期,Interswitch 将资源主要集中于建立尼日利亚首个交易转换基础设施,为构建其全国支付网络铺平道路。

2. 业务拓展期（2008—2014 年）

在此期间，Interswitch 开发了旗下最重要的产品——Verve 支付卡和 Quickteller 平台，并积极寻求与当地的金融机构进行商业合作。同时，Interswitch 的数字支付业务覆盖范围逐渐从尼日利亚扩展至周边的一系列非洲国家，并在乌干达、冈比亚和肯尼亚等国家建立了实体公司。2013 年 Interswitch 成功和美国信用卡发行商 Discover 在支付流程业务上达成合作，不断拓展业务范围。

3. 技术输出期（2015 年至今）

2015 年至今，Interswitch 进一步扩大服务领域。2015 年，Interswitch 成立了用于投资非洲支付领域新兴企业的基金（基金规模初始为 1000 万美元），赋能非洲地区支付行业的公司发展。2016 年，公司收购了坦桑尼亚的技术提供商 VANSO 以及 Selcom，使得公司的移动银行、短信和安全业务线更加完备。此外，除了已有的数字支付业务外，公司推出了全新的咨询服务，输出数字化解决方案与培训课程。2018 年，Interswitch 与微软达成合作，宣布推出其首个基于区块链的供应链金融服务。2019 年，公司接受 VISA 的 2 亿美元投资，为公司进一步扩大跨地域影响力奠定了基础。

二、产品服务与商业模式

（一）市场痛点解决与用户画像

1. 市场痛点解决

Interswitch 的成立主要是为了解决尼日利亚数字支付领域存在巨大空白、难以满足日益增长的支付需求的市场痛点。具体而言，尼日利亚作为非洲第一大经济体和人口大国，总人口 2 亿多、人均 GDP 超过 2000 美元，但数字支付行业整体发展水平却十分滞后,且是非洲普惠金融服务最差的国家之一。The Enterprise Development Centre(EDC)of the Pan African University 的数据显示,截至 2018 年尼日利亚 95.3% 的交易需要通过现金支付完成。《Africa Banking Overview 2018》报告显示,2018 年尼日利亚普惠金融渗透率大约是 48%,而该数值较 2010 年仅增长了 8%。此外,相比于肯尼亚(拥有移动支付巨头 M-pesa)等国家,尼日利亚的数字支付领域尚未出现行业领头羊。

究其原因,一方面,尼日利亚政府对数字支付的态度一直非常保守和谨慎,这也间接导致国民金融观念较为守旧;另一方面,尼日利亚的金融服务体系也以银行为主导,其银行在看到移动支付巨头 M-pesa 对肯尼亚银行业造成的冲击之后,对移动运营商和金融科技公司可能带来的市场竞争持谨慎态度,且尤其排斥以 MTN、Etisalat(9-Mobile)、Airtel 等外资移动运营商进入市场,通过限制移动运营商获取金融服务相关牌照,但同时银行由于自身的基础设施建设成本较高,既无法全面覆盖地区和城市,又存在效率低等问题,根本无法满足国内日益增长的支付需求。

针对以上痛点,Interswitch 应运而生,不仅在尼日利亚以及整个非洲大陆率先建立了覆盖 ATM 机、POS 机、手机、电话亭、电脑和银行网点在内的全面且完善的支付基础设施网络,而且推出了 Verve 支付卡、Quickteller 在线支付平台等数字支付产品及服务体系,使得数字支付能够在被现金等传统支付方式支配的市场中快速发展、开辟新的天地。除此之外,随着业务的完善与成熟,Interswitch 逐渐面向行业输出数字支付解决方案,并提供培训、咨询等服务。

2. 用户画像

Interswitch 在其初创时主要服务于个人用户,旨在解决当时尼日利亚金融服务体系无法有效满足个人支付需求的痛点。随后公司推出支付交易管理平台,并开始服务小微企业。随着公司的产品和服务向上下游逐渐拓展,自 2011 年起 Interswitch 逐渐将其服务重心转移至中大型企业乃至当地政府,为金融、交通运输、医疗健康等行业的企业以及政府提供数字化解决方案。即截至目前,Interswitch 的用户可以分为个人用户、企业用户(小微企业以及大中型企业)、政府用户三大类。

此外,Interswitch 通过与银行和企业进行广泛的合作以扩大市场影响力。其合作者既包括 Mastercard、Visa、Discover 等发卡行以及 UBA、FirstBank、GTBank 等银行,也包括 Azimo 等数字支付公司,Nairametrics、Financial Nigeria 等媒体平台以及 Ferratum 等数字银行。通过聚集企业、金融机构以及其他支付利益相关者并提供端到端的集成服务,Interswitch 逐渐在非洲以及全球拥有了庞大的用户。目前,其产品和服务已触达德国、肯尼亚、乌干达、冈比亚等国家。

(二)产品与服务

针对个人用户、小微企业和大中型企业以及政府的不同需求和痛点,Interswitch 构建了全面的服务体系,提供个人支付产品、支付解决方案、贷款服务、咨询培训服务以及数字解决方案五大服务。

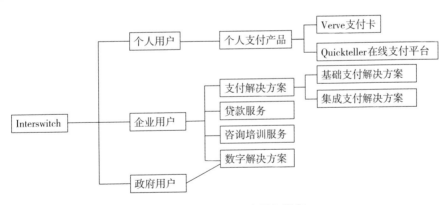

图 1-22 Interswitch 产品与服务

资料来源:作者根据 Interswitch 官网等资料整理。

1. 个人支付产品

(1)Verve 支付卡

Verve 支付卡作为 Interswitch 最重要的品牌,提供借记卡、预付卡和支付卡 3 种实体卡以及可用于无卡提款、代币支付、虚拟钱包、数字支付的虚拟卡。Verve 作为尼日利亚所有支付渠道都接受的、最广泛使用的银行卡,具有便捷和安全的特点,并支持指纹、面部和语音识别等先进的生物识别功能。此外,通过 Verve eCash、Verve Paycode 以及 Verve mPin,用户可以享受无卡取款、手机支付等服务,大大提升了金融服务的便捷性。

(2)Quickteller 在线支付平台

Quickteller 在线支付平台为个人用户提供支付(Quickteller)、全球购物(Quickteller Global Mall)以及网络贷款(Quickteller Loan)三大功能。在支付方面,Quickteller 提供了一个易于使用的多渠道支付平台,支持水电费、税费、娱乐订阅等账单缴纳,以及机票预订、门票购买、定期支付等功能。Quickteller 接受 Verve、Visa、Mastercard、Discover 等支付卡,可链接网站、手机 App、电子钱包、POS 机等多个平台,能够对交易实现快速而安全的处理。在全球购物方面,Quickteller Global Mall 连接了美国、英国的 100 余个品牌商店(包括 AHOLICS、ZARA 等),用户可在平台上直接购物付款并在尼日利亚境内享受送货上门服务。在在线贷款方面,用户通过手机即可根据历史信用评分申请由尼日利亚头部借款机构提供的贷款,历史信用评分也决定了可贷款金额。

2. 支付解决方案

(1)基础支付解决方案

Interswitch 为企业用户提供多渠道交易切换(transaction-processing-and-switching)、收款(Payment Collections)、付款(Payment Disbursement)三大基础支付解决方案。在多渠道交易切换方面,Interswitch 构建了可支持多种渠道(ATM、POS 和电子商务)以及多种类型卡(借记卡、信用卡和预付卡)的支付处理平台,为发卡机构和收款机构之间的电子交易切换处理奠定了基础。Interswitch 提供了尼日利亚最大的数字支付集成系统,可与各应用程序的 SDK 实现无缝对接,已支持 Verve、Mastercard、Visa、UnionPay、AmEx、JCB、

Diners 和 Discover 的各类支付卡。在收款方面,Interswitch 提供了集成化的多渠道收款解决方案,可帮助企业从银行、POS 机、互联银行以及 Quickteller 等渠道一键对付款进行收取、监控和报告管理。该平台可为客户提供有关付款来源的详细信息,客户可对资金流转的全过程进行实时追踪,并将平台与 ERP 系统进行关联,轻松实现账户汇总与核对。在付款方面,Interswitch 提供的解决方案支持企业实现批量自动付款、薪资发放、费用管理、账户监控等功能,并可通过 API 与第三方系统实现关联,简化支付管理并提升交易的安全性。

(2)集成式支付解决方案

在基础支付解决方案的基础上,Interswitch 打造了集成支付解决方案 Quickteller Business,旨在帮助各行各业的企业以数字化的方式销售、跟踪收款、自动付款并加强与利益相关者之间的协作,从而提高交易数量和业务成功率。通过将支付解决方案与业务集成,Quickteller Business 可以帮助客户对交易数据进行实时分析,并借助数据做出更明智的业务决策。Quickteller Business 可满足各种行业的企业对各类支付渠道的使用需求,为企业的电子交易有效赋能。

3. 贷款服务

Interswitch 可以帮助企业客户向消费者提供贷款服务。基于 13 年的历史交易数据,Interswitch 可以对消费者的信用风险进行评估、对其身份进行验证,并且提供多渠道支付和贷款回收方式,从而作为增值服务提供给消费者。企业客户若与 Interswitch 贷款服务达成合作,则可获得高达消费者贷款交易总额 2% 的返利收入。

4. 咨询培训服务

Interswitch 面向数字支付提供专家培训和咨询服务,帮助客户增加对数字支付的了解和应用。课程覆盖商业管理、基础设施和交易处理、欺诈与风险管理、芯片与密码等内容,适合各个级别的从业者,为帮助非洲企业和组织提升产品的安全系数、提高企业运营团队管理水平、强化系统架构的运行效率，提供了世界一流的数字支付培训。

5. 数字解决方案

Interswitch 以支付场景为核心进行拓展，可为银行、医疗保健、能源、政府等行业提供定制化的数字解决方案。在银行领域，公司可为客户提供定制化的移动银行解决方案。Interswitch 结合 USSD 平台开发智能化的 POS 集成软件包，从而打造支持线上支付、随时转账、小微贷款申请、语音银行等功能的移动银行产品。在医疗保健领域，公司推出 Interswitch Smart Health 后端健康管理平台，可针对患者的康复需求提供医疗保健和保险服务，以及在线处理索赔、支付等功能。在能源领域，公司推出 Interswitch Energy 数字零售管理平台，提供自主付款、库存跟踪、销售监控以及集成嵌入功能。面向政府，公司推出 Smart Gov 解决方案，一方面结合生物识别技术与支付技术为公民提供智能身份证用于身份管理，实现公民税收收入、社会福利、教育、养老等服务的自动化；另一方面为政府建立自动化的内部收入管理流程，使得各部门和机构无需离开办公桌就可以对政府内部产生的收入进行收集、监控、转账以及资金核对，大大提高交易的安全性和效率。

（三）营利模式

目前，Interswitch 的主要营利模式是通过 Verve、Quickteller 等产品收取交易佣金。当用户使用 Verve 信用卡时，需要在第一年支付 125 美元年费，从第二年开始支付 96 美元的年费以及 10 美元的月费，定期年利率为 30.49%。当第一次注册 Quickteller 平台时需要支付 16500 奈拉的初始费用，后续需要为每笔交易支付 3.5% 的佣金。此外，Interswitch 也将服务扩展到了咨询领域，为企业和政府提供数字解决方案以及数字支付相关课程，这也将成为公司未来的重点业务。

三、分析及总结

（一）行业及竞品分析

Interswitch 的主要竞争者是同样专注于尼日利亚市场的数字支付公司，包括 Flutterwave、Paystack、Paga、Opera 等。

表 1-24　Interswitch 竞品简介

企业名称	创立年份	简介
Flutterwave	2016	Flutterwave 是非洲支付市场的一颗新星，获得过多轮知名投资人的投资，已与 26000 家企业达成合作。2018 年是 Flutterwave 获得了 ISO27001 的认证和 PADSS 认可，其影响力逐渐跨出尼日利亚走向全世界。
Paystack	2015	Paystack 主要致力于为在非洲的企业提供支付平台，以收取全球各种货币资金，目前已与 27000 家企业达成合作（主要在尼日利亚）。Paystack 获得过包括腾讯在内的多轮融资，其产品最大的特点是注重用户体验，以及极快的支付接受速度。
Paga	2009	Paga 是一家由尼日利亚中央银行许可的移动支付运营商，致力于为非洲用户提供移动支付等金融服务，包括账单支付、银行存款取现和转账等。自成立以来，Paga 已处理了 5700 万笔交易，金额达到 36 亿美元，代理商 1.72 万家，用户达到 900 万，其中包括 6000 家企业①。
Opera	2018	2018 年，Opera 浏览器联合其他合作伙伴在尼日利亚推出移动支付服务 Opay，可用于账单支付、食品和杂货配送以及日常生活中的其他服务。截至 2018 年底，Opay 已招募了 3000 名代理商，12 月份的日均交易额超过 100 万美元，峰值日交易额超过 150 万美元，使 Opay 在推出不到一年的时间里就跻身于尼日利亚顶级移动支付运营商之列。

资料来源：作者根据 Interswitch 官网、Techcrunch 等资料整理。

相比于其他竞争者，Interswitch 具有以下三大优势：首先，Interswitch 进入

---

① Techcrunch, Nigerian Fintech Company Interswitch Could Become Africa's First Public Startup Unicorn, 2016.

市场的时间比大部分竞争者提前了十几年,因而享受了整个市场第一口蛋糕的红利。其次,从业务范围上看,上述公司往往只服务于某一单一领域的支付和交易,如 Opay 专注于提供生活服务、Paga 专注于提供移动支付,而 Interswitch 则具备更加全面的服务范畴。另外,从发展难度上看,Interswitch 作为尼日利亚数字支付的拓荒者,在业务模式、软件产品、硬件设施等方面基本等同于白手起家,然而这些后起之秀则享受了远比 2002 年更加成熟、开放的市场条件,搭乘上了发展的快车道。因此,Interswitch 在尼日利亚的数字支付行业有不可动摇的地位。

(二)关键成功要素

1. 入局占据先机,企业迅猛发展

Interswitch 的迅猛发展离不开尼日利亚乃至非洲日益增长的支付需求以及支付行业的市场空白。正如市场痛点部分所述,2000 年左右尼日利亚已经面临严重的电子支付难题,以银行为主的传统支付系统极其不健全,无法完全满足人们的商业和生活需求。因此,Interswitch 希望从建立银行卡系统、连接所有的银行和支付基础设施开始,为尼日利亚开拓数字支付新篇章。

作为尼日利亚少数获得尼日利亚央行 PSSP 牌照许可的移动支付方案提供商(全国仅有 7 家),Interswitch 获得了银行间信息交换许可并与各大银行卡发行商展开合作,为其连接金融服务基础设施、提供端到端的数字支付解决方案、推出支付平台和产品奠定了坚实的基础。得益于强大的先发优势,Interswitch 的商业发展道路基本较为顺畅。

2. 深度开展研发,技术实力雄厚

Interswitch 开发了 20 余种数字支付及交易相关的软件,可应用于各种领域和不同的场景。Interswitch 的工程师设计并实施了可提供最高级别的可用性和交易完整性的支付基础架构,其开放式的系统架构减少了为专有硬件、软件以及 PCIDSS 合规所需支付的大量费用,在可以处理来自各种渠道的交易

和收付款的同时能够提供全面的结算、对账服务以及分析报告，具有高度可扩展性、可移植性、安全性。

3. 综合多种支付途径，产品功能便捷齐全

Interswitch 最显著的特点就是产品功能非常齐全。Interswitch 构建了全面的支付渠道网络，囊括了 ATM 机、POS 机、手机、电话亭、网络和银行网点等各种方式，可以允许用户十分便捷地进行电子交易。同时，Interswitch 的服务能力十分强大，对于个人用户、小微企业、大中型企业以及政府用户的不同需求，Interswitch 均可基于其在数字支付领域的丰富经验提供定制化的服务，以支付为切入点输出技术解决方案。

（三）挑战与风险

1. 尼日利亚宏观环境欠稳定

作为专注于非洲市场的企业，Interswitch 的未来发展很大程度上依赖于其所在的国家尼日利亚乃至整个非洲的整体政治与经济状况。然而近年来尼日利亚宗教种族格局较为复杂、极端主义组织活动频繁、局部恐怖主义势力扩散，日益增加的安全风险可能不利于经济平稳发展。同时，尼日利亚虽是非洲最大经济体，但是长久以来其经济增长主要依赖石油原油出口，经济结构比较单一脆弱，易因油价变动遭受重大打击。除此之外，受此前经济危机影响，尼日利亚的货币贬值和通货膨胀情况严重，尼日利亚企业正常的商业活动均受到冲击。以上均会使得以在线贸易和跨境支付为主要服务场景的 Interswitch 可能面临发展阻碍。

2. 支付市场竞争日益增加

在创立初期，Interswitch 作为尼日利亚数字支付领域的开拓者享受了近十年没有同业竞争的发展红利。然而巨大的市场空间也吸引了越来越多后起之秀加入竞争，例如金融科技新星 Flutterwave、尼日利亚"速度最快的支付平台"Paystack 等。同时，作为尼日利亚乃至整个非洲数字支付的先行者，

Interswitch 多次设立基金鼓励行业内的其他非洲企业发展,共建非洲支付生态,但这也加剧了支付行业的竞争格局,可能对 Interswitch 的固有市场造成冲击。

3. 商业活动受疫情影响

当前,由于非洲严重的新冠肺炎疫情以及其他各种政治事件的集中爆发,Interswitch 的商业活动开展受到较大的影响,尤其是其在伦敦证券交易所和拉各斯证券交易所的双市上市计划。自 2016 年起,Interswitch 已经在积极筹备于伦敦和拉各斯证券交易所双重上市,但由于新冠肺炎疫情危机以及尼日利亚的经济衰退,CEO 兼创始人 Mitchell Elegbe 以及其他公司高管表示公司 IPO 的进程受到影响会进一步延迟,可能在疫情得到较明显的控制后才会再度开启。

第二篇　数字货币及区块链

数字货币与区块链行业综述

　　区块链是分布式的数字公共账本,通过密码学技术和共识机制保证数据传输、存储与访问安全,具有去中心化、不可篡改、高度自治、可追溯等特性。2009 年,区块链技术随比特币的诞生而问世,通过加密、验证等方式记录交易、跟踪资产,成为比特币等加密货币的底层技术核心。经过 10 余年的发展,区块链的应用范围现已超越数字货币相关业务。通过与传统技术相结合,区块链技术被广泛应用于金融服务、供应链、物联网、医疗、通信、公共事务等多个领域,并且展现出向更多行业渗透的蓬勃发展趋势。

　　广义的数字货币指以数字形式表示的货币资产,根据发行主体和信用来源的不同,可进一步分为法定数字货币和虚拟货币两大类。法定数字货币是由政府发行或认可的数字化形态货币,由国家主权信用背书并受法律保护。虚拟货币由非政府机构发行,可根据是否中心化细分为狭义的虚拟币和加密货币。中心化的虚拟币在开发者控制的特定社区内进行交易,使用范围较窄,例如腾讯的 Q 币。去中心化的加密货币是依托于区块链技术实现发行和流通的货币,包括比特币、以太币等。值得一提的是,2018 年以来,市场上涌现了多种稳定币。稳定币是锚定法定数字货币的一种加密货币,一定程度上缓和了加密货币价值变动大对投资者带来的困扰和对金融稳定性带来的风险,是法币与加密货币交易间的良好中介。

本篇将聚焦区块链在金融领域的应用,与数字货币一同作为金融科技的子行业进行讨论。

一、行业概览

(一)发展历程

区块链与数字货币的发展相辅相成,行业至今的发展历史可分为 3 个阶段。

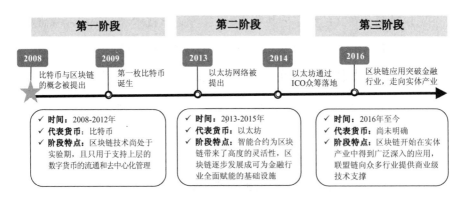

图 2-1　区块链与数字货币行业发展历程

第一阶段(2008—2012 年):2008 年,中本聪发布题为《比特币:一种点对点式的电子现金系统》(*Bitcoin:A Peer-to-Peer Electronic Cash System*)的论文,首次提出区块链与比特币的概念;次年 1 月,他挖出了首个比特币,正式拉开行业发展序幕。在这一阶段,区块链技术尚处于实验期,且只用于支持上层的数字货币的流通和去中心化管理。参与买卖货币的主要人群是热衷于计算机技术的专业人士。

第二阶段(2013—2015 年):2013 年,程序员 Vitalik Buterin 受比特币的启发构想出了以太坊网络,次年以太坊通过 ICO(Initial Coin Offering,首次代币发行)众筹落地。以太坊提供的智能合约开启了区块链发展的 2.0 时代,为区块链带来了高度的灵活性。智能合约是用代码定义的交易规则。区块链为智能合约提供了可信任的执行环境,使合约得以实现一旦触发其条款便可自动执行。因此,与源代码难以更改、功能缺失的比特币网络不同,以太坊是一种可编程的、灵活的区块链。在该阶段,基于智能合约,区块链逐步发展成可为金融行业全面赋能的基础设施,股票、债券、衍生品等金融产品均可上链交易,甚至数字版权、身份记录等信息也可在区块链上存储使用。

第三阶段(2016年至今):区块链在第三阶段的发展突破了金融领域,开始在实体产业中得到广泛深入的应用。Hyperledger Fabric、Hyperchain、Corda、Quorum等联盟链向众多行业提供商业级技术支撑,用于实现自动化的大规模协作。区块链提高了社会多方面的运作效率,而数字货币则始终作为低成本、高效的交易媒介,促进实体经济中的资产流转。

(二)行业现状

从技术发展来看,联盟链、一体机、区块链芯片等基础设施快速发展。以太坊2.0等可实现高吞吐量的分片网络逐一上线,区块链网络的可扩展性和互操作性持续改善。同时,隐私保护机制如Triptych、Aztec进一步保障了区块链上货币交易的安全性。

从市场规模来看,根据Statista统计,2020年全球在区块链解决方案上的支出估计已达41亿美元,同比增长50%[①]。预测显示未来几年该部分支出将继续增长,到2024年将达180亿美元。加密货币方面,截至2021年2月,全球共有4501种加密货币,较2019年11月统计值增长近60%[②]。同时,根据CoinGecko数据,加密货币总资产已突破1.5万亿美元[③]。

在政策方面,随着区块链技术应用不断延展至实体经济领域,各国对于区

---

① Statista,"Worldwide spending on blockchain solutions from 2017 to 2024",2021.
② Statista,"Number of cryptocurrencies worldwide from 2013 to August 2021",2021.
③ Coingecko,"Cryptocurrency Global Charts",2021.

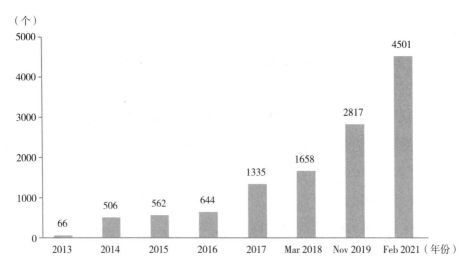

（个）

图 2-2　2013 年至 2021 年加密货币种类数量

资料来源：Statista。

块链与数字货币的监管态度趋于明朗，制度完善已提上日程。根据火币研究院统计，2020 年全球各国在区块链相关领域推出共 238 项政策，其中产业发展、央行数字货币以及金融监管是最受关注的关注领域①。在央行数字货币方面，各国纷纷加大研发力度或开展试点应用。加密货币的合法地位也正逐渐得到国际认可，带动了行业的全球化发展，以美国为例，2020 年 7 月，美国商品期货交易委员会（CFTC）在发布的未来 4 年最终战略中，已将全面监管加密货币作为优先事项，承诺将开发一个整体框架来促进数字资产创新。

（三）行业格局

区块链与数字货币行业已经发展成为较为独立完善的生态体系，参与主体众多，其上下游产业链如下：

---

① 火币研究院，《全球区块链产业全景与趋势（2020—2021 年度报告）》，2021。

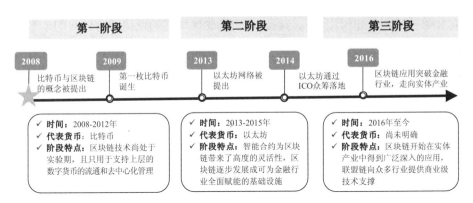

图 2-3　区块链与数字货币行业格局

资料来源：作者自行绘制。

（1）上游：提供底层技术及基础设施的企业，参与者包括芯片制造商、平台开发与网络运营方、矿场、矿机制造商等，以及为开发者提供智能合约、信息安全等产品化服务的供应商。上游玩家为数字货币的发行与后续管理提供技术条件。

（2）中游：数字货币存储与流通平台服务商，主要包括加密货币钱包和交易所。

（3）下游：解决方案与应用服务商，该环节的企业为广大用户提供包括去中心化金融（DeFi）、游戏等去中心化应用，第三方支付与跨境汇款解决方案，以及行业周边的咨询、垂直新闻媒体等多元服务。

而从全球发展来看，美国以其强劲的技术实力和在本领域的先发优势占据着区块链与数字货币行业的国际主导地位，以中国和欧洲诸国为代表的众多国家也在不断发力。福布斯发布的《2021 年全球区块链 50 强》[1]中，共有26 家美国企业入选，中国企业则占据 6 席，较上一年增加一家。

二、核心洞见

正如上文所分析，数字货币与区块链行业的细分赛道丰富、玩家众多。探

---

① 福布斯，"Blockchain 50 2021"，2021。

究金融科技企业如何让个人与机构用户享受区块链的便捷将为行业的未来发展带来重要启示,因此本篇侧重分析服务此两类用户的中下游企业。在行业中游,我们选取了全球顶级的加密货币交易平台供应商 Coinbase 与区块链钱包服务商 IMTOKEN,前者因坚持走合规道路而备受用户信赖,后者则开发了全球最成功的加密货币钱包之一—— imToken App;两者均以其用户友好的产品降低了行业门槛,广泛吸纳用户,推动了大众接纳加密货币。在下游,我们首先着眼于数字货币支付汇款解决方案,选取 Circle 与 Ripple 两家公司。Circle 的亮点在于打造了以稳定币 USDC 为核心的生态,为 B 端客户提供账户创建与管理、支付处理、交易平台构建等方面的综合解决方案,而 Ripple 的业务则专注于跨境支付,为银行等金融机构提供著名加密货币瑞波币(XRP)驱动的区块链跨境支付网络服务。然后,进一步以区块链和加密货币在具体金融业务中的应用为焦点,选取了区块链贷款公司 Figure,该公司通过其研发的 Provenance 区块链平台实现了贷款审批 100%线上化并陆续推出了数字基金管理等解决方案,致力于推动区块链技术变革金融服务。最后,鉴于区块链活动与数字货币交易犯罪率升高、犯罪模式多样化的现状,我们选取了区块链分析与合规公司 Chainalysis 进行研究,该公司为政府、加密货币企业和金融机构提供用于调查加密货币行业犯罪、跟踪交易、企业合规分析以及风险管理的一系列工具和服务,提高了区块链经济的透明度。各企业的基本信息如表 2-1 所示。

表 2-1　数字货币与区块链企业信息概览

公司名称	成立时间/国家	主营业务	客群/数量	是否上市	估值	累计融资额
Coinbase	2012 年美国	为个人和机构提供以加密资产交易为主,储存、托管、支付和应用为辅的一体化服务	持有加密资产的普通用户、专业用户和机构客户,总数超 4300 万	否	1000 亿美元	5.4 亿美元(截至 2021 年 2 月)

公司名称	成立时间/国家	主营业务	客群/数量	是否上市	估值	累计融资额
IMTOKEN	2016 年新加坡	加密货币钱包及交易、理财、DApp(去中心化应用)浏览器等辅助工具或服务	持有加密资产个人用户,总数超 1000 万	否	暂无数据	1000 万美元
Circle Internet	2013 年美国	发行并运营稳定币 USDC,为客户提供数字货币投资、支付、场外交易等服务	银行及金融科技企业、机构投资者等 7 类机构客户,暂无具体数据	否	6 亿美元	2.7 亿美元
Ripple	2012 年美国	发行并运营瑞波币 XRP,为银行等金融机构提供跨境支付服务	银行、支付服务供应商,暂无具体数据	否	100 亿美元	2.94 亿美元(截至 2021 年 1 月)
Figure	2018 年美国	为个人用户提供贷款,为机构用户提供数字金融解决方案,如数字基金管理	贷款主要针对在美国有房、信用良好、有明确现金需求的人群,总数超两万;解决方案针对金融机构和企业,暂无具体数据	否	12 亿美元	15 亿美元
Chainalysis	2014 年美国	提供一系列的加密货币市场数据、分析软件与配套服务	政府、加密货币企业和金融机构,客户总数约为 350 个	否	10 亿美元	1.66 亿美元

注:除单独标注,表格中数据截至 2020 年 12 月。

整体来看,6 家企业既在某些方面具有一些共性,也具有各自的特色:

·从成立时间和国家来看,6 家企业均成立于 10 年之内,且除 IMTOKEN 外均位于美国,这主要是由于区块链技术是 2009 年诞生于美国的新兴技术,故本行业是朝阳行业且在美国发展最为蓬勃。

·从客户群体来看,处于中游的 Coinbase 和 IMTOKEN 主要面向个人用户,而其余处于下游的企业则侧重服务机构客户,其解决方案类产品全部只针对此类客户。

·从营利模式来看,Coinbase、IMTOKEN 的核心收入来源于收取用户加密货币交易、转账等操作的手续费用,Ripple 核心收入来源于瑞波币 XRP 的销售,Figure 主要通过发放贷款获得利息收入,而 Circle 和 Chainalysis 则通过解决方案获利。

·从成功要素来看,6 家企业均提供多元化的服务产品或其解决方案能够灵活地应用于各类场景,因此成功在各自所处的细分领域具有强影响力,占据了领先地位。同时,技术共享也是部分企业凝聚发展力量、加速生态扩张的重要策略。其中,IMTOKEN 在 2018 年宣布开源,以此获取更多优秀开发者的支持以及来自社区的贡献;Ripple 提供了基于开源平台 RippleX 的支付软件开发者社区,并以此完善 Ripple 的区块链支付网络、扩大合作企业范围;Figure 则打造了平台专门服务金融行业的 Provenance 区块链平台,不仅为自身发行金融产品提供了技术支撑,更为整个行业提供了增强金融资产流动性、降低经营成本的机会,实现了行业与公司的良性循环、共同发展。

·从风险来看,各企业的发展与各国对加密货币的监管政策紧密相关,其中涉及的不确定性不容忽视。

全球金融科技创新案例之数字货币与区块链篇：Coinbase 研究

摘　要：Coinbase 是美国一家全球顶级的加密资产服务企业，主营业务是为个人及机构客户提供加密货币交易平台。自 2012 年成立以来，公司稳步发展，截至 2020 年 12 月，其交易平台累计交易规模超 4560 亿美元，用户总数超 4300 万；公司累计获得融资约 5.4 亿美元，估值于 2021 年 2 月突破 1000 亿美元，4 月 14 日，公司成功上市，成为加密货币行业首家上市公司。针对加密货币交易步骤复杂、门槛高的痛点，Coinbase 开发了简洁清晰的网页和手机 App，并代客户存储复杂的私钥，从而为个人和机构交易者提供了友好的交易平台；同时，为解决客户资产缺乏保值途径和应用场景的痛点，公司推出了托管业务、支付服务，并与 Visa 合作推出支持加密货币的借记卡，多管齐下，满足客户需求。Coinbase 从行业众多强劲对手中脱颖而出，原因有三：第一，坚持走合规道路并因此赢得了监管者和用户的信赖；第二，通过自身业务扩展和投资收购不断丰富产业链，极大提高了业务辐射范围和影响力；第三，主动降低加密货币交易和使用门槛，广泛吸纳用户。然而，Coinbase 也面临着政策不确定性、市场波动和公司治理等多重挑战。本案例将从 Coinbase 的基本情况、经营指标和发展历程入手描述公司概况，从市场痛点解决、用户画像、产品与服务、营销模式、研发情况及技术优势等方面深入分析其产品服务及商业模式，并在此基础上结合行业及竞品分析,总结其关键成功要素与现存风险挑战。

一、企业概况

(一)基本介绍

1. Coinbase:全球顶级的加密货币交易平台

Coinbase 是美国一家加密资产服务企业,为个人和机构提供以加密资产交易为主,存储、托管、支付和应用为辅的一体化服务。Coinbase 强调加密货币交易的安全性和便捷性,并因此深受用户青睐,成为全球顶级的加密企业。

表 2-2　Coinbase 基本情况

成立时间/总部	2012 年/美国旧金山
创始人	Brian Armstrong(前爱彼迎工程师) Fred Ehrsam(前高盛交易员) Ben Reeves(Blockchain.info 的联合创始人,已退出)
上市时间/交易所	2021 年 4 月 14 日/纳斯达克交易所
市值	625.7 亿美元(截至 2021 年 4 月 15 日)
上市前累计融资额	5.39 亿美元
累计交易规模	4560 亿美元(截至 2020 年 12 月)
员工数	1200 多名(截至 2020 年 12 月)
用户数	4300 多万(截至 2020 年 12 月)
覆盖范围	100 余个国家和地区(截至 2020 年 12 月)

资料来源:作者根据 Coinbase 官网、Coinbase 递交美国证监会(SEC)的 S-1 表格、CB Insights 等整理。

2. 创始人信念坚定,员工实力强劲

Coinbase 由 Brian Armstrong、Fred Ehrsam 和 Ben Reeves 三人创立。Reeves 在公司成立初期与 Armstrong 就用户私钥管理的问题发生分歧,退出了 Coinbase;Ehrsam 于 2017 年离开 Coinbase,但保留了董事身份。Armstrong 则一直担任公司 CEO,是 Coinbase 的核心人物。Armstrong 曾在德勤、Airbnb

和 IBM 等公司担任工程师或风险顾问,他始终对计算机技术和加密市场保持着浓厚的兴趣,是比特币和区块链最早的忠实拥护者之一。Armstrong 坚定地相信加密货币会带来一个更加开放、创新、自由和高效的金融世界,并希望 Coinbase 可以助力实现这一目标。

随着公司发展壮大,企业员工从 2016 年的 200 余人增长到 2020 年末的 1200 余人。Coinbase 陆续吸纳了一批来自如 Facebook、Airbnb、Linked In 和 Uber 等一流科技企业的人才,不断提升公司的技术实力。例如,工程执行副总裁(Executive VP of Engineering)Manish Gupta 曾在 Lyft 和 Google 任职多年,而数据副总裁 Michael Li 则来自 Linked In。

3. 深受投资机构青睐,成为数字货币行业首家上市公司

截至 2020 年 12 月,Coinbase 已累计开展 7 轮融资,获投总金额约 5.39 亿美元。Coinbase 的创业初始资金来自于著名孵化器 Y Combinator,后又吸引了 Tiger Global、IDG Capital、Ribbit Capital 等机构进行投资,曾多次打破行业内的融资额纪录。2020 年 7 月,Coinbase 公布上市计划并着手准备;12 月,向美国证监会秘密递交了上市所需的文件 S-1 表格。2021 年 1 月,公司宣布将不经过 IPO 程序,直接在纳斯达克交易所上市;2 月,Coinbase 重新递交了 S-1 表格并将其公开。随着比特币的价格在 2021 年初屡创新高,Coinbase 的估值也一路高涨至 1000 亿美元①。4 月 14 日,Coinbase 在纳斯达克交易所上市,开创了加密货币企业上市的首例,为全行业立下跨时代的里程碑。

表 2-3 Coinbase 融资情况

融资轮次	投资方	时间	融资金额（美元）	估值（美元）
种子轮	Ridge Ventures; Start Fund; IDG Capital 等	2012.9	60 万	—

---

① 福布斯网,Jeff Kauflin:"Coinbase Investors Say It Could Hit $100 Billion Valuation When It Goes Public",2021。

融资轮次	投资方	时间	融资金额（美元）	估值（美元）
种子轮	Y Combinator	2012.6	2万	—
天使轮	Undisclosed Angel Investors	2012.12	16万	—
A轮	Union Square Ventures；SV Angel；IDG Capital；Ribbit Capital 等	2013.5	610万	—
B轮	Union Square Ventures；Andreessen Horowitz；Ribbit Capital 等	2013.12	2500万	2140万
C轮	Union Square Ventures；Andreessen Horowitz；DFJ Growth Fund；USAA；NYSE Euronext；IDG Capital；Ribbit Capital 等	2015.1	7500万	1.4亿
C轮-II	Reinventure	2015.6		4.7亿
C轮-III	Mitsubishi UFJ Capital；Sozo Ventures；Bank of Tokyo-Mitsubishi UFJ	2016.7	1050万	—
D轮	Spark Capital；Battery Ventures；Greylock Partners；GGV Capital；Balyasny Asset Management 等	2017.8	1亿	4.8亿
E轮	Tiger Global Management；Y Combinator；Andreessen Horowitz 等	2018.1	3亿	15.7亿
E轮-II	Threshold Ventures；Union Square Ventures	2018.12	2130万	80亿

资料来源：作者根据 CB Insights 整理。

（二）经营指标

Coinbase 的经营情况可主要概括为"收入激增后趋于平稳，业绩对市场热度敏感"。

2016 年，Coinbase 收入约 1700 万美元，净亏损 1600 万美元；2017 年，公司收入约 9.23 亿美元，比上年增长 5329%[1]，净利润 3.8 亿美元。这一阶段的爆炸式增长主要源于 2017 年的加密货币牛市和首次代币发行（Initial Coin

---

[1] 彭博社，Julie Verhage："Coinbase to Bring in ＄1.3 Billion in Revenue Despite Crypto's Massive Slump"，2018。

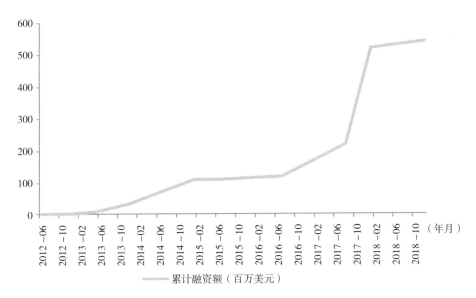

图 2-4　2012—2018 年 Coinbase 累计融资额曲线

资料来源：作者根据 CB Insights 整理。

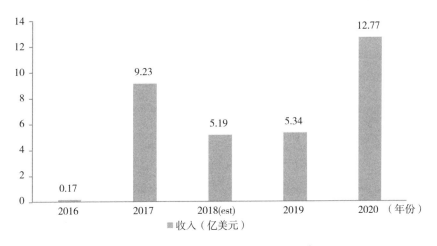

图 2-5　2016—2020 年 Coinbase 收入情况

资料来源：作者根据彭博社、路透社、BQIntel 相关报道整理。

Operation）的繁荣吸引了个人和机构客户不断涌入市场，Coinbase 的用户数量急剧增加；而币圈热潮又推动比特币价格和交易量不断攀升，图 2-6 显示了同期比特币的价格和交易量均走高。在这样的背景下,Coinbase 平台上比特币的月交易金额于 2017 年 12 月达到顶峰,全年累计交易金额也达到历年最高值,为公司带来了巨大的收益。

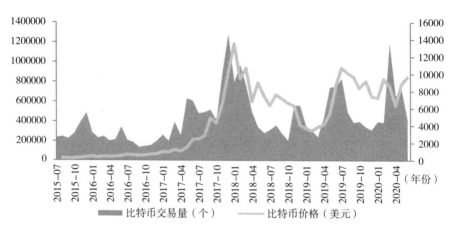

图 2-6   2015—2020 年 Coinbase 比特币交易量与价格趋势

资料来源:作者根据 bitcoinity.org 整理。

2018 年,Coinbase 收入约为 5.2 亿美元①,同比跌幅约 43%。这一年比特币市场低迷,价格和交易量大幅下跌;Coinbase 用户增长放缓,活跃用户减少。

根据 Coinbase 提交的 S-1 表格,2019 年,公司收入为 5.34 亿美元,亏损 3000 万美元。这一年比特币市场相对稳定,Coinbase 平台全年交易总量达 799 亿美元,用户数继续增长。

2020 年,Coinbase 全年收入为 12.77 亿美元,是上年的近 1.4 倍;净利润 3.22 亿美元,利润率达 25%。Coinbase 收入激增的推动力来源于加密货币市场在该年度的回暖,平台全年交易规模达 1931 亿美元,同比增长 141.7%,公司用户数则在上年基础上增长 1100 万。

---

① Cointelegraph.com,Helen Partz:"Coinbase's 2018 Revenue Is 60% Less Than Projected by the Firm:Report",2019.

（三）发展历程

Coinbase 的发展历程可分为初创起步期、业务完善期和整合细化期 3 个阶段（如图 2-7 所示）。

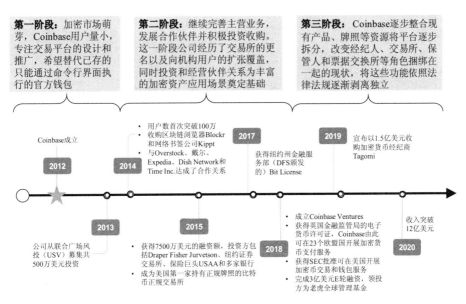

第一阶段： 加密市场萌芽，Coinbase用户量小，专注交易平台的设计和推广，希望替代已存的只能通过命令行界面执行的官方钱包

第二阶段： 继续完善主营业务，发展合作伙伴并积极投资收购。这一阶段公司经历了交易所的更名以及向机构用户的扩张覆盖，同时投资和经营伙伴关系为丰富的加密资产应用场景奠定基础

第三阶段： Coinbase逐步整合现有产品、牌照等资源将平台逐步拆分，改变经纪人、交易所、保管人和票据交换所等角色捆绑在一起的现状，将这些功能依照法律法规逐渐剥离独立

Coinbase成立
2012

2014
• 用户数首次突破100万
• 收购区块链浏览器Blockr和网络书签公司Kippt
• 与Overstock、戴尔、Expedia、Dish Network和Time Inc.达成了合作关系

2017
获得纽约州金融服务部（DFS颁发的）Bit License

2019
宣布以1.5亿美元收购加密货币经纪商Tagomi

2013
公司从联合广场风投（USV）募集共500万美元投资

2015
• 获得7500万美元的融资额，投资方包括Draper Fisher Jurvetson、纽约证券交易所、保险巨头USAA和多家银行
• 成为美国第一家持有正规牌照的比特币正规交易所

2018
• 成立Coinbase Ventures
• 获得英国金融监管局的电子货币许可证，Coinbase由此可在23个欧盟国开展加密货币支付服务
• 获得SEC批准可在美国开展加密币交易和钱包服务
• 完成3亿美元E轮融资，领投方为老虎全球管理基金

2020
收入突破12亿美元

图 2-7　Coinbase 发展历程与大事件

资料来源：作者根据 Coinbase 官网、Crunchbase、相关新闻报道等整理。

1. 初创起步期（2012—2013 年）

Coinbase 成立时正值加密货币市场的萌芽期，至 2013 年底，公司用户总量不到 100 万。这一阶段，公司专注交易平台的设计和推广，希望自身产品可以替代已存的只能通过命令行界面执行的官方钱包。

2. 业务完善期（2014—2018 年）

积累了一定的技术优势和资金之后，Coinbase 一方面继续完善交易业务，另一方面主动发展合作伙伴并积极进行投资收购。在业务完善期，公司经历了交易所的更名以及向机构用户的扩张覆盖；同时，公司通过投资和经营伙伴关系，为未来丰富的加密资产应用场景奠定基础。

3. 整合细化期(2019 年至今)

经历业务完善期后,Coinbase 已经成为多功能一体化的加密货币服务平台,重心开始转向现有资源的整合以及不同业务板块的细化拆分。公司逐步整合自身获取和收购得来的牌照,计划将平台拆分,改变交易所、经纪人和保管人等角色捆绑在一起的现状,将这些功能依照法律法规逐渐剥离独立。

二、产品服务与商业模式

(一)市场痛点解决与用户画像

针对用户在买卖与持有货币时面临的诸多问题,Coinbase 提供了一系列加密货币相关产品和服务,有效缓解了市场痛点。

首先,在加密市场兴起时,货币交易步骤复杂、报价不清晰,用户需要通过执行命令行的钱包进行买卖。存储私钥也是用户面临的难题之一,私钥长度为 51 个或 52 个字符,如果用户不慎遗失私钥,将失去自己存储的加密货币。Coinbase 的交易平台系列产品通过清晰的界面和及时的市场报价使交易变得简单;Coinbase 提供的是中心化交易平台,代用户存储货币,将用户从复杂的私钥中解放,避免了用户因私钥保管不当造成的财产损失。

之后加密货币热度逐渐提升,新的问题也随之产生。其一,持有大量加密货币的机构缺少实现其资产增值保值的途径。Coinbase 率先为机构客户提供安全可靠、功能丰富的托管服务,成为了加密行业托管业务的先行者。其二,加密货币缺少贴近现实生活的使用场景。Coinbase 通过推出 Coinbase Commerce 和 Coinbase Card,从商家和消费者双管齐下,为想要接收加密货币付款的商家提供解决方案,同时为持有加密货币的消费者开辟货币使用途径,助力构建加密货币支付的基础设施。

Coinbase 的产品与服务覆盖了分布在超过 100 个国家和地区的加密货币持有者，包括普通个人用户、经验丰富的专业个人用户以及机构客户。

（二）产品与服务

Coinbase 的产品与服务可以分为 3 类，第一类是为用户提供加密货币交易与存储功能的产品，包括公司同名交易平台 Coinbase、Coinbase Wallet、Coinbase Pro 以及 Coinbase Prime。第二类业务在第一类的基础上为用户提供货币保值途径和应用场景，包括 Coinbase Custody、Coinbase Commerce 以及 Coinbase Card。最后一类则包括了 Earn 平台与 Coinbase Ventures，分别起到对用户的加密货币相关知识普及与 Coinbase 生态扩张的作用。

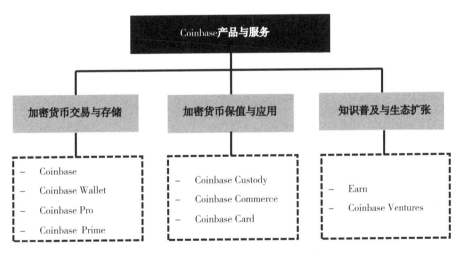

图 2-8　Coinbase 产品与服务一览

资料来源：作者根据 Coinbase 官网整理。

表 2-4　Coinbase 业务简介

	产品/业务	产品形态	用户群体/主要功能	发展情况
货币交易与存储	Coinbase	网页、手机 App	普通用户货币交易和存储	2020 年最高日活用户数量：969000
	Coinbase Wallet	网页、手机 App	独立的个人货币存储钱包(无需拥有交易所账户)	—
	Coinbase Pro	电脑端	专业用户交易和存储	—
	Coinbase Prime	电脑端	机构用户交易和存储	—
货币保值与应用	Coinbase Custody	电脑端	机构用户托管	管理规模：183.2 亿美元(2020 年 10 月数据)
	Coinbase Commerce		商家接受加密货币支付的工具	—
	Coinbase Card	实体卡、配套 App	使消费者实现用加密资产进行部分日常消费	—
知识普及生态扩张	Earn	网页	加密货币知识普及平台	
	CoinbaseVentures		发掘区块链行业有潜力的初创企业	累计投资 66 家公司(2021 年 1 月数据)

资料来源：作者根据 Coinbase 官网整理。

1. 核心业务：加密货币交易与存储

(1)Coinbase 和 Wallet

普通客户可以通过 Coinbase 网页平台进行货币买卖、转出和接收,也可以选择在手机上下载 Coinbase App。而 Coinbase Wallet 则是一个独立的应用,允许用户在本地保管自己的私钥,并通过 DApp(去中心化应用)浏览器探索去中心化的网络。用户不需要注册 Coinbase 账户即可使用 Wallet。

(2)Coinbase Pro 和 Prime

Coinbase 创立的初衷旨在为缺乏交易经验的用户建立一个友好的平台,

而随着加密货币的兴起和流行，Coinbase 决定扩大规模并建立 Coinbase Exchange。2015 年，Coinbase Exchange 更名为全球数字资产交易所 GDAX，2018 年改为现在的 Coinbase Pro。这是 Coinbase 最核心的产品，人们称 Coinbase 为加密货币交易所时指的正是 Coinbase Pro。Pro 为专业用户服务，除普通用户可获取的功能之外，Pro 还提供了以下服务：（1）交易更多种类的资产，包括逾 50 种货币交易对；（2）设置市价订单（Taker）、限价订单（Maker）或者止损订单；（3）通过详细的交易图表来分析市场短期趋势；（4）通过 Websocket 获得实时市场数据，使用 API 创建交易算法。

Prime 则在 Pro 的基础上为机构客户配备了指导安装使用、提供交易策略建议的专业服务团队，并计划在未来推出保证金融资、高接触式人工交易及交易算法等支持。

2. 货币保值与应用

（1）Coinbase Custody

Coinbase 是加密资产行业建立托管制度的主要推动者之一，Coinbase Custody 托管业务于 2018 年推出，作为受纽约金融服务部（NYDFS）监管的 Coinbase Inc.独立运营。Coinbase Custody 旨在向客户提供安全的离线存储解决方案，具体如 BTC、BCH、ETH、ETC、LTC 以及 XRP 等币种的托管服务。Custody 可以直接与 Coinbase Pro 和 Prime 集成并为客户提供更为丰富的功能，例如财务报告工具、审计报表、资本保险以及 4 小时取款 SLA。客户使用托管业务需存入至少 100 万美元，公司 CEO Armstrong 在 2019 年的采访中提到，公司每周可从机构客户获得 2 亿—4 亿美元的新加密货币存款。

（2）Coinbase Commerce 与 Coinbase Card

Commerce 为商家提供接受加密货币支付的载体。与 Stripe 或 PayPal 等其他支付解决方案供应商类似，Coinbase Commerce 为一些主流的电子商务平台构建了插件，包括 Shopify、Woo Commerce 或 Magento 等。根据官网数据，截至 2021 年 1 月，该业务已服务超 8000 家商户。

Coinbase 还与 Visa 合作发行了可在欧盟和英国使用的 Coinbase Card。持卡用户可以在任何接受 Visa 付款的线下或线上商家使用该卡,以法币或加密货币进行支付操作。Coinbase Card 与 Commerce 相辅相成,构成加密货币日常生活应用的重要基础设施。

3. 其他业务

(1)Earn

Coinbase Earn 前身是 Coinbase 在 2018 年以 1.2 亿美元收购的 Earn.com。收购之初 Coinbase 沿用 Earn.com 网站,用户可以在该网站学习加密货币相关知识,发布任务并向任务完成者以发放加密货币作为报酬。2019 年 12 月,Coinbase 关闭了 Earn.com,仅保留网站上的加密货币课程,并整合至官网 Coinbase Earn 页面。通过 Earn 上提供的视频课程,客户得以深入了解各类新兴加密货币。完成课程后,客户将获得所学课程介绍的货币作为奖励,一般金额等价 6 美元。

(2)Coinbase Ventures

2018 年,Coinbase 创立了专门的投资团队 Coinbase Ventures,旨在为区块链和加密货币领域具备潜力的初创公司融资,并与之建立牢固的关系,赋能 Coinbase 生态建设。截至 2021 年 1 月,Coinbase 已经投资了 66 家创业公司,覆盖领域广泛,几乎实现了 Coinbase 在加密金融领域的全域触达。

(三)营利模式

Coinbase 的大部分收入来自交易平台收取的手续费,产业链上的衍生业务也有贡献,如托管业务的执行费和管理费、与 Visa 的收入分成、风险投资获利等。公司部分业务并非以营利为目的,如 Coinbase Earn 和 Commerce,但是也可以直接或间接地创造商业价值,并且在扩大公司影响力和完善产业布局上发挥了积极作用,有利于公司的可持续发展。下面将依照上文对 Coinbase 产品与服务的介绍顺序依次展开说明。

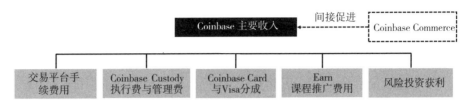

图 2-9　Coinbase 主要收入来源

资料来源：作者根据 Coinbase 官网等资料整理绘制。

在交易平台手续费方面，公司同名产品 Coinbase 以及 Coinbase Wallet 在用户使用法币购买加密货币的订单金额小于 200 美元时收取价差（Spread）与 Coinbase 费用（Coinbase Fee），其中价差一般为交易金额的 0.5%，Coinbase 费用取固定佣金与变动佣金两者的较大值。固定佣金采用分层结构，变动佣金则按照地点和支付方式有所不同。当交易金额大于 200 美元时，按照用户交易金额的 1.49% 收取费用。对于币币交易，Coinbase 收取约 2% 的价差，不再单独收取 Coinbase 费用。就 Coinbase Pro 和 Prime 两个平台而言，Coinbase 根据用户的交易金额确定费率收取佣金费用，费率在 0 至 0.5% 的区间。当金额超过 5 万美元时，提供市场流动性的限价订单可享受更低的费用，而金额相同的接收流动性的市价订单则需支付较高费用。

在托管业务 Coinbase Custody 方面，Coinbase 会视情况收取客户最高 1 万美元的执行费用，以及每年 0.5% 的托管费用。

在 Coinbase Card 方面，客户使用该卡的制卡费用、提款费、加密货币清算费等由 Visa 收取。收入分成在金融科技初创企业与 Visa 的合作中十分普遍，如 Brex（财务操作系统开发商）和 revolut（数字金融服务商）均与 Visa 达成类似的协议，由此可以推测 Coinbase Card 也是 Coinbase 的主要收入来源之一。

对于 Earn 而言，虽然该平台并非以营利为目的，对查看课程的用户完全免费，但可以猜测 Coinbase 不是单方面发布这些关于新兴加密货币的课程。一种较大可能是该货币利益相关的公司或区块链网络向会 Coinbase 支付一定费用，作为上线其相关课程的交换从而推广该货币。

同样,Coinbase Commerce 也对其支持的商家免费,但值得注意的是,商家不能直接从 Commerce 上将加密货币兑换为法币并提出,而需要通过 Coinbase 交易所实现。由此可见,虽然 Commerce 本身并不直接以营利为目的,但它作为 Coinbase 交易平台获取用户、增加交易量的途径之一服务于公司核心产品。

最后,公司通过 Coinbase Ventures 对初创企业进行投资可以在未来获得股权升值的回报,通过投资活动实现的公司业务生态扩展和行业地位提升也极具商业价值,提高了公司的整体营利能力。

(四)市场营销模式

Coinbase 通过多种激励手段相结合的方式吸引新用户加入。首先,公司推出了推荐奖励计划,现有用户可以生成自己的推荐链接并邀请好友注册 Coinbase 账户,若新用户在开户后的 180 天内进行了价值超过 100 美元的加密货币交易,那么该用户及其邀请人均将获得 10 美元奖励[1]。其次,Coinbase 还通过 Earn 上的免费加密货币课程来吸引用户,用户完成课程学习并通过课后测试,即可获取货币奖励。最后,Coinbase 还直接奖励持有部分货币的用户,如 USD Coin 以及 Tezos,分别提供年化收益率为 1.25% 和 5.1% 的回报。

(五)研发情况及技术优势

Coinbase 重视加密技术创新,不断加深拓宽研究。Coinbase 技术研发紧跟公司产品开发,满足了公司的业务拓展需要并极大地保障了用户资产安全。截至 2020 年底,Coinbase 共有 18 项专利,另有 9 例正在申请中。公司专利技术相对密集地产出于 2017 年比特币热潮前后的平稳发展期。这些专利技术大多关注私钥管理、加密货币、支付系统和加密协议等领域,后期也延伸到用于强化交易所安全性的技术,如加密协议和传输层安全性、抵御密码攻击等。

---

① Coinbase 官网:"The Coinbase referral program",2020。

随着公司业务范围拓展,专利内容也逐渐多样化。公司 2019 年新申请专利涉及了数据管理、金融衍生品等新主题。

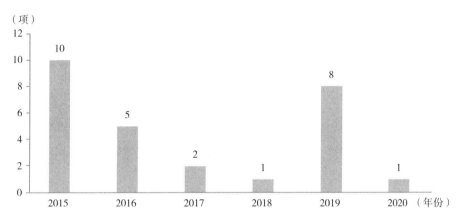

图 2-10　Coinbase 历年申请专利数

资料来源:作者根据 CB Insights 整理。

三、分析及总结

(一)行业及竞品分析

1. 加密货币交易所行业分析

承载业务量波动上升,行业头部化趋势明显。随着多种类型加密货币的不断涌现以及市场热度的整体升温,近年来,主要加密交易所的交易量呈上涨趋势。根据研究机构 Crypto Compare 对全球约 160 家交易所的调查统计,2018 年底至 2020 年底,单月交易总量波动上升,2020 年 12 月达到 11740 亿美元,逼近历史最高点。

同时,行业的头部化趋势明显。Crypto Compare 根据交易对手、运营、交易和安全风险等多个标准对交易所进行评级(AA 至 F 级),评级在 AA 至 B 级的为顶级交易所,共有 Coinbase 在内的约 70 家。2020 年 3 月,顶级交易所交易量环比增长 8.0%,达到 2880 亿美元,占总交易量比例不足一半。同年 12 月,顶级交易所交易量增长至 8183 亿美元,已占据交易总量的 69.7%①。

激烈竞争加速淘汰部分玩家。据 Cryptowisser 统计,在 2020 年,有超过 75 家加密货币交易所关闭,这一数字较 2019 年上涨约 56%,并预计在未来继续上涨②。关闭的交易所多为中心化交易所,其关闭原因主要有二:一是去中心化交易所、加密货币衍生品和非加密货币替代品(non-crypto alternatives)交易所等新兴参与者逐渐兴起,推动了部分中心化交易所的消亡;二是在欺诈、黑客等加密犯罪和政府监管双重压力下,部分加密货币交易所难以维持经营。

2. 竞品分析

Coinbase 的竞争者可大致划分为三类,一是同样重视合规的加密货币交易所,如 Gemini;二是注重交易量和活跃度的加密货币交易所,如币安、火币全球站、Bitfinex、Bitstamp、Kraken 等;三是正在进军加密行业的传统金融服务商,如 Robinhood。Robinhood 于 2019 年宣布推出加密货币经纪业务,虽然目前不经营交易所,不会对 Coinbase 核心利润造成直接威胁,但它仍会分流使用 Coinbase 经纪业务的用户,并且随着进一步发展可能会在未来带来更大竞争甚至正面交锋。

各类竞争对手具体如表 2-5 所示:

表 2-5　Coinbase 主要竞争对手

竞争类别	竞争者名称	简介
合规交易所	Gemini	Gemini 是一家加密货币交易所,成立于 2014 年。该公司的核心业务是加密资产交易以及托管,其经营理念是"安全第一"(security-first)。公司受纽约州金融服务部(NYSDFS)监管,并且是世界上第一个经过美国注册会计师协会 SOC 1 Type 1 和 SOC 2 Type 1 and 2 认证的加密货币交易所和托管人。

① Bitmex:《2020 年 1 月加密货币交易行业报告》,2020。
② Bitcoin,Cryptowisser:"75 Crypto Exchanges Dead in 2020-More Will Follow",2020.

续表

竞争类别	竞争者名称	简介
活跃交易所	币安(Binance)	币安是全球领先的区块链资产交易平台,同时运营着整个币安生态体系,成立于2017年。就交易量而言,币安是全球最大的区块链资产交易所,为超过100种加密货币提供交易平台。
	火币全球站(Huobi Global)	火币全球站是火币网旗下的加密资产全球交易平台,成立于2017年。其母公司火币网以区块链基础服务为核心,构建集技术研发、产业研究、开放平台、投资、资讯等于一体的区块链产业生态圈。
	Bitstamp	Bitstamp 交易所成立于2011年,该公司除了为全球客户提供多种加密货币的交易服务以外,还为用户提供加密货币业务相关的 API 产品。
	Kraken	Kraken 交易所成立于2011年,除了提供交易服务,还向客户提供个性化的场外服务以及期货投资机会。此外,Kraken 向彭博终端提供加密资产的价格信息。
传统经纪商	Robinhood	Robinhood 是一家金融服务公司,主要产品是 Robinhood Financial,为客户提供投资股票、ETF 和期权等金融产品。公司于2019年推出 Robinhood Crypto,代理用户的加密货币买卖。
	Square	Square 是一家金融服务和移动支付公司,成立于2009年,目前为美国、加拿大、澳洲及日本的用户提供服务。用户可以在其旗下的 Square Cash App 上购买、出售、存储以及转入转出比特币,该应用既是比特币交易平台也是资产托管的钱包。

资料来源:作者根据彭博社、各公司官网整理。

以下针对几家特点突出的公司进行对比:

(1)币安:业务布局相似,商业策略迥异

币安是全球领先的区块链资产交易平台,是 Coinbase 最强劲的对手之一。

根据加密货币数据网站 Coin Market Cap 对于加密货币交易所的排名(2021 年 1 月),币安雄居榜首,Coinbase Pro 紧随其后。币安于 2017 年 7 月成立,至今,累计收益超过 12.3 亿美元;即便在 2018 年的市场寒冬,其收益依然接近 4.5 亿美元[①]。至 2020 年,币安已发展成为集交易、矿池、投资、理财、公益、技术研究、产业生态打造等于一体的综合性区块链公司。

从主营业务来看,币安和 Coinbase 的业务布局十分相似,但两者在商业策略上有较大差异。Coinbase 是中心化交易平台,一心发展合规路径,而币安则以去中心化的方式布局全球。通过币圈社群推广吸纳了大量用户之后,币安开始着手打造自身的区块链"币安链"(Binance Chain),以建立一个高效率的去中心化交易所,开启经营"不受监管限制的"区块链原生点对点交易生态。没有区域监管压力的币安,重新包装了交易所协助区块链项目众筹的形态,通过以币安币为媒介,以内容共享协议 Bit Torrent 为首,开启了被加密货币社群称为 IEO 的"募资即上架"模式。

Coinbase 发展的核心策略是凭借其他平台难以逾越的金融牌照壁垒,试图打通传统交易所的盈利路径,而币安的优势在于其深度用户的积累。用户使用币安币买入货币可以获得 25% 的折扣;币安在前期的每一季度都会销毁价值其利润 20% 的币安币,类似于公司回购股票以维持股价,以维护币安生态的稳定并借此表明公司与高度参与市场的深度用户站在同一阵线。基于深度用户和币安币的发展,未来币安将继续完善其去中心化的生态链。

(2)Gemini:全球首家合规交易所,业务发展持续创新

Gemini 与 Coinbase 同属注重合规的加密货币交易所。Gemini 由文克莱沃斯兄弟(Winklevoss)于 2014 年创立,总部位于美国纽约。2016 年,Gemini 成功获得纽约金融服务局颁布的首张数字货币交易所牌照,成为全球第一家获得许可的数字货币交易所。同 Coinbase 一样,Gemini 重视用户的资产安

---

① 秦晓峰:《三年大考,币安交卷》,2020。

全,将平台上用户的绝大多数的货币储存在安全的离线冷库中。

Coinbase 以助力个人加入开放的数字货币世界为己任,构建了普通用户友好度极高的平台,而 Gemini 则在服务专业用户及机构客户上略胜一筹。Gemini 的交易费率比 Coinbase 更低,能够帮助专业及机构客户节省大量交易成本。此外,Gemini 提供大宗场外交易服务,作为中间方通过其产品 Gemini Clearing 为大宗交易双方提供合规的清算和结算服务,帮助客户有效规避交易对手风险。

在业务发展上,Coinbase 更加谨慎,而 Gemini 往往走在行业前端。2016年9月,Gemini 推出了每日比特币拍卖交易,该方法在传统证券交易所中广为采用,但在加密货币交易所中却是首次。2017 年 7 月,Gemini 启动了每日以太币拍卖①。同年 12 月,Gemini 与芝加哥期权交易所合作,推出了全球第一笔以现金结算的比特币期货合约。2018 年 9 月,Gemini 发行了稳定币 GUSD,进军稳定币市场。随着 Coinbase 和 Gemini 的不断发展,两者在未来还将有激烈交锋。

(二)关键成功要素

1. 注重合规与安全性,积极配合政府监管

拥有全领域金融服务牌照无疑是 Coinbase 的最大发展优势。作为目前全球范围内最规范的交易平台之一,Coinbase 的成功很大程度上得益于对美国乃至全球贸易和银行业复杂监管要求的持续满足。创始人 Brain Armstrong 曾在《加密货币的过去十年》中提到,Coinbase 是他所知的第一家真正严肃对待监管的加密公司,因为公司认为这样不仅可以巩固自身的合法性,更能长远地提升加密资产的接受度。Coinbase 对 SEC 等部门的监管保持主动、欢迎的态度,并且聘请了多位拥有政府机构任职经历的人才担任高管,如公司的首席合

---

① investopedia 网, Shobhit Seth："All About Gemini, the Winklevoss Cryptocurrency Exchange",2020。

规官 Jeff Horowitz 曾在花旗、高盛、联邦存款保险公司（Federal Deposit Insurance Corporation）和金融犯罪执法网络和金融业监管局（FINRA）工作,并在反洗钱等合规管理领域拥有丰富的经验。

表 2-6　Coinbase 持有的牌照

范围	牌照详情	详情
地域范围	美国各州	50 个州的转账交易牌照（Money Transmitter License）
	纽约州	数字货币交易所办 BitLicense 和数字托管牌照
	美国联邦	国家银行特殊牌照（Special National Bank Charter）申请中
	全球	33 个国家合法经营许可以及英国和欧盟的 E-Money 牌照
产业链	支付	自营 Coinbase Commerce,并收购两家支付公司获得支付牌照
	储蓄	通过 Coinbase Ventures 收购 Compound 公司获得储蓄经营许可
	贷款	通过旗下关联公司投资 Dharma 公司获得贷款经营许可
	金融衍生品交易	通过旗下关联公司投资 dYdX 公司获得衍生品交易资格
	另类资产交易	收购 Venovate Marketplace 公司拥有另类资产交易资格
	券商交易	收购 Keystone Capital 公司拥有券商交易资格牌照
	投资顾问牌照	收购 Digital Wealth 公司拥有投资顾问牌照

资料来源:中金公司研报。

Coinbase 对新进入平台的数字资产执行详尽的审核。尽管部分用户因此对于上币速度相对缓慢有所不满,公司仍坚持贯穿其审核流程,以确保将存在监管不确定性的加密货币逐一排除在外。这套机制无形中为平台资产的合规与安全性提供了背书,从而催生了"Coinbase 效应",即多种加密货币因在

Coinbase 交易所上市而价格上涨。因此对于加密货币资产而言，成功在 Coinbase 上市能一定程度上赢得业界对其安全性的认可。

此外，Coinbase 对客户的加密资产与现金资产都提供了保险。Coinbase 通过结合安全的在线服务器和离线存储以保护客户数字货币——Coinbase 在冷库中离线存储了大于 98% 的客户数字货币，余下存储于安全的在线服务器中，以便在保障安全的前提下满足客户的流动性需求。Coinbase 投入的商业犯罪保险总金额大于在线存储的数字货币价值，其保单由第三方承保人和 Coinbase 共同提供。客户的现金余额被存放在由 FDIC 担保的一家或多家银行的联合托管账户中，FDIC 向美国用户提供最高额度为 250000 美元的保险服务。

2. 放眼广阔金融领域，铺开多元化产业链

加密货币交易平台是 Coinbase 发展的基石，亦是起点。Coinbase 的布局放眼于整个金融领域，从最初的数字加密货币交易延伸至支付、储蓄、投资、贷款等的全产业布局。更多元化的服务意味着更大的客户群和应用场景，以及多样的营利模式和发展道路。随着产业链的不断完善，公司的竞争优势和抵御风险的能力日渐提升。

公司成功的业务拓展得益于 Coinbase 的战略性的投资和收购，公司在近 3 年频繁开展投资活动促进了拓展公司业务布局。其中 Coinbase 最看重 DeFi（去中心化金融）以及经纪业务板块。公司通过投资，将诸如 Compound 和 dYdX 的 DeFi 应用接入 Wallet 程序，Coinbase 表示，已有"成千上万"的用户通过借出加密资产获得高达 6% 的利息；同时，用户也可以抵押加密货币来进行法币的贷款。经纪业务方面，Coinbase 进行了大规模的直接收购，其中 2020 年 5 月，公司收购了专门针对机构用户的加密货币经纪平台 Tagomi，这是 Coinbase 有史以来最大的收购交易。随着越来越多的世界顶级对冲基金和宏观投资者进入加密领域，收购 Tagomi 将助力 Coinbase 适应快速增长的机构交易市场。

2018 年,公司成立了 Coinbase Asset Management,并发布加密资产指数基金 Coinbase Index Fund。该基金以各币种的市值为权重,投资者可以借以持有 Coinbase 交易所上市的所有资产。公司成立之初,投资者们对该基金产生了超出预料的兴趣,然而此后的 3 个月遭遇加密市场低迷,基金回报率仅为-7.2%;同年 10 月 Coinbase 关闭了这只基金。尽管这次创新因遭遇宏观环境不利因素而失败,但是在打造开放、自由金融体系的道路上,Coinbase 在资产管理方面的试错将为未来的发展提供经验,并提醒公司保持适度谨慎以实现可持续发展。

表 2-7　Coinbase 产业链

类别	名称	获得方式
普通客户交易平台	Coinbase	公司开发
专业客户交易平台	Coinbase Pro	公司开发
机构客户交易平台	Coinbase Prime	公司开发
数字货币托管	Coinbase Custody Trust Company Xapo	公司开发 2019 年 8 月收购
钱包	Coinbase Wallet	公司开发
支付	Coinbase Commerce	公司开发
指数基金	Coinbase Asset Management	公司开发
合规和反洗钱	Distributed Systems Abacus	2018 年 8 月收购 2018 年 12 月投资入股
DeFi 储蓄与借贷	Dharma dYdX Compound	2019 年 5 月投资入股 2019 年 3 月投资入股 2019 年 3 月投资入股
另类资产交易平台	Venovate Marketplace	2019 年 12 月收购
经纪平台	Tagomi Trading Keystone Capital Paradox	2020 年 5 月收购 2019 年 12 月收购 2018 年 5 月收购
投资顾问牌照	Digital Wealth	2019 年 12 月收购
比特币应用(现仅保留对用户的加密行业知识普及内容)	Earn.com	2018 年 4 月收购

资料来源:作者根据中金公司研报、Crunchbase 网整理。

3. 简化交易界面流程,主动降低用户门槛

不同于币安等交易所更多迎合专业客户的策略,Coinbase 秉持着"为世界创建一个开放的金融体系"的理念,希望能够吸引广大普通用户进入以加密货币为代表的新金融世界。Coinbase 设计简易、便捷的交易界面和流程,不要求用户使用复杂的加密私钥存储货币,而是由网站代为存储,降低了购买与持有加密货币的门槛。普通消费者探索数字资产的最大障碍之一就是对其认识不足。因此,Coinbase 在简化加密货币获取流程的同时也致力于向大众普及行业知识,如公司将 Earn 收入囊中,利用其加密货币相关课程帮助消费者扫除这一障碍。这一战略得到了普通消费者的认可。因此,尽管交易手续费较高,Coinbase 仍然能获取数量庞大的客户群体。

（三）挑战与风险

1. 相关政策存在不确定性,或阻碍行业整体发展

目前全球仍有超过半数的国家和地区未对加密货币的地位进行表态,而已经表态并承认其合法地位的国家也还在探索如何完善相关法律。一方面,如果加密货币的相关政策的制定不及时,行业将难以获得投资者信任。加密世界合法化的进程一直坎坷,例如态度开放的美国至今都没有出台针对加密资产征税和监管的具体指导方案。另一方面,未来各国监管政策的出台和变化又可能会限制 Coinbase 等企业的发展速度和方向,对行业产生不可忽视的负面影响。

2. 市场波动带来流动性风险,需求低迷将重创核心业务

交易所对市场需求的影响尤为敏感。若遭遇加密货币市场低迷,Coinbase 的收入很可能大幅下降。此外,Coinbase 不仅直接承担平台交易的加密资产的风险,也间接承担其他更不稳定的加密资产的风险。这是因为一部分货币交易者倾向于先通过 Coinbase 或其他合规的交易所进入市场,根据市场状况再接触这些平台之外的多样化资产。这意味着没有在 Coinbase 上市

的加密资产仍会对其核心业务产生重大影响。如果遭遇重大的负面政策影响,加密市场上的资金流出并回笼传统金融市场,Coinbase 及整个加密行业都将面临巨大的流动性风险。

3. 人才留用成管理难题,高管流失降低竞争力

为了吸引和留用人才,Coinbase 采取了一系列员工福利措施,包括为员工及其家属提供全方位的保险覆盖、工作地点的灵活选择以及各种职业发展补贴①等。然而,2018 年以来多名高管接连离开,包括首席运营官 Asiff Hirji、副总裁 Adam White、首席产品官 Jeremy Henricks 和首席技术官 Balaji Srinivasan,其中一部分人入职不到一年。离开 Coinbase 后,一些前高管加入了其他加密资产企业,例如 Asiff Hirji 出任区块链借贷公司 Figure 的总裁,Adam White 成为了加密衍生品交易所 Bakkt 的首席运营官。尽管公司和离职高管都没有透露具体原因,但是在加密货币具有较大发展空间、Coinbase 依旧位于行业龙头的情况下,有猜测称高管出走是由于与公司发展理念不和。人才流失一方面会挫伤现有员工的信心与积极性,另一方面也会增大未来公司发展的业内竞争。如何提高人才管理能力是 Coinbase 亟待解决的问题。

---

① Glassdoor 网:"Coinbase Benefie",2020。

全球金融科技创新案例之数字货币与区块链篇：IMTOKEN 研究

  摘　要：IMTOKEN PTE.LTD.（以下简称"公司"或"IMTOKEN"）是注册地在新加坡的一家加密资产服务公司，核心产品是区块链钱包应用 imToken App。自成立以来，公司成长迅速。至 2019 年底，imToken App 已覆盖全球 200 余个国家和地区，累积下载量超过 975 万，平台转账代币总值超过 800 亿美元；公司 A 轮融资获得了来自 IDG 资本的 1000 万美元。imToken App 作为多链去中心化应用，弥补了单链钱包只能支持一条公链上的加密货币的不足以及中心化钱包可靠性较低的劣势，同时其多元的服务为用户提供了资产流动性和丰富的使用场景。IMTOKEN 的成功关键一是通过用户友好的产品和出色的社群运营积累了良好的口碑；二是实现了品牌生态系统的构建，积极把握业内优质项目的合作资源；三是通过技术和用户教育最大限度地保障了用户资产安全。不过在谋求持续发展的同时，IMTOKEN 也面临着政策不确定性和盈利模式被动的掣肘。本案例将从 IMTOKEN 的基本情况、经营指标和发展历程入手描述公司概况，从市场痛点解决、用户画像、产品与服务、营利模式、营销模式等方面深入分析其产品服务及商业模式，并在此基础上结合行业及竞品分析，总结其关键成功要素与现存风险挑战。

一、企业概况

（一）基本介绍

1. IMTOKEN：成功的区块链钱包服务商

IMTOKEN PTE.LTD.（以下简称"公司"或"IMTOKEN"）是由中国本土团队主创并经营而注册地在新加坡的一家加密资产服务公司。其核心产品是区块链钱包 imToken App，公司还基于该应用推出了交易平台 Tokenlon、理财服务、DApp（去中心化应用）浏览器等辅助工具或服务，为用户提供全面的加密资产管理服务。公司成立于 2018 年，其业务在 2016 年至 2018 年间由杭州融识科技有限公司运营，后由于政策原因，团队于 2018 年在新加坡注册了与产品 imToken 同名的公司 IMTOKEN PTE.LTD.作为离岸运营载体。

表 2-8　IMTOKEN 基本情况

总部	新加坡
创始人	何斌
累计融资额	1000 万美元（截至 2020 年 12 月）
累计交易规模	800 多亿美元（截至 2020 年 12 月）
用户数	1000 多万（截至 2020 年 12 月）
覆盖范围	200 余个国家和地区（截至 2020 年 12 月）

资料来源：作者根据 imToken 官网整理。

2. 创始人创业经历丰富，国际化程度高

公司创始人兼 CEO 何斌拥有丰富的互联网创业经历。何斌 2005 年毕业于杭州师范大学经济学专业，2008 年成立了自己的网站开发设计工作室 Rorol Studio。2012 年，何斌与同事成立杭州风码科技有限公司并开发了一款团队协作工具 Fengche.co（风车协作），着眼于解决用户团队跨地区、跨部门合作所面临的信息不同步、沟通缺失、工具复杂等问题。2014 年,Fengche.co 停止运营。2016 年 3 月,何斌创立了杭州融识科技有限公司,并于同年 11 月推出了 imToken App。

IMTOKEN 创始团队仅 4 名成员,到 2017 年底拓展成了分布在杭州和新加坡两地的 18 人团队。根据领英数据,截至 2020 年 12 月,公司员工规模已超过 50 人,由多国成员组成,其中不乏毕业于浙江大学、芝加哥大学和新加坡国立大学等名校的员工[①]。

3. 已完成 A 轮融资,积极投资协同企业

在融资方面,IMTOKEN 已于 2018 年 5 月完成 A 轮融资,获得了来自 IDG 资本的 1000 万美元[②],公司估值未公布。

IMTOKEN 还以子公司 imToken Venture 为主体,进行了 3 次对外投资,标的公司分别为 Blockfolio、MixMarvel 和 Nervos Network,进行产业协同布局。Nervos Network 为 IMTOKEN 上游企业,专注区块链协议等偏底层技术。Blockfolio 和 MixMarvel 则属于 IMTOKEN 下游企业,分别专注于加密货币投资组合管理以及区块链游戏。

表 2-9　IMTOKEN 投资对象

公司名称	成立时间/总部	简介
Blockfolio	2014.1/美国加州	移动加密货币投资组合跟踪和管理的网络平台
MixMarvel	2018.2/新加坡	基于区块链技术的全球游戏发行平台
Nervos Network	2018.1/中国杭州	开源的公共区块链生态系统和协议集合

资料来源:作者根据 Bloomberg 各公司资料页整理。

---

① 领英网:"imToken"主页,2020。
② Crunchbase 网:"imToken"主页,2020。

（二）经营指标

由于 IMTOKEN 未公布整体营收数据,主要从 imToken App、理财业务、Tokenlon 交易业务以及 DApp 浏览器的业务规模来分析 IMTOKEN 经营状况。

imToken App 已成为全球领先的区块链钱包,各项经营指标亮眼。截至 2019 年末,应用累积下载量超过 975 万;至 2020 年末,使用 imToken 转账的代币总价值超过 800 亿美元,累计转账笔数突破 4000 万,用户已经遍布 200 余个国家和地区[1]。

从理财业务来看,第一,截至 2020 年 11 月,平台委托 ATOMs 质押挖矿累计约 1700 万笔,累计激活全网 4.1% 的 Cosmos[2] 钱包。第二,在稳定币理财上,根据 2020 年 11 月公司披露的月度数据,imToken 平台实现稳定币转账金额超 72 亿美元,转账笔数突破 75 万;平台稳定币交易金额超 8.7 亿美元,交易笔数为 68728。

从 Tokenlon 交易业务来看,截至 2020 年 8 月,Tokenlon 上加密货币累计交易总额达 5.4 亿美元,累计交易笔数超 25 万,用户人均累计交易额约为 8363 美元[3]。

从 DApp 浏览器来看,截至 2020 年 12 月,imToken 浏览器已上架超过 150 个 DApp。

（三）发展历程

IMTOKEN 的发展可大致分为探索沉淀期、海外拓展期和业务扩张期 3 个阶段。

---

[1] imToken Fans 社区:"imToken 2019 年度数据报告——区块链正在发生",2019。

[2] Cosmos 是一种创新的区块链网络,支持不同区块链之间的互操作和可拓展,从而实现链链互联互通。ATOM 是 Cosmos 网络中的权益代币,Cosmos 钱包指可以保存和传送 ATOM 的加密货币钱包。

[3] imToken Fans 社区:"Tokenlon 一周年成绩单",2020。

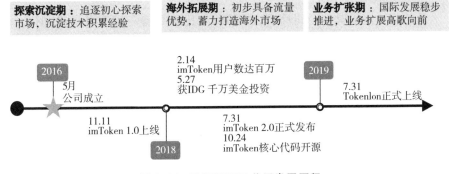

图 2-11 IMTOKEN 公司发展历程

资料来源：作者根据 imToken 官网整理。

1. 探索沉淀期（2016—2017 年）

追逐初心探索市场，沉淀技术积累经验。在发展初期，公司见证了以太币和比特币的价格猛涨，也经历了 ICO（首次货币发行）的狂热和退潮。IMTOKEN 团队在行业的动荡发展中学会了敬畏市场和拥抱变化。这个阶段是 imToken 钱包更新完善、低调发展的时期，团队先后发布了 iOS 和安卓版本的 imToken App，并且持续进行安全点改进。2017 年，团队协助用户破获了 4 起盗币案件，积累了处理用户资产被盗情况的经验，促进了公司重视对用户安全意识的教育。

2. 海外拓展期（2018 年）

初步具备流量优势，蓄力打造海外市场。2018 年是 IMTOKEN 快速发展并走向行业、大众视野的一年。2018 年 2 月，imToken App 用户数突破 100 万[①]。2018 年 5 月，公司在 A 轮融资中收获 IDG 资本的 1000 万美元，IDG 相关人士表示："IMTOKEN 已将其产品开发成为具有全球良好声誉的顶级加密资产钱包之一。"同年 6 月，团队正式在新加坡注册 IMTOKEN PTE.LTD.，并将全球总部定位新加坡。截至当年年底，imToken App 累计设备安装量突破 700

---

① imToken 官网："关于我们"，2020。

万,累计转账笔数突破 2450 万①。

虽然相比国内其他公司而言,IMTOKEN 已经具备一定流量优势,但公司在海外市场仍然缺乏竞争力。因此,生态合作的项目成为 IMTOKEN 海外竞争中需要重点把握的资源,优质的项目方可以为 IMTOKEN 提供海外流量入口和有效的用户获取渠道。CEO 何斌在收到 IDG 投资后表示,2018 年以前东南亚国家的用户均来自自然增长,公司并未开展任何的营销活动,此后公司将扩张国际市场,推出 imToken 2.0 国际版,重点发展美国、亚洲和非洲地区。2018 年 7 月,公司正式发布 imToken 2.0 国际版。

表 2-10　2018 年 IMTOKEN 重要事件

时间	内容
5 月 31 日	IMTOKEN A 轮融资千万美元进军国际市场
5 月 31 日	历经 5 次 beta 更新,imToken 2.0 发布 RC 国际版
6 月 14 日	imToken 2.0 发布 EOS 钱包与 EOS 超级节点投票功能
7 月 31 日	imToken 2.0 正式发布,公布成立 imToken Ventures
10 月 24 日	imToken 宣布开源
10 月 31 日	IMTOKEN 赞助并参加 Devcon4,宣布投资 imKey
11 月 30 日	启动 imToken2.0 迁移,更强大的 imToken2.0,新征程的起点

资料来源:作者根据 imToken 官方公告[3]整理。

3. 业务扩张期(2019 年至今)

国际发展稳步推进,业务扩展高歌向前。在此阶段,公司海外用户稳步增长,至 2019 年底已覆盖全球 200 余个国家和地区。产品方面,公司新上线了Tokenlon、DApp 浏览器功能,提高了用户活跃度与转账量,吸引了更多业务、技术合作伙伴加入。同时,IMTOKEN 设立了 imToken Ventures 来孵化优质项目,不断丰富生态。

---

① imToken 官方知乎专栏:"imToken2018 年度数据报告",2019。

二、产品服务与商业模式

（一）市场痛点解决与用户画像

区块链钱包伴随着比特币面世而诞生,至 IMTOKEN 成立时,行业已经玩家众多,不同类别的钱包产品齐全。由于主要市场痛点已经被广泛识别,IMTOKEN 的策略是尽可能提供最便捷且可靠的钱包 App,并积极满足用户的多元需求。

就区块链钱包应用而言,按照支持的货币种类,市面上的产品可分为单链钱包和多链钱包。其中单链钱包只能存储一条公链上的货币,不便于用户管理多种资产,而 imToken App 则支持储存多链资产,为用户减轻了资产管理的负担。按照管理私钥的方式,区块链钱包则可分为中心化与去中心化钱包。中心化模式下用户的私钥被存储在开发商的中心化服务器上,虽然操作简单、用户不需要记住复杂的私钥,但是中心化钱包的安全性更低,易受到恶意攻击造成用户资产受损。imToken 钱包采用了去中心化模式,使用户在本地保存私钥和资产,安全可靠。此外,针对用户可能遗忘私钥的问题,IMTOKEN 推出了硬件钱包 imKey Pro,通过实体助记盒降低用户因遗忘私钥而损失资产的概率。

随着加密货币的发展与流行,在存储私钥和资产的基础需求之外,加密货币持有人对资产流动性、保值途径和多样应用场景的需求日益增加。对此,IMTOKEN 推出了内置于 imToken App 的 Tokenlon 交易平台,使用户可以便捷地进行货币兑换。同时,通过 ATOM 质押挖矿、稳定币以及 imBTC 理财服务,IMTOKEN 为用户提供了可选择的额外收益获取途径。最后,公司在 imToken App 中上线了 DApp 浏览器,让用户无缝直达多种 DApp,在去中心化游戏、DeFi(去中心化金融)应用中使用持有的货币。

去中心化钱包的使用门槛较高,因此 IMTOKEN 的用户大多为对区块链较为了解且投资加密资产的群体。而从地域分布看,根据 IMTOKEN 于 2018 年披露的数据,公司 80%的用户来自国内,20%来自海外①。

(二)产品与服务

IMTOKEN 的主要产品以加密钱包为核心展开,向外拓展两层,不断丰富应用场景、增强加密资产的流动性。第二层是理财服务和交易平台 Tokenlon,满足用户资产保值和流通需求。第三层是内接于 imToken 钱包应用的 DApp 浏览器,帮助客户直达广阔的去中心化应用天地。

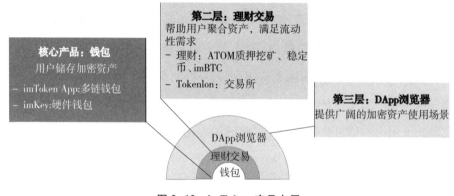

图 2-12　imToken 产品布局

资料来源:作者自行绘制。

表 2-11　imToken 产品及服务概览

	产品/服务	产品形态	主要功能
核心	imToken 多链钱包	手机 App	在手机上存储和管理多种加密资产
	imKey	硬件钱包	离线存储和管理加密资产

---

① imToken 官方知乎专栏:"imToken2018 年度数据报告",2019。

续表

	产品/服务	产品形态	主要功能
第二层	理财服务	内置于 imToken App	ATOM 质押挖矿、稳定币、imBTC 理财服务
	Tokenlon	内置于 imToken App	加密资产交易
第三层	DApp 浏览器	内置于 imToken App	浏览 DApp

资料来源：作者根据 imToken 官网整理。

1. 多链钱包

imToken App 是首款由国内团队打造的去中心化多链资产管理钱包，其支持管理的加密货币包括 ETH、EOS、ATOM、BCH、TRX、LTC、CKB 等，同时支持主流稳定币 USDT、USDC、DAI、PAX、TUSD、USDX。

imToken 钱包简单易用，用户只需将加密货币转入 imToken 以太坊的钱包地址，即可对货币进行管理。以 ETH 为例，钱包中的 ETH 存储在以太坊区块链上的钱包地址中，而 imToken 钱包只在用户本地保存地址对应的私钥，通过私钥保证用户拥有对应地址上 ETH 的控制权，并可进行转账、资源管理等操作。用户只需知道对方的钱包地址，然后用 imToken 授权，即可发起转账交易。

imToken 钱包的另一突出特点是注重安全。公司团队坚持用户安全至上，构建了全方位的风控系统。公司与慢雾、PeckShield、Cure53、知道创宇等知名安全公司合作，对钱包 App 进行了安全审计，全面保障用户钱包安全。

2. imKey Pro 硬件钱包

imKey Pro 是一款与 imToken App 深度集成的硬件钱包，内置"CC EAL6+"安全芯片，配备蓝牙连接功能。imKey Pro 支持 BTC、ETH、COSMOS、EOS 等 imToken 2.0 支持的所有数字资产，预计未来将升级并支持更多的数字资产。

imKey Pro 使用了独有绑定码技术，为用户提供了跨平台专属客户端，方便客户将大量资产存入管理,同时可以有效防止比特币被盗情况发生。有用户表示,imKey 是他所使用过的钱包中对于安全的考量做得最为缜密的。

3. 理财服务

imToken 在 App 中内置了理财服务,为用户提供了 ATOM 质押挖矿、稳定币、imBTC 理财 3 种选择。

在质押挖矿功能上,客户可通过一键委托代币,坐享即时收益。质押挖矿是 PoS 共识的一种机制,用户可以通过委托代币参与挖矿与投票,并获得年化收益约 7%—20%的奖励。该功能现已支持在 Cosmos、Polkadot 等平台进行挖矿。

稳定币是一种旨在最小化价格波动的加密货币,通过与现实世界稳定资产或加密货币挂钩,来避免加密市场的高波动。知名的稳定币有 USDT 和 DAI 等,主要可用于对冲风险、去中心化理财、购买商品或服务等。imToken 支持一揽子稳定币,可以满足用户多样需求,防止资产贬值、保证交易存储安全。Tokenlon 平台针对七大稳定币种为用户提供极速兑换服务。除此之外,用户也可以将兑换后的稳定币进行借贷等活动,享受多元化的收益。

imToken 也支持用户进行 imBTC 理财。imBTC 是 imToken 通过 1∶1 锚定 BTC 发行的以太坊 Token,持有者可以自由转账、赎回、兑换。用户可以通过使用 ERC 20 代币在 Tokenlon 上兑换 imBTC,也可以使用 BTC 通过 imBTC DApp 兑换 imBTC。用户持有 imBTC 将会获得 Tokenlon 购买 imBTC 的手续费分成,2020 年 11 月的年化收益率约为 1.29%[①]。imBTC 具有智能合约的可互操作性,实现了无缝融入去中心化交易和金融服务,同时为以太坊生态注入了强大的资产流动性。

---

① 用户收益=(用户持有 imBTC 数量 / imBTC 总量)× 平台派发总收益,收益以 imBTC 的形式发放到用户的持币地址。

4. Tokenlon 交易平台

交易功能自 2018 年起内置于 imToken 应用中,为数字货币提供了更多的流通场景,促使了 imToken 活跃用户和转账数的提升。2019 年 7 月,Tokenlon 正式上线。Tokenlon 支持 ETH、imBTC 及主流稳定币 USDT、Dai、BUSD、HUSD 等币种的兑换,可交易对从初期的 20 余对增长到了 70 对(2020 年 8 月数据)。

该平台的优点在于:脱链报价显示最终价格可以实现快速交易,并且用户可以看到主流交易所的报价,方便进行价格对比;一键式界面使用户清晰地查看交易结果;交易成本低,用户不需要自行支付交易上链矿工费,标准手续费率仅为 0.3% 并且会随交易量降低[①];代币通过无信任交换(trustless swap)在钱包中流通,无需充值或提款,安全可靠。

截至 2020 年 8 月,Tokenlon 累计交易总额达 5.4 亿美元,累计交易笔数超 25 万笔[②]。这些数据说明了 Tokenlon 用户数、交易深度和交易量的爆发式增长,也显示了去中心化交易所(DEX)备受用户青睐。公司表示在未来短期将努力提供更丰富的交易功能和所支持的交易对,将交易平台的流动性共享给 DeFi 生态,继续改善用户体验,更好地服务并激励用户。

5. DApp 浏览器

DApp 是一种基于智能合约的去中心化应用程序,应用的数据加密后存储在区块链上。IMTOKEN 提供了一款开放的 DApp 浏览器,支持 ETH、EOS、TRON 3 个区块链平台上开发的 DApp,用户输入想要访问的 DApp 网址就可以实现以浏览网页的方式快捷地访问 DApp,无需下载 DApp。

通过浏览器访问 DApp 的过程首先是用户通过搜索或者输入 DApp 链接开始访问;随后,浏览器界面会提示使用和隐私协议,用户确认同意之后页面将跳至 DApp 主页;在主页上,DApp 会示意用户关联钱包账户,以方便在

---

① Tokenlon 官网:"Tokenlon 费率介绍",2020。
② imToken Fans 社区:"Tokenlon 一周年成绩单",2020。

DApp 中使用钱包内的加密货币。不同 DApp 支持的加密货币不同,但某一区块链上开发的 DApp 只能使用对应链上发行的货币。

imToken 浏览器已上架 150 个 DApp,主要包括数字金融、游戏等应用。以 ETH 的应用为例,imToken 将上架的应用分为 6 个板块:流动性挖矿(Yield Farming)、DeFi、交易、游戏、实用工具(Utilities)以及社交,其中最受关注的是 DeFi 应用。

DApp 开发者可以申请在 imToken 浏览器中上线自己的应用,imToken Venture 也会主动发掘、孵化优质项目。IMTOKEN 可以通过 DApp 为钱包和交易平台引流,发展多元生态。

(三)营利模式

公司主要收入来源于用户转账费用、交易平台与区块链协议供应商(即区块链网络的开发与运营方)的分成和平台上的交易手续费,以及硬件钱包的销售。

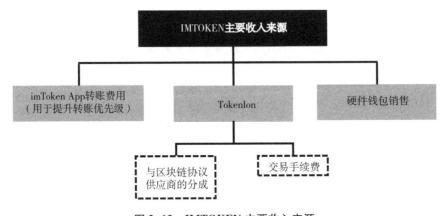

图 2-13　IMTOKEN 主要收入来源

资料来源:作者根据公司官网、CEO 访谈等资料整理。

具体来看,imToken App 不收取用户进行转账的手续,但对于 Polkadot(波卡链)和 Kusama 链上的加密货币,用户可以支付一笔额外的费用来提高转账交易的优先级,使交易快速成功。

来自 Tokenlon 交易平台的主要收入是与区块链协议供应商进行代币分成[1]。此外,平台还收取加密货币买卖的手续费,为交易费和网络矿工费执高。USDT 等稳定币间交易对的交易费率为 0.1%;而其他交易对的基本交易费率为 0.3%,并根据用户过去 30 天的累计交易额或 LON[2] 持有数量而变动(满足其中一个条件即可),具体费率如表 2-12 所示。对于卖出 ETH 的交易,交易由用户自行上链,Tokenlon 不代收矿工费;对于非卖出 ETH 的交易,交易将由 Tokenlon 代为上链,并将上链矿工费用于最终费用计算。如果代收矿工费高于交易费,Tokenlon 则仅收取矿工费;如果代收矿工费低于交易费,Tokenlon 则仅收取交易费。代收矿工费取决于当前以太坊网络拥堵情况,系统将动态调整代收矿工费进行上链,以确保交易成功。

表 2-12　IMTOKEN 交易费率

等级	过去 30 天累计交易额(美元)		LON 持有量	交易费率(%)
0	<＄3 万	和	<20	0.30
1	≥＄3 万	或	≥20	0.29
2	≥＄5 万	或	≥50	0.28
3	≥＄10 万	或	≥150	0.26
4	≥＄20 万	或	≥500	0.24
5	≥＄50 万	或	≥1500	0.22
6	≥＄100 万	或	≥5000	0.20
7	≥＄200 万	或	≥10000	0.18
8	≥＄500 万	或	≥30000	0.15
9	≥＄1000 万	或	≥100000	0.10

注:交易手续费率,如果同时满足 LON 持有量和 30 天交易额的折扣条件,系统将取用户优惠最大的条件。

资料来源:Tokenlon 官网。

[1]　巴比特:"imToken 2.0 正式发布并成立 imToken 资本",2018。

[2]　LON 是 Tokenlon 发行的应用型代币,全称 Tokenlon Network Token,用于激励网络生态中参与的各方,确保各方能够参与并协力推动生态的发展。

imKey Pro 硬件钱包售价为 688 元人民币,另有一款助记词密盒为用户提供单独的记词支持,售价为 199 元人民币①。

CEO 何斌在 2018 年接受采访时表示,在未来,产品的利润点将会在代币经济上,Token 的经济模型还能拓展到收益权、商品等领域,衍生出更多的玩法,发展潜力较大②。

(四)市场营销模式

1. 开源代码吸引合作,呼吁行业共同进步

区块链社区一直提倡"自然开放"(natural openness),开源代码可以吸引更多的开发者和技术爱好者加入行业,共同促进区块链技术的发展。区块链钱包实现了普通用户与区块链技术的交互,是行业不可或缺的一环。然而,新兴的钱包行业缺少统一的技术标准。

IMTOKEN 在 2018 年 10 月正式宣布开源。公司希望通过开源来获取更多优秀开发者的支持以及来自社区的贡献,吸引更多公链项目参与钱包开发,寻找更丰富的加密货币应用场景,扩展 IMTOKEN 生态。更重要的是,公布代码将降低行业门槛。imToken 展示出了超越企业自身利益的格局,希望其他创造者可以少走弯路,推动业内共同制定技术标准。正如公司在公告中表示,"一个人,可以走得快;但是一群人,才能走得更远"③。

在开源之前,IMTOKEN 邀请了国内外两家公司进行代码安全审计,并且制定了 Bug Bounty 奖励计划——任何开发者或用户发现并报告代码漏洞即可获得丰厚奖励。在开源之后,IMTOKEN 一直保持活跃,积极兑现对区块链行业的承诺。根据德勤发布的《2019 年全球区块链调查报告》,仅有 8% 的区块链开源项目在报告发布的前 6 个月内有过更新,而 IMTOKEN 从 2018 年宣

① imKey 官网,2020。
② 巴比特:"imToken 2.0 正式发布并成立 imToken 资本",2018。
③ imToken Fans 社区:"1024. imToken 致社区",2020。

布开源至 2020 年 8 月,持续在 GitHub 上更新着代码。

2. 社群经营抓住用户,品牌活动积累口碑

IMTOKEN 通过构建官方社群来把握运营主动权。2019 年 8 月, IMTOKEN 建立了 imToken Fans 社区平台,希望聚集用户,构建一个优质社群。 最初版的 Fans 平台是最简化可实行的版本(Minimum Viable Product),之后逐 渐融入了丰富的社群功能。公司努力将 Fans 打造成了一个更加开放的数字 钱包用户互助平台,承担信息沉淀、社区经济激励、社群用户分层等职能。对 用户而言,他们能够在 Fans 平台上获取官方公告、学习区块链知识、与其他用 户讨论行业观点和钱包使用问题,也可以直接和 IMTOKEN 官方人员互动交 流、针对产品提出反馈建议并获得奖励,真实地感受区块链浪潮。对于公司而 言,imToken Fans 帮助公司走进广大用户,提高客户参与感和忠诚度。

除了构建社区平台以外,IMTOKEN 还举办了线下线上的系列品牌活动。 2018 年,IMTOKEN 在深圳、成都、厦门、武汉、台北举办了用户见面会,与超过 700 人现场互动、答疑①。虽然线下活动规模较小,但公司以此抓住了大批忠 实用户,其中一部分成为了社群志愿者或领头人,为 imToken Fans 运营作出了 巨大贡献。在线上,公司推出了 imToken 新手训练营,课程为期 5 天,知识点 涵盖秘钥安全备份、真假币辨别、行情波动时避险等内容。公司团队表示,训 练营可以使区块链新手掌握行业最重要的技能——为自己的数字资产建立牢 固的护城河。2020 年的新手训练营售价仅 2.99 元②,并不能为公司带来可观 收益,但是能降低行业门槛并为公司积累口碑,有利于未来获客和可持续 发展。

(五)研发情况及技术优势

imToken App 能够接入多条公链得益于其坚实的底层技术保障。通过其

---

① imToken 官方知乎专栏:"imToken Fans 告社区书",2019。
② imToken 官方知乎专栏:"新手礼物 | 区块链小白必备的钱包管理技能",2020。

核心组件 TokenCoreX,IMTOKEN 实现了对底层核心代码进行不断优化,提升了原生系统的可靠性、安全性和扩展性。具体而言,首先,TokenCoreX 统一了 Rust 为产品开发语言,有效减低了应用双平台(Android 与 iOS)与双语言(中文与英文)的开发成本,实现一次开发,两端集成。其次,TokenCoreX 有效解决了产品实用性不足的问题,使用户的钱包管理得以在移动端、硬件端(imKey)以及 Web 端进行。最后,Rust 语言在区块链中应用广泛使 imToken App 更容易接入众多区块链公链。

三、分析及总结

(一)行业及竞品分析

1. 区块链钱包行业分析

用户持续增长,发展潜力可观。根据 Statista 的统计数据,2018 以来,全球区块链钱包用户数保持着每季度大于 5% 的增长率。截至 2020 年 6 月,用户数已突破 5 亿①。虽然加密钱包行业的增长尚受限于产品较高的使用门槛,但作为区块链生态的重要基础环节,该行业将随着生态的整体扩张而持续发展。

盈利能力不足,探索增值服务。加密钱包的变现模式并不清晰,实现盈利较为困难。因此开发商在钱包的基础功能之外,不断探索周边业务,进行综合发展。常见的扩展方向有 4 种:一是一体化交易服务,从钱包延伸出能够满足用户流动性需求的交易平台,并从中收取交易费用;二是对接 DApp,为用户提供丰富的加密货币使用场景,为钱包乃至整个行业导入流量;三是理财服务,围绕钱包布局质押挖矿、融资借贷等业务;四是对优质的货币项目进行孵化,从未来股权升值中获利。这些也是 IMTOKEN 正在发力的 4 个方向。

---

① Statista 网:"Number of Blockchain wallet users worldwide from November 2011",2020。

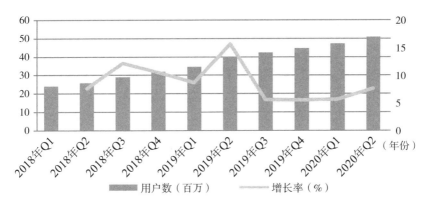

图 2-14　区块链钱包用户数量增长率

资料来源：作者根据 Statista 数据绘制。

资产安全至上，去中心化成为主流。安全性是区块链钱包开发和运营的核心竞争力。imToken 等去中心化钱包之所以成为市场主流产品，其优势在于用户在本地保存私钥，不易受到黑客攻击。而中心化钱包虽然便捷性更胜一筹，但用户需承担更大的外部安全风险。由于私钥和资金均由钱包开发者的中心化服务器保管，若服务器遭到攻击，用户将遭受财产损失。目前去中心化钱包已占据超过 80% 市场份额①，而中心化钱包的安全技术停滞不前。去中心化钱包预计短期内热度仍将居高不下。

2. 竞争者分析

国内外出色的多链钱包不在少数，按照用户密钥存储方式可分为中心化、去中心化和两者兼顾的钱包。

表 2-13　国内外主流多链钱包

	多链钱包	
	国内	国外
中心化	BIXIN	Coinbase，edge，uphold
去中心化	比特派，Huobi Wallet	BitGo，Copay

---

① 币诚时代："加密货币市值再创新高数字钱包发展并行加速"，2019。

	多链钱包	
	国内	国外
中心化与去中心化	Cobo,Hoo,Token Pocket	

资料来源:作者根据网络相关资料整理。

(1)Cobo:兼顾中心化和去中心化,给予用户自主选择

Cobo 由国内团队成立于 2017 年,是一个一站式的数字资产存储和管理平台。Cobo 累计已获得 2000 万美元的融资①,用于海外业务的发展,是 IMTOKEN 的强劲对手。

Cobo 的业务布局与 IMTOKEN 十分相似,但 Cobo 钱包同时具有中心化和去中心化两种模式,用户可以自行选择种类。同时,公司提供离线冷存储的军工级硬件钱包 Cobo Vault。Cobo 的模式可以覆盖需要钱包的所有用户,目标客群比 IMTOKEN 更广。

(2)Huobi Wallet:依托火币集团实力,支持币种更加丰富

火币网是世界三大加密货币交易所之一,稳定运行多年。Huobi Wallet 是火币网旗下的去中心化钱包。依托火币集团在区块链领域的技术积累和安全经验,Huobi Wallet 可以为用户提供安全可靠的服务。相比于 imToken 钱包,Huobi Wallet 的优势一是在于支持存储更多种类的加密货币,可以吸引资深加密货币玩家;二是其背后的火币网交易所拥有更高的全球知名度和更庞大的客群,可以实现为 Huobi Wallet 充分引流。

(二)关键成功要素

1. 用户友好增强黏性,社群互动积累口碑

相较其他竞争者,IMTOKEN 已积累了良好的品牌口碑和忠实的用户群

---

① 链闻网:"Cobo 完成 1300 万美元 A 轮融资",2018。

体,其主要原因是产品用户友好度高、黏性强。imToken App 使用便捷性较高,操作流程清晰简洁,采用了人脸识别技术方便交易。同时,App 上内置了 Tokenlon 等多元化服务,尽可能地满足用户关于加密资产的多种操作需求。而在平台设计上,开发团队重视可视化效果以提升数据可读性;在平台引导上,公司提供了较完备的产品使用手册帮助用户熟悉产品。

IMTOKEN 产品的用户黏性高,已经养成了大批深度用户。公司积极在其官方及第三方平台架设交流论坛和问答板块,并在其官网定期发布优质行业信息,更新开发日志,解答疑难问题,为客户提供多元及时的互动,提高了用户留存率和忠实度。

2. 提供多元产品服务,建立全面生态系统

IMTOKEN 的自身定位为"区块链技术创新的践行者与挑战者"①。不难看出,多链钱包仅为公司立足于加密数字货币领域的试金石。为加速构建区块链生态一体化平台,公司完成了 imToken App 同一平台多产品集成,已部署了 Tokenlon、DApp 浏览器等子产品,实现了数字货币从获得、存取到交易、理财等流通的生态闭环。

此外,依托用户口碑、成熟技术和市场占有优势,IMTOKEN 在领域内合作的项目资源优质,交易项目的选择权大。IMTOKEN 还积极迭代合作方式,寻求通过投资丰富合作资源,例如增设 imToken Ventures 来进行风险投资从而与更多项目合作,扩张了公司生态并获得了更大的业内影响力。

3. 教育与技术双护航,保障用户资产安全

imToken App 基于区块链去中心化特征建设,在数据保护和用户隐私上更加安全。服务器和数据库避免主动和被动存储用户敏感信息(如密钥、助记词等),相关信息只存储于用户本地,第三方云同步工具也在开发层面默认关闭,最大可能地保证用户的敏感信息。通过避免核心服务与服务器交互,

---

① imToken 官网,关于我们,2020。

imToken App 最大限度降低了用户交易信息的泄露风险。具体而言,用户可在本地完成钱包生成、导入、密钥存储、助记词备份、部分转账步骤等操作;转账操作最终需要上传区块链节点,用户可自由选择不同区块链节点完成,避免节点的唯一性。

IMTOKEN 已形成较为完善的用户安全风控系统。平台会整理并实时管理、更新恶意地址库、恶意合约库及恶意网址库,通过监控钱包地址的可疑操作保障用户的资产安全。系统一旦辨识到用户正向恶意地址转账或正使用恶意合约,会及时发出系统警告并阻止该交易;如发现外部恶意入侵,系统会及时提醒技术人员进行漏洞处理并自动将入侵收录于安全事件库。

IMTOKEN 注重用户安全教育与信息同步,通过视频、直播等方式向用户进行账户安全知识普及;公司建设 Tokenfans 社区,邀请用户进行产品内测,传播钱包安全使用方法并鼓励用户相互讨论,为提高产品易用性、增强用户操作安全性打下了良好的基础。

(三)挑战与风险

1. 政策影响市场布局,国际发展面临挑战

各国加密货币的监管政策对 IMTOKEN 的海外布局有巨大影响,公司需要投入大量资源以应对各国的差异化政策。创始人何斌在 IMTOKEN 从 IDG 获得融资后表示,出于政策方面的考虑,国际市场扩展会从政策比较开放的国家如韩国、日本及印度等国家进行布局,再逐渐延伸至非洲以及美国等拥有大量用户群的国家;部分融资额也将投入对各国政策的研究,以便更好地扩展海外市场[1]。

此外,在中国加密货币政策尚未开放、中美关系摩擦造成全球化进程受阻的情况下,IMTOKEN 在中国市场的扩张举步维艰,海外用户增长也受到影响。

---

[1] Techcrunch、Catherine Shu:"Ethereum wallet imToken raises ＄10M Series A from IDG to expand in the US,Asia and Africa",2018.

团队在新加坡注册公司，正是在寻求更开明的政策环境，未来公司的国际发展将要面临更多的不确定性。

2. 难以自主控制收益，对市场波动较敏感

IMTOKEN 的收入对加密货币市场热度十分敏感，而公司的营利模式没有较强的风险抵御能力，无法主动控制影响收益的因素。当市场低迷、加密货币需求量减少时，各类业务量都将随之下降，IMTOKEN 的收入可能无法填补运营成本。此外，在各类产品和服务中 imKey 硬件钱包的利润率虽然可观，但是单个用户对于此类产品的终身价值不高。

全球金融科技创新案例之数字货币与区块链篇：Circle Internet 研究

摘　要：Circle Internet（以下简称"Circle"或"公司"）是美国一家数字货币服务企业，是稳定币 USDC 的发行方和运营方，专注于为 B 端客户提供基于 USDC 的支付、交易等解决方案。自 2013 年成立以来，公司成长经历曲折，业务结构不断调整，从最初的加密货币钱包和交易所逐步转型成为专注打造 USDC 生态的数字货币服务商。截至 2020 年 12 月，公司累计融资额达 2.71 亿美元，估值 6 亿美元；USDC 市值超过 29 亿美元，链上交易额和结算额已超过 1500 亿美元。作为稳定币行业的佼佼者，Circle 具有三方面优势：第一，公司拥有多国货币转账和货币发行牌照，且与金融机构和监管机构合作，保证了信息披露的高效透明和 USDC 运营的安全合规；第二，USDC 应用广泛，可为用户带来多样化应用场景；第三，基于 USDC 的交易服务高效、低廉，相比传统金融机构具有明显优势。然而，稳定币面临着趋严的政府监管和激烈的市场竞争环境，因此 Circle 的发展也存在一定的不确定性。本案例将从 Circle 的基本情况、经营指标和发展历程入手描述公司概况，从市场痛点解决、用户画像、产品与服务、营利模式、营销模式、研发情况及技术优势等方面深入分析其产品服务及商业模式，并在此基础上结合行业及竞品分析，总结其关键成功要素与现存风险挑战。

一、企业概况

（一）基本介绍

1. Circle Internet：业内一流的稳定币服务供应商

Circle Internet（以下简称"Circle"或"公司"）是美国一家数字货币服务企业，是稳定币 USDC 的发行方及运营方，专注为 B 端客户提供数字货币支付、交易等方面的解决方案。公司自成立来不断发展、改良业务，成为业内一流的稳定币服务供应商。Circle 的愿景是在加密资产和区块链基础上实现数字经济的开放、互联和全球化。

表 2-14 Circle 基本情况

成立时间/总部	2013 年/美国波士顿
创始人	Jeremy Allaire，Sean Neville
估值	6 亿美元（截至 2020 年 12 月，E 轮融资后估值为 30 亿美元，近两年估值受其业务剥离影响）
累计融资额	2.71 亿美元（截至 2020 年 12 月）
员工数	274（截至 2020 年 12 月）
覆盖范围	美国、欧洲、中国（成立中国子公司世可中国，计划在中国独立运营数字货币业务，该项目后因中国政策影响停滞）等
牌照	Circle 是全球持有牌照数目最多的加密资产类公司之一，目前已获得美国除夏威夷外各州、英国和欧盟的支付牌照以及纽约州 BitLicense，拥有美元、英镑、欧元进出加密资产的合规通路
主要投资者	Digital Currency Group、IDG Capital、Blockchain Capital 等

资料来源：作者根据 CB Insights 整理。

稳定币是具有稳定价值的加密货币，通过某种锚定机制，将数字货币对特定资产或价值的比价固定在某一比例。依据锚定机制的差异可以分为法币抵押型稳定币、数字资产抵押稳定币和无抵押算法型稳定币。

表 2-15　稳定币分类及介绍

分类	定义	币种
法币抵押型稳定币	发行方以自身持有的法币资产作为基础,按照某一固定汇率发行的数字货币	USDC;USDT
数字资产抵押稳定币	发行方以数字资产为抵押且是超额抵押,以去中心化方式发行的数字货币	Makerdao/Dai
无抵押算法型稳定币	无抵押发行的数字货币,采用算法规则来模拟货币发行规则,从而实现数字货币的自稳定	ESD;Basis Cash

资料来源:作者根据中国知网文献资料整理。

USDC 是一种锚定美元的稳定币,由 Circle 与 Coinbase 联合投资的公司 Centre Consortium(以下简称"Centre")开发运营并独立监管。USDC 的每个单位都以现金和短期美国国债的混合形式以 1 美元进行抵押,保证了其价格稳定性。机构及个人投资者可以 1∶1 的比率将美元换成 USDC。

2. 创始团队:创业经验丰富,技术背景深厚

Circle 的创始人是 Jeremy Allaire 与 Sean Neville。

Jeremy Allaire 是一位活跃的创业者,曾两度带领企业上市,Circle 是他创立的第三家企业。他在大学期间就与同学共同创建了去中心化通信协作平台 NativeNet。毕业后,他成立了软件研发公司 Allaire Corporation,仅用 4 年时间便成功 IPO,并于 2001 年被多媒体软件研发企业 Macromedia 公司收购。此后,他担任 Macromedia(2005 年被 Adobe 收购)的 CTO,并主导开发了后来成为 Adobe 旗舰产品的 Flash。随后,Allaire 又创立了在线视频公司 Brightcove,并带领公司于 2012 年挂牌上市。除此之外,Allaire 也曾被 Circle 的重要投资方风险投资公司 General Catalyst Partners 聘任为入驻企业家(EIR)领导其发展。

Sean Neville 先后在 Allaire Corporation、Macromedia、Adobe 及 Brightcove 担任重要职务。他于 2000 年加入 Alliare Corporation 担任软件工程师并任职多年,在与 Jeremy Allaire 创立 Circle 之前,他创立并管理手机应用程序拓展及

相关平台服务公司 Sevenchord。2019 年底，由于业务整合等原因，Neville 不再担任联合首席执行官，但继续担任公司独立董事①。

3. 融资情况：众多知名机构入局，看好前景持续跟投

截至 2020 年 12 月，Circle 已完成 6 轮融资，累计融资 2.71 亿美元。

表 2-16　Circle 融资情况

融资轮次	投资方	时间	融资金额（美元）	估值（美元）
A	General Catalyst、Breyer Capital、Accel	2013. 10	900 万	—
B	General Catalyst、Breyer Capital、Fenway Summer Ventures、Pantera Capital、Digital Currency Group、Oak Investment Partners	2014. 3	1700 万	0.96 亿
C	General Catalyst、Breyer Capital、Pantera Capital、GS Growth、Accel、BoomStartup、Oak Investment Partners、Fenway Summer Ventures、Digital Currency Group	2015. 4	5000 万	2.6 亿
D	General Catalyst、Breyer Capital、光大投资、Tusk Venture Partners、中金公司、宜信、百度、IDG 资本	2016. 5	6000 万	4.8 亿
E	General Catalys、BreyerCapitalt、Accel、Bitmain、Digital Currency Group、Pantera Capital、Blockchain Capital、Tusk Venture Partners、IDG 资本	2018. 5	1.1 亿	30 亿
风险投资	Digital Currency Group	2020. 7	2500 万	6 亿

资料来源：作者根据 Crunchbase 整理。

（二）经营指标

由于 Circle 未公布整体营收数据，本案例研究主要从稳定币 USDC 相关指标来分析其经营状况。

作为发展最快的稳定币，截至 2020 年 12 月，USDC 已成为市值排名第 11

---

① 领英网："Sean Neville"，2020。

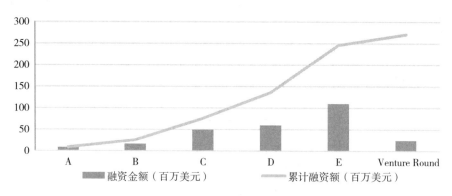

图 2-15　Circle 累计融资曲线

资料来源:作者根据 Crunchbase 整理。

的加密数字货币资产①,发行总量价值超过 36 亿美元,链上处理了超过 1500
亿美元交易额和结算额②。

　　USDC 发行数量前期增长缓慢,然而随着投资者的需求上涨,近年其发行
增速可观。这主要得益于稳定币应用场景不断扩大并渗透至电子商务及传统
金融行业中。2020 年下半年 USDC 增长势头强劲,根据 Coin Metrics 的数据,
截至 2020 年 11 月,USDC 的供应量增长了 125%,并且在过去 6 个月中增长
了 162%。

(三)发展历程

　　自 2013 年成立以来,Circle 多次改变自身定位,调整发展战略。成立初
期,Circle 将公司产品定位为比特币钱包交易工具。由于比特币市场在 2016
年前后陷入低迷期,Circle 开始着手公司转型,寻找新的盈利增长点。Circle
于 2016 年底宣布放弃比特币交易业务,并于 2018 年 9 月开始正式发行
USDC。2020 年,Circle 出售了曾经作为业务重心的两大加密货币交易所:

①　CoinMarketCap:"USD Coin Overview",2020.
②　Circle 官网:"USDC:the world's leading digital dollar stablecoin",2020 年。

Poloniex 和 Circle Trade，转向其他领域投入资金，业务进一步聚焦整合。Circle 一直积极应对市场变化，通过不断变革自身的方式提高竞争力，实现建设数字货币生态体系的发展愿景。

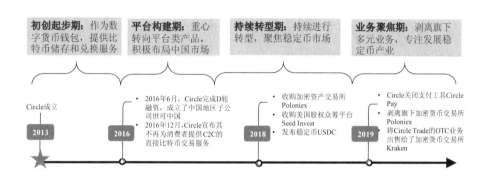

图 2-16　Circle 发展历程

资料来源：作者自行整理、绘制。

1. 初创起步期（2013—2015 年）

定位数字货币钱包，提供比特币储存和兑换服务。成立初期，Circle 将核心产品定位为数字货币交易钱包，为用户提供比特币支付、转账、零成本跨境交易等服务。Circle Pay 是公司的第一款产品，提供面向个人用户的支付和货币兑换服务。基于区块链实现 C2C 社交支付服务，Circle Pay 对接全球各地的比特币交易所，帮助用户实现不同货币的直接兑换。在此期间，Circle 还获得了纽约州金融服务部颁发的数字货币许可证 BitLicense。

2. 平台构建期（2016 年前后）

重心转向平台及应用类产品，积极布局中国市场。在同类产品层出不穷、比特币发展停滞不前的情况下，Circle 于 2016 年底宣布不再提供比特币直接交易服务，而将业务重心转向加密数字货币的流通平台。

在此阶段，Circle 基于前期产品开发的区块链底层技术，推出了一系列加密数字货币交易产品，如向个人投资者提供加密资产投资服务的 App 产品 Circle Invest、零手续费和零汇率外汇转账的平台 Spark（后发展成为 Centre），以及支持机构客户大额加密资产交易的 OTC 服务平台 Circle Trade 等。这几款产品在 2016 年底公司转型后成为公司主要的业务支柱。

Circle 也曾一度将中国视为其发展的重要市场。2016 年 6 月,Circle 完成 D 轮融资后便成立了中国地区子公司世可中国。公司称,世可中国的业务重心在于通过资金跨境流动,将中国消费者与世界联结,具体应用如为中国留学生的汇款操作提供便利等①。成立之初这家子公司受到了业界及资本的广泛关注,然而囿于监管环境和用户习惯的不适配,世可中国的发展屡屡受阻,最终因政策原因折戟。据天眼查信息,Circle 在中国设立的两家控股子公司,天津世可科技有限公司及深圳世可科技有限公司已于 2020 年 9 月注销。

3. 持续转型期(2017—2019 年)

持续扩张转型,聚焦稳定币市场。在持续转型期,Circle 进行了两项重要的收购,将 Poloniex 以及 SeedInvest 纳入业务版图。Poloniex 成立于 2014 年,是全球成立时间最早且最活跃的加密货币交易所之一。SeedInvest 是一个股权众筹平台,为个人投资者提供大量创业公司投资机会,截至 2020 年 12 月平台上已累计拥有超过 30 万投资者和 200 多家被投企业②。通过这两项收购,Circle 不仅拓宽了服务场景覆盖面,也极大地拓展了用户类型和规模。公司的估值随业务规模扩张而不断高涨,E 轮融资后一度达到 30 亿美元。

2018 年 9 月,Circle 推出稳定币 USDC,这也是其发展历程中最关键的里程碑之一。通过将 USDC 和公司其他产品包括 Circle Invest、Circle Trade、Circle Pay 及 Poloniex 等进行融合,Circle 完成了数字货币生态的初步构建。

4. 业务聚焦期(2019 年至今)

剥离旗下多元业务,专注发展稳定币产业。截至 2019 年,Circle 已经成长为同时覆盖机构及个人客户,支持加密数字货币的一、二级市场交易以及场内外交易的综合性数字货币金融服务平台。然而在业务重心转移和监管变化

---

① Investopia 网:"Circle(Financial Services Company)",2020。
② Seedinvest 官网,2020。

的双重影响下,Circle 开始进行大规模业务整合,专注于 USDC 生态的发展①。2019 年,Circle 关闭了 Circle Pay,同时剥离了 Poloniex,Circle Trade 的 OTC 业务也被出售给了加密货币交易所 Kraken。2020 年,Circle 将 Circle Invest 出售给了 Voyager Digital,仅剩的 SeedInvest 也意欲出售。2020 年 12 月,Circle 加入了 Visa 快速通道计划(Fintech Fast Track Program),使 USDC 能够连接至通过 Visa 接收付款的 6000 万商户所构成的支付网络,让 Circle 客户实现在 Visa 建立的庞大支付网络中利用 USDC 进行交易结算,尽享其灵活性与便捷性。自此,Circle 专注于为机构客户提供基于 USDC 的各项跨境支付、转账结算等业务。

尽管剥离各项业务极大地影响了公司的估值与客户规模,Circle 依然决意进行改革。2020 年以来,USDC 快速发展,Libra 等各类标准化稳定币在透明监管下也进入起步阶段。展望未来,稳定币拥有广阔的发展前景,而 Circle 有望成为具有繁荣生态的稳定币综合服务商。

二、产品服务与商业模式

(一)市场痛点解决与用户画像

1. 市场痛点解决

在传统金融的运作框架下,商业银行、机构投资者、去中心化金融服务商、证券交易所等机构长期面临着支付周期长、交易成本高、支付安全性及透明性缺乏保障以及资产验证较为困难等问题。针对上述痛点,Circle 通过将 USDC 作为新的支付载体,以各类 API 产品为工具,在 Centre 架构的监管下,打造了数字货币交易结算支付体系,帮助客户实现低成本交易、短周期支付结算,并

---

① Investopia 网,Circle(Financial Services Company),2020。

保障了交易的安全透明、支持资产验证等各类交易需求。具体来看,各项市场痛点的解决方案:

(1)实现即时支付以缩短交易周期

以 USDC 进行结算比传统渠道在结算周期上有显著优势。传统的数字支付渠道通常需要银行业务关系或 KYC(Know Your Customer)流程对账户进行漫长的审核,并且只能在部分地区提供结算服务。而使用稳定币时,用户只需接入网络便可进行法币和 USDC 的兑换及转账,实现全球范围内的高效在线支付。基于 USDC 和 Circle 的产品套件,跨国企业可快速完成货款和薪酬的支付和资金管理。由于 USDC 与当地货币可无缝转换,收款方也乐于接受此种结算方式。证券市场上通过 USDC 进行交易结算的时间小于 1 小时,远低于传统的"T+1"结算模式。

(2)降低手续费用以节省交易成本

USDC 在节省交易成本上具有明显优势。据 Circle 官网数据,链上稳定币的交易成本通常在几美分至几美元之间浮动,而市场上的其他数字支付服务商通常需收取高达交易金额 3.5%的手续费外加货币兑换成本。

除了交易成本低以外,USDC 还能够为投资者在 DeFi(去中心化金融)市场上创造收益,同时减轻市场波动的潜在不利影响。USDC 已成为 Compound、dYdX、Nuo 和 Aave 等 DeFi 平台上最受欢迎的贷款资产之一,其贷款利率为存款年收益(APY)的 0. 15%至 11. 82%。

(3)稳定透明交易以增强可靠度

一方面,基于稳定币的特性,USDC 可以作为法币和数字货币兑换的桥梁和稳定币值的"避风港"。另一方面,使用 USDC 的企业可以将数据加密并保存于本地,并通过 Circle Accounts 和 API 服务实现安全存储 USDC、接受客户支付以及处理全球支付。企业每笔交易都可以在公共账本上实时查看,安全性高、结算不可逆,因此对于机构投资者而言稳定币支付的可靠度优于国际电汇。

2. 用户画像

正如上文提到，在经历了业务转型与聚焦以后，Circle 专注于为机构客户提供基于 USDC 的各项服务，不再对个人汇款和投资业务提供支持。Circle 的 B 端客户有 7 类，包括银行及金融科技企业、机构投资者、Defi 和 Cefi（中心化金融）服务商、商业游戏开发商、数字证券机构、商业及交易场景服务商及加密数字货币初创企业。USDC 自 2018 年 9 月推出以来，得到了越来越多的数字钱包、数字资产交易所、应用程序开发商和服务提供商的支持。根据官方披露的数据，USDC 生态体系已经覆盖 17 种数字钱包和 49 家数字资产交易所，地域范围覆盖美国、欧洲等地。

2019 年 10 月，百慕大政府成为第一个接受 USDC 作为税收和其他公共服务付款的政府①。随着数字货币生态系统的完善和扩张，公司的客户群将从政府和机构等 B 端客户逐渐扩大，计划未来为个人提供 USDC 的各类服务。

基于 USDC 的解决方案有针对性地解决了以上 7 类客户在跨境支付、转账结算、信贷投资等方面的交易需求：

表 2-17 公司主要客户及应用场景

用户类别	简介	USDC 应用场景
银行及金融科技企业	跨境快速支付及低成本结算是银行和金融机构关注的重点，而 USDC 的应用能够很好地适配需求。位于列支敦士登的弗里克银行是全球首批支持稳定货币交易的银行之一，该银行于 2020 年 6 月宣布，其客户可以使用 USDC 处理美元转账，并以数字方式存储美元②。	跨境大规模支付、电商平台收付款、B2B 支付结算、商业信贷交易
机构投资者	机构投资者的投资交易量较大，对时效性、风险性以及交易手续费等往往有较高的关注。借助 USDC 提供的交易手段，机构投资者能够在进行有价证券投资、大规模交易转账等操作时大幅节省交易费用，缩短交易时间，同时保证交易的安全性。	证券交易、国际电汇

① 徐一冰："Circle 向百慕大扩张，以便向非美国客户提供新的服务"，2019。
② Circle 官网："A Guide to Global Stablecoins for Banks &Fintechs"，2020。

用户类别	简介	USDC 应用场景
Defi & Cefi 服务商	通过在借贷协议中引入 USDC、DeFi 和 CeFi 服务商可为投资者提供更加稳定的赚取利息的方式。相较于基于 ETH 等加密货币的借贷协议,以 USDC 作为贷款资产可以有效规避加密货币市场波动的影响。	与 DeFi、Cefi 协议进行安全交互,借入或者借出稳定币
商业游戏开发商	Circle 为游戏开发者提供了强大的支付解决方案,并结合 Circle 的平台服务套件如 Circle Account、各类 API 等,使开发商可以利用 USDC 将稳定币支付基础设施无缝集成到游戏生态系统中,从而为游戏玩家提供广泛的程序性支付、清偿和余额存储服务。	游戏开发商与用户之间的支付结算
数字证券机构	数字证券指将股票和债券等传统证券作为数字代币在区块链账本上发行和交易。数字证券需要基于区块链技术进行本地定价和货币结算,以实现智能合约驱动支付(例如股息和优惠券)及链上结算,而 USDC 价格稳定、便于使用,其技术规格可以处理智能合约驱动的支付流程,高度适配数字证券交易结算货币需求。	证券发行及交易
商业及交易场景服务商	Circle 将商业及交易场景服务商定义为新兴经济体的初创企业和中小企业。通过 USDC 及各类 API 的支持,USDC 在未来将帮助这类企业跨越传统银行业,进入数字时代。	商业交易、用户转账
加密数字货币初企业	由于各国政府监管政策的要求,多数传统商业银行不愿意向加密货币企业及在线支付企业提供服务,而 USDC 为其提供了绕过传统银行进行运营和资金管理的新方案。	货币存储及转账

资料来源:作者根据 Circle 官网整理。

(二)产品与服务

Circle 的产品正在逐渐整合为一个数字资产银行 PaaS(Platform-as-a-Service,平台即服务),为原本在传统金融机构进行交易活动的企业提供新的解决方案。基于基础托管、风险和身份管理、合规管理、数据技术、银行网关以及区块链网等技术,Circle 平台服务已经能够为客户的支付、投资、贸易等业务提供支持,包括了 Digital Dollar Accounts、Circle Payments、Circle Payout 和 Circle

Marketplace 4 项产品，为全球企业和开发者提供低风险、高效率的解决方案。

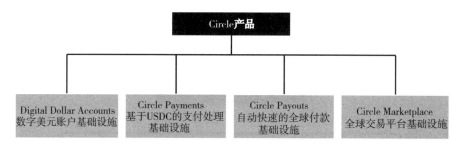

图 2-17　Circle 产品一览

资料来源：作者根据 Circle 官网整理。

4 项产品的介绍如表 2-18 所示：

表 2-18　Circle 产品介绍

产品名	简介
Digital Dollar Accounts	Digital Dollar Accounts 是用于创建和管理可扩展账户和子账户基础设施的一组 API 和工具，使客户可以灵活地自定义数字美元（如 USDC）存储，以满足业务和产品需求，改善业务工作流程并为用户管理数字账簿
Circle Payments	Circle Payments 是由 USDC 支持的支付处理基础设施，用于支持 Circle 的机构客户收取其消费者的付款。该产品允许消费者以多种方式进行付款，选项包括传统的银行转账交易和使用统一 API 在区块链上付款等，所有付款额都直接以 USDC 结算并存入 Circle B 端客户的 Circle 账户中，客户可随后转换为法币存入银行
Circle Payout	该产品为客户提供自动执行付款工作流程的基础设施，向全球的供应商、员工发送更快速且成本更低的付款
Circle Marketplace	Circle Marketplace 由一组平台构建模块和灵活的 API 集成，可建立任何种类的多边全球交易平台，让客户可以在覆盖全球的平台上促进买卖双方之间的交易

资料来源：作者根据 Circle 官网整理。

（三）营利模式

Circle 的营利来源于基于 USDC 的解决方案服务费用收入、稳定币抵押机制下美元资产利息收入及 USDC 交易相关操作产生的手续费收入。Circle 收入构成如图 2-18 所示：

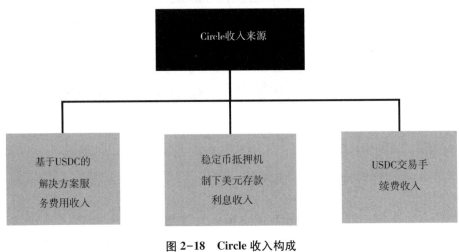

图 2-18　Circle 收入构成

资料来源：作者自行整理。

在服务费用上，公司通过 Digital Dollar Accounts 等基础设施产品为企业提供账号以及数据解决方案，并定制化收取服务费用。随着各类使用场景如跨境支付、线下支付的落地，Circle 在这方面的收入将逐步增加。

在利息收入方面，由于稳定币和美元 1∶1 抵押，Circle 拥有大量美元抵押资产，这部分美元可通过银行存款换取利息，也可以用于购买理财产品等获得收益。

在手续费方面，虽然 Circle 目前已经没有直接面向个人的业务，但是仍会有消费者持有 USDC（如从 Circle 的 B 端客户处收到 USDC 汇款）。对此，Circle 可能会收取某些操作的手续费用。对于面向机构收取的 USDC 相关手续费 Circle 并未披露。

表 2-19　Circle USDC 费用表(针对个人)

操作	费用	详细信息
银行电汇 一代币化被拒绝	50 美元	如果用户通过银行电汇希望将美元兑换成 USDC 但是被拒绝并需要被退回,Circle 将收取费用。拒绝存款的可能原因包括参考编号遗失或拼错,或试图存入超过存款限额的存款
USDC 转出	GAS 费用 (为弥补区块链上消耗的计算和存储资源需提供的费用)	若用户在将 USDC 从自己的账户转至外部 USDC 地址时,Circle 将收取费用以支付网络的交易费用。此费用将根据网络的实时状态而有所不同
USDC 托管	不收费	Circle 目前不因消费者在 USDC 账户中持有 USDC 而收取任何托管费,但 Circle 保留因在独立账户(Segregated Accounts)中持有资金而产生的任何利息或回报

资料来源:作者根据 Circle 官网整理。

(四)市场营销模式

Circle 在发展前期通过提供免费软件打响名声,转型后通过寻找合作伙伴搭建客户网络以推广其产品和服务。Circle 鼎盛时期最出名的产品是 Circle Pay,该产品允许用户使用联系人的电话号码或电子邮件进行国内外免费转账和汇款,还可用于群组汇款和日常聊天。软件下载不收取任何费用,因此一经推出便吸引了大批年轻用户并获得好评。尽管 Circle 后期关闭了 Circle Pay,但公司的名声已然打响。当前,Circle 主要通过与其他支付类企业创建合作伙伴关系,向伙伴企业的客户推广其稳定币产品,扩大 USDC 的市场份额。2018 年,Circle 与区块链钱包供应商 IMTOKEN 达成合作,允许 imToken App 的用户在应用中直接管理 USDC。2020 年,Circle 与 Visa 合作,接入 Visa 的支付网络,由此将接受 Visa 信用卡付款的商家成为 USDC 支付服务的潜在客户。

(五)研发情况及技术优势

Circle 的技术优势是其底层平台建设和 USDC 发行及运营的支撑。Circle

利用原产品 Circle Pay 的技术来建设底层平台,该技术经过了数百万用户和数十亿美元交易的持续测试,现作为稳定币平台的一部分,支持第三方应用程序以及 API 的安全应用。为支撑 USDC 发行和运营,Circle 还联合 Coinbase 设计了支持货币传递、信任决策、KYC 与反洗钱流程的开放式网络协议。而在风险和身份管理方面,为安全存储用户的账户信息,Circle 按照第三方支付行业(PCI DSS)数据安全标准,采用了两级 AES 128 位对称加密和 PCI 兼容技术,为客户交易保驾护航。

三、分析及总结

(一)行业及竞品分析

1. 行业分析

自 2014 年 11 月 USDT 发行以来,稳定币项目逐年递增,截至 2019 年 12 月 31 日,市场上已公开且活跃流通的稳定币约有 66 个。在已推出的所有稳定币中,50%以上的活跃稳定币是在以太坊网络上开发的。从各类稳定币所占据的市场份额来看,USDT 占据稳定币市场半数以上份额,USDC 虽然位居市场份额第二,但总体与 USDT 差距较大。从稳定币市场环境来看,一方面,三大加密货币交易所 OKEx、币安、火币已经陆续入局稳定币市场;另一方面,各国央行数字货币的发展计划也正在稳步推进中,稳定币的竞争或将更加激烈。

2. 竞品分析

数字货币根据发行机制、项目类型等有多种的分类,数字资产市场的一种主流分类是将数字货币分为比特币、稳定币和央行数字法币 3 种。在稳定币这一赛道,Facebook 即将发布的 Libra 和 Tether 发行的 USDT 等是 USDC 的强劲竞争对手。而央行数字货币也给 USDC 带来了潜在的竞争。

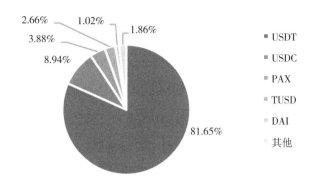

图 2-19 稳定币市场份额

资料来源：作者根据 CoinMarketCap、国盛证券研究所资料整理（数据截至 2019 年 12 月 31 日）。

表 2-20 数字货币分类

类别	币种
比特币类	BTC、ETH、LTC 等
稳定币类	USDT、Libra、USDC 等
央行数字法币	DC/EP 等

资料来源：作者自行整理。

（1）USDT：头部效应明显，市值位居第一

USDT 是 Tether 公司发行的计划 1∶1 锚定美元的法币抵押型稳定币，最早于 2014 年发行于 Omni 平台上。交易 USDT 较多的交易所包括币安交易所（Binance）、火币网（Huobi Global）、OKEx 和 IDCM 等。除了比特币之外，以太坊、EOS、Tron、Algorand、SLP 和 OMG 区块链网络也支持 USDT 智能合约。

USDT 是目前流通市值和成交额最大、投资者接受度最高的稳定币，头部效应最为明显。根据 CoinMarketCap 数据，截至 2020 年 12 月，UDST 的市值约 200 亿美元，在稳定币市场中市值排名第 1，加密货币市场中市值排名第 3。

和 USDC 类似，USDT 具有依赖法币担保、波动较小的特性，因而通常被投资者作为一种投资保值的产品加入其投资组合，以此减轻市场波动的影响。除此之外，作为一种成本较低的交易载体，USDT 为各类金融机构提供了在不

同地区、国家之间进行美元等值交易的方式,解决了通过传统金融中介交易时间长、费用高的痛点。

在数字货币监管力度日益加强的背景下,USDT 面临着因监管政策变化而产生的法律风险,其稳定性并不绝对。USDT 的价格曾出人意料地跌至历史低点 0.88 美元,由于缺乏可信的审计措施和公开披露的账本,用户质疑发行方是否挪用保证金,以及是否严格遵守发行机制防止 USDT 超发。2019 年 4 月 24 日,纽约检方(NYAG)发布了长达 23 页的诉讼书,指控 Bitfinex、Tether 及其母公司 iFinex 存在无照经营等 4 项重大违规,并涉嫌挪用 8.5 亿美元保证金[①],暴露了 USDT 稳定币长期缺乏有效监管以及信息披露不透明的问题。

(2)Libra:用户基础广泛,应用场景丰富

同样作为法币抵押型稳定币,Facebook 主导发行的 Libra 建立在名为 Libra Blockchain 的开源区块链上。Libra 的宏大愿景是重新定义货币并改善全球经济及各地人民生活。Libra 涵盖了多种锚定单一法币(如美元、欧元)的稳定币,包括 LibraUSD、LibraEUR、LibraGBP 以及 LibraSGD 等。

与 USDC 不同,Libra 在发行之初就在监管方面建立了较为完善的制度和措施。在 Libra 白皮书框架下,Libra 协会拥有决策权,负责系统日常运营与准备金的管理和监督。协会创始成员包括 Facebook、Coinbase、Iliad、Shopify、Lyft、Uber、Andreessen Horowitz 等,Facebook 在其中起主导作用。根据框架,协会需向注册地监管机构 FINMA 申请支付牌照,并受其监管。

虽然尚未正式发行,但根据白皮书,Libra 的应用场景相较其他稳定币将得到极大的丰富。得益于 Facebook 广泛的用户基础和协会成员的多样性,Libra 可用于用户间转账、电商消费、打车、跨境汇款等多种线上线下交易场景,近 10 亿持有手机但未能享受传统银行金融服务的 Facebook 用户都可成为 Libra 的潜在增量用户。未来 Libra 可能成为 USDC、USDT 的强劲竞争

---

① TLAB Research:"双方均有备而来——Bitfinex、Tether 与 NYAG 对质始末",2019。

对手。

(3)央行数字货币:政策推动入局,带来潜在竞争

各国央行正越来越多地探索创建本国数字货币的可能性,对稳定币行业造成了潜在的威胁。对于国家而言,发行国家数字货币能够降低货币发行成本,优化货币政策执行、提升货币流通效率,也能减少洗钱、偷税漏税等违法犯罪行为。2019 年 12 月,美国布鲁金斯学会发布研究报告称,已有诸多国家有意发行"央行数字货币"或已在相关研发上取得了实质性进展。除了同样能高效、低成本流通并保证交易安全进行,央行数字货币由于是政府发行还将比稳定币更具有价值稳定的优势。在未来,Circle 业务生态的发展可能受到央行数字货币的较大挑战。

不过,Circle 也可能迎来与央行数字货币共同推进全球数字货币向主流化发展的机会。Circle CEO 曾在演讲中提出混合数字货币的模式[1],即稳定币发行方与央行相互作用并持有资金,加密货币企业主导创新,政府则主导部署和标准,实现经济深度一体化发展。

(二)关键成功要素

Circle 在 3 个方面拥有较大优势,一是合规与较为透明的信息披露,二是其发行的 USDC 应用范围极为广泛,三是为用户提供了较低交易成本的服务模式选择。

1. 合规资质完备,保证交易过程透明安全

在合规方面,Circle 是加密资产行业拥有全球牌照数目最多的公司之一。Circle 已获取了美国 25 个州的货币转账牌照(MTL)[2],同时也将英国和欧盟的电子货币发行牌照收入囊中,保证了加密数字货币资产运营的合规性。此外,Circle 与银行、会计师事务所以及监管机构等多方进行合作,保证经营信

---

① 巴比特:"Circle CEO:我们距离全球数字货币大规模普及只有 1 年时间了",2020。

② Circle 官网:"Circle 获取的牌照",2020。

息的详细透明和 USDC 运营的合法合规。一方面,Circle 聘请了致同会计师事务所对平台发行和流通的 USDC 进行定期审计并在官网发布报告,确保信息披露的有效和透明。另一方面,为了保障运营措施安全有效,Circle 将 USDC 交由 Centre 独立监管。Centre 严格执行发行 USDC 的标准,使 USDC 运营在美国货币传输法规(US Money Transmission Laws)的监管框架内,并努力确保围绕技术运营的信息安全。

2. USDC 应用广泛,方便用户进行多样化交易

除了 Circle 自己的平台外,目前许多主流的交易所和移动钱包都上线了 USDC,并支持 USDC 数字资产的场外交易。区块链网络以太坊 ERC-20,Algorand ASA 和 Solana SPL 已经支持 USDC 智能合约,预计 2021 年初 Stellar 网络上也将发行 USDC。以 Algorand 为例,使用 Circle 的客户能够轻松地把传统银行和银行卡网络的资金转换到 Algorand 区块链上,进行托管、管理账户、支付等多样操作,并享受 Algorand 区块链在速度、安全性和吞吐量的优势。

3. 多种收费模式,降低客户交易成本

相较于传统金融机构,Circle 提供的基于 USDC 的低成本及时交易服务优势明显。除了收取交易手续费的传统收费方式外,在 2020 年 8 月,Circle 和 Coinbase 推出的 USDC 2.0 版本增加了无 Gas 费用转账功能,即允许在 USDC 智能平台上的产品开发者代替用户支付 Gas 费用,或允许第三方支付相关费用。由此,Circle 让客户在交易成本方面拥有了更多的选择①,增强了其产品吸引力。

(三)挑战与风险

1. 政府监管趋严,业务面临挑战

自 2019 年 6 月 18 日 Facebook 发布 Libra 白皮书后,各国政府及国际组织

---

① 自链财经:"Circle 和 Coinbase 推出 USDC 2.0 版,允许开发者替用户支付 Gas 费用",2020。

开始密切关注 Libra 等稳定币的风险。2019 年下半年以来,各大国际组织、政府及央行针对稳定币相继发表观点。其中,G7、欧盟、美国联邦储备委员会 3 个组织明确表示,在法律、监管与风险得到充分识别与解决之前,不允许全球性稳定币的流通。国际社会对稳定币持谨慎态度,认为稳定币存在系列风险和问题,需要进一步加强监管。G20 会议声明肯定了稳定币在金融创新方面的潜在效益,同时指出将加强稳定币的联合监管以解决风险。反洗钱金融行动特别工作组(FATF)称使用稳定币之类的新兴资产从事交易活动可能引发洗钱等风险,应用于稳定币和其他虚拟货币的标准制定将被提上日程①。

Circle CEO 也在访谈中提到,美国对加密货币交易的监管压力不断上升是 Circle 主动出售旗下 OTC 业务,以及分拆 Poloniex 的一个关键因素。未来稳定币面临的监管压力可能会对发行方构成挑战。

2. 业内竞争激烈,众多玩家入局

根据前文"行业分析"部分所述,在稳定币行业竞争中,已有约 66 个稳定币活跃在市场上,USDC 仅占据稳定币市场份额的 9%,远低于占据 80% 市场份额的 USDT。如何使 USDC 从众多稳定币中脱颖而出,逆转当前的落后之势甚至超越 USDT,是 Circle 必须面对的挑战。此外,各国纷纷着手研发央行数字货币。基于政府背书的央行数字货币势必会为数字货币市场整体环境及监管体系带来极大变革,USDC 乃至整个稳定币行业的发展将面临极大的不确定性。

---

① 国盛证券研究所:《法定数字货币大象起舞,行业变局将至——稳定币 2020 展望》,2020。

全球金融科技创新案例之数字货币与区块链篇:Ripple 研究

摘　要:Ripple 是美国一家全球知名的区块链支付解决方案供应商,也是著名加密货币瑞波币(XRP)的发行方,其核心业务是为银行等金融机构提供区块链跨境支付网络服务 RippleNet。Ripple 的发展历程一波三折,但公司迎难而上,截至 2021 年 1 月,其业务已覆盖全球 50 余个国家和地区,支付网络 RippleNet 接入超过 300 家银行及支付供应商等金融机构;XRP 总市值超过百亿美元,位居全球加密货币第五位。针对传统跨境支付系统存在的垄断程度高、流程烦琐、效率低下、费率高昂、汇兑风险大等痛点,Ripple 基于平台 RippleNet 提供三大类解决方案:优化清算方式的 xCurrent、XRP 驱动的按需流动(ODL)和集成付款接口的 xVia,以实现快捷、低成本的跨境支付。Ripple 获取成功的关键要素有三:第一,RippleNet 平台使用的区块链技术可以弥补传统跨境支付体系低效高价的不足,吸引了众多支付类机构客户;第二,基于公司的 RippleX 开源平台形成了使用 Ripple 技术的开发者社区,扩大了公司的业内影响,也吸引其他开发者进一步完善 Ripple 支付网络;第三,Ripple 获得了支付行业内众多机构背书,不仅通过战略合作加速切入跨境支付市场,也拓展了 XRP 可兑换货币种类,提升了其在经济体系中的地位。然而,由于官方持有过多 XRP 以及采用的共识机制存在不足,Ripple 的过度中心化问题饱受争议。此外由于区块链监管严格且政策环境的不确定,Ripple 未来的发展或将面临重重障碍。本案例将从 Ripple 的基本情况、经营指标和发展历程入手描述公司概况,从市场痛点解决、用户画像、产品与服务、营利模式、营销模式及研发情况与技术优势等方面深入分析其产品服务及商业模式,并在此基础上结合行业及竞品分析,总结其关键成功要素与现存风险挑战。

一、企业概况

(一)基本介绍

1. Ripple:知名的美国区块链支付解决方案供应商

Ripple 是美国一家全球知名的区块链支付解决方案供应商,是著名加密货币瑞波币 XRP 的发行方,专注于为银行等金融机构提供跨境支付服务①。Ripple 基于区块链技术构建低成本、高效率的全球支付网络,希望实现资金如信息传播一样自由流动的愿景。

表 2-21　Ripple 基本情况

成立时间/总部	2012 年/美国旧金山
创始人	Chris Larsen(现董事会执行主席)、Jed McCaleb
估值	约 100 亿美元(截至 2021 年 1 月)
累计融资额	2.94 亿美元(截至 2021 年 1 月)
员工数	562 名②(截至 2021 年 1 月)
牌照	在纽约金融服务部获得虚拟货币许可证
覆盖范围	全球约 50 个国家(截至 2021 年 1 月)

资料来源:作者根据 Crunchbase、craft 网等整理。

---

① 郭曼卿:《从 Ripple 看区块链的十年:数字金融的阶段性革命将如何开启》,2019。
② Craft 官网:"Ripple",2021。

2. 初创者创业经历丰富,团队成员各有所长

Ripple 初创者拥有深厚的数字货币知识背景和丰富的创业经历。创始人 Jed McCaleb 不仅建立了比特币交易平台 Mt.Gox,还开创了曾经风靡全球的文件共享网络电驴(eDonkey),前者一度占据全球比特币交易平台榜首。2012 年,他与 Chris Larson 合作创办 OpenCoin 公司(Ripple 前身)以实现 XRP 在全球的广泛流动,虽因管理层的理念分歧于 2013 年离开公司,但之后他创建的 Ripple 分支 Stella 也迅速受到市场认可。另一位联合创始人 Chris Larson 现任 Ripple 董事会执行主席。Larson 手持斯坦福大学工商管理硕士学位和三藩州立大学学士学位,凭借出色的商业头脑先后创建了在线抵押贷款银行 E-Loan 和 P2P 网络借贷公司 Prosper Marketplace。

Ripple 现今的成功不仅源于创始人的创新精神和战略眼光,还依靠企业管理团队中核心成员的领导力贡献。在技术层面,Ripple 聘请了曾为 CNN 和国家安全局(NSA)等组织开发了加密云存储和企业消息系统的 David Schwartz 担任首席技术官;在法律层面,PayPal 中小企业集团的法律总顾问以及 eBay 诉讼高级总监的 Brynly Llyr 担任了 Ripple 法律顾问一职;在企业运营层面,公司现今 CEO Brad Garlinghouse 曾在雅虎担任过多个行政职位,企业管理经历出彩。

3. 受众多知名投资机构青睐,C 轮投后估值超百亿美元

截至 2021 年 1 月,Ripple 共完成 7 轮融资,累计融资金额约为 2.9 亿美元。2013 年,公司首次获得来自 Vast Ventures、Lightspeed Venture Partners 的大额投资,金额为 150 万美元。随着 Ripple 表现出强劲的发展势头,众多实力雄厚的投资机构如硅谷风投巨头 Andreessen Horowitz、日本金融巨头 SBI 纷纷跟进投资。2019 年,Ripple 在 C 轮中获得来自英国投资公司 Tetragon 领投的 2 亿美元,公司估值超过 100 亿美元[1]。

---

[1] CNBC 官网,Ryan Browne:"Ripple,Which Uses Cryptocurrency For Cross-border Payments,Is Now Valued at ＄10 Billion",2019。

表 2-22　Ripple 融资情况

融资轮次	投资方	时间	融资金额（美元）	估值（美元）
种子轮	Tim Kendall, Avant Global, Jesse Powell	2012. 10	20 万	—
天使轮	Vast Ventures, Lightspeed Venture Partners, Pathfinder 等	2013. 4	150 万	—
种子轮	Pantera Capital, IDG Capital, GV, Camp One Ventures	2013. 5	140 万	—
种子轮-II	Hinge Capital, Camp One Ventures, IDG Capital, Core Innovation Capital	2013. 11	350 万	—
A 轮	IDG Capital, Blockchain Capital, Avant Global, RRE Ventures, Digital Currency Group, AME Cloud Ventures 等	2015. 5	3200 万	1. 35 亿
B 轮	CME Ventures, DalipJaggi, Standard Chartered Bank, SBI Investment, Blockchain Capital, Accenture 等	2016. 9	5,500 万	4. 01 亿
C 轮	Tetragon Financial Group Limited, Route 66 Ventures, SBI Investment	2019. 12	2 亿	100 亿

资料来源:作者根据 Crunchbase、Sharepost 整理。

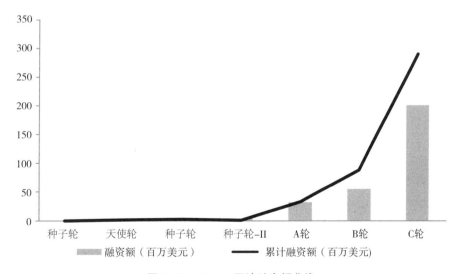

图 2-20　Ripple 累计融资额曲线

资料来源:作者根据 Crunchbase 整理。

（二）经营指标

XRP 销售业绩喜人,市值位居加密货币前列。从 XRP 销售情况来看,根据美国证券交易管理委员会披露的资料,截至 2020 年第三季度末,XRP 历年累计销售收入达到了 13. 88 亿美元,其中通过公开市场经由第三方做市商销售的 XRP 收入占比约 55%,其余收入来自向机构买家出售 XRP 所得。从市值来看,截至 2021 年 1 月 24 日,XRP 市值为 124. 12 亿美元,24 小时交易量 25. 34 亿美元,市值在数字货币市场排名第五。从流通范围来看,XRP 已在全球 150 多家验证机构(参与 Ripple 协议共识机制的实体)构成的去中心化网络中流通。

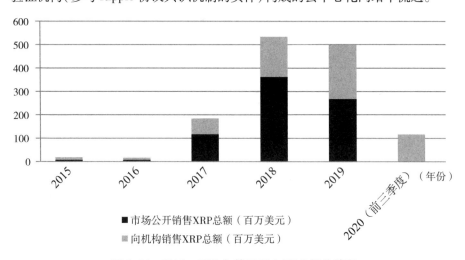

图 2-21 2015—2020 年第三季度 XRP 销售情况

资料来源:根据美国证券交易管理委员会官网资料整理。

在用户方面,Ripple 约 70%的客户为银行机构。除此之外,Ripple 还为跨境汇款公司、外汇公司、支付服务供应商等跨境支付中介机构提供跨境支付解决方案。截至 2021 年 1 月,来自 50 多个国家的超过 300 家机构客户加入了 Ripple 的跨境支付网络平台 RippleNet 体验低成本的全球即时资金转移①。

---

① Ripple 官网:"RippleNet",2015;Ripple 官网:"RippleNet Growth:Announcing More Than 300 Customers",2019。

同时，XRP 驱动的按需流动性（On-Demand Liquidity，ODL）跨境支付解决方案在美国、墨西哥、欧洲、菲律宾和澳大利亚等地均实现销售。

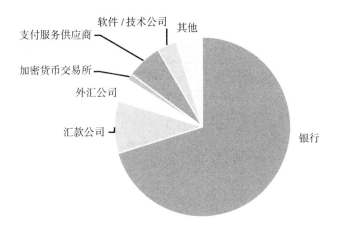

图 2-22　Ripple 客户结构

资料来源：作者根据 Ripple 官网资料整理①。

在荣誉方面，Ripple 多次获得金融科技领域奖项，并频繁上榜福布斯金融科技 50 强企业，具体奖项如表 2-23 所示。

表 2-23　Ripple 奖项荣誉获取情况

时间	发布单位	奖项/荣誉名称
2015 年 2 月	Fast Company	2015 年全球最具创新力的 10 家公司 （The World's Top 10 Most Innovative Companies of 2015 in Money）
2015 年 2 月	American Banker	20 家值得关注的金融科技公司 （20 Fintech Companies to Watch）
2015 年 8 月	世界经济论坛	"技术先锋"荣誉称号 Technology Pioneer
2015 年/2020 年	福布斯	金融科技 50 强企业 Fintech 50
2015 年 12 月	H2 Ventures、毕马威	金融科技 100 强企业 Fintech 100

① PublishOx 官网："Full List of Ripple Customers"，2019。

续表

时间	发布单位	奖项/荣誉名称
2016 年 3 月	PYMNTS 创新项目	B2B 企业最佳创新奖 Best B2B Innovation Award
2016 年 6 月	《财富》杂志	金融科技 5 大热门企业 5 Hottest Companies in Fintech
2019 年 2 月	福布斯	区块链 50 强企业 Blockchain 50

资料来源:作者根据福布斯、财富杂志等官网资料整理。

(三)发展历程

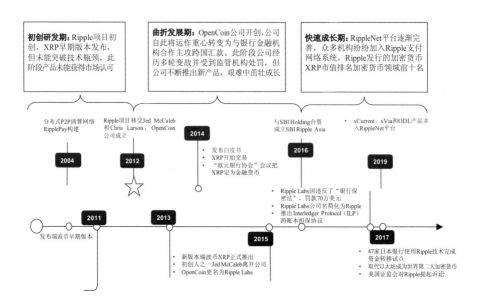

图 2-23　Ripple 发展历程

资料来源:作者根据 Ripple 官网资料整理。

1. 初创研发期(2004—2012 年)

在此阶段 Ripple 主要专注于产品研发和技术更新,形成了 Ripple 跨境支付网络及 XRP 早期版本。2004 年,软件开发者 Ryan Fugger 创建了类似银行清算系统的分布式 P2P 清算网络 RipplePay,Ripple 项目诞生。2011 年,瑞波币早期版本正式发布,但由于仅能基于信任链进行瑞波币转账,该版本未能获得市场认可。同年 5 月,比特币先驱 Jed McCaleb 加入 Ripple 项目,后邀请 Chris Larson 一同担任联合创始人。2012 年 Ryan Fugger 将项目交给 Jeb McCaleb 和 Chris Larson,开启了 OpenCoin 公司时代。

2. 曲折发展期(2013—2015 年)

Ripple 在发展期中并非一帆风顺,一度遭遇管理层变动和监管机构处罚等曲折经历,但在不断完善其产品和服务的过程中 Ripple 逐渐获得市场认可。Ripple 于 2013 年推出了瑞波币 XRP。由于战略发展理念分歧,Jed McCaleb 不久后离开了公司,由 Stefan Thomas 接任技术总监。虽然 McCaleb 离开了 Ripple,但公司发展并未停滞。2014 年,Ripple 发布白皮书,德国费铎银行、美国 CBW 银行、跨河银行先后宣布接入 Ripple 协议,同年 4 月,XRP 开始进行交易。2014 年"欧元银行协会"会议把 XRP 定为金融货币,XRP 成为唯一法定的数字货币。但好景不长,2015 年,由于 Ripple 没有及时进行货币服务商注册备案,美国监管机构认为 Ripple Labs 以未经授权的方式出售 XRP 违反了"银行保密法",对其罚款 70 万美元。随后 Ripple 推出了 Interledger Protocol(ILP)跨账本担保协议,为用户提供方便快捷交易,挽救了公司声誉。

3. 快速成长期(2016 年至今)

在此阶段,Ripple 吸引了众多机构客户加入其跨境支付网络平台,XRP 市值跃居加密货币前列,公司迅速成长。2016 年,美国银行、西班牙桑坦德银行和加拿大皇家银行宣布采用 Ripple 的分类账技术,同年 Ripple 与日本头部线上零售股票经纪公司 SBI Holdings 合资成立 SBI Ripple Asia,为亚洲地区创建基于 Ripple 分布式技术的结算平台。与此同时,XRP 首次以总市值 85 亿美元取代了以太币成为世界第二大加密货币。2018 年底,Ripple 推出了名为 xRapid(后更名为 ODL)的跨境支付解决方案产品。2019 年 10 月,Ripple 不再单独出售 xCurrent、xVia 和 xRapid 解决方案,而是将所有功能整合于 RippleNet 平台。截至 2020 年已有超过 300 家支付类金融机构加入了

RippleNet 平台。然而在 2020 年 12 月,美国证券交易管理委员会因 Ripple 非法销售 XRP 对其起诉,导致 XRP 一度下跌 60% 且众多交易所纷纷下架 XRP。Ripple 在强监管的环境下是否能继续保持快速发展的强劲势头还有待后续观察。

二、产品服务与商业模式

(一)市场痛点解决与用户画像

作为一家提供跨境支付解决方案的区块链初创企业,Ripple 致力于解决传统跨境支付存在的垄断程度高、流程烦琐、效率低下、费率高昂、汇兑风险大等种种问题。

1. 市场痛点解决

全球支付基础设施长期存在效率低、费用高、不透明、汇兑风险大等问题,而随着全球经济一体化的深入发展,对于跨境支付的需求日益升级。根据 Statista 统计数据,2017 年至 2020 年,全球跨境支付总额每年增长约 5%,2020 年已突破 26 万亿美元[①]。用户不仅对于交易成本敏感,也日益关注交易的实时性、安全性、可追溯性。

具体来看,首先,传统的跨境支付结算体系普遍采用代理行模式,此种模式易造成跨境支付链条冗余,从而增加跨境支付相关的合规成本、运营成本和支付成本。其次,代理行模式下,跨境支付的处理都由代理行决定,银行间缺乏统一标准来确认支付状态和相关通知,导致跨境支付的资金进程、资金可见性和支付结果确定性等方面缺乏透明度。最后,对于涉及跨币种的支付结算,由于外汇兑换可能随时发生,跨境系统必须持有一定规模的外汇资产和负债,

---

① Statista 官网:"Value of Cross-border Payments Worldwide From 2016 to 2022",2020。

并需要耗费大量时间成本进行外汇流动性管理，而维持系统间的高度互操作性（Interoperability）亦需投入大量资源。

针对上述痛点，Ripple 主要通过提供以分布式记账技术为支撑的点到点跨境支付网络 RippleNet 予以解决。一方面，RippleNet 规定统一规则 The RippleNet Rulebook，并构建了单一、去中心化的基础设施，可提高支付效率并降低合规成本；另一方面，RippleNet 设置了一个 messenger API 提供金融机构与其客户的即时双向消息，提高支付状态透明度和汇款的精确性。

针对跨币种支付结算带来的汇兑风险痛点，Ripple 以瑞波币 XRP 作为货币兑换的中介，用于 RippleNet 平台内设的 ODL 解决方案中。使用 XRP 即时转换收付地不同币种可以避免一些海外账户——往账（Nostro account）和来账（Vostro account）——转账过程产生的汇兑成本和预留资金占用成本，完美解决了在跨境支付过程中不同币种发送所产生的高成本、长耗时以及可能发生的汇率风险，使资金转移过程更加通畅。

2. 用户画像

从客群来看，Ripple 主要为银行、支付服务供应商提供服务。

（1）银行机构：东京银行、美国银行、三菱银行、桑坦德银行和渣打银行等全球知名银行机构加入 RippleNet 跨境支付网络享受快捷、低廉和透明的款项收付和交易结算。

（2）支付服务供应商：速汇金、transferGo、NIUM 等线上汇款公司借助 RippleNet 服务加速开拓全球市场份额。

（3）其他金融机构：金融软件供应商、加密货币交易所等机构使用 RippleNet 来提高其支付结算业务的广度和深度。

从地域来看，已有来自 50 多个国家和地区的金融机构加入了 RippleNet 跨境支付网络，重点市场在北美洲地区，并逐渐开拓至亚欧市场、澳洲市场、南美洲市场。

（二）产品与服务

Ripple 的产品生态共涉及 3 部分：提供技术支撑的开源支付协议 RippleProtocol；帮助建立跨境支付应用程序及产品的开发者平台 RippleX；提供跨境支付解决方案的网络平台 RippleNet。XRP 作为驱动 RippleNet 平台中 ODL 解决方案的基础货币，也是 Ripple 发行的重要产品之一。

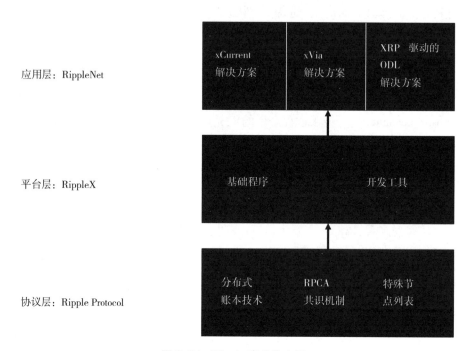

图 2-24　Ripple 产品生态图

资料来源：作者根据官网资料整理。

1. 跨境支付网络平台 RippleNet

以构建全球价值网络为愿景，Ripple 基于 Ripple Protocol 中涉及的各项区块链技术，打造了跨境支付网络平台 RippleNet，允许人们用任意一种货币进行款项收支。RippleNet 集成了 3 种企业级解决方案，包括 xCurrent 和 ODL 两种跨境支付解决方案以及 xVia 集成解决方案。

（1）基于区块链优化清算方式的跨境支付解决方案 xCurrent

xCurrent 为银行机构提供了一个围绕 Interledger 协议的加密式点到点支付解决方案，其设计符合银行对风险、隐私和合规的高要求。xCurrent 的运作需要 4 个基本组件：打通收款行和付款行信息通道的模块插件 Ripple Connect；确认两行之间交易状态的验证器 ILP Validator；银行账本的虚拟子分类账 ILP Ledger；提供外汇行情的报价器 FX Ticker。

xCurrent 的完整运作过程包括预处理和支付两个阶段，如图 6 所示：在预处理阶段，付款者（指银行机构的终端客户，包括个人和企业）通过银行客户端向 A 银行（付款方银行）提供关于款项支付的信息，随后由 Ripple Connect 传递支付请求，同时获取 FX Ticker 上提供的汇率数据。在得到接受信息且锁定报价的反馈后，A 银行更新数据库中的支付状态，随后进入支付阶段。在支付阶段，A 银行首先与付款者账户做一笔转账记录。Messenger 实体（Ripple Connect 中的 API 组件）确认 A 银行内部账簿记录无误后通知 B 银行（收款方银行）Messenger 实体支付即将进行，随后触发结算行为，资金结算依赖于款项收付双方银行的 ILP 分类账。待 B 银行确认 ILP 分类账转账成功且经过验证机构 Validator 验证后，随即将资金转入收款者账户。

xCurrent 接受程度最高，与 Ripple 建立合作关系的机构大多使用 xCurrent 解决方案。xCurrent 不基于 XRP 账本也不需要 XRP 参与币种兑换，仅作为提供即时结算和追踪的解决方案。

（2）XRP 驱动的跨境支付解决方案 ODL

尽管 xCurrent 已经在传统跨境支付的基础上做了大幅优化，但使用 xCurrent 解决方案的金融机构还是需要预先为其海外账户存入一定资金，因此存在资金使用成本高和流动性不足等问题。对此，Ripple 在 2018 年底推出了名为 xRapid（后改名为 ODL）的按需流动性解决方案，鼓励金融机构使用 XRP 作为介质进行跨境转账。

ODL 解决方案是加密货币 XRP 驱动下的进阶版 xCurrent 支付服务，它将

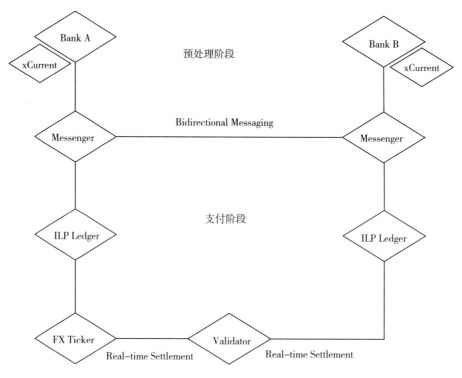

图 2-25　xCurrent 运作模式

资料来源：Ripple 官网。

XRP 纳入跨境交易过程。如图 2-26 所示，付款方（Sender）先将需付金额的本国货币换成 XRP 发送给收款方银行（Receiver），收款方银行随即将收到的 XRP 转换成对应的币种再支付给收款者（Beneficiaries）。

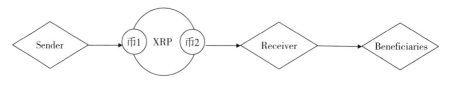

图 2-26　ODL 运作模式

资料来源：Ripple 官网。

表 2-24 对 xCurrent 和 ODL 两款跨境支付解决方案在应用场景、交易效果等方面进行了对比，可以看出，ODL 解决方案针对于部分需要开拓新兴市

场支付服务的银行等支付机构。由于加入 XRP 作为桥梁货币，ODL 解决方案可使银行机构免于海外账户中闲置资金的占用，降低预先准备资金的流动性成本。但由于 ODL 解决方案商业落地成本巨大，再加上加密货币仍在监管盲区内，目前 Ripple 客户中使用 ODL 解决方案的客户数量依然有限。

表 2-24　xCurrent 和 ODL 解决方案对比

	xCurrent 解决方案	ODL 解决方案
应用场景	为一般银行和支付服务供应商提供跨境支付即时结算和资金追踪服务	为向新兴市场提供实时支付服务的银行降低流动性资本要求
是否使用 XRP	否	是
基本协议	ILP 账本协议	XRP 账本协议
交易时间	数秒或几分钟，取决于参与银行和涉及的国家及支付通道	少于两分钟
交易成本	成本较 SWIFT 降低 30%	成本较 SWIFT 降低 40%—70%
优势	支付结算可快速完成；实时交易外汇；实时跟踪资金发送情况	进一步节省付款成本；无需为跨境支付建立海外账户，帮助打开新兴市场
劣势	未能解决银行海外账户导致的流动性问题	商业落地成本大；加密货币普及率较低，实际使用 ODL 服务的企业数量较少

资料来源：作者根据 Ripple 官网及其他公开资料整理。

（3）付款接口前端集成解决方案 xVia

xVia 被看作通往 RippleNet 网络的网关，专为部分需要使用标准付款接口实现在不同网络上发送支付的企业设计。xVia 为客户提供一个标准化的 API 付款接口，让客户无需安装任何软件即可连接至 RippleNet 网络体验 xCurrent 和 ODL 跨境支付服务。如图 2-27 所示，xVia 可以使支付服务提供方（Payment Provider）直接连接到收款通信方（Receiving Correspondent），并为收款通信方和付款通信方（Sending Correspondent）提供即时双向消息，在确保汇率和费用厘定无误后提交支付请求、确认支付完成。使用 xVia 解决方案不仅可以即时跟踪资金发送状况,还可以丰富数据传输。发票和随附信件等也可以通过 xVia 接口传输至 RippleNet 网络,从而显著改善对账流程。

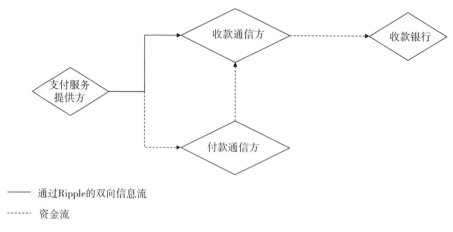

—— 通过Ripple的双向信息流
------ 资金流

图 2-27　xVia 运作模式

资料来源:Ripple 官网。

2. 加密货币 XRP

如上文 ODL 解决方案介绍所提到的,XRP 是驱动 ODL 解决方案的基础货币,在跨境支付交易中充当各种传统货币与数字货币的交易媒介。

从 XRP 的发行机制来看,成立之时 Ripple 创建了总量为 1000 亿个 XRP,其中 200 亿个 XRP 分配给了创始团队,剩下的 800 亿个 XRP 全部归公司运营出售。长期以来 Ripple 公司都通过交易所程序化出售以及面向合作伙伴的场外交易大量出售 XRP,为其技术开发、生态拓展等筹集资金。

XRP 还设置有交易销毁机制,以避免恶意服务攻击。具体来看,Ripple 规定用户在交易时需花费价值约 1/1000 美分的 XRP,这部分 XRP 会自动销毁,而不被任何人收取 XRP。对于创建大量账号进行虚假交易的攻击者而言,XRP 的交易手续费是一笔巨大的成本,如此 Ripple 可达到阻止黑客通过制造大量的"垃圾账目"而拖垮网站的目的。

3. 开发者平台 RippleX

RippleX 是 Ripple 创建的开源开发者平台，不仅为 Ripple 各支付解决方案提供技术支撑，也帮助软件开发人员和企业利用平台上的工具、服务和程序开发个性化支付解决方案。RippleX 主要为软件开发人员提供 3 种协议：用于实时支付和结算的分布式账本 XRP Leger、用于支付过程信息双向传递的跨链传输协议 Inteledger 和用于创建通用付款地址的付款标识符协议 PayString。软件开发者可以调用 RippleX 平台上的各项协议，并可以利用平台提供的 RippleX 软件开发工具包、RippleX Wallets 和 XRP/ILP 工具，生成自己的支付解决方案。

4. 底层协议 Ripple Protocol

Ripple Protocol 是 Ripple 所有产品和服务的技术支撑，为支付结算尤其是跨境支付提供了统一标准。Ripple Protocol 中最核心的部分包括分布式账本技术 DLT、共识机制 RPCA 和特殊节点列表 UNL。其中，DLT 用以形成可以在各个节点和计算机设备组成的网络里进行数据共享的资产数据库。DLT 通过投票机制发挥作用，即要达成某笔交易就要所有节点达成"共识"。Ripple 建立了自己的共识机制 RPCA，使一组节点能够基于特殊节点列表 UNL 形成共识。特殊节点列表 UNL 是为每个验证节点预先配置的一份可信任节点名单，在名单上的节点可对交易达成进行投票。

（三）营利模式

Ripple 主要通过向接入 RippleNet 的企业客户收取固定年费和销售瑞波币 XRP 营利。其收入构成如图 2-28 所示：

RippleNet 采用的是软件即服务（SaaS）模式，由 Ripple 向客户提供跨境支付网络所需的网络基础设施和硬件运作平台，客户每年向 Ripple 支付固定的授权使用费。具体价格厘定由 Ripple 根据客户的交易数量进行分级定价。截至 2020 年下半年，已经有价值 70 多亿美元的两百多万笔交易通过

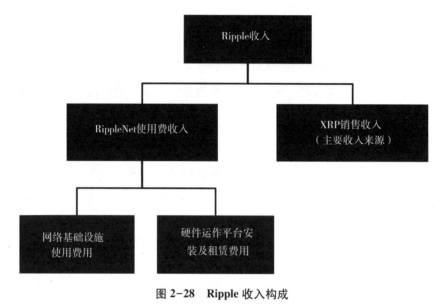

图 2-28 Ripple 收入构成

资料来源：作者自行整理。

RippleNet 支付网络实现，而其中 20% 的交易都使用到了 XRP 或 XRP 驱动的 ODL 服务。虽然提供 RippleNet 支付网络是 Ripple 的核心业务，但 Ripple 收入主要来源于瑞波币 XRP 的销售收入。2016 年至 2019 年，Ripple 通过销售的 xCurrent 和 xVia 产品总计仅获取 2300 万美元收入，而销售 XRP 则为其带来了约 12 亿美元的收入，收入占比超过 98%。

（四）市场营销模式

Ripple 采用 XRP 返利和营销激励的策略推广其产品和服务。为在银行机构间推广 Ripple 的开放支付网络同时提高 XRP 的知名度，Ripple 实施了"RippleNet 加速器"计划（RippleNet Accelerator Program）。其一，当接入 RippleNet 支付网络的银行机构在一定时间内实现支付功能集成并达到了规定数额的交易量，Ripple 将为其提供 XRP 或美元返利，以此吸引银行机构纷纷加入 Ripple 网络。根据银行机构客户在 RippleNet 支付网络上的交易量大小,返利可抵扣 50% 到 300% 的集成费用和第一年的许可费用。其二,Ripple 还通过营销激励措施让其客户助力 Ripple 产品宣传。当机构客户将 Ripple 系列产品推广给终端客户,Ripple 会为该客户提供用以推广的各种工具并帮助制定推广内容,同时还会提供 XRP 和美元计价的货币奖励①。通过这种方式,Ripple 不仅获得了大量机构客户,扩大了跨境支付网络,更是在市场上打响了 Ripple 品牌,让 XRP 被更多人熟知。

（五）研发情况及技术优势

Ripple 能够在区块链领域做到全球知名程度的重要原因之一就是拥有跨境支付结算网络中独特的技术支撑。

一方面,Ripple 拥有出色的技术团队,涵盖系统集成工程师、巨量资料分析工程师和软件工程师等。另一方面,RippleNet 支付网络及瑞波币 XRP 的创建所依赖的区块链底层技术是 Ripple 发展的根基。在 Ripple 开发的各项技术中,Ripple Protocol 是最为核心的部分,是可以用于管理和验证交易、定义节点交互机制的算法。基于该协议建立的 XRP 分类账可用于存储网络参与者的所有财务信息和提供跨多个货币对的交易服务。瑞波币 XRP 是 XRP 分类账原生的数字资产,正是基于 Ripple Protocol 的设计才能实现 XRP 在 RippleNet 支付网络上的流动。Ripple Protocol 中的分布式共识机制 RPCA 是 Ripple 区别于其他区块链公司的重要技术因素。Ripple 的共识机制不像比特币的共识机制一样留存所有账本,而是只保留一个指向历史总账本的链接和最近的已验证账本,同时采取节点验证局部共识等于全网共识的模式,使得 Ripple 的支付效率和系统运行效率大幅提高,并且可以满足 7×24 小时的全天候支付。

---

① Ripple 官网:"Ripple Rolls Out $300M RippleNet Accelerator Program to Grow Volume and XRP Utility",2017。

三、分析及总结

(一)行业及竞品分析

Ripple 的主要产品是跨境支付解决方案,而其支付网络的建立基于其明星产品瑞波币 XRP,因此既需要分析其与跨境支付领域巨头 SWIFT 的竞合关系,也需要对占据加密货币主导地位的比特币 BTC、ETH 以及与 XRP 同根同源的恒星币 XLM 进行比较。

1. 跨境支付领域:Ripple 与 SWIFT

从跨境支付领域来看,Ripple 的主要竞争对手是 SWIFT。SWIFT 全称"环球银行同业电信协会",成立于 20 世纪 70 年代,是国际银行间跨境结算的主要服务商。SWIFT 几乎可以在每个国家和地区转移资金,有来自全球 200 多个国家和地区的超过 11000 家金融机构在使用 SWIFT 服务。然而,典型的中心化工作模式下的 SWIFT 支付服务存在着种种缺陷。如"市场痛点解决"部分所述,以 SWIFT 为代表的传统跨境支付结算体系存在着效率低、费用高、不透明、汇兑风险大等问题,Ripple 为了填补传统跨境支付的缺陷,提供了基于区块链技术的点到点跨境支付结算网络 RippleNet,并捆绑了 xCurrent 和 ODL 两种跨境支付解决方案以及付款接口前端集成解决方案 xVia。

Ripple 将区块链技术应用于跨境支付结算,或对 SWIFT 构成威胁。作为应对,2017 年 SWIFT 发布了全球支付创新(GPI),将区块链、云存储等技术等融入现有的支付网络,提高了跨境支付的速度、透明度和可追溯性。截至 2021 年,已有 4000 多家金融机构加入了 SWIFTGPI 服务,日转账量超过 3000 亿美元。

SWIFT 作为支付服务龙头积极开发区块链技术,Ripple 作为新兴力量正在不断寻求传统金融体系的信任,哪一方将率先构建起最优跨境支付网络还将拭目以待。

2. 加密货币领域:XRP 与 BTC、ETH 和 XLM

从加密货币领域看,Ripple 的竞争对手包括常年占据加密货币领域市值前两位的比特币 BTC 和以太币 ETH 以及与 XRP 同根同源的恒星币 XLM。

表 2-25　XRP 竞品比较

币种	XRP	BTC	ETH	XLM
发布时间	2011.4.18	2009.1.3	2015.11.1	2014.8.1
市值及排名 (2021.01.28)	＄11,798,339,077 第五名	＄589,440,116,356 第一名	＄149,702,147,009 第二名	＄5,614,078,325 第十一名
技术支撑	Ripple Protocol;RPCA 共识机制	OMNI 协议;PoW 共识机制;公私钥对的密码学机制	以太坊智能合约虚拟机 EVM;PoW/PoS 共识机制;以太坊智能合约	SCP 共识机制;XLM 智能合约;公钥加密
交易时间	4 秒	10 分钟	14 秒	4—5 秒
交易费用	＄0.004	＄40	＄1.13	＄0.002
应用	作为媒介支撑 ODL 解决方用于跨境转账	线上交易购买物品、股票、期货;投资储值;跨国结算手段	移动支付手段;钉住汇率的代币;支撑以太坊下各应用的运行	个人跨境汇款;小额支付

资料来源:作者根据 Ripple 官网、CoinMarketCap 整理。

从以上分析可以看出,4 种加密货币都使用到开源技术和加密技术,通过互联网发送进行交易。然而由于使用的共识机制的不同,各加密货币交易效率和费用存在较大差异。如上文"研发情况及技术优势"所提及的,XRP 使用分布式共识机制 RPCA,而 BTC 和 ETH 使用的是 PoW 或 PoS 共识机制,因此 XRP 的交易时间和交易成本都优于其他两种货币。但另一方面,XRP 的应用场景较为单一,而 BTC 和 ETH 除了可在跨境支付中起代币作用,还能直接用于移动支付等,使用范围更广泛。

恒星币 XLM 由 Stellar 公司发行,该公司是 Ripple 创始人之一 Jed

McCaleb 于 2014 年成立的,其依靠的技术及商业模式与 Ripple 极为相似,都是专注于跨境支付的加密货币项目。XRP 和 XLM 主要区别在于 XRP 用于银行和金融机构跨境转账业务,而 XLM 主要用于满足无银行账户的个人客户的转账需求。

(二)关键成功要素

1. 弥补传统跨境支付不足,打入区块链跨境支付市场

传统的跨境支付程序复杂且成本高,全球范围内平均 200 美元的汇款成本高达 14 美元,尤其对于没有银行账户的贫困人口是一笔高昂的成本支出。RippleNet 平台使用分布式记账技术实现点到点的支付结算过程,可以绕过中间方代理行,有效降低汇款支付成本,弥合贫困人口跨境支付的供需缺口。此外针对传统跨境支付效率较低的问题,RippleNet 采用共识机制 RPCA 实现每秒处理 1500 多笔交易,确认时间只需要 3 秒至 5 秒,能有效匹配 Visa50000 TPS 的吞吐量,速度也远远优于比特币需要几分钟到几个小时的交易时间。正是由于 RippleNet 平台有效解决跨境支付结算市场痛点,Ripple 实现了年用户规模增长率超过 3 倍的优秀业绩。若 Ripple 获客的成功之势不减,其构建全球价值网络的愿景或将更快实现。

2. 开源平台扩大业内影响,社区力量完善支付网络

Ripple 提供的开源平台 RippleX 构建起了围绕 Ripple 支付技术的软件开发者社区,通过凝聚社区力量助力完善 Ripple 的区块链支付网络。在该开源平台上,不仅 Ripple 团队可以研发、更新产品,其他软件开发者也可以将 Ripple 区块链技术集成于各种应用程序,创造更多基于 Ripple Protocol 的支付类产品。一方面,这些新创产品会冠上 Ripple 技术的名称,可以提升 Ripple 的影响力和知名度。另一方面,这扩大了 Ripple 的合作企业范围,也为 Ripple 提供了扶持社区内初创企业并得到未来资金回报的机会。

3. 战略合作加速切入市场，XRP 通兑币种逐渐增多

Ripple 拥有众多行业内稳定的战略合作伙伴，包括知名国际汇款平台速汇金、AZIMO 等。一方面，Ripple 与合作伙伴共同开发汇款类产品服务，如与 Walmart 和速汇金开发 Walmart2World 汇款服务，与泰国暹罗商业银行（SCB）合作开发支付应用程序 SCB EASY 等。另一方面，Ripple 与加密数字货币交易所合作推动 XRP 的交易使用，如 2019 年，Ripple 与美国的 Bittrex、墨西哥的 Bitso 以及菲律宾的 Coins.Ph3 家加密数字货币交易所进行合作，通过提供 ODL 服务实现 XRP 与美元、墨西哥比索以及菲律宾比索之间的转换。Ripple 甚至获得多国央行青睐，根据 2020 年 11 月 Ripple 高管采访信息，XRP Ledger 或将被用于发行 CBDC（Central Bank Digital Currency，央行数字货币）。众多知名银行的背书不仅帮助 Ripple 快速切入跨境支付市场，也拓展了 XRP 可兑换币种，提升了其在全球经济体系中的地位。

（三）风险与挑战

1. 官方持有过多 XRP，过度中心化问题备受争议

Ripple 在去中心化方面的欠缺一直饱受诟病。一方面，主流加密货币中，XRP 是官方持有比例最高的加密资产之一，1000 亿总量的 XRP 由公司及公司创始人等少数人掌握，一旦向市场大量抛售，必将导致 XRP 价值的大幅降低，如 2015 年原创始人 Jed McCaleb 抛售 XRP 就引起了 XRP 币值的大幅度波动。另一方面，Ripple 的 RPCA 共识机制虽然提升了交易的效率，但加剧了中心化问题，尤其在 Ripple 公司控制了 23 验证节点中接近 50% 的节点的情况下，更易引起用户对 XRP 过度中心化和公司操纵 XRP 币值的担忧。

2. 区块链支付监管趋严，或将阻碍未来发展

基于比特币技术架构的 Ripple 支付体系面临的最大风险来自于区块链监管。美国监管机构在 2018 年和 2019 年澄清比特币和以太币并非证券从而

可以避免遭受证券类行业的严苛监管,然而对于 XRP 的归类问题尚未有明确的监管定义,不公平的市场竞争环境或将阻碍 Ripple 的进一步发展。此外,由于 Ripple 专注于跨境支付,而银行间和企业层面的资金清算服务是金融业相对核心的业务,涉及国家的金融安全与稳定,通常需受到非常严格的监管。因此,跨境交易要求的治理、可扩展性、标准化和安全等方面的高标准都是目前限制 Ripple 支付体系发展的重要关卡。

全球金融科技创新案例之数字货币与区块链篇：Figure 研究

摘　要：Figure Technologies（以下简称"Figure"）是美国一家区块链抵押贷款公司，核心产品是 HELOC（Home Equity Line of Credit，房屋净值信贷额度）贷款，同时也提供数字基金管理等金融解决方案。自 2018 年成立以来，公司凭借团队在贷款市场的创业经验以及区块链技术带来的竞争优势迅速崭露头角。截至 2020 年 12 月，公司放贷总额已超过 10 亿美元，累计融资达 15 亿美元，估值超 12 亿美元。针对抵押贷款发放乃至整个金融服务行业运作中广泛存在的流程烦琐、周期缓慢、成本高昂等痛点，Figure 自主开发区块链平台 Provenance，利用区块链技术极大地提高了抵押贷款发放效率，避免了传统模式下的诸多中间成本；同时，Figure 也为客户提供高效的基金管理、股权结构表管理等解决方案。Figure 能在竞争激烈的抵押贷款行业占据一席之地，原因有二：其一，通过在行业内率先引入区块链技术，开辟蓝海市场，提高了贷款发放的效率的同时改善了贷款申请人的用户体验；其二，Figure 打造了金融行业专属区块链平台 Provenance，惠及行业的同时反哺自身发展；其三，Figure 在短时间内获得大量融资，运用多方资金拓展业务。然而，Figure 的未来发展也面临着诸多挑战和风险：其一，贷款抵押品质量偏低，证券化风险难以预测；其二，核心技术可复制性强，竞争优势维持不易；其三，抵押贷款市场蕴藏风险，未来监管趋势不明晰。本案例将从 Figure 的基本情况、经营指标和发展历程入手描述公司概况,从市场痛点解决、用户画像、产品与服务、营利模式等方面深入分析其产品战略及运营机制,并在此基础上结合行业及竞品分析,总结其关键成功要素与现存风险挑战。

一、企业概况

(一)基本介绍

1. Figure:引领金融服务变革的区块链抵押贷款公司

Figure 是美国一家区块链抵押贷款公司,借助区块链技术赋能从审核、发放到流通的金融产品全生命周期,提高金融服务效率。公司主要为个人用户提供 HELOC① 贷款及抵押贷款再融资,为机构用户提供数字金融解决方案,如数字基金管理和股权结构表管理。

表 2-26 Figure 基本情况

成立时间/总部	2018 年/美国旧金山
创始人	Mike Cagney(前 SoFi 首席执行官) June Ou(前 SoFi 首席技术官兼工程副总裁,Mike Cagney 的妻子)
估值	12 亿美元(截至 2020 年 12 月)
总融资金额	15 亿美元(截至 2020 年 12 月)
员工数	200 多(截至 2020 年 12 月)
总贷款金额	10 多亿美元(截至 2020 年 12 月)
用户数	两万多(截至 2020 年 12 月)
覆盖范围	美国 42 个州的消费者可申请贷款(截至 2020 年 12 月)

资料来源:作者根据 Figure 官网、Crunchbase 网等整理。

---

①　HELOC(Home Equity Line of Credit,房屋净值信贷额度)是以房屋净值(房产估值减去房屋贷款债务余额)为抵押为申请者提供循环信贷额度,借款人可根据自身需要在信贷额度限制内多次借款,每次借款后信贷额度下降,每次还款后信贷额度相应补充,类似于信用卡。

2. 创始人创业经验丰富，高管团队背景瞩目

2018 年 1 月，Michael Cagney（首席执行官）携妻子 June Ou（首席运营官）及其他几位联合创始人创立了 Figure。Michael Cagney 拥有丰富的创业经历，先后创立了 5 家估值数亿美元的金融科技公司，是一名优秀的连续创业者。在创立 Figure 之前他曾担任 SoFi（美国学生贷款发行商）的联合创始人、首席执行官兼董事长。截至 2017 年 2 月，即 Michael Cagney 离开 SoFi 前夕，SoFi 已在其领导下成长为估值高达 45 亿美元的明星独角兽企业。June Ou 是金融软件开发企业 Finaplex 的联合创始人，曾担任 Finaplex 的产品管理和工程副总裁，负责该公司财富管理解决方案的研发。她在 2012 年之后担任 SoFi 的首席技术官兼工程副总裁。

Figure 的高管团队内不乏金融领域背景出众的卓越人才。公司的法律总顾问 Ashley Harris 曾任摩根大通的执行总裁，于 2019 年加入 Figure。2020 年 1 月，Coinbase 前任总裁兼首席运营官 Asiff Hirji 加入 Figure 并担任总裁，领导 Figure 在自主开发的区块链平台 Provenance 上打造全新的商业银行部，该部门主要为机构客户提供服务，致力于促进机构之间的金融服务交易[1]。

3. 深受投资机构青睐，融资额行业领先

截至 2021 年 1 月，Figure 共完成 9 轮融资，累计融资超过 15 亿美元，估值达到 12 亿美元。创立前期，公司吸引了行业领先的风投公司 Ribbit、DCM 和 DST Global，A 轮融资总计超过 1.5 亿美元。2019 年 5 月，Figure 又获得了 Jefferies 和 WSFS Bank 高达 10 亿的信贷额度（Line of Credit）。这笔贷款被托管在 Provenance 上，由 Jefferies 定期向 Figure 发放。2019 年 12 月，Figure 获得价值 1.03 亿美元的 C 轮股权融资，由 Morgan Creek Digital 领投[2]。根据 CB Insights 于 2020 年发布的 Fintech 250 榜单，Figure 是房地产抵押贷款领域融

---

① Figure 官网，Figure Technologies Expands Leadership Team Amidst Company Growth，2019。

② Figure 官网，Figure closes Series C round of ＄103 million to expand lending products and executive hires，2019。

资额最高的金融科技企业[①]。

表 2-27　Figure 融资情况

轮次	投资方	时间	融资额（美元）	估值（美元）
A 轮	DST Global，RPM Ventures 等	2018.2	5000 万	——
A+轮	Sebastian Zhou	2018.3	5000 万	——
A++轮	DCM Ventures，Ribbit Capital 等	2018.5	5000 万	——
Venture 轮	Unknown	2019.2	7360 万	——
B 轮	RPM Ventures 等	2019.2	6500 万	3.8 亿
债权融资	Jefferies，WSFS Bank	2019.5	10 亿	——
首次代币发行（ICO）		2019.7	2000 万	——
C 轮	Morgan Creek Digital 等	2019.12	1.03 亿	12 亿
债权融资	JP Morgan	2021.1	1 亿	——

资料来源：作者根据 Crunchbase 网整理。

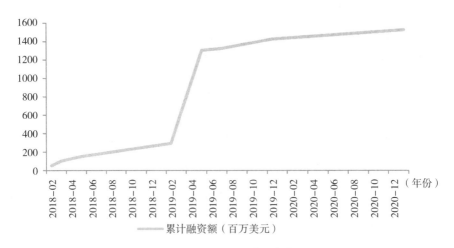

图 2-29　Figure 累计融资曲线

资料来源：作者根据 CB Insights 资料整理。

----

① CB Insights，The Fintech 250：The Top Fintech Companies of 2020，2020。

（二）经营指标

自 2018 年成立以来，Figure 尚未公布任何公司盈利数据。据 Growjo 估计，Figure 的 2020 财年收入在 6150 万美元左右①。

从业务量来看，截至 2021 年初，Figure 已成为美国 HELOC 贷款行业第四大发起机构并在非银发起方中位居榜首②。新冠肺炎疫情暴发后美联储降低利率以刺激经济，全美线上贷款申请量飙升了 300%，Figure 累计贷款总额也于同年 3 月突破 10 亿美元③，使其成为第一个在 16 个月内达到该指标的金融科技公司。

公司成立两年来，累计贷款总额呈加速增长趋势。Figure 于 2018 年 10 月进军借贷领域并起步迅速，到 2019 年 2 月 Figure 平均单日放贷额已达到 150 万美元④。2019 年 12 月 Figure 已发放超过 7 亿美元贷款，3 个月后就突破 10 亿美元大关。由图 2-30 可以看出，在信贷需求持续走高背景下 Figure 在发放贷款方面保持稳定加速增长的趋势，并有望继续保持上升之势。

从所获荣誉来看，Figure 多次入选金融科技企业榜单，实力受到业内认可。2019 年第 7 届 LendIt Fintech 年度活动中，Figure 凭借区块链平台 Provenance 荣获"年度区块链创新者"称号。2020 年，Figure 入选"福布斯区块链企业 50 强"⑤及 CB Insights 发布的"Fintech 250"榜单。

（三）发展历程

Figure 是一家年轻且充满活力的初创企业，其 2018 年成立至今的发展历

---

① Growjo，Figure，2020.

② Figure 官网，Figure Names Financial Services Veteran AsiffHirji as President，2020。

③ Businesswire，Figure Says Fed Rate Cut Drove 300% Increase in Online Applications for Lending Business，2020.

④ Bloomberg，Ex-Sofi Ceo's New Blockchain Startup Is Getting Into Banking，2019.

⑤ 链闻 ChainNews，盘点《福布斯》全球区块链 50 强榜单，2020。

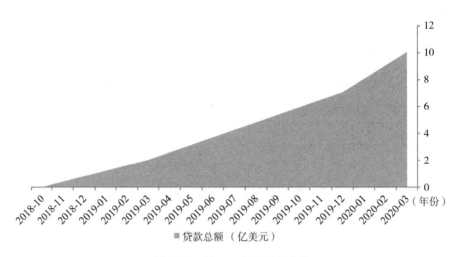

图 2-30 Figure 贷款总额曲线

资料来源:作者根据 Businesswire、Bloomberg、Pulse2 资料整理。

程可划分为初创成长期和市场拓展期两个阶段。

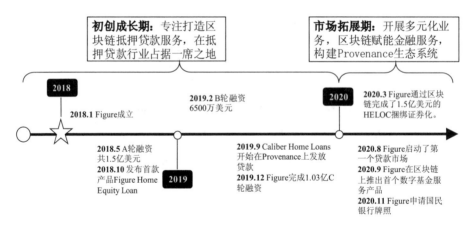

图 2-31 Figure 公司发展历程

资料来源:作者根据 Figure 官网、Crunchbase 网、CB Insights 等资料整理。

1. 初创成长期(2018—2019 年)

在初创成长期,Figure 首先完成了其区块链平台 Provenance 的自主研发,并迅速依托 Provenance 的技术开始开展贷款业务。公司专注于利用 Provenance 对抵押贷款业务进行优化,力求最大限度地简化申请流程和缩短放款时间,以吸引消费者、获取市场份额。在这一阶段,Figure 推出了 4 种抵押贷款产品,如 Figure Home Equity Loan、Figure Home Advantage(已下线)。此外,公司积极推广 Provenance 平台,吸引了其他抵押贷款公司如 Caliber Home Loans 的上链经营。

2. 市场拓展期(2020 年至今)

在市场拓展期,Figure 的贷款业务总量不断增长,并开始逐步构建基于 Provenance 平台的生态系统。具体来看,2020 年 3 月,Figure 发放的贷款总额突破 10 亿美元大关,并完成了资金规模达 1.5 亿美元的首次区块链 HELOC 证券化。2020 年 8 月,公司建立了连接数字证券买卖双方的 Provenance Marketplace,在增加融资新渠道的同时,实现了贷款业务从融资到出售的区块链一体化管理。此外,公司的数字基金服务和资产管理业务同步有序开展,实现了 2B 产品和 2C 产品有效融合。Figure 还积极完善针对机构客户的股权结构表管理解决方案,并于 11 月提交美国国民银行牌照的申请,计划进军银行与支付领域,进一步拓展业务生态。

二、产品服务与商业模式

(一)市场痛点解决与用户画像

专题一　美国抵押贷款市场概况

抵押贷款市场逐渐复苏,非银机构强势入场。2008 年次贷危机发生后,抵押贷款行业经历了从萎缩到复苏的过程,抵押贷款总额先降后升。与此同时,传统金融机构遭遇了监管政策的不断收紧,如《多德—弗兰克法案》《综合资本压力分析与回顾法案》的系列法案相继出台。在这样的监管环境下,非银行机构发放贷款所受的限制相比于传统银行更少。新兴的非银行机构通常还能充分利用数字技术,其打造的在线贷款服务更能满足客户对效率和便利性的要求。因此,抵押贷款行业关键参与者的格局发生了变化,诸如 Figure 的非银行机构抓住机遇,所占市场份额逐年上升。截至 2016 年,已有将近一半(48%)的抵押贷款由非银行抵押贷款机构发放,而 2020 年这一数字更飙升至 70%①。

HELOC 贷款市场出现与抵押贷款行业相悖的下降趋势。在抵押贷款市场整体复苏的情况下,HELOC 贷款总额仍持续下降,2011 年到 2019 年间下降约 40%。一方面,2008 年房价泡沫引起的金融危机让美国消费者对利用房屋净值来获取现金保持谨慎,金融机构对 HELOC 贷款的审查也更为严格。另一方面,借款人可以方便快捷地申请无抵押个人贷款和信用卡,而不必经历 HELOC 漫长的申请发放周期。因此,即使无抵押贷款利率高于 HELOC,其贷款总额在 2011 年到 2018 年间依然增长了 3 倍,其中信用卡贷款总额在 2018 年 12 月创造了 1.05 万亿美元的新纪录②。上述两点可以一定程度上解释 HELOC 需求的降温。基于此,许多金融机构削减甚至放弃了 HELOC 业务。

房屋净值总额不断增加,HELOC 潜力巨大。与 HELOC 贷款总额下降形成鲜明对比的是:2020 年,美国的房屋净值总额达到创纪录的 15.8 万亿美元,预计未来这一数字将继续增加③。如果可以解决目前 HELOC 贷款乃至整个抵押贷款行业审核流程烦琐、周期缓慢的缺陷,并保留其利率较低的优势,市场蕴含的巨大发展潜力将得以释放。这也正是 Figure 所把握并力求为之提供解决方案的市场痛点所在。

2020 年量化宽松政策推动抵押贷款市场繁荣。2020 年新冠肺炎疫情期

---

① National Mortgage News,Jon Van Gorp,Mortgage credit markets need new government support programs,2020.

② Figure 官网,American Homeowners Spend Over ＄100 Billion On Unnecessary Interest Payments,2019。

③ Figure 官网,American Homeowners Spend Over ＄100 Billion On Unnecessary Interest Payments,2019。

间,美国出台新的量化宽松政策,从 3 月份开始利率持续下降。低利率又助长贷款市场的繁荣,2020 年 9 月,美国抵押贷款总额达到 9.86 万亿美元,创下历史新高①。

1. 市场痛点与解决方案

金融机构发放抵押贷款所需的审核流程烦琐且不透明、周期缓慢,各项成本高昂。具体来看,第一,抵押贷款的传统审核流程高度人工化且严重依赖纸张,整个审核周期通常需要 45—60 天。第二,传统抵押贷款需要经过多部门的审批,流程不透明且各步骤中增加了如审计师费用、法律费用等的额外成本。对于借款人而言,漫长的审核等待时间和转嫁于他们身上的较高费用均会降低其申请意愿。

针对上述市场痛点,Figure 建立了一个分布式的利益相关者区块链(Distributed Stakeholder Blockchain)平台:Provenance,借助区块链技术帮助公司自身以及其他抵押贷款公司简化申请流程、缩短放贷时间。具体而言,Provenance 通过智能合约自动执行原本低效的质量控制和审核流程,并在区块链注册表上记录所有贷款的发起、交易、付款等信息,保证信息透明且不被篡改。由此,在 Provenance 链上开展贷款业务的公司可以实现贷款流程100%线上化,将贷款审核周期从传统过程的 45 天以上缩短至 5 分钟,5 天内即可完成放款。

除此之外,其他金融机构和企业在传统经营模式中的诸多场景也面临着程序烦琐、管理成本高的问题。针对这些问题,Figure 不断扩展基于Provenance 的应用场景,逐渐构成以该平台为支撑的金融服务生态系统,为机构客户提供数字金融解决方案。

比如,针对基金公司客户,Figure 提供了基于 Provenance 的 Digital Fund Services(数字基金服务),帮助客户简化烦琐的基金发行程序和投资者认证流

---

① 第一财经,美国人抵押贷款债务现增长报告:已达近 10 万亿美元,2020。

程,降低管理成本,使基金经理更有效地管理基金并提升投资者体验。再者,Figure 在 Provenance 区块链平台上建立证券买卖市场 Provenance Marketplace,将证券的购买和出售从不透明的场外交易转入低成本、实时结算的高效市场,保证透明度并提高证券的流动性。Figure 还推出了 Adnales 股权结构表管理解决方案,利用区块链技术帮助客户高效进行股票发行管理、总资产管理以及企业估值测算。

2. 用户画像

在抵押贷款方面,Figure 的目标客户群是在美国有房、信用良好但有明确现金需求的群体。该群体往往是年龄较长的居民,其家庭总资产中房产占比较大而现金占比较小。Figure 将这类用户称为"CLARE"(Cash Light and Rich in Equity)。较低利率的房屋抵押贷款可以满足该群体偿还房屋装修、优化家庭资产结构等现金需求,也可用以偿还利率较高的信用卡欠款或个人无抵押贷款。Figure 在消费者评论网站 Trustpilot 上有 1100 条用户评价,分析评论内容可以得出,Figure 的用户多为家庭用户,发放的贷款多为金额较小的消费型贷款。

在数字金融解决方案方面,Figure 的机构客户包括基金公司以及使用 Adnales 进行股权结构管理的私营公司。

表 2-28　Figure 数字金融解决方案代表客户

解决方案	客户类型	代表客户
数字基金服务	基金公司	Friends & Family Capital
Adnales	私营公司	暂无披露

资料来源:作者根据 Figure 官网整理。

(二)产品与服务

Figure 为客户提供的产品和服务分为两类。一类是具体的金融产品,包括公司的核心产品 HELOC 贷款 Figure Home Equity Line、抵押贷款再融资、无抵押个人贷款,以及资产管理服务提供的基金产品。另一类是为机构客户提供的数字金融解决方案,包括数字基金服务与 Adnales 股权结构表管理。

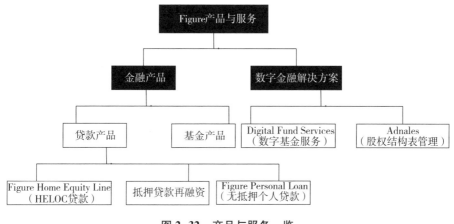

图 2-32　产品与服务一览

资料来源:作者根据 Figure 官网整理绘制。

上述具体的产品与服务均依托于 Provenance,详见专题二。

专题二　Provenance 简介

Provenance 由 Figure 团队于 2018 年 7 月建立,是一个专门为金融服务行业设计的 PoS(股权证明)共识机制的公共区块链平台,致力于提高金融市场效率、降低金融服务成本。Hash 是 Provenance 发行的数字货币,是 Provenance 区块链生态系统中的交易媒介,并用于维持 Provenance 生态的稳定。Provenance 上共有定额 1000 亿的 Hash,无法新创或者销毁。

值得注意的是,该平台由 Provenance Blockchain,Inc.(以下简称"PB 公司")持有并管理,而并非 Figure。在运营方面,Figure 根据两个公司拟定的服务协议向 PB 公司提供技术、业务开发和其他服务。预计随着 Provenance 的发展,PB 公司将全权负责 Provenance 平台的开发与维护;而 Figure 最后将仅作为 Provenance 区块链上的成员之一,开展具体的金融业务。在 Hash 分配上,根据原始分配方案,Figure 持有平台上 71% 的 Hash,而 PB 公司持有 24%,剩下的 Hash 由 Provenance 的战略合作伙伴(如链上的其他贷款发放机构)持有。Figure 计划通过向其他投资者出售 Hash 以逐步减持至 50% 以下,PB 则计划减持至 5%。

Provenance 结合了区块链不可篡改、去中心化、去信任的三大特性以及分类账(Ledger)、注册表(Registry)和交易(Exchange)功能。Provenance 允许代理商使用 API 在区块链上编写智能合约,经过管理员审核的金融机构均可上链开展业务。至 2021 年初,Provenance 已成为领先的金融服务区块链,可以运用于金融服务的 5 个板块(银行与支付业务、数字基金业务、市场交易、贷款发放与融资、股权结构表管理),为全球的银行、基金等金融机构和其他公司,总计 180 多个链上成员服务。根据官方公布的数据,在 Provenance 上交易的数字资产已超过 10 亿美元,每年可以为金融服务业降低超 2000 亿美元的成本。

作为 Provenance 的链上成员之一,Figure 为其客户提供的金融产品均在 Provenance 上创建、发售,其数字金融解决方案也完全以 Provenance 为技术支撑。此外,Figure 在 Provenance 上已完成两次资产证券化,以较低的融资成本为贷款业务补充了流动性,形成贷款从发起到出售的完整区块链服务体系。2020 年 3 月 Figure 完成资金规模达 1.5 亿美元的首次区块链 HELOC 证券化,交易的参与机构包括发起方 Figure,主承销商 Jefferies Group 和 Nomura Securities International,Inc.,票据购买者 DoubleLine 和 Tilden Park Capital 等。2020 年 9 月 Figure 完成第二次区块链 HELOC 证券化,由 Saluda Grade 发起,Raymond James Financial Inc. 作为主承销商,资金规模达 3 亿美元,为美国次贷危机以来单笔金额最高的资产证券化。

Provenance 与 Figure 业务生态的关系如图 2-33 所示。

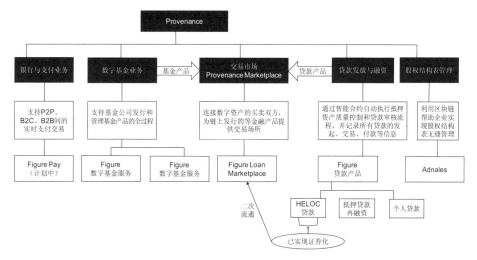

图 2-33　Provenance 与 Figure 业务生态

资料来源:作者根据 Figure 与 Provenance 官网整理绘制。

1. 金融产品

(1)Figure Home Equity Line（房屋净值信贷额度）

Figure Home Equity Line 是 Figure 提供的 HELOC 贷款,发放范围覆盖美国 42 个州。该产品为借款人提供 15000 美元至 25 万美元区间的贷款金额,贷款上限相对较低(许多贷方提供的 HELOC 的贷款金额可扩展到 50 万美元或更高),期限最长可达 30 年。与其他贷方提供的 HELOC 不同之处在于,Figure Home Equity Line 使用固定利率且借款人在贷款启动时就需要提取全部贷款额(减去启动费)。该产品也提供额外提款功能,但任何额外提款的利率会高于初始提款的固定利率。

利率方面,Figure Home Equity Line 可以为最优质的借款人提供年利率低至 2.49% 的贷款。但该利率的申请条件较为苛刻,大部分借款人的利率会高于 2.49% 低于 13.25%,具体取决于其信用状况、贷款期限、房屋入住状态以及房产所在地等因素。

贷款价值比(Loan to Value,贷款额与抵押资产价值的比值)方面,对于第一留置权贷款,借款人的最高贷款价值比为 50%。对于第二留置权贷款,信用分数在 640—679 之间的借款人的最高组合贷款价值比(Combined Loan to Value,多笔贷款总额与抵押资产价值的比值)为 75%,信用分数在 680—759 之间的借款人为 80%,信用分数在 760—850 的借款人为 85%。对于第三留置权贷款,借款人最高的组合贷款价值比为 70%。

Figure Home Equity Line 的亮点在于线上申请、流程简洁,审批和发放现金迅速。线上申请流程只需以下 4 步:第一步,申请人填写个人信息,包括房屋和个人工作经历信息;第二步,申请人通过选择贷款金额和期限来获得预估报价;第三步,Figure 链接申请人银行账号以验证收入及资产真实性;第四步,申请人通过远程在线公证人进行最终确认并签署电子文件。完成上述步骤后,贷款将在 5 分钟内得到批准,现金则会在 5 天内到达借款人账户。

(2)Figure Mortgage Refinance(抵押贷款再融资)

Figure Mortgage Refinance 向借款人提供 Rate and Term Refinance(利率和期限再融资)和 Cash-Out Refinance(现金提取再融资)两种再融资产品。

Rate and Term Refinance 是在保持本金不变的情况下,通过新贷款偿还旧贷款的方式降低贷款利率或者改变还款期限。Figure 向 Rate and Term Refinance 借款人提供最高为其房屋价值 80% 的贷款金额(需在 150 万美元以内)。Cash-Out Refinance 是通过用金额更高的新贷款偿还旧贷款的方式获得现金,现金可用于房屋装修等支出,而贷款的利率和期限不一定发生改变。Figure 向 Cash-Out Refinance 借款人提供最高为其房屋价值 75% 的贷款金额(需在 100 万美元以内)。与 Figure Home Equity Line 一样,Figure Mortgage Refinance 根据借款人的信用与资产状况确定利率。

Figure Mortgage Refinance 的优点在于:100% 线上申请,审批速度快;对借款人无提前还款惩罚。其不足在于该业务的产品与地区覆盖不够广泛:Figure 未推出特殊再融资产品,如 VA(Veterans Affairs)抵押贷款再融资,现有产品也仅在美国 31 个州提供。

（3）Figure Personal Loan（个人贷款）

Figure Personal Loan 是 Figure 于 2021 年 1 月全新推出的无抵押个人贷款,额度在 5000 至 5 万美元,在美国 42 个州提供服务。由于贷款额度较低,该产品的现金发放仅需 2 天。

（4）Asset Management（资产管理）

Figure 拥有历史表现出色的基金管理团队,为投资者提供多策略的资产管理服务。目前,Figure 向符合美国证监会规定的合格投资者提供两支数字基金产品,包括 Figure World Equity Fund、Figure REIT,2021 年初正在计划上线 Provenance Opportunity Fund。投资者在 Provenance Marketplace 上进行基金的申购与管理。

表 2-29 Figure 数字基金产品概览

名称	策略	投资范围	年化收益率
Figure World Equity Fund（世界股票指数基金）	主动管理	股票和外汇	8.79%
Figure REIT（不动产投资信托基金）	多元化投资	HELOC 等抵押贷款及贷款证券化证券	>9%
Provenance Opportunity Fund（区块链成长基金,即将上线）	混合策略	认股权证	—

资料来源:作者根据 Figure Asset Management 官网整理,数据截至 2020 年 12 月。

2. 数字金融解决方案

（1）Digital Fund Services（数字基金服务）

Figure 提供的 Digital Fund Services 是全球第一个端到端（end-to-end）①的区块链解决方案,该方案为基金公司提供基金发行与管理的平台和配套工具。产品亮点有下述 4 点:

---

① 端到端是指一个流程从头到尾采用一个系统或服务并提供完整的解决方案,并通常不需要第三方的帮助。

①在区块链上进行基金的发行与认购,取缔传统基金发行的手动、纸质流程;

②借助 Provenance Marketplace 进行基金转移与赎回的二级交易,转变传统基金的非流动性管理策略,可以由此扩大投资者基础;

③使用 Provenance 上的 Passport 作为验证投资者身份的工具,并对全球投资者执行 KYC(Know Your Customer)、反洗钱、BSA(Bank Secrecy Act)审查,在简化流程的同时提高安全性;

④用区块链记录所有投资者基金活动,确保相关记录安全且不可篡改。

(2)Adnales(股权结构表管理)

Adnales 是一个区块链股权结构表管理平台,为企业客户提供股票发行管理、总资产管理和企业估值测算等功能。Adnales 利用区块链平台 Provenance 消除了成本高昂且更容易出错的纸质过程,提供了一种更简单有效的股权结构管理方式。

Adnales 的优点在于:第一,企业可以快速导入数据,并及时追踪各类资产的变动信息;第二,企业可以借助区块链安全准确地进行税收管理、合规报告等复杂工作,而不需要再外包给第三方。此外,Adnales 即将推出双边交易的市场以高效实现股票及期权的发行、购买、转移和赎回。

(三)营利模式

Figure 主要通过贷款产品的利息与手续费,资产管理的管理费与绩效费用,以及收取机构客户解决方案服务费用来获得收入,经营成本则主要包括研发费用、人力成本及贷款融资成本。

在贷款业务上,Figure 的主要收入来自于借款人支付的利息收入。其他与贷款相关的手续费也为 Figure 的营收作出了贡献,如 Figure Mortgage Refinance 向借款人收取托管费(税款和保险),Figure Home Equity Line 收取贷款发起所需的启动费(金额在初始提款金额的 0% 至 4.99% 区间浮动)。与其他 HELOC 贷方不同的是,Figure Home Equity Line 不收取开户费、维护费或

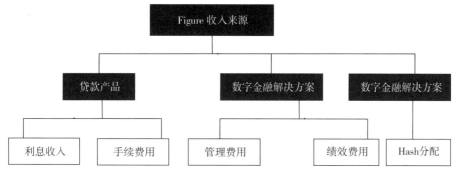

图 2-34　Figure 收入来源图

资料来源:作者根据 Figure、Provenance 官网整理绘制。

预付款罚款。

在资产管理业务上,Figure 根据具体基金产品的设定收取管理费与绩效费用。比如,Figure World Equity Fund 收取投资者投资金额 0.5% 的管理费,以及该基金跑赢富士发达指数(FTSE Developed Index)部分收益的 20% 作为绩效费用。Figure REIT 收取 1% 的管理费,以及超过 8% 收益率部分的 20% 作为绩效费用。

在数字金融解决方案上,Figure 从 Provenance 获取 Hash 分配。Provenance 向任何使用 Provenance 服务获得收益的机构收取费用,费用为其所得收益的三分之一。例如,某金融机构使用 Provenance 开展业务减少了 0.51% 的成本,那么它将向 Provenance 支付节省成本的 0.17% 作为回报。Provenance 会将获取的收益再转换为 Hash 分配给 Hash 持有者,而持有 Hash 最多的正是 Figure(2021 年初数据)。

(四)市场营销模式

在金融产品上,Figure 采用了推荐奖励的营销手段。以公司新推出的 Figure Personal Loan 为例,借款人可以生成自己的专属推荐链接发送给从未申请过 Figure 贷款的好友。好友通过该链接申请贷款并获得资金后,推荐人与其好友均可收到价值 150 美元的礼品卡。此外,Figure 以极具诱惑力的低利率吸引潜在用户。Figure 在广告中宣传 HELOC 贷款产品的利率低至 2.49%,远低于 HELOC 贷款平均利率 4.73%(2021 年 1 月 28 日数据)①,虽然这一利率要求苛刻,但仍对大量用户尤其是高信用贷款人产生了较强的吸引力。

在数字金融解决方案上,Figure 可以为感兴趣的客户提供产品演示,甚至免费试用。以 Adnales 为例,Figure 为客户提供 6 个月的免费试用期。

此外,Figure 在网络和电视上投放广告,并推出区块链卡通形象,旨在帮助观众了解区块链和 Figure。广告以易于理解的问答形式介绍区块链技术,在科普知识的过程中产生潜移默化的营销效果。

三、分析及总结

(一)行业及竞品分析

行业方面,如专题一所示,抵押贷款市场处在复苏阶段,市场前景广阔;行业格局发生改变,非银机构市场份额上升。竞品方面,Figure 的竞争对手大致可分为 3 类:第一类是提供贷款的美国传统银行,如 Wells Fargo;第二类是提供贷款的美国非银行金融科技企业,如 Prosper Marketplace、Better.com、BlockFi;第三类是为金融机构提供技术服务的数字金融解决方案服务商,如 Blend、Axoni。

表 2-30　Figure 主要竞争对手

竞争类别	竞争者名称	简介
贷款业务—— 传统银行	Wells Fargo	Wells Fargo(富国银行)是一家多元化的金融服务公司,拥有 1.3 万亿美元的资产,提供银行、保险和投资业务。富国银行是美国发行抵押贷款最多的银行之一,提供购房贷款、抵押贷款再融资、HELOC 等多种抵押贷款,并提供在线申请贷款的方式

---

① Bankrate,Current home equity rates for today,2021.

竞争类别	竞争者名称	简介
贷款业务—— 非银行金融科技企业	Better.com	Better.com 是一家开展贷款与保险业务的美国房产金融企业,致力于利用数字化流程消除佣金费用。截至 2020 年 12 月,Better.com 已发放了超过 250 亿美元的房屋贷款,为 70 亿的资产提供了保险服务
	Prosper Marketplace	Prosper 开辟了美国第一个 P2P 借贷市场,主要提供个人贷款以及 HELOC 贷款。截至 2020 年 12 月,Prosper 已为 77 万人提供了总计逾 120 亿美元的贷款
	BlockFi	BlockFi 是美国一家使用区块链技术的非银行贷款机构,向加密资产所有者提供以加密资产作为抵押的贷款
数字金融解决方案服务	Blend	Blend 是美国一家提供数字借贷平台的科技企业,目前为富国银行、美国银行等其他 250 多家领先的金融机构提供线上贷款软件支持,帮助贷方简化贷款申请的流程
	Axoni	Axoni 是美国一家科技企业,通过全栈式区块链解决方案,主要包括区块链网络、分布式应用、工作流程自动化等,服务全球大型金融机构和资本市场参与者

资料来源:作者根据 Crunchbase 网及各公司官网整理。

相较于传统银行,Figure 的抵押贷款业务规模更小、产品种类少、区域覆盖面更小,但手续费用更低。以 Wells Fargo 为例,其发放的抵押贷款总额达 1000 亿美元,覆盖了全美所有州。抵押贷款产品种类除 Figure 也提供的 HELOC、抵押贷款再融资外,还包括美国联邦住房管理局、退伍军人管理局与美国农业部各自担保的贷款,以及巨额抵押贷款。不过由于 Wells Fargo 贷款发放需要传统的审核流程,成本较高,故相应收取的费用更高。

在与提供贷款的非银行金融科技企业以及数字金融解决方案提供商的比

较上,本文分别选择了最具代表性的 Better.com 和 Blend 进行分析论述。

1. 贷款业务之非银行金融科技竞争对手:Better.com

Better.com 创立于 2014 年,是美国发展最快的房产金融创业公司之一,主要提供便捷的房产抵押贷款服务。2019 年,Better.com 还推出了房主保险和产权保险,并构建了房地产经纪人网络。该公司在《Inc.》杂志评选的"5000 家成长最快的公司"中排名第 964 位,并于 2018 年入围《福布斯》"金融科技50 强"。截至 2020 年 12 月,公司总共融资 4.05 亿美元,在最近的 D 轮融资中,Better.com 融资 2 亿美元并获估值 40 亿美元,并已经与 Morgan Stanley 达成合作于 2021 年进行 IPO。

与 Figure 相比,Better.com 的优势在于:第一,更早踏入抵押贷款行业,贷款产品丰富,市场份额更大,已累计发放超过 250 亿美元的抵押贷款;第二,Better.com 仅通过将贷款出售给二级市场上的最终供应商来进行营利,不向借款客户收取任何费用或佣金,故而对消费者具有较强的吸引力;第三,Better.com 与包括摩根斯坦利、花旗银行在内的众多公司建立良好的合作伙伴关系,提供集成优质服务。

而 Figure 的优势在于:第一,利用区块链技术更大程度地保证采集的信息安全可靠;第二,Figure 的业务范围更加多元,并不局限于金融产品本身,还利用其区块链平台为机构用户提供数字金融解决方案,未来的发展前景更好。

2. 金融解决方案服务竞争对手:Blend

Blend 成立于 2012 年,是美国一家提供数字借贷平台的科技企业,为包括富国银行、美国银行在内的 250 多家领先的金融机构提供数字贷款技术支持,简化贷款发放流程。Blend 的平台每天可以处理超过 35 亿美元的消费贷款。如果按照贷款发行量计算,Blend 的客户占据了美国抵押贷款市场 25% 以上的市场份额①。截至 2021 年初,Blend 总共融资 6.65 亿美元,公司在 2021 年

---

① Housewire,How Blend fuels the trillion dollar mortgage market,2020.

1 月的 G 轮融资中获投 3 亿美元,估值达 33 亿美元。

与 Figure 相比,Blend 的优势在于:第一,Blend 仅作为技术支持方而不自主发放贷款,因此不必承担贷款本身的风险;第二,Blend 入场较早,已与众多大型金融机构达成合作,因此收入稳定,其业务量受抵押贷款市场的波动影响较小。

Figure 的优势在于:第一,公司依托于区块链进行产品与服务开发,在技术层面更加先进;第二,Figure 业务触及的领域更为广泛,收入来源更加丰富。

(二)关键成功要素

1. 洞察抵押贷款市场蓝海,率先应用区块链技术

穆迪 2018 年的一份报告估计,区块链技术可以通过减少交易费用和冗余审计,每年为抵押贷款行业节省 10 亿美元。意识到区块链技术可用于优化传统抵押贷款的发放,Figure 把握时机率先引入该技术。通过简化申请流程、缩短申请周期、降低发行费用,Figure 成功赢得大量借款人的青睐,贷款总额高速增长,成为抵押贷款行业的新星。

大型贷款机构对采用创新技术的保守态度和滞后性也给予了 Figure 充分的生存与发展空间。在 2019 年,美国前 10 名抵押贷款发行商(按购房贷款和再融资贷款总额排名)中,尚未有发行商使用区块链技术。由于拥有较高的市场份额和稳定的市场地位,包括银行在内的大型贷款机构往往缺少动力开发或采用新技术来提高工作效率。此外,新技术也很难在短时间内替换传统模式并实现规模化应用和落地,这给年轻的 Figure 带来了显著的后发优势。

2. 打造金融行业专属区块链平台,惠及行业并反哺自身发展

Figure 的自身定位是通过区块链技术转变金融服务的推动者而不是单纯的数字信贷公司。Figure 打造的 Provenance 平台专门服务金融行业,不仅为 Figure 发行金融产品提供了技术支撑,更为整个行业提供了增强金融资产流动性、降低经营成本的机会。Provenance 已经成功吸引了 Friends & Family Capital

等知名基金公司和 Caliber Home Loans 等顶级抵押贷款公司上链发行金融产品。而多方入驻 Provenance 又能反哺 Figure 的发展。其一,这将丰富 Provenance Marketplace 上的可交易金融资产种类,并吸引更多的投资者,全面提升资产流动性和市场活跃度。其二,正如报告前文对公司营利模式的分析,Provenance 会向获得收益的平台参与者收取费用并通过 Hash 分配给 Figure,为 Figure 创造收入。金融行业与 Figure 将通过 Provenance 实现良性循环、共同发展。

3. 融资金额高,运用多方资金拓展业务

得益于创始人的知名度以及开创性的发展战略,Figure 共完成 9 轮融资,累计融资超过 15 亿美元。多轮融资为 Figure 的多元化业务开展、人才引进提供了资金支持。其中,Figure 获得的 Jefferies 提供的 10 亿美元的信贷额度还可用于贷款发放,为 Figure 的贷款业务提供了丰富的流动性。

(三)挑战与风险

1. 核心技术可复制性强,竞争优势维持不易

抵押贷款方面,在抵押贷款数字化的大趋势下,包括 Blend 在内的金融科技企业正在帮助多家银行打造线上抵押贷款申请应用程序,未来也会有更多传统银行和非银行机构引入区块链等新兴技术以改善抵押贷款业务的流程,全面提升业务能力。

在数字金融解决方案上,虽然 Figure 在底层平台 Hyperledger Fabric 的基础上率先构建区块链平台 Provenance,但是由于目前联盟链底层技术已经较为成熟,Hyperledger Fabric、Corda、Quorum、BCOS 等底层平台的代码均已开源,企业及联盟可以根据自身需求进行修改以适应各自的业务逻辑,未来可能会有更多的公司构建自己的区块链平台进入金融服务领域,Figure 在多方竞争下能否脱颖而出仍是个疑问。

2. 贷款抵押品质量偏低,证券化风险难以预测

Figure 的抵押贷款以及其资产支持证券的风险不容忽视。首先,Figure

发放的抵押贷款如 HELOC 多为第二留置权贷款,甚至还包括极少见且极高风险的第三留置权贷款。这意味着当债务人违约时,只有在排在其前面的高级债权人得到全额偿还时,Figure 才可以收到违约赔偿,此时大概率只能收回抵押品的一小部分价值。这也表明 Figure 贷款证券化发行的资产支持证券具有较高风险,一旦出现大规模违约则较难收回本金。此外,Figure 的资产支持证券并未获得穆迪或标准普尔等机构的评级,也未在美国证券交易委员会(SEC)进行注册。虽然 Figure 成功地将证券出售给了第三方投资者,但其中蕴含的风险难以预测。

3. 抵押贷款市场蕴藏风险,监管趋势不明晰

近些年,抵押贷款市场中非银行机构的市场份额不断上升,既推动了抵押贷款市场复苏,也带来了潜在的问题。首先,非银行机构通常持有较少的流动性资产,并且无法直接向美联储借款,在危机发生时便更容易出现流动性危机。其次,在监管层面,针对非银行业务的监管基础设施不如针对传统银行的完善,且非银行机构经营状况的数据标准化程度较低,很难在监管层面提前预测风险。

在 Figure 公司层面,2020 年 12 月,美国银行家协会等团体呼吁监管机构推迟 Figure 公司关于银行执照的申请,担忧仅接受未投保存款①的 Figure 获取银行执照后可以逃避美国国会为银行及其分支机构建立的全面监管制度。如果监管机构保持保守的态度甚至收紧政策,Figure 关于银行执照的申请将被驳回,其未来的业务开展势必受到影响。

---

① 普通存款一般会参与联邦存款保险公司(FDIC)保险或国家信用联盟协会(NCUA)保险,而未投保存款指没有针对可能损失进行担保的存款。

全球金融科技创新案例之数字货币与区块链篇：Chainalysis 研究

摘　要：Chainalysis 是美国一家区块链分析与合规公司，为政府、加密货币企业和金融机构提供一系列的加密货币市场数据、分析软件与配套服务，用于调查加密货币行业犯罪、跟踪交易、企业合规分析以及风险管理。自 2014年成立以来，公司通过与政府合作打击加密货币犯罪赢得良好声誉，并通过产品研发和市场开拓逐步成长为行业龙头企业。截至 2020 年 12 月，公司客户遍布全球 50 个国家或地区；累计融资约 1.66 亿美元，估值超 10 亿美元，跻身金融科技独角兽企业行列。针对加密货币市场犯罪率升高、犯罪模式多样化的市场痛点，公司开发了 Chainalysis Reactor 犯罪调查软件、Chainalysis KYT 合规软件、Chainalysis Kryptos 行业数据库与风险评估软件三款产品，并提供与软件配套的证书认证服务与系列课程；同时，公司组建了专业团队提供犯罪调查服务，助力打击犯罪活动。回顾发展历程，Chainalysis 在短期内实现迅猛发展的原因有三：第一，广泛的客户基础稳固了其龙头地位，进军国际市场提高了其海外知名度；第二，重视各类人才引进，助力公司发展；第三，发起合作伙伴计划，获得同行背书。然而，Chainalysis 的未来发展也面临着诸多挑战和风险：第一，加密货币交易新工具层出不穷，规避监管乱象不断涌现；第二，Chainalysis 开发的去匿名化分析工具因破坏了加密货币的私密性和不可追踪性而遭人诟病,存在侵犯交易者隐私之嫌。本案例将从 Chainalysis 的基本情况、经营指标和发展历程入手描述公司概况,从市场痛点解决、用户画像、产品与服务、营利模式、营销模式等方面深入分析其产品服务及商业模式,并在此基础上结合行业及竞品分析,总结其关键成功要素与现存风险挑战。

一、企业概况

（一）基本介绍

1. Chainalysis：区块链分析与合规龙头企业

Chainalysis 是美国一家区块链分析与合规企业,为政府、加密货币企业和金融机构提供一系列的加密货币市场数据、分析软件与配套服务,用于加密货币犯罪调查、交易跟踪、企业合规分析以及风险管理。公司的愿景是提高区块链经济的透明度。

表 2-31　Chainalysis 基本情况

成立时间/总部	2014 年/美国纽约
创始人	Michael Gronager（CEO）,Jonathan Levin（CSO）,Jan Moller（前任 CTO,已离职）
估值	10 亿美元(截至 2020 年 12 月)
累计融资额	1.67 亿美元(截至 2020 年 12 月)
员工数	200 多(截至 2020 年 12 月)
客户数	350 家机构(截至 2020 年 12 月)
覆盖范围	地域：50 个国家或地区(截至 2020 年 12 月) 业务：追踪加密货币市场中 90% 以上的交易,跟踪 87 类货币,涉及加密货币相关业务 2500 余种(截至 2020 年 12 月)

资料来源：作者根据 Chainalysis 官网整理。

2. 创始人专注加密货币行业多年,齐攻难案一举成名

Chainalysis 由 Michael Gronager、Jonathan Levin、Jan Moller 三人于 2014 年联合创立。当年 2 月 24 日,全球最大的比特币交易所 Mt.Gox 遭受黑客攻击,

被盗 85 万个比特币并因此破产,美国政府寻求业界区块链专家帮助调查此案。Levin 与 Gronager 作为重要成员参与调查,两人借此契机同 Jan Moller 一同创立 Chainalysis。最终 Chainalysis 帮助 Mt.Gox 追回 20 万个比特币,公司也从此一举成名。

现任 CEO Michael Gronager 拥有量子力学博士学位,在电子信息领域从事多年研究。2013 年,Gronager 创立加密货币交易所 Kraken 并担任 COO,积累了丰富的加密货币行业工作经验。凭着对新兴技术领域敏锐的嗅觉,Gronager 意识到加密货币交易的跟踪调查领域存在空白,因此打造了一个调查交易的数据平台,该平台后来演变为 Chainalysis 的首款产品 Chainalysis Reactor。公司另一位创始人兼现任 CSO Jonathan Levin 年轻有为,曾荣登 2019 年《福布斯》欧洲 30 岁以下富豪榜,拥有丰富的企业管理经验。Levin 于 2014 年获得牛津大学的经济学硕士学位,在校期间他便创立了数字货币数据服务公司 Coinometrics 并出任 CEO,负责制定公司战略。Jan Moller 于 2014 年至 2019 年担任公司 CTO,现已离职。现任 CTO 为 Gerd Behrmann,他曾是奥尔堡大学的计算机系副教授,于 2016 年加入 Chainalysis。

3. 吸引多家知名风投公司,融资总额指数级增长

截至 2020 年 12 月,Chainalysis 共完成 7 轮融资,累计金额超过 1.66 亿美元。2015 年,在 TechStars 支持的第三期 Barclays 加速器项目中,Chainalysis 从 400 多家金融公司中脱颖而出,获得了约 12 万美元的首笔资金支持。此后,Chainalysis 通过与政府机构合作树立了值得信赖的商业形象,并因此逐渐获得资本认可。公司在 2018 年的 A 轮融资中收获 1600 万美元。在 B 轮中,Chainalysis 得到了行业领先的风险投资公司的注资,如 Accel、MUFG 和 Ribbit Capital。出于对 Chainalysis 发展前景的持续看好,在 2020 年 11 月的 C 轮中,Accel 和 Ribbit Capital 继续跟投。Chainalysis 在 C 轮获得高达 1 亿美元的资金,投后估值突破 10 亿美元,跻身独角兽企业行列。公司计划将 C 轮资金用于国际扩张。从图 2-35 可以看出 Chainalysis 的融资规模呈现指数级别增长,

体现出市场对其期待值的加速上升。

表 2-32　Chainalysis 融资情况

轮次	投资方	时间	融资额（美元）	估值（美元）
种子轮	Techstars，Techstars New York City Accelerator	2015.7	未知	—
种子轮	Point Nine 等	2016.2	160 万	—
A 轮	Benchmark 等	2018.4	1600 万	—
B 轮	Accel 等	2019.2	3000 万	—
B+轮	MUFG Innovation Partners，Sozo Ventures 等	2019.4	600 万	—
B++轮	Ribbit Capital，Sound Ventures 等	2020.7	1300 万	—
C 轮	Addition 等	2020.11	1 亿	10 亿

资料来源：作者根据 Crunchbase 整理。

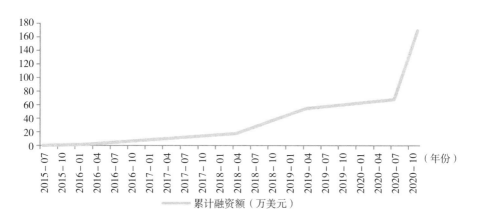

图 2-35　Chainalysis 累计融资曲线

资料来源：作者根据 Crunchbase 整理。

（二）经营指标

1. 厚积薄发，收入加速增长

在营收方面，Chainalysis 表现出了强势增长。根据公开信息估计，2020 年公司营收预计达到2250万美元,较上年同期增长96%①。如图2所示,公司在2017年之前收入低、增速慢,但随着公司产品知名度和业务量的不断提高,迎来了井喷式的收入增长。

图2-36 Chainalysis每年预估收入

资料来源:作者根据Coindesk、福布斯、Growjo资料整理。

历年来,Chainalysis与美国政府部门的合作日益深化。2015年与政府签订的合同金额仅为9000美元,2019年该数据已增长至500万美元。其中美国国家税务局为最大政府客户,交易额达到410万美元,移民与海关执法署以260万美元排名第二,而第三名是联邦调查局的240万美元②。

2. 业务覆盖面广,国际化进程快

Chainalysis长期投入大量资金用于业务研发和国际拓展,成效显著。

从业务范围来看,截至2020年12月,Chainalysis监测超过2500种加密资产相关服务,覆盖了加密货币市场中90%以上的交易。公司可调查超过100种数字资产,其中包括比特币、以太币、莱特币、瑞波币、ERC-20代币和众多稳定币在内的87种数字货币。

从国际化建设来看,Chainalysis持续结合地方特色积极布局海外业务。

---

① 链闻Chainnews:Chainalysis以超10亿美元估值完成1亿美元C轮融资,Addition领投,2020。

② Coindesk:Inside Chainalysis'Multimillion-Dollar Relationship With the US Government,2020.

2016 年，Chainalysis 在丹麦哥本哈根设立办事处，进入欧洲加密货币市场。2020 年 9 月，Chainalysis 在东京和新加坡开设办事处，作为亚太地区的销售、培训和技术服务中心，助力公司在东亚这一最大的加密货币市场中发展。截至 2020 年 12 月，公司的办事处分布在全球 6 座城市，覆盖北美、欧洲和亚太地区，服务全球 50 个国家或地区的客户。

从客户数量来看，截至 2020 年 12 月 31 日，Chainalysis 在全球范围内有约 350 家客户。其中，约有 250 家为私营企业，主要包括加密货币交易所和金融机构，涵盖移动支付巨头 Square、韩国加密货币交易所 Korbit 等知名企业。其余 100 家客户来自公共部门，包括美国联邦调查局等十几家联邦政府机构、联合国毒品和犯罪问题办公室等。两类客户对公司收入的贡献基本持平①，各占总收入的 50%。

（三）发展历程

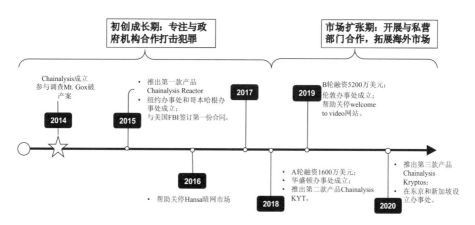

图 2-37　Chainalysis 公司发展历程

资料来源：作者根据 Chainalysis 官网、Coindesk 等资料整理。

---

① Coindesk：Inside Chainalysis'Multimillion-Dollar Relationship With the US Government，2020.

1. 初创成长期（2014—2017 年）

在初创成长期，Chainalysis 重视构建并维护与政府客户的关系。公司于 2014 年推出了首款产品 Chainalysis Reactor，并在次年与联邦调查局（FBI）签订了第一笔价值 9000 美元的合同。这一时期 Chainalysis 的主要合作方是美国政府部门。虽然当时公司的收入和融资额都处于低位，但为政府服务而树立的良好商业形象为后续发展奠定了基础。

2. 市场扩张期（2018—2020 年）

与政府的合作关系稳固之后，Chainalysis 将目标客户转向私营企业并积极拓张海外市场。2018 年 4 月，Chainalysis 推出了合规软件 Chainalysis KYT。同年 10 月，Chainalysis 就与当时全球最大的加密货币交易所之一 Binance 达成合作，私营企业用户与日俱增。这一阶段 Chainalysis 完成了金额高达 5200 万美元的 B 轮融资和 1 亿美元的 C 轮融资，助力新产品研发和海外市场开拓。2020 年，Chainalysis 成功推出第三款软件 Chainalysis Kryptos，同年 8 月与澳大利亚加密货币业务合作，并在东京和新加坡设立办事处。

二、产品服务与商业模式

（一）市场痛点解决与用户画像

1. 市场痛点：加密货币市场犯罪愈演愈烈，全行业面临严峻挑战

加密货币诞生之初的应用场景就包括暗网市场非法交易与洗钱等犯罪活动，而随着加密货币的普及和流行，加密货币犯罪有愈演愈烈的趋势。2017 年至 2019 年，非法加密货币交易的金额和占比逐年上升。2019 年，市场中有 2.1% 的加密货币交易是非法的，这一比例较上年增长 350%，总金额也翻了 3 倍。虽然 2020 年的非法交易占比在市场交易总量膨胀的影响下有所下降，但是涉案金额仍然庞大。

加密货币犯罪种类也呈多样化趋势，据 Chainalysis 统计，主要犯罪活动包括洗钱（Money Laundering）、欺诈（Scams）、恐怖主义融资（Terrorist Financing）、勒索软件（Ransomware）、黑客（Hacks）、暗网市场（Darknet Markets）等。

加密货币市场内非法活动日益猖獗，主要原因有三。首先，加密货币具有去中心化、半匿名、难溯源的特性，为犯罪分子提供了天然的庇护，便于非法资金在监管外流通。其次，加密货币市场热度不断攀升，表现为加密货币种类和币值的增加，犯罪分子愿冒更大风险实施欺诈、黑客攻击等犯罪行为，以牟取暴利。最后，各国对于加密货币的监管存在差异，让犯罪分子有机可乘。

上述情况给加密货币企业和相关金融机构带来了更大的运营与交易风险，也给公共部门的监管带来了更加严峻的挑战。首先，加密货币企业（如交易所）处在防范加密货币犯罪的关键位置上：一方面要保护用户资产，另一方面要识别非法交易，防止犯罪分子转移非法资金并提现。银行等金融机构虽然不直接开展加密货币业务，但在与加密货币企业合作时，需要有效的工具评估交易对手方的风险。其次，公共部门，尤其是政府机构，是加密货币行业的政策制定者和监管活动的主体，政府更迫切地需要预防和打击加密货币犯罪这一新兴犯罪的工具和方法。

针对以上痛点，Chainalysis 利用区块链技术，针对公共部门客户的监管需求开发 Chainalysis Reactor 软件，针对私营企业客户的合规需求开发 Chainalysis KYT（Know Your Transaction）软件，以及提供加密货币数据和行业洞见的 Chainalysis Kryptos，提高加密货币市场的透明度，助力打击犯罪活动。

2. 用户画像

Chainalysis 的目标客户既包括公共部门，也面向私营企业，而后者主要包括加密货币企业和金融机构。三类客户使用 Chainalysis 产品的目的不尽相同：为公共部门主要提供资金流向可视化和开源情报功能，协助其打击犯罪；为加密货币企业主要提供交易跟踪功能，帮助其简化合规工作；而为金融机构主要提供风险评估和数据库功能，以助力其评估潜在加密货币客户的风险敞口。

表 2-33　Chainalysis 代表客户

客户类别	代表客户
公共部门	美国国税局,美国联邦调查局,联合国毒品和犯罪问题办公室,欧洲刑警组织
私营企业 —加密货币企业	Algorand(区块链平台),Binance(交易所),Bitpay(比特币支付服务商),CoinSpot(交易所),Korbit(交易所),Paxful(P2P 交易所)
私营企业 —金融机构	Barclays 银行,Square(移动支付公司),Assembly Payments(在线支付平台)

资料来源:作者根据 Chainalysis 官网整理。

(二)产品与服务

Chainalysis 目前推出了 Chainalysis Reactor、Chainalysis KYT、Chainalysis-Kryptos 3 款软件产品,以及 Chainalysis Professional Services、Chainalysis Certification Programs 两种服务。

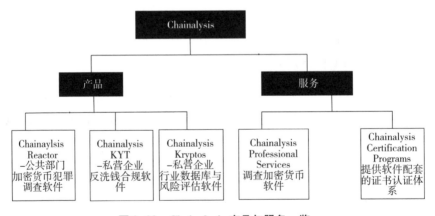

图 2-38　Chainalysis 产品与服务一览

资料来源:作者根据 Chainalysis 官网整理绘制。

1. Chainalysis Reactor——面向公共部门

作为 Chainalysis 的首款及旗舰产品,Chainalysis Reactor 是一款调查软件。它的主要功能是提供可视化的加密货币流动记录以及开源情报(Open Source

Intelligence)。监管者可以通过使用 Chainalysis Reactor 识别加密货币犯罪活动,定位和追踪犯罪分子。

Chainalysis Reactor 具有以下优势:

(1)Chainalysis Reactor 以连接跃点(Hops)的方式记录加密货币的流动过程。虽然加密货币交易默认是匿名的,但跃点记录加密货币钱包的地址,而客户只需输入钱包地址就可以知晓钱包控制人并进而掌握其他关联地址,还可以了解到相关地址涉及的具体业务(如图 2-38 所示);

(2)软件界面直观,降低软件使用门槛。该产品提供图表自制功能,允许用户在图表上添加注释等自定义信息,便于用户直接输出完整的调查结果;

(3)开源情报来源覆盖数千个社交媒体论坛和暗网站点,情报的全面性得到有效保障;

(4)Chainalysis Reactor 将加密货币交易连接到现实世界的活动,可以查看实体的主要交易对手和风险敞口。

2. Chainalysis KYT——面向私营企业

Chainalysis KYT(Know Your Transaction)是一款反洗钱合规软件。Chainalysis KYT 的主要功能是监测加密货币交易,提供风险警报,帮助加密货币企业遵守本地和全球法规。

Chainalysis KYT 的主要优势如下:

(1)具有简洁的用户界面及易于操作的图表功能,大大简化工作流程;

(2)可检测的风险活动种类多,包括暗网市场、欺诈等,涵盖所有加密货币活动的 90%;

(3)可以进行实时检查与警报,使用实时 API(应用程序编程接口)阻止黑名单地址的取款以及冻结来自非法活动的存款;

(4)有完整的案例管理功能,准确记录案例的每个步骤,为银行和监管机构提供完整的审计线索。

3. Chainalysis Kryptos——面向私营企业

Chainalysis Kryptos 是一款加密货币行业数据库与风险评估软件。它基于可信的区块链数据,为用户提供完整的加密货币行业概况,包括行业资讯、交易所信息披露等。该软件有助于金融机构了解交易对手的商业模式及评估全球加密货币行业参与者的风险。

它具有以下优势:

(1)数据库庞大。Chainalysis Kryptos 覆盖超过 1800 种加密资产相关服务,结合了链上和链下数据,包括位置信息、KYC 策略、新闻等,并实时更新。

(2)数据可信度高。Chainalysis Kryptos 建立了行业数据基准,扩大数据规模的同时保证了准确性。

4. Chainalysis Professional Services

Chainalysis 通过专业的案例调查团队为客户提供 Chainalysis Professional Services(Chainalysis 专业服务),包括深度加密货币分析与调查、案例报告定制等,帮助调查加密资产被盗等复杂案件。

Chainalysis Professional Services 具有以下优势:

(1)团队由来自多元背景的训练有素的分析师组成,对互联网基础设施和协议和加密货币犯罪有深入的了解;

(2)实战经验丰富且战绩卓越。团队曾与全球政府机构合作处理大型加密货币犯罪案件,如调查 Mt.Gox 破产案、帮助关停 Hansa 暗网市场、帮助关停 Welcome to Video 网站(儿童虐待音频网站)等。2020 年 7 月,Chainalysis 协助美国司法部(DOJ)在 Twitter 骇客事件发生仅两周后就逮捕三名犯罪嫌疑人。

5. Chainalysis Certification Programs

Chainalysis 为客户提供软件配套的证书认证体系,帮助调查人员、分析师、监管人员等学习加密货币知识以及如何使用软件。

Chainalysis Certification Programs 提供 4 种认证及相关培训课程,学员通过考试即可获得证书。

表 2-34　Chainalysis 认证体系

认证名称	目标群体	学习目标
Cryptocurrency Fundamentals Certification(CCFC)	刚接触加密货币的人群	理解区块链技术,了解加密货币的工作原理及区块链在风险管理上的应用
Chainalysis Reactor Certification(CRC)	有加密货币交易基础知识的 Chainalysis 客户	学习 Chainalysis Reactor 软件的使用以分析加密货币交易
Chainalysis KYT Certification (CKC)	有加密货币交易基础知识的 Chainalysis 客户	学习 Chainalysis KYT 软件的使用以完成合规工作
Chainalysis Investigation Specialist Certification (CISC)	获得 CRC 认证且具备至少 3 个月使用经验的高级客户	学习 Chainalysis Reactor 中的高级调查工作流程和特殊加密货币交易方式

资料来源:作者根据 Chainalysis 官网整理。

(三)营利模式

Chainalysis 的主要收入来自销售 Chainalysis Reactor、Chainalysis KYT、ChainalysisKryptos 3 种软件,其他收入还包括培训课程收取的费用等,而 Chainalysis 产品和服务的成本以业务拓展费和研发费为主。Chainalysis 一般向客户同时出售一系列产品和服务,具体收费标准由双方协商。

(四)市场营销模式

Chainalysis 使用传统营销和网络营销相结合的营销模式。

传统营销方面,Chainalysis 利用已有的客户寻找更多的合作伙伴。Chainalysis 与部分客户形成 Referral Partners(推荐合作伙伴)模式,这类合作伙伴可以将自身的现有客户和潜在客户推荐给 Chainalysis,Chainalysis 向其支付推荐费作为回报。Chainalysis 也有针对特定地区和特定顾客群体的分销商和经销商,如日本经销商 SB C&S,这些合作商可以提供客户支持并展开广泛的营销活动,但最终的产品和服务的授权仍要通过 Chainalysis 完成。

网络营销方面,Chainalysis 一方面建立网站为行业提供免费资讯,另一方面通过组织会议促进业内交流。具体来看,公司建立了 Chainalysis Insights 网站,定期发布加密货币行业新闻与行业见解,出版权威报告如《2020 年加密货币地理报告》《2020 加密货币犯罪报告》等。公司还建立了 Chainalysis Market Intel 网站,以发布加密货币行业最新的供应量、需求量、非法流量等统计量信息。同时,公司多次召开区块链分析虚拟会议(Chainalysis Links),以直播的形式与公共部门和私营企业的领导人讨论加密货币行业面临的关键问题,促进多方交流。这些活动提高了 Chainalysis 在业内的知名度和权威性,有利于吸引潜在客户。

(五)研发与技术优势

Chainalysis 将区块链原始数据转化为可搜索的和可执行的数据,大大减少了调查加密货币犯罪的工作量,但作为一家与执法机关、政府部门和国防承包商等相关组织密切合作的公司,Chainalysis 一直对外保密其技术细节。

三、分析及总结

(一)行业及竞品分析

1. 行业分析

区块链分析与合规属于加密货币行业内的新兴领域,市场上仅有 20 多家参与企业且大多与政府部门和加密货币交易所等合作。Chainalysis 是领域内最杰出的公司之一,获得美国政府合同金额最高,超过 1000 万美元①。

----

① Coindesk,"Digital Mercenaries":Why Blockchain Analytics Firms Have Privacy Advocates Worried,2020.

加密货币行业相关政策的持续完善与监管力度的不断加大为区块链分析与合规带来了红利。2019 年 6 月,全球反洗钱监管机构(FATF)发布最新的加密货币指南,对旅行规则(travel rule)①进行了修订,新的旅行规则要求"虚拟资产服务提供商"或 VASP(包括加密货币交易所和钱包托管供应商)履行 KYC 义务,即在进行 1000 美元或更高金额的交易时披露客户信息,包括汇款与收款双方的姓名、地理位置和账户详细信息。在过去两年不到的时间里,一些国家监管机构已将 FATF 新的"旅行规则"立法。美国的金融犯罪执法网络(FinCEN)根据美国《银行保密法》于 2019 年 5 月率先实施旅行规则,新加坡与瑞士分别于 2020 年 1 月和 2 月执行旅行法则。监管政策的变化对交易所产生了巨大影响,除了少数仍然坚守 KYC 和无区块链取证的交易所之外,大多数交易所都与区块链分析与合规公司达成了合作。正如 Kraken 首席执行官 Jesse Powell 所说,任何放弃区块链取证的交易所都可能使监管机构产生怀疑②。

2. 竞品分析

专业的区块链分析与合规公司除 Chainalysis 外还包括 Elliptic、CipherTrace、Crystal、AnChain、Clain 等。这些公司几乎都提供非法活动识别、交易追踪、合规性分析等服务,同质化程度较高。除专业的区块链分析与合规公司之外,加密货币行业内其他赛道的参与者也纷纷入局,行业竞争趋于激烈。如全球最大的交易所之一 Coinbase 于 2019 年收购了区块链分析与合规公司 Neutrino,并于 2020 年初推出了 Coinbase Analytics 区块链分析软件,同年 5 月完成了其与美国政府(美国特勤局)的第一笔交易③。

---

① "旅行规则"最早由美国金融犯罪执行网络(FinCEN)于 1996 年提出,作为美国所有金融机构"反洗钱"标准的一部分。2013 年 3 月,该规则被扩大到适用于加密货币交易所。

② Bitcoin:A Forensic Analysis of Blockchain Surveillance Companies,2019.

③ 金色财经,Coinbase 与美国特勤局已签署一笔 18 万美元的合同,2020。

表 2-35　Chainalysis 主要竞争对手

名称	成立时间	主营业务	客户数量	融资总额
Elliptic	2013	反洗钱和区块链合规分析	100 多家	4000 万美元
CipherTrace	2015	交易追踪与取证、合规分析	150 多家	1800 万美元
Crystal Blockchain	2018	识别非法活动和合规分析	150 多家	种子轮（金额未知）
AnChain.ai	2018	威胁监测和威胁情报分析	100 多家	630 万美元
Clain Technologies S.A.	2017	反洗钱和区块链合规分析	未知	无

资料来源：作者根据各公司官网资料整理。

本案例选取融资规模较大的公司 Elliptic 和 CipherTrace 与 Chainalysis 进行比较。

（1）Elliptic

Elliptic 是成立最早的区块链分析与合规公司之一，成立于 2013 年，总部位于英国伦敦。Elliptic 监控着市场上 97% 的加密货币交易，其客户遍布全球 29 个国家或地区。Elliptic 在加密货币市场中打击犯罪和反洗钱的贡献得到广泛认可，是 2020 年唯一——家被世界经济论坛（World Economic Forum）评为技术先锋的区块链分析与合规公司。

Elliptic 将已知非法交易的数据集与机器学习结合使用，识别非法区块链交易，为政府、加密货币企业和金融机构提供有效情报。Elliptic 的主要产品包括 Elliptic Lens（加密钱包筛选）、Elliptic Navigator（加密货币交易监控）、Elliptic Discovery（VASP 筛选）、Elliptic Forensics（交易调查与取证），合作伙伴包括数字货币冷钱包（离线存储）研发商 CoolBitX、全球数字金融组织（Global Digital Finance）等。

（2）CipherTrace

CipherTrace 成立于 2015 年，总部位于美国加州门洛帕克市，其业务覆盖 93% 的加密货币资产、超过 3750 个交易实体。CipherTrace 每季度发布的加密货币反洗钱报告已成为权威的行业数据源，2020 年 CipherTrace 被 CB Insights

评为"50 家最具创新性的区块链公司"之一。

CipherTrace 利用其一流的数据归因分析、专有群集算法等技术以及广泛的业务覆盖范围,在世界范围内为政府、交易所和其他金融机构提供多种解决方案:加密货币反洗钱、金融调查和区块链取证、合规监控等。CipherTrace 的合作商包括加密货币交易所 Binance、日本软件公司 Cellebrite 等。

相较于 Chainalysis、Elliptic 和 CipherTrace 的优势是覆盖更广泛的加密货币交易,有更全面的功能如加密钱包筛选和 VASP 筛选。而 Chainalysis 的优势在于其业务规模更大,客户数量更多,全球的影响力更深广,与美国政府签订合同的金额也远远超过 Elliptic 和 CipherTrace。

(二)关键成功要素

1. 客户基础稳固龙头地位,国际化提高知名度

Chainalysis 依托于政府部门起步,公司于 2014 年便开始协助执法机构调查犯罪,2015 年与 FBI 签订第一份合同。与政府的合作一方面使 Chainalysis 积累了打击犯罪的经验,另一方面也为 Chainalysis 的产品提供了背书。正向宣传效应下,Chainalysis 进入了更多政府部门的视线并为 Chainalysis 进入私营市场奠定了基础。此外,Chainalysis 积极与国际用户合作,并在海外多地设立办事处以提供符合当地特色的优质服务,海外知名度得以提高。客群的逐步拓展和积累使公司在行业中逐步站稳脚跟。

2. 重视各类人才引进,助力产品发展

Chainalysis 在人才引进方面的努力是其可持续发展的重要保障。Chainalysis 在 2016 年和 2017 年分别迎来了 Gerd Behrmann 和 Jacob Illum 两位计算机学术领域专家的加盟,专注于解决区块链技术的不足。2019 年 6 月 Chainalysis 又聘请了美国金融情报机构 FinCEN 的前官员 Michael Mosier 担任新的首席技术顾问,负责 Chainalysis 产品的法律解决方案研究。同年 11 月,拥有丰富销售和增长战略经验的 Jason Bonds 加入公司担任 CRO。背景出众、经验丰富

的团队帮助 Chainalysis 在产品的技术性、合规性(数据隐私保护)以及公司的整体运营管理上保持着竞争优势。

3. 发起合作伙伴计划,获得同业公司背书

公司于 2020 年推出了"Chainalysis Partner Program"(合作伙伴计划)。通过与专业合规软件公司、加密货币调查机构、培训机构、银行基础设施提供商、加密钱包服务商等建立长期的伙伴关系,Chainalysis 获得了行业高水平参与者的背书,从而全方位地提高运营能力与行业影响力。Chainalysis 官网显示,至 2021 年初,公司共有 23 个该计划内的合作伙伴,包括政府 IT 解决方案提供商 Carahsoft、英国执法咨询服务公司 Gentium 等。

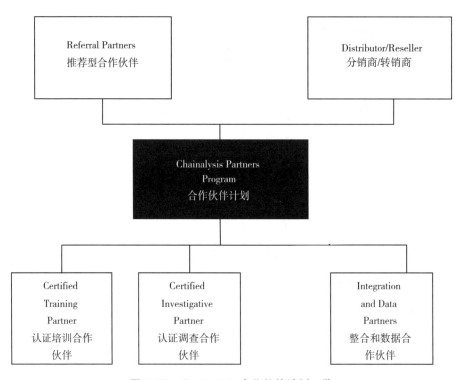

图 2-39　Chainalysis 合作伙伴计划一览

资料来源:作者根据《Chainalysis 2020 Partner Program Guide》整理绘制。

具体来看,公司将合作伙伴分为了 Referral Partners(推荐型合作伙伴)、

Distributor / Reseller(分销商/转销商)、Certified Training Partner (CTP,认证培训合作伙伴)、Certified Investigative Partner (CIP,认证调查合作伙伴)和 Integration and Data Partners(整合和数据合作伙伴)5 类。正如在分析公司的营销模式部分所述, Referral Partners、Distributor / Reseller 帮助提升 Chainalysis 的业务量与营业收入。CTP 为 Chainalysis 的现有客户及潜在客户提供培训服务,而 CIP 可以通过使用 Chainalysis Reactor 软件为客户提供调查服务,弥补调查团队数量的不足。Integration and Data Partners 与 Chainalysis 则双向提供数据共享和软件支持,为加密货币市场提供综合性解决方案。

(三)挑战与风险

1. 加密货币交易新工具层出不穷,规避监管乱象不断涌现

目前加密货币行业内出现很多保护交易隐私的新型交易工具和方式,或为犯罪分子利用以规避监管,也对 Chainalysis 的产品构成了新的挑战。具体信息如表 2-36 所示:

表 2-36　新型加密货币交易工具与方式

工具或方式名称	简介
加密货币混合器: Bestmixer、Wasabi 钱包	使用 Coinjoin 技术,即通过将多个用户的多笔交易集中到一个资金池中进行混合,模糊发送和接收地址之间的链接,增强隐私性、使交易难以追踪。
Electrum 钱包	使用 Electrum 可以创造多个不同地址的钱包,且每次交易后钱包地址都会改变,使交易源难以追溯。
隐私币	隐私币使用隐私算法混淆交易的路径,且接收隐私币的交易所越来越多。
跨链交易	在使用低水平 KYC 的交易所进行多次不同币种之间的加密货币交易,使交易主体的信息不能得到有效披露和共享。
P2P 交易所	P2P 交易所如 Bisq 不作为加密货币的第三方托管中介,加密货币在交易双方的钱包内直接流动,非法资金难以追回。

资料来源:作者根据 Bitcoin、《The Chainalysis 2020 加密犯罪报告》等资料整理。

2. 去匿名化工具遭人诟病,存在侵犯交易者隐私之嫌

虽然 Chainalysis 在打击加密货币犯罪、维护加密货币市场稳定方面成效显著,但是其产品与服务也遭受了许多质疑。加密货币支持者认为 Chainalysis 等区块链分析与合规公司提供的去匿名化的工具破坏了加密货币作为交易媒介的私密性和不可追踪性。隐私权倡导者认为,区块链分析本质上是区块链监视,区块链分析与合规公司通过与政府合作收集世界各地人们的信息,损害了加密货币的隐私性。最终,区块链监控技术可能会被独裁者利用,危害公众的利益,最终使金融体系的包容性变差。这些质疑的声音未来可能会转化为法律层面的压力,对 Chainalysis 的发展形成掣肘。

第三篇　数字信贷

数字信贷行业综述

数字信贷(Digital Credit)是指以数字方式交付和偿还贷款的一种货币借贷的信用活动。该行业诞生于 21 世纪初期全球性金融危机后经济增长低迷、监管标准提高、合规要求趋严的大背景下,旨在满足长尾人群和中小企业在消费升级下不断攀升的金融需求。世界银行扶贫协商小组(CGAP,2016)指出,区别于传统信贷,数字信贷具有即时性、远程性、自动化三个关键特征。[①] 当前,数字信贷行业以挑战者银行为主导,亦有传统大型银行、大型科技公司、P2P 网络借贷及网络小贷公司参与其中,兼有部分数字信贷平台独辟蹊径,聚焦特定细分赛道。作为当前数字信贷行业生态的核心,挑战者银行(Challenger Bank)泛指任何对传统银行运作方式进行突破性创新的公司,这些新型公司通过金融科技来为客户提供更便捷、更创新的金融产品及服务,利用"新技术、低收费"作为手段来吸引客户群体。[②] 挑战者银行在传统银行弊端丛生的环境下诞生,立足于互联网银行(Online Bank)的发展基础,形成了别具一格的自身特色。它以数字网络作为银行的核心,借助前沿技术为客户提供在线金融服务,服务趋向定制化和互动化,银行结构趋向扁平化。本篇将

---

① CGAP,Greg Chen & Rafe Mazer,Instant,Automated,Remote:The Key Attributes of Digital Credit,2016.

② 清华大学金融科技研究院,挑战者银行研究报告,2020。

聚焦数字信贷的崛起与发展,在主要关注挑战者银行的同时,亦选取在线上跨境留学支付赛道另辟蹊径的 Prodigy Finance 对数字信贷行业展开讨论。

一、行业概览

(一)发展历程

数字信贷业态复杂,商业模式丰富,本篇主要关注数字银行业的发展。数字银行业的发展主要可分为三大阶段:银行电子化时代(1970s—1980s)、互联网银行时代(1980s—2008 年)和挑战者银行时代(2009 年至今)。

第一阶段(1970s—1980s):银行电子化时代。数字信贷行业的发展最早可追溯至 20 世纪 70 年代中期,美国花旗银行开始尝试使用自动柜员机(ATM)以延长银行服务时间,满足居民存取款服务需求,数字技术首次被应用于银行业。

第二阶段(1980s—2008 年):互联网银行时代。随着信息技术的发展与普及,数字信贷行业走向第二阶段——互联网银行时代。1983 年,苏格兰银行向英国客户提供 Homelink,使消费者能够通过电视机和电话实现转账并支付账单。其后,斯坦福联邦信用合作社发起了全球首个网上银行网站,电话银行和互联网银行诞生并逐步完善。然而,这一阶段仅催生了少量互联网银行的诞生,互联网银行业务仍以传统大型银行引入网上银行服务为主要形式。

第三阶段(2009 年至今):挑战者银行时代。2009 年,Josh Reich 和 Vernon Will 先后在美国和英国伦敦创立纯数字银行 Simple 和 Metro Bank,拉开了挑战者银行时代的序幕。目前,全球范围内已有多家大型挑战者银行,业务市场从欧美逐步向世界其他地区迅速拓展。

(二)行业现状

如前所述,数字银行业目前已迈入挑战者银行时代,众多挑战者银行在全

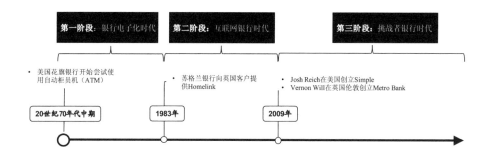

图3-1 数字银行业发展阶段

资料来源:作者根据《挑战者银行研究报告》整理。

球范围内崛起,并主导了数字信贷行业的发展。挑战者银行目前正处于高速发展时期,多以平台引流和获客作为主要业务目标,大多数挑战者银行并不以短期内实现盈利作为第一要务。市场规模方面,虽然大部分挑战者银行的用户规模处于百万以下,但从全球市场来看,挑战者银行用户规模已实现巨大扩张,其中美国的挑战者银行已吸引超 2000 万用户[①]。此外,尽管相较于传统银行,挑战者银行的总存款较少,但其增长率惊人,自 2018 年以来,数字银行的存款增长持续超越传统大型银行的存款增长。以 CIT、Discover、Ally 为代表的挑战者银行客户总存款年增长率均达到 12%以上,远超美国银行、花旗银行、富国银行等传统大型银行 8%左右的客户总存款年增长率。

技术方面,挑战者银行专注信息技术(IT)基础设施、数据库技术和数据处理技术三大方向。挑战者银行普遍运用云计算(Cloud Computing)平台Amazon Web Services(AWS)提供的 IT 基础架构进行迭代开发。与此同时,分布式分类账技术(DLT)被广泛应用于信用数据库与应用程序搭建,以降低财务交易成本,提高系统弹性,并降低操作风险。此外,挑战者银行广泛拥抱大数据(Big Data)和人工智能(Artificial Intelligence)技术搭建信用模型,对用户

---

① 清华大学金融科技研究院,挑战者银行研究报告,2020。

做信贷风险分析,为其提供合适的信贷产品。

政策方面,全球各国家和地区正在努力为挑战者银行开拓监管空间,通过出台相关银行业务牌照和开放银行等政策以支持挑战者银行的业务开拓。2013年,英国审慎监管局(PRA)引入简化的银行牌照申请流程——"动员路线"(the mobilization route)帮助英国挑战者银行 Monzo 更快进入市场。马来西亚和新加坡亦于2019年设立专门的数字银行牌照制度,鼓励挑战者银行业发展。2016年,英国竞争及市场管理局(CMA)提出开放银行政策,要求或鼓励金融机构通过开放式应用程序界面向第三方开放交易者消费数据。目前,开放银行政策已在欧盟、美国、澳大利亚和巴西等多个国家和地区推行,旨在促进挑战者银行进一步发展。

(三)行业格局

数字信贷行业参与者百花齐放,除了核心玩家挑战者银行,为了应对其挑战,众多大型传统银行和投资银行亦已开始发展在线或者移动银行业务。同时,由于挑战者银行跟科技紧密相连,大批科技公司例如亚马逊、苹果、谷歌等也正计划着加入挑战者银行市场。P2P 网络借贷机构和提供个人消费信贷的消费信贷公司及网络小贷公司亦拥有一定的市场份额。此外,鉴于数字信贷行业竞争激烈,部分数字信贷平台另辟蹊径,瞄准细分赛道开展特定信贷业务,逐渐在数字信贷行业占据一席之地。[①] 此外,从业务类型来看,数字信贷行业主要分为面向个人消费者的个人消费信贷和面向中小企业的商业信贷两大业务类型。部分数字信贷服务还与其他金融服务捆绑在一起,为借款人提供更广泛的产品选择,如储蓄账户、保险、汇款或账单支付服务。

纵观全球,目前数字信贷行业的竞争格局主要可分为以欧美地区为代表的成熟市场以及以亚太和拉美地区为代表的新兴市场。欧美的数字信贷发展起

---

① 知乎,线上信贷产品分析,2019。

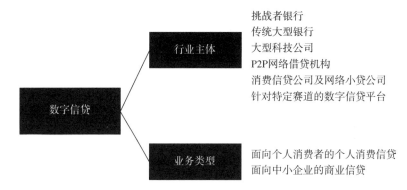

图 3-2　数字信贷行业主体及业务类型

资料来源:作者根据知乎等资料整理。

步较早,挑战者银行市场已初具规模。但该市场的挑战者银行更偏向于从线下渠道到线上渠道的革新,对新型科技的运用较为缺乏。亚太及拉美地区数字信贷虽起步较晚,但通过友好的监管政策和前沿科技的支撑正在奋起直追。

二、核心洞见

如前所述,挑战者银行的蓬勃发展是数字信贷行业焕发活力的核心因素,因此本篇重点聚焦于挑战者银行,遴选了德国移动银行服务的领跑者 N26、美国低成本银行账户服务的领先者 Chime、巴西虚拟信用卡业务的引领者 Nubank、阿根廷移动支付行业的开拓者 Ualá、澳大利亚首家面向中小企业的挑战者银行 Judo Bank 五家极具代表性的企业以展现挑战者银行的发展现状。此外,鉴于部分数字信贷平台另辟蹊径,着重发力特定细分赛道,在数字信贷领域卓有建树,因此本篇亦选择英国线上跨境留学贷款业务的先行者 Prodigy Finance 作为典型案例阐释聚焦特定赛道的数字信贷平台的发展路径。鉴于 P2P 网络借贷在我国处于清退转型的调整期,这一商业模式将不纳入本篇论述。与此同时,本篇案例亦广泛覆盖分布全球的数字信贷企业,通过深入剖析来自欧美市场的 N26、Chime 和 Prodigy Finance，来自亚太地区的 Judo Bank 和来自拉美地区的 Nubank 和 Ualá 展示在不同成熟度的市场环境下数字信贷的竞争方式。

表 3-1　案例基本情况

公司名称	成立时间/国家	主营业务	客群/数量	是否上市	累计融资额（亿美元）	估值（亿美元）
N26	2013 年德国	立足六类不同层级的账户，开展消费信贷、外汇换汇、财务储蓄、保险等业务	对互联网的接受程度更高，更加青睐于现代化的银行服务模式的"千禧一代"；550 万+（截至 2020 年 1 月）	否	7.8	35
Chime	2013 年美国	立足虚拟账户展开，开展提前收款与自动储蓄；并逐步拓展贷款、信用、投资等产品与功能	低年龄、低收入、低学历的长尾人群；800 万+（截至 2020 年 8 月）	否	13	145
Nubank	2013 年巴西	主要分为信用卡、数字账户、奖励金、PJ 账户和个人贷款五大类业务	无法获得主流商业银行和一般零售银行信贷服务的长尾人群；2600 万+（截至 2020 年 6 月）	否	15+（截至 2021 年 1 月）	250＋（截至 2021 年 1 月）
Ualá	2017 年阿根廷	1. 基于万事达预付卡经营现金提取和线下购物支付业务；2. 基于绑定预付卡的个人虚拟账户经营账单支付、转账、投资、贷款等在线金融服务	阿根廷境内的"千禧一代"；250 万+（截至 2020 年 11 月）	否	1.94	10

公司名称	成立时间/国家	主营业务	客群/数量	是否上市	累计融资额（亿美元）	估值（亿美元）
Prodigy Finance	2007 年英国	1. 面向合格投资者的投资产品：特定学校债、多元学校债、区域债券；2. 针对外国留学生贷款难痛点的贷款产品	投资者主要分为个人投资者和机构投资者两大类；贷款客户主要分为硕士研究生及职场新人，主要来自新兴市场；19000+ 名（截至 2020 年 12 月）	否	13	未披露
Judo Bank	2016 年墨尔本	1. 个人定期存款；2. 包含商业贷款、设备贷款、信贷额度、融资租赁和房屋贷款等贷款业务	未能通过传统银行满足信贷需求的澳大利亚中小企业；9700+ 家企业（截至 2020 年 12 月）	否	13.788	16.5+

注：除单独标注外，表格中数据截至 2020 年 12 月。
资料来源：作者根据案例资料整理。

如表 3-1 所示，所选择的六家公司一半位于数字信贷行业起步较早的欧美地区，一半位于后起之秀的亚太和拉美市场。来自英国的 Prodigy Finance 于 2007 年最早成立，其余两家欧美挑战者银行 N26 和 Chime 以及来自巴西的 Nubank 均于 2013 年成立，而来自澳大利亚的 Judo Bank 和来自阿根廷的 Ualá 则起步较晚，分别于 2016 年和 2017 年成立。在客群选择上，六家公司均主要针对低年龄、低收入、低学历的长尾人群展开普惠金融服务，抓住互联网时代的浪潮，打通传统银行业务未能触达的个人消费者和中小企业渠道，其中 Prodigy Finance 尤其针对国际留学生这一细分市场开展线上跨境留学贷款业务。在盈利模式上，六家公司均着重关注以多样化的营销模式吸引和积累用户规模，并以贷款利息和信用卡透支利息作为主要收入来源。此外，N26 和

Chime 亦与商户合作赚取业务分成,Prodigy Finance 还通过向投资者收取债券投资产品的发行配售费用以及服务费获取盈利。在成功要素上,六家公司均针对传统信贷市场利率高、效率低的市场痛点,以低廉合理的收费、简化高效的服务流程和优质便捷的服务获得市场青睐,但其侧重点亦因市场成熟度而异,位于高成熟度欧美市场的 N26、Chime 和 Prodigy Finance 主要以高效的服务提高用户黏性,用户体验至上;而来自低成熟度亚太市场的 Judo Bank 和拉美市场的 Nubank 与 Ualá 则多寻求外部技术合作,借助多元合作体系获取客户。与此同时,六家公司都面临行业监管日趋严格和同业竞争日益激烈等风险和挑战。

全球金融科技创新案例之数字信贷篇：N26研究

摘　要：N26是德国领先的挑战者银行,基于移动信用卡和虚拟账户提供一系列移动银行服务。自2013年成立以来,公司成长迅速,用户数量已超过550万,年营业收入超过9250万美元,累计融资达7.8亿美元,估值达到35亿美元。N26针对传统银行业用户体验不佳的市场痛点,应用人工智能技术打造智能化移动银行平台,为用户提供了优质的移动银行服务。N26成功的关键因素有三：一是线上线下服务结合,用户体验方便快捷；二是设立多样化激励举措,争取传统银行客户；三是发展BaaP运营模式,提供多样化金融服务。然而,其低收费的运营模式和各国政府针对银行业的监管政策都对N26的未来发展提出了挑战。本文将从N26的基本情况、经营指标和发展历程入手描述公司概况,从市场痛点解决、用户画像、产品与服务、盈利模式等方面深入分析其产品服务及商业模式,并在此基础上结合行业及竞品分析,总结其关键成功要素与现存风险挑战。

一、企业概况

（一）基本介绍

1. N26：德国领先的挑战者银行①

N26 是德国一家提供移动银行服务的挑战者银行，致力于通过打造智能化移动银行平台为用户提供更优质的线上银行服务，主要针对 18 岁至 35 岁的欧洲年轻人开展业务。其高度数字化的信贷产品和服务，对传统银行业造成了不小的冲击。

表 3-2　N26 概览表

成立时间/总部	2013 年/德国柏林
创始人	Valentin Stalf
	Maximilian Tayenthal
估值	35 亿美元（截至 2020 年 12 月）
累计融资额	7.8 亿美元（截至 2020 年 12 月）
累计交易规模	200 亿+美元（截至 2020 年 11 月）
员工数	1500+名（截至 2020 年 11 月）
用户数	550 万+（截至 2020 年 1 月）
覆盖范围	25 个国家（截至 2020 年 11 月）

资料来源：N26 官网。

2. 创始团队经验丰富，吸纳人才提供支持

N26 由首席执行官 Valentin Stalf 和首席财务官 Maximilian Tayenthal 联合创立。Valentin 和 Maximilian 均具有扎实深厚的专业背景。在创办 N26 之前，

---

① Eu-startups, Thomas Ohr, mobile-bank-n26-is-now-the-highest-valued-german-startup-and-one-of-the-worlds-most-valuable-fintechs, 2019.

Valentin 最早从事战略咨询和投资银行业务,之后担任互联网风险投资公司 Rocket Internet 的驻地企业家,在创业公司风险投资方面积累了丰富的相关经验。Maximilian 则在领先的专业服务公司(包括 CMS 和 Booz & Company)担任过各种咨询和财务职务。在核心团队中,首席运营官 Martin Schilling 曾是著名咨询公司 McKinsey & Company 子公司 Orphoz 的董事总经理,拥有担任战略顾问超过 13 年的经验。首席人力资源官 Noor 在国际人力资源领域拥有超过 15 年的经验。

2019 年 8 月 13 日,曾在 Google 担任高级主管和银行董事总经理的 Thomas Grosse 作为首席银行官加盟 N26,以他丰富的领导经验为全球扩张提供最大的支持。2020 年 9 月,阿迪达斯前高管 Diana Styles 和 Dropbox 副总裁 Adrienne Gormley 加入 N26,分别担任首席人事官和首席运营官,运用各自领域积累的充足经验和专业知识为 N26 的未来发展助力。

3. 广受投资者青睐,市值名列前茅

从投融资来看,截至 2020 年 10 月,N26 共完成 7 轮融资,累计融资超过 7.8 亿美元,估值 35 亿美元,前后吸引了硅谷风险资本家 Peter Thiel 旗下 Valar Ventures、李嘉诚旗下 Horizons Ventures、安联和腾讯等众多著名投资方。在之前的 D 轮融资中,公司获得来自美国风投 Insight Venture Partners 和新加坡主权财富基金 GIC 领投的 3 亿美元资金,一度创造了欧洲金融科技企业的融资纪录。N26 现已位列全球市值最高的 10 家金融科技公司①。

表 3-3 N26 融资情况

融资轮数	投资方	时间	融资金额
Pre-Seed	Axel Springer Plug and Play Accelerator	2013.05.01	2.5 万美元

---

① 张月,欧洲数字银行实践探究:OakNorth & N26,2020。

续表

融资轮数	投资方	时间	融资金额
Seed	Earlybird Venture Capital, Redalpine, Axel Springer Plug and Play Accelerator	2014.06.19	200 万美元
A	Earlybird Venture Capital, Redalpine, Valar Ventures, etc	2015.04.16	1 千万美元
B	Battery Ventures, Earlybird Venture Capital, Horizons Ventures, etc	2016.06.21	4 千万美元
C	安联, 腾讯	2018.03.19	1.6 亿美元
D	Insight, GIC	2019.01.09	3 亿美元
D+	Valar Ventures, 安联, 腾讯, GIC, etc	2019.07.17	1.7 亿美元
D++	Valar Ventures	2020.05.05	1 亿美元

资料来源:作者根据 N26 官网、Crunchbase 资料整理。

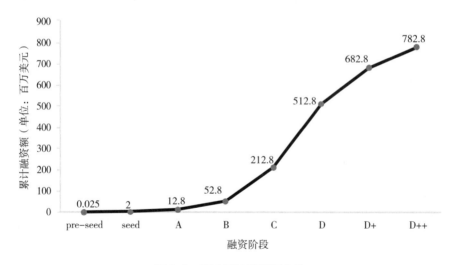

图 3-3 N26 累计融资额曲线

资料来源:Crunchbase。

(二)经营指标

虽盈利情况尚不明朗,但用户数量增长迅猛

N26 至今未公开其收入和利润等财务数据,外界就此对挑战者银行是否具备能力将庞大客户群转化为可持续利润提出质疑。N26 的首席执行官 Valentin Staff 表示公司在投资上更注重招揽客户，而不是弥补亏损。[①] 尽管公司总体上仍处于亏损状态，但截至 2020 年 10 月，每个客户的平均获客成本已远低于其给公司带来的营收，实现了基于单个客户的盈利。

虽然 N26 的盈利情况尚不明朗，但其用户数量自 2013 年成立以来一直保持着高增长态势，尤以 2019 年之后的表现最为亮眼。2019 年 2 月，公司客户数为 250 万，6 月客户数新增至 350 万，仅 4 个月即增加了 100 万客户。截至 2020 年 1 月，N26 用户数量已超过了 500 万。[②] 此外，N26 用户群体表现活跃，2019 年平均每天有 25 万用户的使用量。

（三）发展历程

N26 的发展历程可分为初创起步期（2013—2016 年）、完善发展期（2016—2019 年）和全球扩张期（2019 年至今）三大阶段。

1. 初创起步期（2013—2016 年）

2013 年，N26 成立于德国。起初，N26 名为 Papayer，推出的第一款产品是面向青少年群体的预付卡。预付卡的功能主要是让家长能够通过与预付卡相配套的手机应用软件管理孩子的资金使用情况。公司运营初期，N26 并未获得银行牌照，仅是与发卡机构 Wirecard Bank 合作，作为渠道运营。这一牌照问题大大限制了 N26 的发展空间。

2. 完善发展期（2016—2019 年）

相比于初创起步期，完善发展期的三大特征主要表现在银行牌照的获得、产品与服务的完善以及欧洲市场的持续扩张。2016 年 7 月，N26 成功获得了德国银行牌照，并将办公地点迁至了柏林，同时更名为"N26"。2016 年 11 月，

---

① Pr.com, Revolut, TransferWise, N26, and Others-Rapid Growth of Bank Challengers in Europe, n.d.

② 未央网，N26：最具价值的手机移动银行，2020。

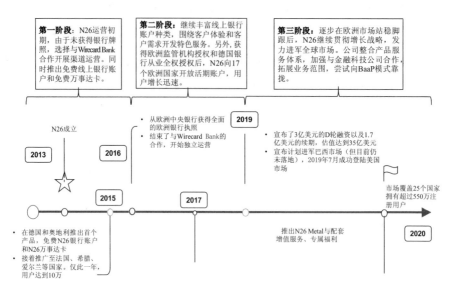

图 3-4　公司发展历程

资料来源：作者根据 N26 官网、Crunchbase、未央网等整理。

N26 结束了与 Wirecard Bank 的合作，将所有客户转移到其新的独立系统。同样在该阶段，N26 不断完善和新增服务，逐渐形成了自己独特的产品及服务体系，针对个人用户和商业用户各自的金融服务需求，开发了三类银行账户和增值服务。2016 年 12 月，N26 宣布其基本活期账户向 17 个欧元区国家开放，在欧洲市场逐渐站稳了脚跟。

3. 全球扩张期（2019 年至今）

全球扩张期的核心特征主要表现为加快涉足国际市场。随着 N26 逐步在欧洲市场站稳脚跟，它将目光投向了更为广阔的市场，发力进军全球市场。2019 年 2 月，N26 宣布计划进军巴西市场（尚未落地），并于同年 7 月成功登陆美国市场。截至 2020 年 10 月，N26 已在 25 个国家拥有超过 550 万注册用户。

二、产品服务与商业模式

(一)市场痛点解决与用户画像

1. 市场痛点:传统银行线下业务弊端丛生,线上银行服务智能化程度落后

德国传统银行线下业务弊病丛生,主要表现为办理客户银行账户业务流程烦琐,受限条件繁多且执行效率低下。客户在传统银行开设新银行账户,必须在银行线下开放的营业时间(普遍为早上 8 点至下午 4 点)前往银行排队取号,并出示包括有效护照和德国现行居住证、户籍证明、收入/就业证明、雇主推荐信及工资单等种类繁多的书面证明材料。[①] 尽管部分传统银行开始提供线上银行服务,但由于缺乏独立开发技术的能力,IT 系统相对落后,其线上 App 往往较为落后、数据处理和挖掘能力低下,无法满足人们对于金融服务质量日益攀升的需求。

2. 解决方案:打造智能化银行业务,提升改善用户体验

针对以上市场痛点,N26 通过打造智能化银行服务弥补传统银行业务在用户体验方面的缺陷,亮点主要在于:

(1)设计简洁的注册界面和流程。N26 设计了简洁的网络注册界面,用户只需在网站上填写个人信息、手机号码、家庭住址、其他信息(包括国籍、出生地、性别和纳税情况)、朋友邀请码(如有)、账户密码即可完成账户注册,注册新账户平均耗时在 8 分钟以内。

完成账户注册后,用户继续完成如下流程,如图 3-5 所示。之后,N26 将在 3—4 个工作日内将借记卡寄送至用户提供的地址处。[②]

---

① The German Way & More, How To Open a Bank Account in Germany, n.d.

② 知乎,N26 开户+存取款+更换手机号攻略,2020。

图 3-5　N26 银行账户注册流程

资料来源：作者根据 N26 官网、知乎网和腾讯视频网等整理。

（2）引入人工智能技术提升用户服务效率。N26 开发了实时在线的 Rasa
聊天机器人，该人工智能可在手机端或电脑端与客户对话并处理相关问题。
此外，这款人工智能可实现五种不同语言的沟通，并能解决一些用户的复杂问
题，如信用卡被盗与遗失。

3. 用户画像：客群主体位于欧洲市场，以"千禧一代"为用户主力

从区域来看，N26 目前的客群主体仍位于欧洲市场，并正在积极开拓美国
及巴西市场。

从行业来看，N26 客户主要从事零售及食品行业。

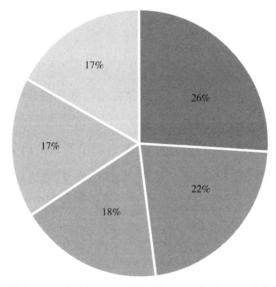

■ 零售行业　■ 食品行业　■ 研究性行业　■ 娱乐业　　在线教育行业

图 3-6　N26 用户行业分布

资料来源：G2 Crowd 网。

从消费偏好来看,N26 的用户大多热爱美食与旅行。①

从年龄构成来看,N26 的客群主要为对互联网的接受程度更高,更加青睐于现代化的银行服务模式的"千禧一代"。N26 披露的已有美国用户数据显示,其用户群平均年龄为 36 岁,20—29 岁年龄段占比 35%,30—39 岁年龄段占比 34%,40—49 岁年龄段占比 19%。② 因此,N26 将目标市场群体设定为 18—35 岁的中青年群体,以保证较高的获客概率。

(二)产品与服务

目前,N26 已构建独特且相对完整的产品及服务生态体系,具体包括 N26 Standard、N26 You、N26 Metal、Business、Business You、Business Metal 六类虚拟银行账户和 Cash26、MoneyBeam、消费信贷、外汇换汇、财务储蓄和保险六大功能。

针对个人用户,N26 提供以下三种虚拟银行账户:

1)N26 Standard:免费银行账户,支持全币种支付,不收取外汇率费用,提供每月 5 次免费 ATM 机存取款(如果是外币需收取 1.7%的手续费),最多建立 2 个子账户。

2)N26 You:需要支付 9.9 欧元/月开通,N26 You 在标准卡的基础上,免除外币存取款手续费,可建立最多 10 个子账户和邀请最多 10 个共享账户人数,同时享有合作商户 WeWor、GetYourGuide 和 Hotels.com 等品牌优惠,以及旅行、医疗、航班延误、行李延误或丢失、冬季运动、汽车共享六种保险套餐。

3)N26 Metal:需要支付 16.9 欧元/月开通,相较于 N26 You 增加了汽车租赁和手机失窃保险两种保险套餐。

针对商业用户,N26 提供以下三种虚拟银行账户:

4)Business:享受 0.1%的购物返现。相较于 N26 Standard 增加了报表服

---

① N26 Magazine,Europe's Leading Mobile Bank,2017.
② Finextra,N26 hits 500,000 US customer mark,2020.

务,用户可以下载交易清单以便于报税。

5)Business You:需要支付 9.9 欧元/月开通,在 Business 的基础上免除外币存取款手续费,可建立最多 10 个子账户和邀请最多 10 个共享账户人数,同时享有合作商户 WeWor、GetYourGuide 和 Hotels.com 等品牌优惠,以及旅行、医疗、航班延误、行李延误或丢失、冬季运动、汽车共享六种保险套餐。

6)Business Metal:需要支付 16.9 欧元/月开通,相比于 Business You 增加了汽车租赁和手机失窃保险两种保险套餐。

N26 的六大虚拟银行账户所提供的共同服务主要可分为六大类:Cash26、MoneyBeam、消费信贷、外汇换汇、Spaces(财务储蓄)和生活保险。具体内容如表 3-4 所示。

表 3-4　N26 六大服务

服务	内容
Cash26	免费在接受万事达卡的 ATM 机上进行存取款
MoneyBeam	通过社交软件、通讯录或电子邮件快速转账
消费信贷	全球范围的免费万事达卡支付服务,在购物中获得 0.1% 的返现
外汇换汇	免费将欧元与 19 种货币进行换汇转账
Spaces	通过其设定储蓄目标,还可以与他人建立共同财务预算目标
生活保险	提供日常和旅行保险,涉及医疗健康、航班延误、手机失窃等

资料来源:N26 官网。

此外,N26 的商业用户虚拟银行账户(Business、Business You、Business Metal)额外为个体工商户、自由职业者提供了报表服务,方便用户下载交易明细用于报税。

(三)营利模式

作为一家提供移动银行服务的挑战者银行,N26 给传统银行业带来了挑战,但其盈利模式仍与传统银行相似。除了向高级用户收取套餐费用以外,

N26 的主要收入来源分为五大类:(1)信用卡透支利息;(2)贷款利息;(3)高级用户套餐费用;(4)合作商户业务分成;(5)保险佣金。

表 3-5　N26 主要收入来源

收入项目	内容
信用卡透支利息	透支金额在 1000—50000 欧元之间的账户需支付 8.9% 的利息
贷款利息	针对不同贷款金额及年限设立了 1.99%—19% 的贷款年利率
高级用户套餐费用	9.9 欧元/月和 16.9 欧元/月的增值服务
合作商户业务分成	N26 与 Lime、Booking 和 Adidas 等商户达成合作,从中分得部分营业所得
保险佣金	与克拉克保险及安联保险合作,提供了一些包括法律、家庭、汽车、健康等方面的保险计划,收取保险佣金

资料来源:N26 官网。

(四)市场营销模式

N26 主要采用口碑营销(Word of Mouth Marketing,简称 WOM 营销)的方式进行市场推广。N26 简洁的注册界面、简化的操作流程以及智能化的用户服务广受好评,众多老用户自发向亲朋好友推荐其产品和服务,建立了良好的口碑效应,成功吸引更多潜在用户。N26 创始人 Valentin 表示,N26 拥有高达 50% 的客户引荐率,平均获客成本不超过 10 欧元。

此外,N26 亦采取互联网简化的营销方式进行推广,定期在其 YouTube 和 Twitter 账号上发布视频及推文。

(五)研发及技术优势

N26 积极拥抱大数据和人工智能技术提升服务质量。通过大数据技术,N26 能够自动分类用户的消费开支,帮助用户理解自己的消费倾向,教育客户培养更好的财务分配习惯。与此同时,N26 引入人工智能技术打造 Rasa 聊天机器人,协助用户处理信用卡被盗等问题。

此外,N26 将高新技术应用于数据安全防护。N26 始终将保护用户数据安全作为其首要任务,在安防功能加入众多创新科技元素,如 3DS 身份验证、声控账户、实时交易启动时等服务。3DS 身份验证技术在用户在线购物时由 N26 提供额外的认证步骤,从而获得额外的防欺诈保护,这一技术成功帮助客户验证高风险交易。

三、分析及总结

(一)行业及竞品分析

1. 行业分析

金融数据共享支撑挑战者银行业发展。2015 年,欧盟和英国的监管者率先发起金融数据共享和提出开放银行标准。欧盟于 2015 年 11 月发布了新支付指令(PSD2),规定欧洲各国以银行为代表的支付机构,在客户同意的前提下,要向第三方开放用户的账户和交易数据,但无须第三方与银行之间签订协议。随后,美国的监管者积极跟上,美国消费者金融保护局于 2017 年 10 月 18 日发布了金融数据共享的 9 条指导意见。这些政策为挑战者银行通过 API 与传统银行共享客户账户信息数据提供了条件,使其能够向客户提供一系列高度数字化产品和服务,发挥创新技术优势。目前,挑战者银行发展迅猛,已涌现出 Acorns、Ally、Atom Bank 和 Chime 等众多具有代表性的挑战者银行。

追求客户体验提升成为行业共识。在挑战者银行领域,为优化客户体验不断创新成为了所有行业参与者产品和服务发展历程中的共同追逐目标,如 N26 开发了共享格子功能,使得用户可以在一个格子里共同完成一个财务储蓄目标;Monzo 提供了一次性整合账单支付的功能;美国的 CBiBank 则非常重视亚洲尤其是中国客户的银行服务体验。此外,挑战者银行还具有三大共同特征:1)相比传统银行更低的运营成本;2)专注年轻客群,以信息集成者或中间人的身份快速获得客户;3)逐渐建立稳定的金融业务,专注不同细分市场。①

传统银行携手金融科技公司,从被动防御到主动突围。目前传统银行业广泛选择通过与金融科技公司合作、直接购买金融科技公司服务、投资或并购金融科技公司等方式,加快数字化转型。例如,中国建设银行与阿里巴巴、蚂蚁集团签署战略合作协议;桑坦德银行购买了美国金融科技平台 Kabbage 的服务,提升其在中小企业贷款方面的竞争力;高盛入股 Square 和 Bluefin 等支付服务提供商。随着传统银行向挑战者银行涉足领域发起冲击,挑战者银行所面临竞争将更为激烈。

2. 竞争者分析

目前,市场上已有较多企业积极布局数字信贷业务,相关产品已实现落地。截至 2020 年 10 月,N26 是唯一在美国全面启动业务的欧洲挑战者。2019 年 9 月 N26 应用程序在美国的下载量超 4 万次,仅次于 Chime(超 74 万次)和 Current(超 10 万次)。

同样被称为"挑战者银行"的 Revolut,截至 2020 年第一季度已获得超过 1000 万注册用户(N26 为 550 万)。在 2020 年 D 轮融资 Revolut 筹集到约 5.4 亿美元,估值约为 55 亿美元。N26 与 Revolut 形成并驱争先的态势。与此同时,Chime 作为目前美国市场上占据最大市场份额的挑战者银行,无疑是 N26 在这一市场最为强劲的竞争对手。

表 3-6 展现了 N26 与上述竞品的关键信息对比。

表 3-6 N26 竞品对比情况

公司名称	N26	Chime	Monzo	Revolut
银行牌照	有	无	有	有
用户量	35 亿美元	145 亿美元	15.6 亿美元	55 亿美元
累计融资额	7.8 亿美元	15 亿美元	3.8 亿美元	9.17 亿美元

---

① 新金融世界,全球"开放银行"模式大盘点,2020。

续表

重要投资者	Insight Partners、安联、腾讯	DST Global、Menlo Ventures	Accel、Combinator Continuity	TSG Consumer Partners、DST Global
主要产品	个人和企业银行账户、国际转账、贷款	借记卡、个人储蓄账户、提前直接存款、P2P付款	借记卡	个人账户、金库、加密交易、国际汇款
主要收入来源	透支和贷款利息	交易费用	交易费用	信用卡交易费用、货币汇兑费用

资料来源:作者根据 Crunchbase、Crowdfundinsider 整理。

(1)Chime 与 N26:Chime 是美国目前估值最高、占据市场份额最多的挑战者银行,还是挑战者银行中为数不多已经实现盈利的公司。Chime 的营收总额于 2019 年达到 2 亿美元,2020 年公司已实现税息折旧及摊销前盈利,比去年同期增长 3 倍之多。

Chime 相对于 N26 的优势在于,Chime 已在美国市场上占得先机,其移动银行应用程序提供了简便易行的操作模式,已经习惯于移动端、财务状况简单的"千禧一代"用户黏性较高,提高了 N26 转化客户的门槛。[①] Chime 相对于 N26 的劣势在于,Chime 未取得银行牌照,只能提供有限的产品或服务,无法开展代理业务、担保业务等。

(2)Revolut 与 N26:Revolut 是一家来自英国的挑战者银行。除了经营传统银行的基本业务以外,Revolut 为客户提供访问诸如比特币和以太坊等加密货币的权限以及点对点支付服务。Revolut 发布的年报显示,2019 年 Revolut 实现了 1.6 亿英镑的营收,平均从每位客户身上可赚得 24 英镑。[②]

Revolut 相比于 N26 的优势在于可以使用信用卡充值,且不收手续费。此外,Revolut 实现了跨国汇款零手续费,用户持卡在全球 ATM 机上可以以即时汇率免跨国提取手续费直接领取现金。相较于 N26,Revolut 目前只在英国市

---

① Fintech futures,the-uphill-battle-for-european-challengers-success-in-the-us,2019.

② 未央网,关注挑战者银行发展,Sifted 发布三家英国机构年报数据分析,2020。

场获得了专业银行牌照,而未在美国市场获得相应牌照,因此无法在美国市场开展代理业务、担保业务等。

(二)关键成功要素

1. 线上线下服务结合,用户体验方便快捷

除了提供转账汇款、换汇、线上支付、财务储蓄和保险等线上服务外,N26 还配备了线下支付、存款取款、透支提现和会员增值等线下服务,用户只需要拥有一张万事达卡并下载 N26 手机应用程序,即可享受以上服务,这极大地提升了用户生活工作的效率和便捷性。

2. 设立多样化激励举措,争取传统银行客户

面临传统银行客户流失率(每年仅为 2%—5%)较低的竞争压力,N26 通过提供一系列低价高值服务,如免收手续费、免费换汇和购物现金返利等,激励客户从传统银行服务转向使用 N26 的挑战者银行服务。这些激励举措颇具成效。相比 2013 年至 2018 年,N26 的用户增长曲线在 2019 年变得更为陡峭(见图 3-3),同年 N26 的账户持有资金超过 8.5 亿欧元(约 10 亿美元),每月交易规模达到 15 亿欧元(约 17.7 亿美元)。

3. 发展 BaaP 运营模式,提供多样化金融服务

N26 利用 BaaP(Banking as a Platform)运营模式,积极寻求通过合规的方式与第三方金融公司共享数据,让第三方金融公司嵌入其 App,以便提供更多金融服务从而覆盖更多应用场景。如与 Transfer Wise 合作提供免费外汇换汇服务、与 Raisin 合作提供财务储蓄服务、与 Clark and Allianz 合作提供保险服务和与 Auxmoney 合作提供信贷服务。此外,N26 还与涉及 8 类行业的 14 家公司建立商业合作,为客户谋取专属优惠和折扣。如 N26 与住宿预订平台 Booking.com 建立合作关系,用户在完成住宿及退房后,最高可收到来自 Booking.com 的 10% 现金返还;N26 客户使用 Lime 公司的共享单车可享受五折优惠;运动品牌 Adidas 为 N26 会员提供一系列购物折扣和精选优惠;等等。

独家合作伙伴、精选折扣优惠和丰富的保险套餐扩大了 N26 的业务范围,是其与同类挑战者银行相比的竞争优势之一。

图 3-7　N26 合作商户集群

资料来源:N26 官网。

(三)挑战与风险

1. 低收费运营问题凸显,业务模式亟待转变

由于 N26 在商业策略方面高度重视减少收费,而不是优先考虑收益,在关注客户增长方面又过于激进,公司成立至今一直处于长期亏损状态。此外,N26 还设立了相对宽松的信贷条件来吸引客户,可能导致公司整体信贷风险偏高。这种低收费运营模式问题的凸显,意味着未来 N26 需要将其现所运营的免费增值业务模式转变为定制付费业务模式以实现盈利。

2. 监管问题限制英美市场发展,为全球扩张战略带来挑战

各国银行业监管政策的不确定性为 N26 的全球扩张战略带来了未知的挑战。2018 年,N26 正式进入英国市场。但不到一年时间,N26 便以英国脱欧无法获得英国牌照为由,宣布退出英国市场。而就在 N26 宣布退出英国市场的前几个月,公司与英国金融行为监管局(FCA)发生了一系列冲突:开通了

N26 会员账户的英国用户，在缺乏医疗检查的情况下仍然可以购买实际上不符合资格的旅行保险，触犯了英国 *Customer Best Interest Rules* 中规定的保险销售者有责任收集客户相关信息以确保消费者具备购买所售保险的资格的条例。① N26 的 Metal 系列产品也因此被英国金融行为监管局标记，其付费账户产品在英国市场上惨遭滑铁卢。这对于正在开启全球扩张战略的 N26 来说是一个沉重的打击。在美国市场，N26 也面临了相似的挑战。由于美国并不发放专属的数字银行牌照，因此在没有银行合作伙伴的情况下，N26 很难在美国境内的 50 个州建立挑战者银行。

---

① Sifted，Isabel Woodford & John Hunter，Customer blunders and tensions at the top – behind N26's failed UK expansion，2020.

全球金融科技创新案例之数字信贷篇：Chime 研究

摘　要：Chime 是一家致力于为年轻用户提供低成本银行账户服务的挑战者银行。自 2013 年成立以来，公司目前拥有超过 800 万客户，交易额超过 100 亿美元，累计融资 13 亿美元，估值达 145 亿美元，成为全美市值最高的挑战者银行。针对传统银行收费高、业务手续烦琐的市场痛点，Chime 通过移动应用程序为低年龄、低收入、低学历的小微群体提供了高效、低成本的线上银行服务。Chime 的关键成功要素有三点：第一，在市场定位上，Chime 专注于服务依赖智能手机、喜欢便捷服务的年轻用户，迅速占领广阔的市场空间；第二，在产品服务上，Chime 提供了低费用、高效率的银行服务以及提前收款、自动储蓄、免费透支等特色功能深受消费者喜爱，在新冠肺炎疫情期间通过提供特殊补贴领域渠道更是加速了公司发展；第三，在经营模式上，Chime 通过与多个银行合作获得牌照迅速扩张市场，并通过付费搜索广告、体育赛事等方式有效扩大影响，取得了良好的效果。但在行业竞争日益激烈的背景下，Chime 仍需要解决市场竞争日益激烈、服务器存在缺陷导致客户流失以及未取得银行牌照可能面临合规性挑战等问题。本案例将从 Chime 的基本情况、经营指标和发展历程入手描述公司概况，从市场痛点解决、用户画像、产品与服务、盈利模式、营销模式、技术优势等方面深入分析其产品服务及商业模式，并在此基础上结合行业及竞品分析，总结其关键成功要素与现存风险挑战。

一、企业概况

（一）基本介绍

1. Chime：全美市值最高的挑战者银行

作为全美市值最高的金融科技公司，Chime 是一家致力于为年轻用户提供低成本银行账户服务的挑战者银行（challenger bank）[①]，为消费者提供了比传统大型银行更高效、更方便、费用更低的替代服务。Chime 等以科技为基础的初创企业引发了一场新的科技革命，推动着传统的商业银行业的转型升级。

表 3-7　Chime 基本情况

成立时间/总部	2013 年/美国，加利福尼亚州/旧金山
创始人	Chris Britt（曾先后在 Visa、Green Dot 担任产品主管、高级副总裁） Ryan King（曾在 Plaxo 担任工程副总裁）
估值	145 亿美元
总融资金额	13 亿美元
交易规模	100 亿美元+
员工数	437 名
用户数	800 万+
覆盖范围	美国
牌照	暂无银行从业牌照

资料来源：作者根据 Chime 官网等资料整理。

2. 创始团队技术背景突出，有力竞逐数字银行赛道

创始团队兼具金融与科技背景，为 Chime 构建产品服务与合作体系奠定了良好基础。Chime 创始人兼首席执行官 Chris Britt 毕业于杜兰大

---

① Fintech magazine，Chime：the fastest growing challenger bank in the US，2020.

学,曾先后在 Visa、Green Dot 担任产品主管、高级副总裁等职务;联合创始人兼 CTO Ryan King 毕业于斯坦福大学计算机系,曾在 Plaxo 担任工程副总裁,在计算机技术、数学算法和软件开发等方面有丰富的专业知识和经验。

3. 大额融资纷至沓来,估值飙升已破百亿

截至 2020 年 11 月,Chime 已完成 9 轮融资,累计融资额为 13 亿美元,估值 145 亿美元。DST Global(《2019 胡润全球独角兽活跃投资机构百强榜》第 8 位)、Menlo Ventures(已投资 70 余家上市公司并参与 100 多项并购,管理资金超过 50 亿美元)等投资公司对 Chime 的多轮投资体现了资本对 Chime 前景的高度认可。在福布斯 2020 年发布的榜单中,Chime 入选"世界最佳银行",获得"最佳创业雇主"称号,同时位列"金融科技 50 强"。

Chime 是世界上市值增长最快的金融科技公司之一。从 2018 年的估值 5 亿美元到 2020 年的 145 亿美元,Chime 仅用两年多的时间实现了近 30 倍的飞跃,成为全美市值最高的消费者金融科技服务平台。2018 年 5 月,公司获得 7 千万美元的 C 轮融资,主要用于 Chime 财务功能的自动化建设。2019 年 3 月,Chime 获得 2 亿美元的 D 轮融资,公司估值为 15 亿美元。首席执行官 Chris Britt 表示,所筹资金将用于公司新产品开发及人员规模的扩展。几轮融资帮助 Chime 迅速拓展人员规模,对其他金融科技公司进行收购,成为金融科技领域的独角兽。2019 年 12 月,公司获得了由 DST Global 牵头的 5 亿美元 E 轮融资,是所有的初创类移动银行中最大的单笔股权投资,也使得公司估值超过 58 亿美元,达到 D 轮融资估值的 4 倍。新冠肺炎疫情期间,Chime 业务量进一步提升,截至 2020 年 9 月,估值已高达 145 亿美元。①

① Forbes,The Online Bank Insurgency Of 2020,2020.

表 3-8　Chime 融资情况

融资轮次	重要投资人	融资时间	融资金额（美元）	公司估值（美元）
种子轮	—	—	375 万	—
种子轮	IrishAngels、Animo Capital	2013.08	378 万	—
Pre-A 轮	Crosslink Capital、PivotNorth Capital、Forerunner Ventures	2014.11	800 万	—
A 轮	Aspect Ventures、PivotNorth Capital、Zander Lurie、Homebrew 等	2016.05	900 万	—
B 轮	Cathay Innovation、Northeastern Mutual Future Ventures 等	2017.09	1800 万	—
C 轮	Menlo Ventures、Opera Tech Ventures、Cathay Innovation 等	2018.05	7000 万	约 5 亿
D 轮	DST Global、Menlo Ventures、Cathay Innovation 等	2019.03	2 亿	15.38 亿
E 轮	DST Global、ICONIQ Capital、Coatue Management 等	2019.12	5 亿	55.56 亿
F 轮	General Atlantic、DST Global、Tiger Global Management、Iconiq Capital 等	—	4.85 亿	145 亿

资料来源：作者根据 Crunchbase、天眼查等资料整理。

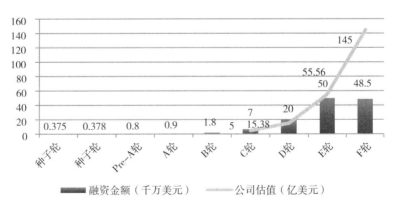

图 3-8　Chime 融资及估值曲线

资料来源：作者根据天眼查等资料整理。

（二）经营指标

在客户数量方面，Chime 用户增长速度业内领先。2018 年，公司平均每月新增 15 万个新账户，年处理交易额约为 100 亿美元。此后 Chime 用户数持续保持快速增长，发展势头强劲。2019 年 3 月至 9 月，Chime 用户数从 300 万增长至 500 万，成为世界上用户数增长最快的挑战者银行之一。截至 2020 年 2 月，Chime 已有超过 800 万的注册用户。

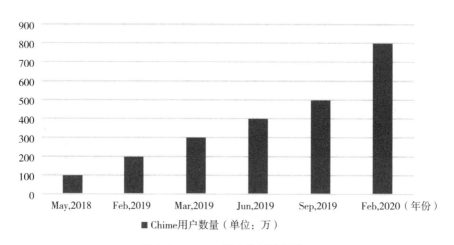

图 3-9　Chime 用户数量增长情况

资料来源：作者根据 chrunchbase 等资料整理。

在交易量方面，Chime 一直保持着高速扩张，在美国挑战者银行业务领域处于领先地位。2018 年 5 月 Chime 交易量达 45 亿美元，至 2019 年 12 月 Chime 已处理交易总额超过 300 亿美元。2020 年，新冠肺炎疫情的暴发给 Chime 带来了可观的增长，交易量较去年同期增长了 3 倍以上。

在用户数量与交易量高速增长的同时，Chime 的收入也实现迅猛增长。和其他挑战者银行一样，Chime 成立之初并不具备盈利能力，在产品和营销上支出很大。经过几年的发展，Chime 的收入于 2019 财年达到 2 亿美元，比

2018 年增长 4 倍。[①] 2020 年，公司已实现税息折旧及摊销前盈利，营收比去年同期增长 3 倍之多。

（三）发展历程

Chime 的发展历程可以分为起步期、发展期、扩张期三大阶段（见图 3-10）。

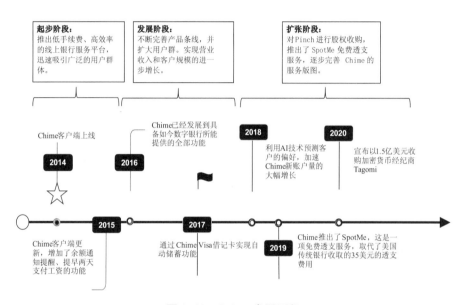

图 3-10　Chime 发展历程

资料来源：作者根据 Chime 官网、Crunchbase、36 氪等资料整理。

1. 起步期（2013—2015 年）

2013 年，首席执行官 Chris Britt 和联合创始人兼 CTO Ryan King 在美国加利福尼亚州旧金山创立了 Chime。2014 年，Chime 客户端正式公开上线。

2. 发展期（2014—2016 年）

2016 年，Chime 已经发展到具备如今数字银行所能提供的全部功能。

---

① Forbes，Digital Bank Chime Will Quadruple Its Revenue In 2019，Reeling In Direct Deposits，2019.

2016—2017 年,Chime 不断丰富产品功能,并扩大用户群。两年内,Chime 筹集了 2700 万美元用于完善产品条线,扩大公司规模,提高获客能力以争取更大的市场份额。

3. 扩张期(2017 年至今)

2018 年,Chime 对 Pinch 进行了股权收购,Pinch 的联合创始人加入了 Chime 的团队,利用 AI 等技术帮助 Chime 推出信贷产品,拓展服务范围。2019 年 9 月,Chime 推出了 SpotMe 免费透支服务,逐步完善 Chime 的服务版图。在新冠肺炎疫情期间,Chime 的 SpotMe 功能帮助客户提前获得了政府给予的刺激经济补助。若想获得疫情期间美国政府为公民发放的 stimulus payment 补贴,每位美国公民有两种选择:一是去传统银行办理相关手续,获得实物支票,这种方法相对烦琐且耗时较长,增大感染的风险。同时,疫情期间部分线下银行停工,无法为客户提供服务。第二种方法是申请人需要在国税局"Get My Payment"网站上填写个人银行账户的信息,这种方法仅要求客户拥有挑战者银行的账户。相比之下,Chime 不需要过多的人力与物力,而是通过数字化的处理就提前完成了付款,比传统银行足足快了两个星期,顺理成章成了美国公民申请补贴的新选择。因此在疫情期间,Chime 的交易量实现了新一轮的巨额增长。同时,Chime 利用新技术在财务功能自动化、个性化产品方面都取得了有效进展。

二、产品服务与商业模式

(一)市场痛点解决与用户画像

1. 市场痛点解决

传统的银行业往往存在着收费高、业务手续烦琐等痛点。据统计,2017 年美国银行业收取了超过 340 亿美元的银行费用,平均每个家庭支付了 329

美元,这其中有 250 美元为信用卡相关的费用。高收费使得许多低收入人群无法获得传统银行服务。同时,烦琐的业务手续使得银行业效率相对低下,无法满足市场的需求。

为解决传统银行收费高、客户范围有限的市场痛点,Chime 摒弃传统思路,将公司的客户定位由中产群体进一步扩大以覆盖传统银行所无法触达的客群,致力于为所有客户提供一个功能齐全的移动银行账户。自客户端上线以来,Chime 凭借便捷、零收费等优势吸引了不少传统银行的拥趸,市场占有率不断提高。在持续抢占商业版图的同时,Chime 的客户增长速率已经超越了一部分包括花旗银行和富国银行在内的传统大型银行。

2. 用户画像

Chime 的客户群体主要为低年龄、低收入、低学历的小微群体。(1)低年龄:Chime 的用户主要是"千禧一代",平均年龄在 20 岁左右。这一部分客群对于互联网的接受程度更高,更加青睐于现代化的银行服务模式,成为了 Chime 用户的主要组成部分。(2)低收入:Chime 客户每年收入仅在 5 万—7 万美元,其中有 45% 的客户每月存款少于 100 美元,只有 20% 的客户存款超过 1000 美元。同时,Chime 有近五分之一的数字银行客户处于失业状态(大约一半的客户由于新冠肺炎疫情而失去了工作)。相比之下,传统银行的客户中通常有约一半的人每月账户存款超过 1000 美元,且只有 10% 的传统银行客户处于失业状态。这些低收入客户对于价格的敏感度更高,更加关注服务的性价比。因此,Chime 客户端"无透支手续费,无最低余额,无月租费"的低收费模式成为了他们的理想选择。(3)低学历:Chime 客户的平均学历水平相对较低,失业率高。据统计,只有 25% 的 Chime 客户拥有学士学位或更高学位,相比之下,47% 的传统银行客户拥有学士学位或更高学位。显然,相较于传统银行复杂冗长的服务流程,Chime 简单易用的特点大大降低了这一部分用户的学习成本与操作难度,进而成功地受到了他们的欢迎。

目前,Chime 仅为年满 18 岁的美国公民或居民服务,且没有提供国际汇款或在美国境外免费提现的功能,市场范围仍在美国境内。

(二)产品与服务

作为挑战者银行,Chime 没有实体分支机构,但却同样能够像传统银行一样提供银行卡和虚拟账户服务,满足用户储蓄、转账、信用贷款、投资等核心需求。

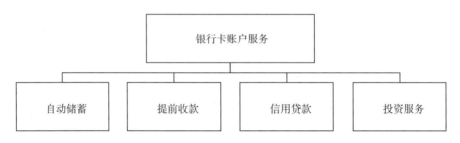

图 3-11 Chime 移动应用程序界面图

资料来源:作者根据 Chime 官网等资料整理。

1. 银行卡账户服务

Chime 会为用户免费生成虚拟账户,并提供一张与之关联的 Visa 借记卡,为用户的储蓄、消费、收款提供便利。通过应用程序,Chime 还集成了移动支付、便捷转账、支票存款等功能,其广泛的可用性使其用户能在美国超过60000 个 ATM 机上取款。[①]

2. 自动储蓄(Automatic Savings)

Chime 账户拥有自动储蓄的特色功能,即"消费时储蓄"。每次客户使用借记卡时,Chime 都会将款项向上取整后从消费账户扣款。款项折抵货款后,多余的部分会存入客户的储蓄账户。随着时间的增长,就能帮助客户实现一定的收益。同时,客户还可以在收到薪水时应用自动储蓄功能,当客户每月直接存款数大于 500 美元时,系统将自动把所收款项的 10%转入储蓄账户,方便

① Chime 官网,Chime 产品功能,2021。

客户更有计划地进行理财。

3. 提前收款(Get Paid Early)

当 Chime 客户使用直接存款的方式为其他消费账户注资时,收款方会比使用传统银行提前两天收到薪水。雇员通过在 Chime 移动应用程序中设置直接存款,并和雇主填写直接存款表,就可以轻松实现提前收款。这样,Chime 就会在雇主发放薪水时立刻处理,避免了传统银行放款层层审批的缺陷,从而大幅度减少了交易处理时间,使雇员能够尽早拿到工资。[①]

4. 信用贷款(SpotMe)

为契合客户消费习惯,开辟信用服务领域,2019 年 9 月,Chime 推出了信用服务 SpotMe。当客户的 Chime 账户每月至少收到 500 美元工资时,客户就有足够的信用开通 SpotMe。开通之后,即使余额低于 0 美元,客户仍可以使用借记卡透支消费。透支限额将取决于多种因素,从 20 美元到 100 美元不等。与美国传统银行收取 35 美元透支费用的惯例相左,Chime 账户达到透支限额后无需向银行支付透支费用。SpotMe 功能为那些 Chime 账户有固定流水,并有实时支付需求的客户提供了方便。当客户收到下一份薪水时,系统会自动还款,抵扣此前消费透支的额度,而不产生任何透支费用。

新冠肺炎疫情期间,SpotMe 受到了广大客户的青睐。根据 CARES 法案,政府要通过银行向客户发放经济刺激补助金,而 Chime 利用 SpotMe 功能帮助客户提前支取政府给予的经济刺激补助金。当大多数银行刚发出补助金时,SpotMe 功能已经向 60 多万用户发放了超过 10 亿美元的经济刺激补助金,缓解了他们的紧急用款需求。

此外,在信用贷款方面 Chime 明确表示,公司将在 2020 年上半年推出信用卡,同时还将推出一项帮助用户提高信用评分的免费功能。

5. 投资服务

作为挑战者银行,Chime 计划利用互联网平台优势,将产品服务从存款与储

---

① Chime 官网,Chime 产品功能,2021。

蓄部分向外拓展,逐步丰富信用借贷、投资等产品与功能。2021 年,Chime 则计划推出投资咨询服务,如收费低廉的 ETF 基金和退休计划等。可以预见,除了现有的产品与服务,Chime 会进一步发展,为客户提供更全面的金融服务。

(三)营利模式

目前,Chime 主要通过与 Visa 公司的合作分成来盈利。每当客户使用 Chime Visa 借记卡消费时,Visa 都会向商家收取一定的消费抽成,并将这里的部分款项支付给 Chime(为零售商收取的 1% 到 2%)[1]。据统计,Chime 的用户平均每月交易 40 次[2],而 Chime 拥有近 600 万的庞大客户群,这会产生大额的交易费用以及手续费帮助 Chime 盈利。同时,Chime 盈利模式的创新之处在于:它与客户的关系并非对立的,而是互利共赢的——客户使用 Chime 减少银行手续费支出,而 Chime 则通过激励更多的客户使用 Chime 的 Visa 借记卡进行刷卡或支付交易增大交易总量,获得抽成,扩大利润。因此,Chime 的盈利模式符合自身、客户、Visa 三方共同利益。

(四)市场营销模式

Chime 十分重视市场影响力,在营销上投入了较大的精力与成本,并通过电视广告、付费搜索、AI 技术、体育赞助来扩大市场影响力。

(1)电视广告。尽管 Chime 在电视广告上的营销投入不菲,但相较于大型传统银行仍显劣势。根据 Kantar 的数据,仅 2019 年上半年,Chime 在电视广告方面就投入了 1380 万美元,但是这一金额仅为传统大型银行富国银行 1.01 亿美元投入的八分之一,并不具备明显竞争优势。

(2)付费搜索广告。Chime 获得竞争优势的关键在于在付费搜索广告。2019 年上半年,通过 PC 端搜索的所有广告商中,Chime 排名第二,点击份额

---

① Investopedia,How Chime Makes Money,2021.

② Productmint,The Chime Business Model-How Does Chime Make Money,2021.

为8.3%。在通过移动设备端搜索的所有广告商中,Chime 同样排名第二,点击份额为 11.3%。可以看出,作为挑战者银行,互联网依然是 Chime 的主要宣传平台,其通过互联网展开的在线营销效果远胜于传统渠道。

表 3-9 移动支付/储蓄软件付费广告投入排名

桌面点击份额	%	移动端点击份额	%
Bank of America	16.9	Bank of America	16.9
Chime	8.3	Chime	11.3
Citi	8.1	Discover	8.2
Discover	7.4	Citi	6.5
Simple	5.0	HSBC	3.9
SoFi	3.9	Chase	3.3
HSBC	3.2	SoFi	3.1
RatePro.co	2.3	Wells Fargo	2.9
American Express	2.2	Marcus.com	2.8
Capital One	2.0	PNC	2.0

资料来源:Kantar 网站。

(3)体育赞助。Chime 主动签约体育赛事、明星球队以扩大自身知名度。譬如,Chime 与 NBA 达拉斯小牛队达成多年合作,扩大了品牌的影响力。除此之外,Chime 还通过现有客户"互相推荐介绍"的方式来扩展新客户,从而发挥裂变效应,得以推动 Chime 用户的快速增长。

(4)AI 个性化服务。Chime 借助 AI 技术来提供前瞻性的个性化服务,识别潜在客户并有针对性地推送个性化的广告信息,撬动新用户的增长。当用户处于在线环境时,AI 技术会观察和分析用户行为,自动对网站进行优化,通过为不同用户展示不同但具有针对性的产品界面,从而不断加强所提供信息的相关性。借助 AI 技术的个性化服务,Chime 自 2018 年以来在新用户增长方面取得 79% 的大幅提升。

(五)研发情况及技术优势

Chime 为客户提供多重安全服务,确保存款的安全性。Chime 系统使用

128 位 AES 加密、访问控制和安全流程。当客户发觉账户异常时,可通过一键锁定功能锁定账户所有交易。同时,Chime 为客户提供联邦存款保险公司(FDIC)250000 美元的存款担保,构筑多重安全防护,确保资金安全。

三、分析及总结

(一)行业及竞品分析

Chime 的竞争对手可以概括为三类:一是进军互联网业务的传统大型银行,如花旗(Citi Bank)或富国银行(Wells Fargo);二是正在崛起的挑战者银行,如 N26、Revolute、Simple、Varo 和 Moven 等;三是加入竞争的金融科技公司,如谷歌(Google)、苹果(Apple)、贝宝(Paypal)、亚马逊(Amazon)、Aspiration、Varo 等。

表 3-10　SoFi 竞品情况

公司名称	Chime	N26	Monzo	Revolut	Varo	Aspiration	Stash
公司地点	美国	德国	英国	英国	美国	美国	美国
用户数	800 万+	500 万+	200 万+	1000 万+	—	—	500 万
融资规模	13 亿美元	7.8 亿美元+	2.9+亿英镑	3.369 亿美元	7840 万美元	7850 万美元	3 亿美元
公司估值	145 亿美元	35 亿美元+	24 亿+美元	—	—	—	—
简介	全美市值最高的挑战者银行	欧洲挑战者银行市场中的领头羊	致力于为用户的资金管理提供便利,包括薪水管理、账单管理等功能	无国界的挑战者银行,支持英镑、美元、欧元、澳元等多种国际货币的转账及兑换服务	美国首家获得国民银行牌照的金融科技公司	允许客户自行选择服务佣金费率	同时提供投资和银行服务的数字平台

资料来源:作者根据 Crunchbase、天眼查、未央网等资料整理。

1. 传统大型银行略逊一筹，但已积极布局互联网

目前，在与传统大型银行的竞争中，Chime 在服务成本以及服务效率等方面颇具优势。然而，传统大型银行已逐步认识到自身收费高、业务手续烦琐的痛点，正在积极推进改革，优化服务流程、创新金融产品，增设挑战者银行服务模式。在庞大的客户基础支撑下，传统大型银行例如花旗银行、富国银行等已进军互联网领域，对 Chime 造成了不容忽视的威胁。

2. 挑战者银行业务交叉程度较高，竞争压力加剧

目前，Chime 还未拓展海外市场。因此，在挑战者银行业内 Chime 主要面临两类竞争对手，一是美国本土的挑战者银行（如 Varo、Aspiration 等），二是已经登陆美国市场的海外挑战者银行（如 N26、Monzo、Revolut 等），这些挑战者银行与 Chime 的业务存在较大程度的交叉，是 Chime 强劲的竞争对手。与 Chime 相似，这些挑战者银行不设立任何线下网点，仅通过智能手机开展业务。以 N26 银行为例，公司的总部位于德国，是欧洲挑战者银行市场中的领头羊。N26 银行力求产品的便捷、低收费特征，受到广大消费者的喜爱。目前，N26 已经进军美国市场，通过与 Axos Bank 合作（从而获得银行牌照）开展业务，成为 Chime 有力的竞争对手。[①] 此外，英国数字银行 Monzo、Revolut 也已经进军美国市场。

3. 头部金融科技公司逐渐入局，后发优势明显

许多金融科技公司对挑战者银行市场保持高度期望并加入市场竞争。以贝宝和亚马逊为例，这些大型金融科技公司拥有庞大的资金规模以及客户基础，给 Chime 的发展带来了挑战。Google 拥有 Google Pay，在用户群数量和资金方面具有一定优势，但由于没有银行业牌照，其长期以来只能选择和 8 家中小型银行合作提供支付服务。然而基于强大的数据整合能力，Google 于 2020 年计划与花旗集团和斯坦福联邦信用联盟等合作，通过 Google Pay 提供个人

---

① CNBC, Peter Thiel-backed mobile bank N26 says it's luring deposits from U. S. titans like Chase and Citibank, 2020.

支票账户的项目,并计划从 2021 年开始推出数字银行网络,向美国用户提供数字支票、储蓄账户和借记卡服务。2019 年,苹果宣布与高盛和万事达卡建立合作伙伴关系,并开始提供 Apple Card 数字化实体信用卡,无年费、滞纳金、预付款费用,并且可以为客户提供 1%—3% 不等的现金奖励,入局挑战银行服务。亚马逊自 2011 年起开始着手对银行金融业务的部署,目前已拥有 Amazon Pay(支付)、Amazon Cash(现金)、Amazon lending(企业放贷)、Amazon Prime(购物返现会员卡)。此外,2013 年成立的金融科技创企 Aspiration 凭借允许用户自行选择服务佣金费率并尤其关注消费和投资对环境带来的可持续性影响构建了具有竞争力的商业模式,在美国市场的用户总量已经突破 150 万人。而 Varo 成为美国首家获得国民银行牌照的金融科技公司,提供了一个易于访问、无需支付月费或最低余额、链接全球 55000 多台免费取款 Allpoint 自动柜员机网络的银行账户,可帮助用户通过移动应用程序节省大量费用,深受市场欢迎。

(二)关键成功要素

1. 智能手机普及,市场空间广阔

21 世纪 10 年代初,随着智能手机的推陈出新,挑战者银行的发展迎来了新机遇。尽管当时美国的银行业市场已经十分发达,但由于传统银行高手续费、操作烦琐等痛点,金融普惠程度不足,叠加智能手机的迅速普及,挑战者银行迎来了史无前例的发展机遇。在这样的背景下,Chime 抓住机遇,凭借低手续费、便捷操作等优势迅速吸引了广泛的用户群体,成为了全球市值增长最快的金融科技公司之一。

2. 创新产品服务,用户黏性极高

Chime"零费用"的银行服务对"低年龄、低收入"的消费者群体具有强大的吸引力。Chime 的各项业务中没有任何隐藏的银行手续费,同时实现零月费、零服务费、零国外交易费用,帮助客户以较低的成本获得高效、优质的银行

服务。此外，Chime 的移动应用程序给予了用户极大的便利，用户可以通过手机 App 实现查看账户余额、便捷转账、移动支付等操作并享受提前收款、自动储蓄、免费透支等特色服务，大大提升了已经习惯移动端、财务状况简单的年轻用户对产品的使用黏性。在疫情期间，Chime 提供了传统银行无法给予的政府补贴领域渠道，推动了公司的快速发展。

3. 广泛合作扩大市场，有效营销快速发展

Chime 作为一家初创的金融科技公司，在成立之初并不具备获得自有银行牌照的能力。因此，Chime 与 Visa、Bancorp Bank、Stride Bank 等机构合作，通过合作模式实现了业务范围的迅速扩张。此外，如市场营销模式部分所述，Chime 通过付费搜索广告、体育赛事赞助、提供 AI 个性化产品界面等方式迅速建立了市场影响力。

（三）挑战与风险

1. 相关市场竞品迭出，客户黏性或遭动摇

多家崛起的挑战者银行（Monzo、N26、Nubank 等）给 Chime 带来了保持客户黏性的挑战。竞品的高度相似性使得 Chime 的产品和服务具有较强的可替代性，竞争对手推出的额外奖励或其他优质产品随时可能改变用户的偏好，使 Chime 陷入困境。因此，庞大的客户以及交易总量并不能成为 Chime 稳定的收入来源。面对挑战，Chime 应当大力推动产品创新，在众多挑战者银行的产品中追求差异性，通过提高核心优势来提高客户的忠诚度。

2. 服务存在缺陷，警惕客户流失

Chime 服务器的不稳定使得其面临客户信任度有待提升的问题。2019 年 7 月至 10 月，Chime 服务器出现了三次中断，用户不仅无法使用 Chime 进行支付导致正常消费受到影响，也面临着数据丢失等问题，导致客户信任度下降、用户流失。作为只提供数字服务的机构，Chime 没有传统银行机构的线下网

点作为客户服务的备用选择方案,因此需要通过完善技术架构、提供更好的线上客服等方式持续维护并提升客户信任度。

3. 未取得银行牌照,合规性受到考验

未取得银行牌照为企业的营利模式带来不确定性,阻碍了 Chime 的整体发展。一方面,目前 Chime 几乎所有的收入都来自合作公司(Visa、Bancorp Bank、Stride Bank)分成的手续费,这种高度依赖合作银行的盈利模式并不利于企业的长远发展;另一方面,由于未取得银行牌照或许可证,Chime 只能提供有限的产品或服务,无法开展代理业务、担保业务等。

专题一　美国银行牌照监管说明

在美国,联邦政府和州政府均有权发放银行牌照并对其实施机构准入监管。按照"谁发放牌照谁承担主要监管责任"的原则,美国联邦储备银行和货币监理署负责审批联邦注册银行的设立申请,美国联邦储备银行和各州银行局负责审批当地州注册银行的设立申请,在金融自由化浪潮和互不相让的利益博弈中催生了联邦特许和州特许两类银行。由于联邦特许和州特许两类银行在业务范围上是一致的,且州特许银行涉及各州政府的财政金融利益,各州竞相放松本地区的金融管制,降低最低资本和准备金要求等准入门槛,甚至颁布自由银行法,以保障本地区银行能够获取更多的市场份额。因此,美国各州倾向于将经营银行业务的许可证作为公司特许经营权的标准条款的一部分,列入州银行的注册章程中。在申请章程时,如果提到银行是根据州银行法设立的,就意味着有了许可证。

设立网络银行主要流程及审批标准规定于美国货币监理署 2001 年发布的《国民银行网上银行注册审批手册》中。对于作为传统银行分支机构的网络银行的设立程序,按照设立新的营业部或分支机构的规则办理无需经过注册审批,只需当地的监管部门进行定时年检,收集数据资料。而对于本文所讨论的互联网银行,则需要按照新银行的程序进行审批注册,并要满足其他更为严格的要求。长期以来,美国货币监理署(OCC)对在联邦注册的国民银行发放全面银行牌照和有限银行牌照。

根据 2017 年美国货币监理署发布的对金融科技企业实施有限牌照管理的补充指引(征求意见稿),如果 Chime 未来要从事吸收存款、支付、发放贷款中任一"核心银行"业务,都应申领针对科技企业的有限银行牌照。这要求 Chime 通过新银行的程序进行审批注册,满足最低资本、最低准备金等较为严格的要求。

全球金融科技创新案例之数字信贷篇:Nubank 研究

　　摘　要:Nubank 是巴西一家领先的数字银行,提供基于手机应用程序的虚拟信用卡服务,主要经营个人贷款和借记卡等业务。自 2013 年成立以来,公司扩张迅猛,用户数量已超过 2600 万,累计融资达 14 亿美元,估值达到 250 亿+美元。针对巴西银行业贷款成本高昂、贷款效率低下等市场痛点,Nubank 自主搭建线上金融服务平台,并构建动态的信用背书模型,为个人提供低廉且便捷的信贷服务。Nubank 的关键成功要素有三:一是开展技术业务多元合作,构建多层次生态体系;二是积极部署前沿技术,全程护航数字支付;三是多元化信用信息采集,扩大金融服务触达客群。然而,拉美动荡的宏观环境和激烈的市场同业竞争都对 Nubank 的未来发展提出了挑战。本案例将从 Nubank 的基本情况、经营指标和发展历程入手描述公司概况,从市场痛点解决、用户画像、产品与服务、营利模式、营销模式、技术优势等方面深入分析其产品服务及商业模式,并在此基础上结合行业及竞品分析,总结其关键成功要素与现存风险挑战。

一、企业概况

(一)基本介绍

1. Nubank:拉美虚拟信用卡先行者[①]

Nubank 是巴西一家利用机器学习和人工智能技术开展信用卡业务的挑战者银行,提供基于手机 App 的虚拟信用卡服务,主要围绕以墨西哥、巴西、阿根廷为代表的拉美市场开展商业活动,致力于满足金融服务欠发达地区金融消费者的需求。

表 3-11　Nubank 概览表

成立时间/总部	2013 年/巴西圣保罗
创始人	David Vélez Cristina Junqueira Gabriel Silva Edward Wible
员工数	2597 名(截至 2020 年 5 月)
估值	250 亿+美元(截至 2021 年 1 月)
累计融资金额	15 亿+美元(截至 2021 年 1 月)
用户数	2600 万+(截至 2020 年 6 月)

资料来源:作者根据 Nubank 官网、Crunchbase、Craft 资料整理。

2. 初创成员专业背景深厚,年轻化团队创新能力强

Nubank 创始团队成员均具有扎实深厚的专业背景。创始人兼首席执行官(CEO)David Vélez 毕业于美国斯坦福大学金融学院且金融从业经验丰富:毕业后曾担任摩根士丹利行业分析师,之后成为红杉资本的合伙人负责该公司在拉丁美洲的投资。联合创始人 Cristina Junqueira 拥有西北大学的 MBA

[①]　京东数字科技研究院,Nubank:拉美虚拟信用卡先行者,2020。

学位,在金融服务领域见解独到,曾先后在巴西大型联合银行伊塔乌联合银行,以及巴西最大的零售公司 Luiza 旗下金融服务部门 Luiza Cred 任职。首席技术官(CTO)Edward Wible 拥有美国普林斯顿大学的计算机科学学位,以及欧洲工商管理学院的 MBA 学位,加入 Nubank 后主要负责带领技术团队从事开发和技术基础架构的工作。

Nubank 现有团队核心成员 24 人,并拥有来自 30 多个国家的员工共计2400 余名,涵盖数学、物理学、生物学、工程、媒体等不同背景的专业人才,平均年龄为 26 岁。多元化的背景和年轻化的团队构成为 Nubank 的创新发展提供了动力。

3. 备受资本市场青睐,市值突破百亿美元大关

从投融资来看,截至 2021 年 1 月,Nubank 共完成了 11 轮融资,累计融资额超过了 14 亿美元,估值逾百亿美元。自成立以来,Nubank 发展稳健,备受资本市场青睐,吸引了 Ribbit Capital、高盛、红杉基金、老虎基金等著名投资机构参投。2018 年 3 月,Nubank 完成 E 轮投资,获得共计 1.5 亿美元投资,跻身巴西首家金融科技独角兽。同年,Nubank 获得腾讯控股 2 亿美元投资,这笔投资标志着腾讯科技股份有限公司首次登陆拉丁美洲的最大经济体巴西,成为中资背景金融科技公司抢占拉美市场的重要里程碑。

表 3-12 Nubank 融资情况

融资轮数	投资方	时间	投资金额
种子轮	Sequoia Capital, Kaszek Ventures	2013.09	200 万美元
A	Sequoia Capital, QED Investors, Kaszek Ventures, Nicolas Berggruen	2014.09	1430 万美元
B	Sequoia Capital, QED Investors, Tiger Global Management, Kaszek Ventures	2015.06	3000 万美元
C	Sequoia Capital, Founders Fund, Tiger Global Management, Kaszek Ventures	2016.01	5200 万美元
债权融资	Goldman Sachs	2016.04	5600 万美元

续表

融资轮数	投资方	时间	投资金额
D	Sequoia Capital, Founders Fund, QED Investors, Redpoint Ventures, Tiger Global Management, DST Global, Ribbit Capital	2016. 12	8000 万美元
债权融资	Fortress Investment Group, Goldman Sachs	2017. 04	1. 437 亿美元
E	Founders Fund, Redpoint Ventures, QED Investors, DST Global, Thrive Capital, Dragoneer Investment Group, Ribbit Capital	2018. 03	1. 5 亿美元
E+	腾讯控股	2018. 10	1. 8 亿美元
F	Sequoia Capital, DST Global, Thrive Capital, Dragoneer Investment Group, Ribbit Capital	2019. 04	4 亿美元
G	GIC, Whale Rock, Invesco, 腾讯, Dragoneer, Ribbit Capital, 红杉资本	2021. 01	4 亿美元

资料来源：作者根据 Crunchbase 资料整理。

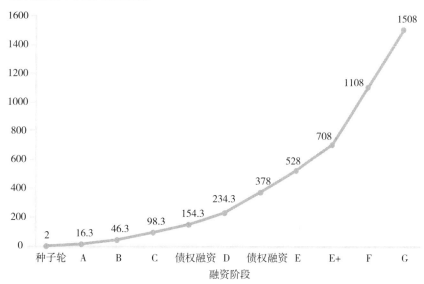

图 3-12 **Nubank 累计融资额曲线**

资料来源：作者根据 Nubank 官网、未央网资料整理。

（二）经营指标

1. 虽尚未实现盈利，但收入增长翻番

根据 Nubank 公布的财务业绩，2020 年上半年公司净亏损为 0.17 亿美元[1]，幅度相较于 2019 年（0.79 亿美元[2]）和 2018 年（0.28 亿美元）有所减缓。虽然 Nubank 尚未实现盈利，但因线上银行业务在新冠肺炎疫情期间广受青睐，Nubank 的收入显著增长。2020 年上半年，公司收入达到 3.6 亿美元，同比增长 48%。

2. 产品服务别具一格，用户数量逐年累积

Nubank 的虚拟信用卡凭借无年费、特色配套增值服务及便捷的线上操作流程等优势，迅速吸引大量客户，成功占领拉美市场。截至 2020 年 10 月，Nubank 在拉丁美洲已经拥有了 2500 万用户，其中活跃客户超过 1200 万，其数字账户"NuConta"已为 800 万人所使用。根据公司 2020 年第一季度的报告，Nubank 在巴西和墨西哥的市场上平均日增用户数达 42000 名[3]。

3. 综合竞争力强，创新能力屡获认可

Nubank 凭借在数字信贷领域的创新能力，于 2018 年被《快速公司》杂志评为拉丁美洲最具创新力的公司[4]，并于 2020 年被 CBInsights 称为最有价值的挑战者银行[5]。此外，Nubank 连续两年（2019 年和 2020 年）被《福布斯》杂志评选为巴西最佳银行。

（三）发展历程

Nubank 的发展历程可分为初创成长期（2013—2018 年）、发展完善期

---

[1] US $17 million loss was planned, says Nubank CFO, 2020.

[2] Brazilian neobankNubank saw its revenue double and the number of customers triple in 2019, 2020.

[3] Nubank 在哥伦比亚推出，继墨西哥之后的第二次国际扩张，2020。

[4] Latin Entrepreneurs：David Vélez, founder of Nubank, 2021.

[5] CB Insights：全球估值最高的 10 家数字银行，2020。

累计用户数量（单位：百万美元）

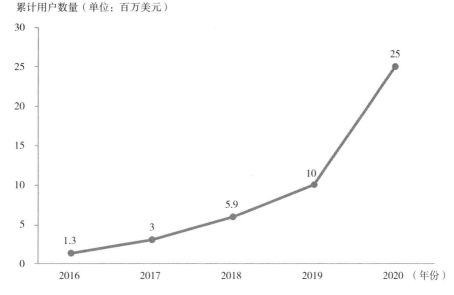

图 3-13 2016—2020 年 Nubank 在巴西的用户数量

资料来源:作者根据 Statista 资料整理。

(2018—2019 年)和市场扩张期(2019 年至今)三大阶段。

1. 初创成长期(2013—2018 年)

巴西传统银行的年化借贷利率高达 400%。针对这一市场痛点,Nubank 选择信用卡业务作为突破方向。自 2013 年创立便致力于运用简便快捷的数字化服务为传统银行无法触达的客群提供低成本的信贷服务。但在运营初期,Nubank 尚未获得银行牌照,限制了公司的业务拓展。

2. 发展完善期(2018—2019 年)

相较于初创成长期,发展完善期的核心特征主要表现为银行牌照的斩获、风控合规能力的提升以及产品服务的拓展。2018 年 1 月,Nubank 成功获得了巴西银行牌照①。此后,Nubank 进一步提升风控与合规运营能力,改善操作风险管理流程,优化准备金结构,不仅严格遵循监管标准,而且进一步提高内

---

① Nubank:拉美虚拟信用卡先行者,2020。

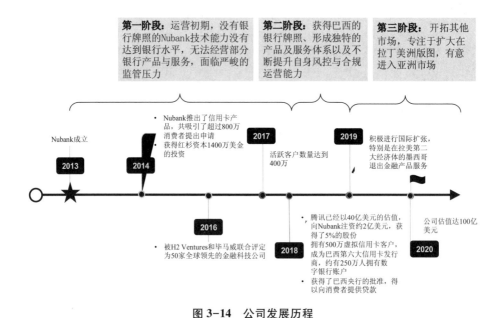

图 3-14　公司发展历程

资料来源:作者根据 Nubank 官网资料整理。

控质量。与此同时,Nubank 逐渐形成了自己独特的产品及服务体系,涵盖了账户管理、贷款融资、线上支付、人寿保险等多元业务场景。

3. 市场扩张期(2019 年至今)

市场扩张期的核心特征主要表现为拉美市场的持续拓展以及亚太市场的战略布局。这一阶段,Nubank 开始进军拉美其他市场。2019 年,公司在拉美第二大经济体的墨西哥推出金融产品及服务。[1] 同年 6 月 13 日,Nubank 在阿根廷建立了办事处。[2] 截至 2020 年 6 月,Nubank 已成为拉丁美洲最大的金融科技公司,[3]并以平台流量的增长为业务目标。此外,Nubank 有意进军亚洲市场,将主要着眼于具有相同寡头垄断结构的印度尼西亚、越

①　Nubankestáchegandoao México,2021.

②　巴西金融科技公司 Nubank 在阿根廷开设办事处,2019。

③　盘点拉丁美洲金融科技公司,2020。

南和印度市场。①

二、产品服务与商业模式

（一）市场痛点解决与用户画像

1. 市场痛点：巴西银行业垄断严重，利率高昂、效率低下

巴西的金融市场常年由巴西银行、伊塔乌投资银行、联邦储蓄银行、布拉德斯科银行及桑坦德银行五家银行主导（巴西五大行的介绍见表 3-13）。据2018 年巴西银行集中度和竞争度报告，这五家银行占据了 80% 以上的银行业市场份额②。

表 3-13　巴西五大行介绍

	成立时间	总部	性质	资产总数
巴西银行	1808 年	里约热内卢	国有银行	4510 亿美元
伊塔乌投资银行	2008 年	圣保罗	私人银行	4100 亿美元
联邦储蓄银行	1861 年	里约热内卢	国有银行	3880 亿美元
布拉德斯科银行	1943 年	圣保罗	国有银行	3220 亿美元
桑坦德银行	1857 年	桑坦德	私人银行	2000 亿美元

资料来源：作者根据各银行官网资料整理。

高度集中、缺乏竞争的银行业市场环境导致巴西贷款市场费率高昂和效率低下等诸多弊病。据国际货币基金组织统计，2019 年巴西贷款实际利率高达 31.99%，远远超过哥伦比亚（19.5%）、阿根廷（11%）、墨西哥（2.7%）等其他拉美国家。此外，巴西银行业满意度调查显示，巴西银行业的贷款办理效率

---

① 未央网，Nubank：打破巴西金融市场垄断的新兴数字银行，2020。
② 最全！巴西金融科技产业图谱大揭秘，2019。

低下,尤其是传统银行烦琐的信用卡申报手续一直饱受诟病(表3-14展示了巴西信用卡申办的相关要求)。传统银行严重缺乏金融包容性,远超其他市场的利率水平和严格的资质要求让许多人望而却步。截至2020年5月,巴西仍有1/4的人口没有银行账户,共计5500万人次。

表3-14 巴西信用卡申办的相关要求

内容证明	所需文件	文件要求
身份证明	身份证、驾驶证、工作证明、自由职业证明文件等其他银行要求的身份证明文件的复印件或扫描件	所有文件必须在有效期内且完整清晰
地址证明	住址证明的复印件或扫描件,可以出示水电费、电话费或者任意对应的邮局盖章文件	所有文件必须是近期(本月或者上月)的证明材料
收入证明	工资单的复印件或扫描件	一般由公司或会计师出具(银行用来评估信用指数)

数据来源:作者根据巴西商业指南资料整理。

2. 解决方案:采用数字化科技手段,提升改善用户体验

针对巴西传统银行业贷款成本高昂、贷款效率低下和信贷服务稀缺等痛点,Nubank以数字网络作为银行的核心,提供低廉且便捷的信贷服务,亮点主要在于:

(1)低利率、低收费的信贷服务。Nubank为用户提供纯线上的金融服务,并为用户免除账户管理费和工本费。信贷月利率在1.99%到15%之间浮动,远低于巴西信贷市场15.28%的平均月利率(数据取用2005年至2020年的平均信贷月利率)。

(2)简捷的信贷服务申请流程。客户申请Nubank的虚拟账户和信用卡仅需在网页端线上操作提交申请即可完成,整个过程耗时不到1分钟。Nubank简化的注册流程极大地提高了申请效率,提升了用户体验。

(3)动态的信用背书模型。Nubank采用数据驱动的信用模型对用户进行信用分析,从多个公开征信机构和Nubank私人数据源搜集用户付款历史等

数据,基于此对客户的交易行为和交易方式等进行信用分析。在客户提交信用卡申请后,Nubank 后台会根据客户的姓名和纳税人注册号,自动匹配客户的交易信息,并根据搜集到的数据将用户分为三类:资信良好的客户可同时开通信用卡和数字账户;资信一般的客户仅可开通借记卡和数字账户;资信较差的客户则无法通过申请。Nubank 的信用审核过程如图 3-15 所示。对于尚无信用记录的客户,Nubank 接受老用户的引荐,允许这些新用户逐步建立信用记录。该信用模型将变量动态变化纳入考量,持卡人的信用额度随着交易笔数和信用数据的增加而动态变化。

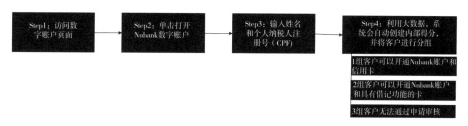

图 3-15　Nubank 信用审核过程

资料来源:作者根据 Nubank 官网资料整理。

3. 用户画像:吸引互联网浪潮下的年轻一代,致力于推动拉美市场普惠金融发展

从用户分布区域来看,Nubank 约 50% 的客户集中在巴西东南部地区,其中包括巴西利亚、圣保罗、里约热内卢等人口密集城市。从 2015 年到 2018 年巴西用户的区域分布的变化趋势来看,Nubank 在东北地区的用户数量占比显著上升。[①] 相对于巴西其他地区,东北部地区经济相对落后,这一变化趋势表明 Nubank 逐步深入下沉市场,在普惠金融方面的实践进一步深化。

从目标人群来看,Nubank 重点针对无法获得主流商业银行和一般零售银行信贷服务的长尾人群,Nubank 86% 的客户集中在初阶中产阶级(C 级:收入

---

① 巴西的区域开发及其启示,国土资源部。

各部分人口占比（单位：%）

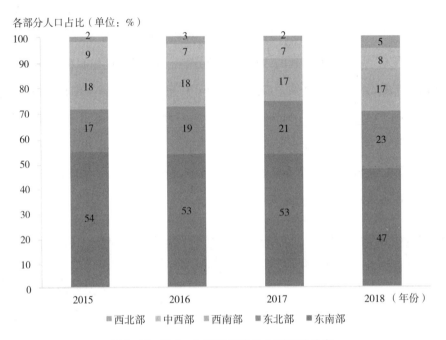

图 3-16　Nubank 巴西用户的主要区域分布

资料来源：作者根据 Nubank 官网资料整理。

在 468 美元/月到 1179 美元/月之间，使用 2020 年平均汇率巴币兑美元 =
0.19 换算所得，下同），贫困工人阶级（D 级：收入在 236 美元/月到 468 美
元/月之间）以及极度贫困和失业人群（E 级：收入在 0 到 236 美元/月之间）
的收入范围内。

表 3-15　巴西的社会阶层分布及 Nubank 的客群分布情况

	名称	家庭的月总收入	受教育程度	各阶级占比	Nubank 客群分布
A 级	富裕阶层	月收入 ＄2360 以上	通常由已完成高等教育的人组成	2.7%	4%
B 级	上层中产阶级	月收入 ＄1179—＄2360		23.1%	10%

续表

	名称	家庭的月总收入	受教育程度	各阶级占比	Nubank 客群分布
C 级	中产阶级	月收入 $468—$1179	该等级中的大多数人都已完成高中学业,并且还有相当一部分人已完成高等教育或至少具有技术水平学位	47.5%	43%
D 级	贫困工人阶级	月收入 $236—$468	通常由小学至高中学历的人组成	26.6%	37%
E 级	极度贫困和失业人群	月收入 $0—$236	通常由未完成小学教育的人组成		6%

资料来源:作者根据 Brazilian Institute for Geography and Statistics 资料整理。

从年龄构成来看,Nubank 主要服务于以"千禧一代"为主的年轻客户。截至 2020 年 9 月,36 岁以下的 Nubank 用户达到 70%。与此同时,2014 年至 2018 年间,"千禧一代"用户的比重逐年增长,说明 Nubank 用户的年龄结构继续呈现年轻化趋势。

(二)产品与服务

2014 年,Nubank 与全球支付领域的领导者万事达公司联名首发 Nubank Mastercard 信用卡。紫色调外观在诸多信用卡产品中独具一格,低收费、低利率的模式在巴西信贷市场广受青睐。该产品一经推出广受好评,成功跻身巴西第六大信用卡。

基于国际信用卡业务建立的坚实客户基础,Nubank 积极探索和扩展其业务范围。2017 年,Nubank 推出了 Rewards 积分奖励计划,用户积累的积分可换取指定合作商家的折扣。2018 年,公司推出了具有储蓄、投资和转账的 NuConta 数字账户。2019 年初,Nubank 对个人贷款计划和面向中小型企业用户的 PJ 账户进行测试,产品种类将继续丰富。2020 年底,Nubank 和全球最大

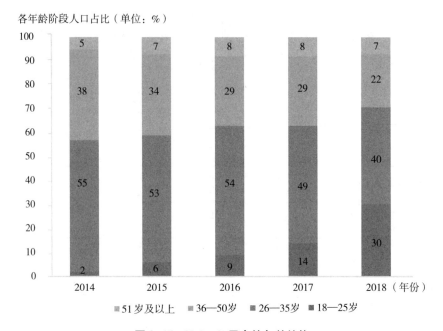

图 3-17　Nubank 用户的年龄结构

资料来源:作者根据 Nubank 官网资料整理。

的财产和意外伤害保险公司 Chubb 共同推出 Nubank Vida 全数字寿险产品,这一产品的推出标志着 Nubank 开始涉足保险领域。

　　表 3-16 对 Nubank 产品的开通要求以及相关费用进行了简要概括,并对相关服务进行说明。

表 3-16　Nubank 主要产品和服务说明

产品	开通要求/费用说明	服务
Nubank Mastercard 信用卡	开通信用卡需通过信用审查[个人信用审查是根据申请人信用卡的姓名及个人税务登记号(CPF);办理信用卡无需任何费用或年金]	1. 提前支付分期,可在应用程序上获得利息折扣 2. 可在应用程序上随时了解使用信息,申请信用额度,或更改账单到期日等 3. 根据用户信用状况提供 2.75%—14% 的月利率

产品	开通要求/费用说明	服务
Rewards 奖励金 积分计划	奖励金积分计划主要针对信用卡年度支出超过 304 美元的账户;首月免费使用;开通计划需缴纳年金	1. 使用任何绑定信用卡消费 0.19 美元,可获得 1 积分,有时可赚取额外的特殊促销的积分,积分无兑换期限 2. 可使用积分抵扣发票特定合作伙伴费用(可抵扣过去的支出),比如餐厅、酒店等合作伙伴,每 100 点可抵扣 0.19 美元;或在购买合作品牌的产品和服务时获得独家折扣。合作伙伴包括 IFood、Netlix、Uber、AMARO、Nike、Quick Ticket、Microsoft Brazil、Smiles、Hotel Urbanod 等 3. 由 App 实时显示积分累积情况,并进行兑换操作
NuConta 数字账户	年满 18 岁的巴西居民均可凭借 CFP 向 Nubank 申请数字账户;办理信用卡无需任何费用或年金	1. 提供高于传统银行储蓄账户 30% 的资金回报率 2. 向任何银行提供免费和无限制的转账 3. 包括借记卡选项 4. 允许支付电费、水费、电话费、网上购物
个人贷款	针对有保险需求的巴西居民;在 Nubank 应用程序上勾选个人贷款选项可用即可申请	1. 贷款流程可通过 App 实现模拟、申请、合约签订,并支持贷后付款管理 2. 通过输入预贷款金额并选择贷款期数,客户可查看对应的利息及还款额。贷款最长可分 24 期偿还,利率将根据客户选择的贷款期数等因素量身而定。首次还款日可在贷款发放后 90 天的范围内自行选择,系统会在还款日当天自动从账户扣款,客户只需保证账户里有对应款项即可。客户也可选择提前还款,系统会根据提前还款的日期自动折算新的还款额
PJ 账户	针对个体商户或自雇专业人员的小型企业所有者;在 Nubank 应用程序上勾选 PJ 账户选项可用即可申请	1. PJ 客户可以使用为其业务量身定制的账户进行提款和购买 2. 无需支付交易或账户维护费用
Nubank Vida 全数字化人寿保险产品	针对有保险需求的巴西居民	1. 全数字化人寿保险产品提供定制化服务,定制保险条款,协商保单价格,支付费用和账户管理均在官网进行线上操作 2. 基本保险种类包括寿险、重疾险、意外险和丧葬援助等

资料来源:作者根据 Nubank 官网、未央网、京东数字科技研究院资料整理。

（三）营利模式

Nubank 的主要收入来自信用卡业务收入、奖励金业务收入以及贷款业务收入。

（1）信用卡业务收入：信用卡业务收入主要分为两大来源，分别是与商家合作分成和信用卡分期利息收入。其中，商家合作分成是指在每笔交易完成后，通过万事达卡网络向商家收取交易总额的 5%；信用卡分期利息收入是指对持卡人每月收取分期利息，月利率根据客户逾期金额的不同而不同，在 2.75%—14% 之间浮动。

（2）奖励金业务收入：奖励金积分计划主要针对信用卡年度支出超过 304 美元的用户，并提供 3.61 美元/月和 36.1 美元/年两种收费方式。

（3）贷款业务收入：进行业务拓展后，Nubank 也从贷款业务的利息收取中获利，贷款月利率在 2.75% 至 9.99% 之间浮动。①

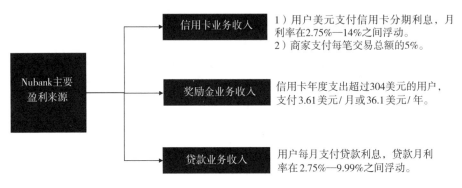

图 3-18　Nubank 盈利模式

资料来源：作者根据 Nubank 官网资料整理。

作为巴西领先的信用卡服务商，信用卡业务收入是 Nubank 最主要的收入来源。

---

① Nubank：Digital Banking，2019.

（四）市场营销模式

Nubank 主要采用口碑营销（Word of Mouth Marketing，简称 WOM 营销）的方式进行市场推广。Nubank 高度关注提升客户体验，其简洁的注册界面、简化的操作流程、低收费的信贷服务在巴西市场广受好评，众多老用户自发向亲朋好友推荐其产品和服务，建立了良好的口碑效应，成功吸引更多潜在用户。

净推荐值（Net Promoter Score，NPS）是顾客忠诚度分析指标，是一种计量某个客户将会向其他人推荐产品或服务可能性的指数。Nubank 的 NPS 高达 80%，表明由现有持卡人推荐而注册信用卡的人数约占新用户总数的八成。

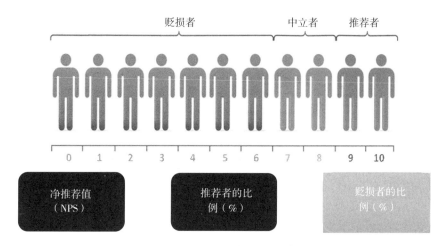

图 3-19　Nubank 净推荐值计算公式

资料来源：作者根据 Nubank 官网资料整理。

（五）研发情况及技术优势

Nubank 的核心技术优势在于其强大的数据处理能力。Nubank 的最初定位就是一家数据驱动的金融公司，致力于利用最先进的技术设计来应对复杂的金融环境。有别于传统银行广泛使用以人为中心的劳动密集型控制架构，Nubank 采用了微服务架构，将生产环境的部署时间从 90 分钟减少到 15 分钟。微服务架构借助自动化的手段减少人力的投入，并借助大数据分析来更好地了解客户。

Nubank 的技术架构如图 3-20 所示。Nubank 的微服务架构主要由数据提取器、元数据管理器及开源工具三大部分构成。系统从非 Datomic 数据源和十几个独立的 Datomic 数据源中提取元数据输入元数据管理器运行数据处理，非 Datomic 数据将被元数据管理器剔除，而 Datomic 数据则将被输出至 Jupyter Notebook 等开源工具。Datomic 技术可以按时间顺序将一个数据库中的业务复制到多个新数据库中，同时保留时间戳并修复历史错误。Datomic 数据库提供了数据存储方面的可操作和可读性，不仅可以支撑 Nubank 逐年增加的用户量，还可以将多种类型的用户进行适当分类以提供个性化的服务，大大提高了运行效率。

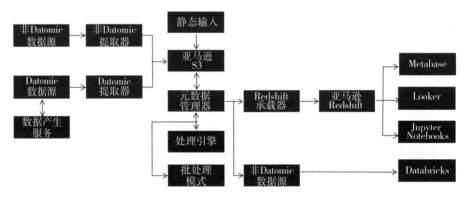

图 3-20 Nubank 技术架构

资料来源：作者根据 Nubank 官网资料整理。

此外，Nubank 设置了完整严谨的数据处理流程，其数据处理流程如图 3-21 所示。Nubank 从组建数据团队起步，建立数据储存和处理系统以实现数据存储和处理，其后确立数据治理规则，定期核查规则可执行性，并在全公司范围内开展对于数据处理过程的复盘沟通与反馈。

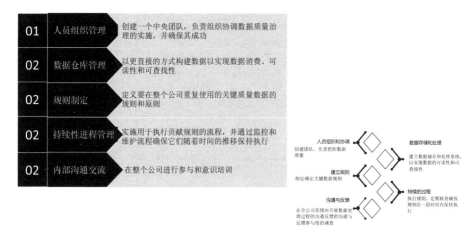

图 3-21 Nubank 数据处理流程

资料来源:作者根据 Nubank 官网资料整理。

三、分析及总结

(一)行业及竞品分析

挑战者银行业概况详见案例 N26。目前,市场上已有较多企业积极布局数字信贷市场,业务模式以及产品服务与 Nubank 形成了竞争关系,Nubank 与部分竞品的对比如下:

表 3-17 Nubank 竞品对比

公司名称	Nubank	N26	Chime
成立时间	2013 年	2013 年	2013 年
成立地点	巴西圣保罗	柏林	旧金山

续表

产品/服务	Nubank 形成了自己独特的产品及服务体系，主要分为信用卡、数字账户、奖励金、PJ 账户和个人贷款五大类	N26 构建了独特且相对完整的产品及服务生态体系，包括 N26 Standard、N26 You、N26 Metal、Business、Business You、Business Metal 六类银行账户和 Cash26、MoneyBeam、消费信贷、外汇换汇、财务储蓄和保险六大功能	Chime 不断丰富产品种类，其应用程序集成了移动支付、便捷转账、支票存款等功能
估值	250 亿+美元	35 亿+美元	145 亿美元
融资总额	14.08 亿美元	7.8 亿美元	13 亿美元
员工人数	2597 名	1500+名	437 名
用户数	2600 万+	550 万+	800 万+
客群主体	主要位于拉美市场	主要位于欧洲市场	主要位于美国市场
牌照	已经获得银行牌照	已经获得银行牌照	尚未获得银行牌照
盈利	尚未实现盈利	尚未公开收入和利润等财务数据	实现税息折旧及摊销前盈利
投资者	Sequoia Capital，Kaszek Ventures，Founders Fund，Nicolas Berggruen，老虎环球，高盛，腾讯控股，DST Global，Ribbit Capital，Thrive Capital，Dragoneer Investment Group 等	Axel Springer Plug，Play Accelerator Earlybird Venture Capital，Redalpine，Battery Venture，Horizons Ventures，GIC，安联，腾讯 Insight，Valar Ventures 等	IrishAngels，Animo Capital，Crosslink Capital，PivotNorth Capital，Zander Lurie，Cathay Innovation，Menlo Venture，DST Global，老虎环球，Iconiq Capital 等

	Monzo	Revolut	Ualá
成立时间	2015 年	2015 年	2017 年
成立地点	伦敦	伦敦	阿根廷

续表

	Monzo	Revolut	Ualá
产品/服务	Monzo 以个人经常账户、联合账户、青年账户、商业账户四类账户为载体，向客户提供转账、存款、贷款、支付、加密货币等业务	Revolut 推出了十余种产品，涵盖转账、预算、保险等金融服务，涉及用户多种应用场景，包括转账、保管库、预算、移动电话保险、海外医疗保险、开放银行 API、Apple Pay 与捐赠。此外，Revolut 还提供了加密货币这类创新业务	Ualá 与万事达合作，面向个人用户提供虚拟账户，其提供的金融服务包括提取现金、购物、支付账单、转账、投资、贷款等业务
估值	15.6 亿美元	55 亿美元	10 亿+美元
融资总额	3.8 亿美元	9.17 亿美元	1.94 亿美元
员工人数	1300 名	3500 名	500 名
用户数	200 万+	1240 万+	250 万+
客群主体	主要位于欧洲市场	主要位于欧洲和澳洲市场	主要位于拉美市场
牌照	已经获得银行牌照	尚未获得银行牌照	尚未获得银行牌照
盈利	尚未实现盈利	尚未实现盈利	尚未实现盈利
投资者	Passion Capital, Stripe, Crowdcube, Jeremy Yap, Thrive Capital, Orange Ventures, Matteo Gambad 等	DST Global, Index Ventures, Ribbit Capital, Greyhound Captical, Sprints CapticalLakestar, Global Founders Capital, Draper Esprit 等	腾讯控股、软银、Greyhound Capita, Ribbit Capital, 高盛、索罗斯基金管理公司、Monashees, Jefferies, AlleyCorp, Greyhound Capita, Kevin Ryan, David Fialkow 等

资料来源：作者根据各公司官网、Crunchbase 资料整理。

　　从从业资质来看，Chime、Revolut 和 Ualá 均未获得银行牌照，导致它们在拓展业务边界时受到诸多掣肘，始终无法开展存款业务。而 Nubank 同 N26 和 Monzo 都已获得银行牌照，可以在合规的前提下积极拓展业务范围。

　　从产品种类来看，上述几大挑战者银行都形成完整的产品体系，在信贷的基础上覆盖多种金融服务。其中 N26 和 Revolut 开展了保险业，Monzo 和 Revolut 在加密货币业务上有所布局，Nubank 以信用卡提供商的身份横空出世,后积极推出诸如数字账户、奖励金计划、PJ 账户和个人贷款和人寿保险等多种服务,产品种类不断丰富,业务布局逐渐拓展,使得 Nubank 逐步向综合性金融服务平台转变。

从市场范围来看,Chime 专注美国市场,已成为美国最大的挑战者银行。N26、Monzo、Revolut 在欧洲市场各有一席之地,其中 Revolut 还在向澳洲市场进军。与这四家挑战者银行优先布局发达国家市场的战略不同,Nubank、Ualá 则重点关注经济不发达的拉美市场。

从盈利前景来看,截至 2020 年 12 月,只有 Chime 已实现税息折旧及摊销前盈利,其他五家挑战者银行仍在积极探索更优的盈利模式。N26 虽尚未盈利,但每位客户的利润率在逐渐提高。Revolut 营收增长迅速,有望逐步实现盈利。[①] Ualá 目前尚处于扩张阶段,未实现盈利,主要依靠 C 轮融资的资金覆盖未来两年的增长。Monzo 亏损额持续上升,平台估值却较之前出现了大幅下滑。[②] Nubank 方面则由于快速扩张的战略导致了运营支出和总体净亏损的锐增而尚未实现盈利。

(二)关键成功要素

1. 开展技术业务多元合作,构建多层次生态体系

Nubank 与多家公司开展技术及业务上的合作,并已形成较为完善的生态体系。在技术端,自 2014 年开发首款产品以来,Nubank 一直与美国领先的软件公司 Cognitect 展开密切的合作,并于 2020 年收购了后者,以此巩固与加强自身软件工程团队的建设、提高产品和整体业务的可扩展性。而在产品端,Nubank 成立之初便与 Mastercard 合作推出信用卡服务,并于 2020 年底与全球最大的财产与意外保险公司 Chubb 一起开发全数字化人寿保险产品。

---

① Revolut:无国界的数字银行,2020。
② 英国数字银行 Monzo 亏损额持续上升,2020。

2. 积极部署前沿技术,全程护航数字支付

近年来,兴起的挑战者银行支付方式在给人们带来支付便捷的同时,转账诈骗等安全问题也浮出水面。为了克服数字支付的潜在问题,Nubank 选择并部署了 Fortinet 的 FortiGate、FortiSwitch、FortiAP 和 FortiGate-VM 来满足其对网络保护和公司技术生态系统安全的需求。[1] 基于 Fortinet 的技术安全处理器改善了 Nubank 数据基础结构控制并减少了软件延迟,通过支付标记、通道加密、实时风控等全方位的技术手段,对卡号、有效期等信息进行全程防护,保障用户的资金与信息安全。

3. 多元化信用信息采集,扩大金融服务触达客群

针对既有客户,Nubank 不仅关注其账户交易数据,同时结合各种公开渠道的相关征信数据形成实时信用分析,构建"数据 + 决策 + 监控"的动态闭环。针对潜在用户,Nubank 接受信用良好的现有持卡人推荐新用户,并一定程度上放宽贷款标准,帮助更广泛的人群获得信贷服务,扩大了金融服务触达客群。

(三)挑战与风险

1. 拉美宏观环境动荡,影响企业稳定经营

受新冠肺炎疫情影响,2020 年拉美经济一度陷入深度衰退。作为拉美第一大经济体,2020 年巴西经济萎缩幅度约为 4.5%,为数十年来的最大跌幅。以巴西为最主要市场的 Nubank 未来将继续面临经济环境不稳定、基础设施不完善、消费支付需求不振等变量扰动。这些不确定性都将对 Nubank 的稳定经营提出挑战,需要 Nubank 不断提升自身风控与合规运营能力以应对外部困境。

2. 市场同业竞争激烈,亟须建立独特优势

全球挑战者银行规模迅速扩张,2017 年至 2020 年全球挑战者银行数量

---

[1] Nubank Invests in Fortinet Cloud Security Solutions to Support Business Growth and Secure AWS Cloud Environment,2019.

实现了翻倍增长，从105家增长至296家。其中，全美估值最高的挑战者银行
Chime与全球客户数量最多的Nubank在产品和服务上有极大的相似性。作
为挑战者银行赛道的数一数二的顶级选手，Nubank在控制成本方面仍存在明
显不足。此外，与N26、Revolut、Chime、Ualá和Monzo等挑战者银行相比，
Nubank在前沿技术方面的优势略显不足。面对激烈的同业市场竞争，Nubank
需要从产品服务、客户范围、推广方式、技术研发等方面进行不断创新以应对
挑战。

全球金融科技创新案例之数字信贷篇:Ualá 研究

摘　要:Ualá 是阿根廷移动支付行业的开拓者,主营支付、转账、投资及贷款业务。自 2017 年成立以来,Ualá 发展迅速,业务覆盖阿根廷 23 个省份,已发行超 250 万张预付卡,累计融资 1.94 亿美元,估值超 10 亿美元。Ualá 针对阿根廷传统银行业服务流程烦琐、耗时较长等痛点,打造集成化的移动支付平台并以此为切口,为个人提供便捷的在线金融服务。Ualá 的关键成功要素有三:一是率先抢占市场,实施蓝海战略;二是加强多元合作,构建生态体系;三是创新营销模式,扩大公司影响。然而 Ualá 也正面临着技术自主权不足,同业竞争日益激烈等挑战。本案例将从 Ualá 的基本情况、经营指标和发展历程入手描述公司概况,从市场痛点解决、用户画像、产品与服务、盈利模式、营销模式、技术优势等方面深入分析其产品服务及商业模式,并在此基础上结合行业及竞品分析,总结其关键成功要素与现存风险挑战。

一、企业概况

(一)基本介绍

1. Ualá:移动支付的开拓者

Ualá 是阿根廷一家以移动支付为业务主体,并基于移动支付平台为个人提供在线金融服务的移动支付供应商,主营支付、转账、投资及贷款业务,旨在推动拉美市场移动支付的发展。

表 3-18 Ualá 基本情况

成立时间/总部	2017 年/阿根廷布宜诺斯艾利斯
创始人	Pierpaolo Barbieri
估值	10 亿美元(截至 2020 年 12 月)
累计融资额	1.94 亿美元(截至 2020 年 12 月)
累计交易规模	—
员工数	500+名(截至 2020 年 9 月)
发卡量	250 万+张(截至 2020 年 11 月)
覆盖范围	2 个国家(截至 2020 年 12 月)

资料来源:作者根据 Crunchbase、Dealroom、Craft、Bankinnovation 资料整理。

2. 创始人具备战略思维,核心成员从业经验丰富

Ualá 的创始人 Pierpaolo Barbieri 精通意大利语、西班牙语和法语,拥有哈佛大学的学士学位和剑桥大学研究型硕士学位,现担任新经济思想研究所(INET)和 Berggruen 欧洲未来理事会的战略顾问。Pierpaolo 战略投资眼光出色,曾于 2015 年 6 月以个人投资者身份投资美国公司 Bond Street。该公司是一家致力于通过技术和数据来帮助改善小微企业贷款困境的初创公司,2015年估值已达 1000 万美元,后被高盛收购。

目前,公司核心团队成员主要包括首席信息安全官 Won Kil Park、Pierpaolo 的私人助手 Manuel Franck、公司新业务主管 Maia Eliscovich 等人,他们均在各自业内领域拥有超过 10 年的相关工作经验。首席信息安全官 Won Kil Park 在信息安全领域拥有十余年的工作经历,曾担任普华永道高级系统和流程安全员、Interbanking 信息安全官。私人助手 Manuel Franck 曾担任阿根廷总统办公室政策分析师、麦肯锡商业分析师。新业务主管 Maia Eliscovich 曾担任耶鲁大学理事会副主席和麦肯锡商业分析师。核心开发团队成员技术

经验丰富,大多来自摩根大通、Santander、谷歌或 Mercado Libre 等国际知名机构。① 核心团队成员的业务专业性契合了 Ualá 的发展所需,使其能够及时捕捉移动支付的痛点,自主构建移动银行服务应用程序,并发行预付卡。

截至 2020 年 12 月,Ualá 在阿根廷设立了办公室,并在墨西哥拥有 22 人的团队。自成立以来,Ualá 的员工数量快速增长,已从 2020 年初的 180 名扩张至 2020 年底的超 500 人。

3. 投资机构持续跟投,疫情前完成 C 轮融资

截至 2020 年 12 月,Ualá 共完成五轮融资,累计融资达到 1.94 亿美元。其中索罗斯基金管理公司和 Jefferies 对其青睐有加,种子轮至 B 轮融资均有参投。Point72 Ventures、Greyhound Capital 等风险投资公司也参与其多轮融资。2019 年末,Ualá 获腾讯及软银集团拉美创新基金 C 轮融资,为其在新冠肺炎疫情期间业务迅速扩张提供了资金支持。

表 3-19　Ualá 融资情况

融资轮数	投资方	时间	投资金额
C	腾讯控股、软银	2019. 11. 26	1.5 亿美元
B	Greyhound Capital、Ribbit Capital、Point72 Ventures、高盛、索罗斯基金管理公司、Monashees、Jefferies	2018. 10. 03	3.4 千万美元
A	索罗斯基金管理公司、Jefferies、AlleyCorp、Greyhound Capital、Recharge Capital、Point72 Ventures	2018. 02. 06	1 千万美元
可转换票据	Point72 Ventures、General Catalyst、Kevin Ryan、索罗斯基金管理公司、Jefferies	2017. 10. 01	—
种子轮	索罗斯基金管理公司、Bessemer Venture Partners、Kevin Ryan、David Fialkow、Jefferies	2017. 01. 20	—

资料来源:作者根据 Crunchbase 资料整理。

---

① Thebubble,An Interview with the Founder of Ualá,the App Designed to Replace Banks,https://www.thebubble.com/an-interview-with-the-founder-of-Ualá-the-app-designed-to-replace-banks,2018.

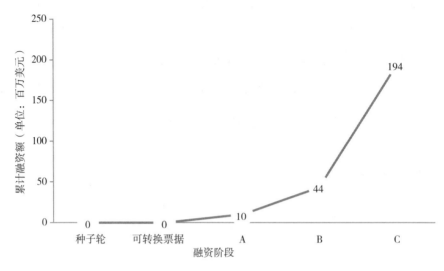

图 3-22 Ualá 累计融资额曲线

资料来源:作者根据 Crunchbase 资料整理。

(二)经营指标

1. 虽盈利情况尚不明朗,但经营规模保持高增长

Ualá 目前尚处于扩张阶段,未实现盈利,主要依靠 C 轮融资的资金覆盖未来两年的增长。该公司希望到 2022 年在其金融应用程序上实现盈利[①]。

尽管盈利情况尚不明朗,但自 2017 年成立以来,Ualá 的经营规模一直保持高速增长。贷款方面,截至 2019 年 10 月,Ualá 已经发放超 9000 万比索(约合 103.05 万美元[②])的贷款。Ualá 发卡增速迅猛,2019 年 7 月至 2020 年 5 月,Ualá 实现 10 个月内发卡增速超 100%。截至 2020 年 11 月,Ualá 已在阿根廷发行超 250 万张卡,已经有超 60 万用户通过 Ualá 投资,每月网站访问次

---

① S & P Global,Argentine fintech Ualá sees 300% growth in payments,https://www.spglobal.com/marketintelligence/en/news-insights/latest-news-headlines/argentine-fintech-ual-225-sees-300-growth-in-payments-58642913,2020.

② 2021 年 1 月 31 日,1 比索(ARS) = 0.01145 美元(USD)。

数超过 82 万。与此同时，Ualá 已逐步进入墨西哥市场，计划在 2020 年底前发行 3 万张卡。

2. 综合竞争力强，多次入选金融科技榜单

Ualá 凭借其在移动支付领域完善的解决方案，入选毕马威 2019Fintech100 榜单以及 CB Insights2020 全球 Fintech 榜单，成为阿根廷发展最快的独角兽公司之一。

（三）发展历程

Ualá 的发展历程可以分为初创起步期、市场拓展期、海外扩张期三大阶段（如下图所示）。

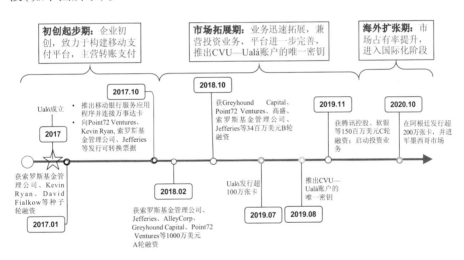

图 3-23　公司发展历程

资料来源：作者根据 Ualá 官网、Crunchbase 资料整理。

1. 初创起步期（2017 年）

2017 年成立伊始，Ualá 在阿根廷推出预付卡，并构建与之绑定的移动支付程序，用户可在移动端实现线上支付账单、转账、投资、贷款、费用分析。该产品一经推出便受到阿根廷数以百万计线上线下商户的推崇，在 2017 年底发卡数量达到 3.5 万张。

2. 市场拓展期(2018—2019 年)

相比于初创起步期,市场拓展期的主要特征在于 Ualá 业务的拓展。2018 年至 2019 年,Ualá 发卡数量呈指数级增长,从 2018 年 12 月的 50 万张增长到 2019 年 7 月的超 100 万张。Ualá 在 2019 年推出了密钥 CVU,并发布了阿根廷第一张纵向预付卡。与此同时,Ualá 启动了投资业务,业务范围进一步拓展。

3. 海外扩张期(2020 年至今)

海外扩张期的特征表现为国内市场占有率进一步提升和向拉丁美洲其他市场进军。2020 年 4 月至 5 月下旬,阿根廷国内使用预付卡支付账单金额增速达 300%,投资于共同基金的资金增速超 40%。2020 年新冠肺炎疫情催生移动支付需求激增,截至 2020 年 11 月,Ualá 在阿根廷的发卡数量超过 250 万张,并已进入墨西哥市场。

二、产品服务与商业模式

(一)市场痛点与用户画像

1. 市场痛点:阿根廷传统银行服务门槛高,个人难以获得便捷的金融服务

根据世界银行全球 Findex 报告(World Bank 2017),截至 2017 年,仅 48% 的阿根廷人拥有银行账户。[①] 居民在传统银行获取普通银行账户需要提供工作证明、公民身份以及其他财务文书等大量资料。这一状况在部分资信要求更高的大银行尤为严重,仅收入前 20% 的精英群体有资格开设银行账户。此外,

---

[①] Labsnews, Argentina's fintech Ualá doubles the number of cards issued in 10 months, https://labsnews.com/en/articles/business/argentinas-fintech-Ualá-doubles-the-number-of-cards-issued-in-10-months/,2020.

大多数银行机构提供的银行卡和信用卡服务都有针对低收入群体的隐藏费用。

2. 解决方案：推出预付卡和移动支付程序，为个人提供便捷的金融服务

针对阿根廷传统银行业服务申请门槛高、信息不透明等痛点，Ualá 打造了一个简单、高效、低成本的移动银行服务应用程序，通过绑定发行的预付卡，为个人提供普惠、透明、快捷的移动支付等资金管理服务。其主要做法在于：

（1）设计简明快捷的注册流程。用户从 App Store 或 Google Play 上下载 Ualá 应用后，填写个人信息、家庭住址等进行注册，Ualá 会在 48 个工作时内完成审核，并在 15 个工作日内免费送达预付卡。用户激活卡后，即可使用。上述过程中，Ualá 不收取任何费用。

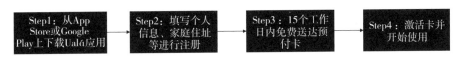

图 3-24　Ualá 注册流程

资料来源：Ualá 官网。

（2）提升 Ualá 账号的开放性和兼容性。Ualá 账户向所有年满 13 岁的阿根廷居民开放申请。年龄在 13 岁到 17 岁之间的未成年人，可以在法定监护人的授权下开设自己的账户；居住在阿根廷的外国人可以在拥有阿根廷身份证的前提下申请账号。

（3）扩大 Ualá 账号的通用性。Ualá 将预付卡与移动银行服务应用平台链接，该预付卡可用于任何接受万事达卡的商店或电商消费。此外，Ualá 与 Western Union、RapiPago、PagoFacil、telerecargas、cobroexpress 等国际支付机构合作，支持其用户通过在线支付平台如 RapiPago、PagoFácil 等和传统银行充值。①

---

① Labsnews, Argentina's fintech Ualá doubles the number of cards issued in 10 months, https://labsnews.com/en/articles/business/argentinas-fintech-Ualá-doubles-the-number-of-cards-issued-in-10-months/,2020.

（4）创建统一虚拟密钥（CVU）。CVU 是 Ualá 自主创建的针对用户个人虚拟账户的唯一密钥，可以实现从阿根廷的任何银行账户或虚拟账户中即时免费汇款。传统银行信贷转账效率低下，使用统一银行代码（CBU）向 Ualá 转账需要 96 个工作小时；而阿根廷本地支付产品 RapiPago 或银行支付系统 Easy Payment 向 Ualá 转账虽然速度优于普通银行账户，但仍无法达到即时转账的要求。而 Ualá 推出的 CVU 实现了从/向任何银行账户或虚拟账户免费即时汇款，保证了金融系统的交互性。

3. 用户画像：客群主体位于阿根廷，聚焦"千禧一代"

从地域来看，截至 2020 年 5 月，Ualá 的重点市场仍在阿根廷境内，境外用户仅占 6%。Ualá 正积极开拓墨西哥等拉丁美洲市场。

从年龄构成来看，截至 2020 年 5 月，已发行的 200 万张卡中 70% 以上的用户年龄小于 30 岁。

（二）产品与服务

Ualá 的产品与服务生态围绕万事达预付卡和个人虚拟账户两大产品展开，其中万事达预付卡作为生态核心，而个人虚拟账户则作为载体。预付卡提供的金融服务主要包括提取现金和线下购物；绑定预付卡的个人虚拟账户可提供账单支付、转账、投资、贷款等在线金融服务。具体内容见图 3-25。

此外，Ualá 已经开发出一个适用于 iOS 和 Android 的应用程序。通过该应用程序，用户可以实现线上支付账单、转账、投资、贷款、费用分析等。

（三）营利模式

Ualá 的收入主要来自 ATM 机取款、贷款利息和远程收款三大业务板块，具体内容见图 3-26。

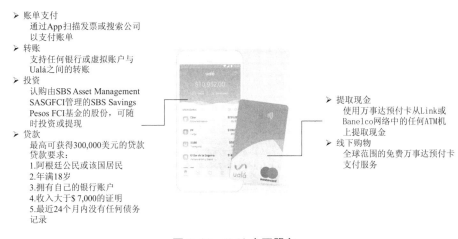

> 账单支付
> 通过App扫描发票或搜索公司
> 以支付账单
> 转账
> 支持任何银行或虚拟账户与
> Ualá之间的转账
> 投资
> 认购由SBS Asset Management
> SASGFCI管理的SBS Savings
> Pesos FCI基金的股份,可随
> 时投资或提现
> 贷款
> 最高可获得300,000美元的贷款
> 贷款要求:
> 1.阿根廷公民或该国居民
> 2.年满18岁
> 3.拥有自己的银行账户
> 4.收入大于$7,000的证明
> 5.最近24个月内没有任何债务
> 记录

> 提取现金
> 使用万事达预付卡从Link或
> Banelco网络中的任何ATM机
> 上提取现金
> 线下购物
> 全球范围的免费万事达预付卡
> 支付服务

图 3-25 Ualá 主要服务

资料来源:作者根据 Ualá 官网整理。

(四)市场营销模式

Ualá 以"开户零费率、付款零费率、转账零费率"的低价策略吸引用户,并与社交媒体合作进行付费宣传。根据 Ualá 官网资料,Ualá 营销模式具体表现如下:

(1)采用 Google Ads 的通用应用广告策略(UAC),通过机器学习算法,使得广告系统可自动识别表现最佳的广告素材组合,并将其展示给最相关的用户,实现更多 App 下载安装及促进应用内转化的目的。

(2)通过 Facebook 和 Instagram Stories 投放广告活动获得更多的下载量。Ualá 在这两大平台投放仅一个月,应用下载量增加 60%,预付卡申请人数增加 37%,品牌认可度提高 14.5 个点。

(3)利用推特发布 Ualá 相关的新闻,建立品牌与用户之间的长期关系。

(五)研发情况及技术优势

Ualá 采取与多家公司进行技术研发合作。Ualá 使用 Mambu 的核心银行

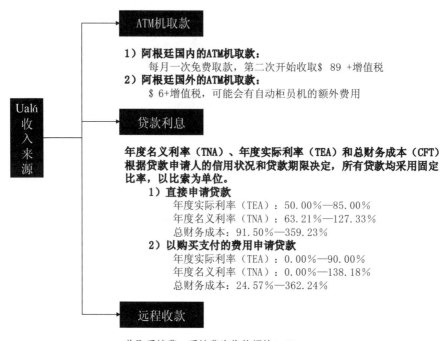

图 3-26 Ualá 主要盈利来源

资料来源:作者根据 Ualá 官网整理。

系统,并积极寻求与全球支付处理平台 Galileo 的合作,以支持 Ualá 交易的实时授权,为 Ualá 提供后端处理服务。[①] 此外,通过采用亚马逊的 AWS 提供基础架构、数据开发挖掘等服务,Ualá 的 App 能在任何时点实现运营。

2019 年 4 月 24 日,未央网发布 Ualá 获 C 轮融资,Ualá 方称将与腾讯合作,进一步开发其应用程序。

此外,Ualá 拥有自主研发团队,并于 2019 年自主研发推出了阿根廷第一张纵向信用卡,采用加密信息的 EMV(芯片)和非接触式技术,使得卡片难以

---

① Prnewswire,Argentine Fintech Ualá Expands into Mexico:Powered by Galileo,https://www.prnewswire.com/news-releases/argentine-fintech-Ualá-expands-into-mexico-powered-by-galileo-301174546.html,2020.

被复制或伪造,同时减少了数据被盗和克隆的可能性。

三、分析及总结

(一)行业及竞品分析

目前,市场上已有较多企业积极布局移动支付市场,业务模式以及产品服务与 Ualá 形成了竞争关系,Ualá 与部分竞品的对比如下:

表 3-20　Ualá 竞品情况(Ⅰ)

公司名称	Ualá	Nubank	Revolut
成立时间	2016 年	2013 年	2015 年
估值	10 亿美元	100 亿美元	55 亿美元
总融资额	1.94 亿美元	14 亿美元	9.17 亿美元
重要投资方	腾讯控股、软银、Greyhound Capital、Point72 Ventures、高盛、索罗斯基金管理公司、Jefferies、Kevin Ryan、David Fialkow 等	高盛、红杉基金、老虎基金、腾讯控股等	TSG Consumer Partners、TCV、Future Fifty、DST Global、Index Ventures、TriplePoint Capital 等
地点	阿根廷	巴西	英国、美国、巴西、印度、意大利、立陶宛、爱尔兰、波兰、葡萄牙、俄罗斯、西班牙、瑞典等
用户量	250 万	2600 万	1240 万
牌照	无	无	无
主要产品	数字账户、预付卡	信用卡、数字账户、PJ 账户	数字账户、预付卡
主要收入来源	ATM 机取款、贷款利息、远程收款	奖励金业务收入、信用卡交易费用以及利息、贷款利息	信用卡交易费用、货币汇兑费用

表 3-21　Ualá 竞品情况（Ⅱ）

	Monzo	Brubank	MercadoPago
成立时间	2015 年	2017 年	2004 年
估值	15.6 亿美元	—	MercadoLibre 估值 758 亿美元
总融资额	3.8 亿美元	1280 万美元	—
重要投资方	TSG Consumer Partners、DST Global 等	—	MercadoLibre 已上市
地点	英国	阿根廷	墨西哥、巴西
用户量	200 万	4 万（2019.08）	1 亿
牌照	有	有	否
主要产品	数字账户、借记卡	数字账户、信用卡	数字账户、信用卡
主要收入来源	交易费用	贷款利息、国外 ATM 机取款	贷款收入、理财、商家佣金收入等

资料来源:作者根据各公司官网、Crunchbase 资料整理从目标市场的地域范围来看,Brubank 与 Ualá 在阿根廷本土市场形成直接竞争关系;对于 Ualá 正在进军的墨西哥市场,MercadoPago 将对其造成竞争威胁;而 Nubank、Revolut、Monzo 等公司是 Ualá 全球扩张战略的潜在竞争对手。

从业务范围来看,Nubank、Brubank 等公司发行的信用卡可透支。除了经营传统银行的基本业务以外,Revolut 为客户提供访问比特币和以太坊等加密货币的权限、比索和美元互换等多种服务。而 Ualá 发行的预付卡功能则较为有限,只有在余额充足的前提下才能使用,虽然允许用户以自己的账单申请贷款,但其灵活性大打折扣。

从盈利模式来看,MercadoPago 每次提款只需支付 4.90 美元。与阿根廷本地挑战者银行相比,Brubank 允许用户在国内 ATM 机上免费提款,在国外 ATM 机上提款时每次收取 6.05 美元+增值税。而 Ualá 每月允许用户在国内 ATM 机上免费提款一次,但随后每次收取 89 美元以及增值税;用户在国外提款每次收取 6 美元以及增值税。

MercadoLibre 的数字钱包 MercadoPago、Brubank、Nubank 等公司都是 Ualá 强劲的竞争对手,但在试图数字化改造阿根廷经济的过程中,金融科技最大的竞争对手仍然是现金交易。

（二）关键成功要素

1. 率先抢占市场,实施蓝海战略

根据 Newzoo 发布的 2017 年全球手机市场报告,阿根廷的智能手机普及率在拉丁美洲平均水平之上,但世界银行发布的 2017 年金融普惠指数显示其金融触达和覆盖的程度不均未达平均水平,传统银行提供的服务已经不能满足拉美民众日益高涨的移动支付需求。Ualá 及时关注并准确把握了市场这一空白,通过打造简单、高效、低成本的移动银行服务应用程序,并发行预付卡,满足了阿根廷民众日益增长的资金管理服务需求,补足了市场缺口。

2. 加强多元合作,构建生态体系

Ualá 采取与多家公司进行合作的模式开展业务,降低了技术开发的时间成本,并借助合作企业的客群进一步扩大了用户量,已形成较为完善的生态体系。

技术层面上,Ualá 与 Mambu、全球支付处理平台 Galileo、亚马逊等达成战略合作。2019 年 4 月 24 日,未央网发布 Ualá 获 C 轮融资,Ualá 方称将与腾讯合作,进一步开发其应用程序。

产品层面上,Ualá 与万事达合作发行万事达预付卡。

服务层面上,Ualá 与阿根廷投资公司 Grupo SBS 建立战略合作关系为用户提供投资服务。

3. 创新营销模式,扩大公司影响

Ualá 积极适应互联网时代浪潮,创新营销模式以扩大公司影响力。一方面,Ualá 与谷歌、Facebook、Instagram Stories、推特、YouTube 等知名搜索/社交平台合作进行付费宣传,以最快速度建立品牌效应;另一方面,Ualá 与 tiendamia、falabella、farmaonline 等购物平台及 Spotify Premium 等娱乐平台合作,通过提供折扣的方式激励用户使用 Ualá 预付卡支付,例如使用 Ualá 购买

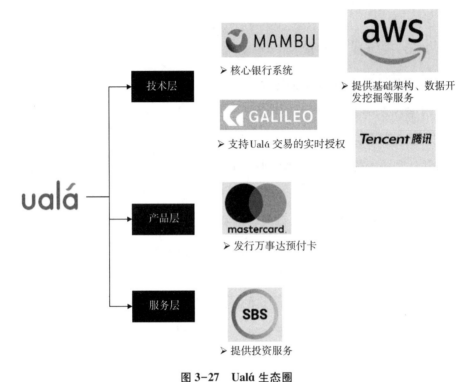

图 3-27　Ualá 生态圈

资料来源：作者根据 Fintechfutures、Prnewswire、Ualá 官网整理。

Coderhouse 的在线课程可获得 50% 的折扣等促销方式实现裂变拉新。

（三）挑战与风险

1. 技术尚未自主，对外依赖较高

Ualá 的创始人 Pierpaolo Barbieri 曾在采访中提到，Ualá 的目标是成为一家技术公司。但目前 Ualá 采用的主要技术大多是外包或付费使用，例如使用 Mambu 的核心银行系统，与全球支付处理平台 Galileo 合作等。其创始人也表示将与不同领域的领先者合作，以实现"用一张卡和一个应用程序提供所有的金融服务"。与 Brubank 组建自己的技术团队相比，Ualá 自身科技储备明显不足，核心技术上自主权相对较低，其大部分业务都基于在各大金融、支付

终端之间实现的信息互换与资金转移，过分依赖外部合作导致公司业务的不可控性较强，抗风险能力较弱。

2. 同业竞争激烈，核心优势未明

作为一家仅成立三年的公司，Ualá 的用户数量增长已远超预期，其市场反馈也集中在"便捷""改变""舒适"等关键词。但数字银行领域同业竞争日益激烈，公司的核心优势并非不可替代。一方面，相较于作为 MercadoLibre 的线上支付平台的 MercadoPago，Ualá 的功能全面性不足；另一方面，相比部分竞品如 Brubank，Ualá 的收费偏高且功能差异化不明显。当前 Ualá 盈利途径尚未明确，主要依靠腾讯、软银、索罗斯等投资者的资金实现业务扩张和平台构建，其创始人也表示未来将依靠其他金融服务例如投资贷款等获取收入，其核心竞争优势尚未明确。

全球金融科技创新案例之数字
信贷篇：Prodigy Finance 研究

摘　要：Prodigy Finance（以下简称"PF"）是英国线上跨境留学贷款的先行者，主营针对国际留学生的线上跨境留学贷款。自 2007 年成立以来，PF 发展迅速，业务覆盖 150 多个国家，用户数超过 19000，累计交易金额达 10 亿美元，总融资金额超 13 亿美元。PF 针对国际留学生贷款困难、放贷风险不确定性高等痛点，自主搭建线上跨境留学贷款申请平台，并利用未来收入潜力（FEP）模型预测留学生毕业后的薪酬，据此为国际留学生提供合适的助学贷款。PF 关键成功因素主要有三：一是搭建三位一体贷款生态体系，助学贷款专款专用性强；二是无抵押无担保在校免息，缓解客户申请贷款压力；三是目标客户发展潜力巨大，未来还贷能力具有保障。然而，受疫情与国际政治形势动荡而不断增强的业务不确定性和各国政府尚未明朗的数字银行监管均对 PF 的未来发展提出了挑战。本案例将从 PF 的基本情况、经营指标和发展历程入手描述公司概况，从市场痛点解决、用户画像、产品与服务、盈利模式、技术优势等方面深入分析其产品服务及商业模式，并在此基础上结合行业及竞品分析，总结其关键成功要素与现存风险挑战。

一、企业概况

（一）基本介绍

1. Prodigy Finance：线上跨境留学贷款的先行者

Prodigy Finance 是英国一家致力于创新留学贷款业务的挑战者银行，主营线上跨境留学贷款业务。

表 3-22　Prodigy Finance 基本情况

成立时间/总部	2007 年/英国伦敦
创始人	Cameron Stevens（连续创业者）
估值	N/A
累计融资额	13 亿美元（截至 2020 年 12 月）
累计交易规模	10 亿+美元（截至 2020 年 12 月）
员工数	202 名（截至 2020 年 12 月）
用户数	19000+名（截至 2020 年 12 月）
覆盖范围	150 个国家（截至 2020 年 12 月）

资料来源：作者根据 Prodigy Finance 官网，Crunchbase，Investopedia，Craft 资料整理。

2. 创始成员关注科技与创新，团队成员契合发展所需

PF 由欧洲工商管理学院（INSEAD）的 3 名毕业生共同创办。公司的首席执行官卡梅伦·史蒂文斯（Cameron Stevens）是一位连续创业者，尤其关注早期技术投资并颇具社会企业家精神。他曾在大学期间创立致力于提高失业者就业技能的小微企业，并于毕业后在东南亚创立咨询公司，成功帮助一家技术型公司在马来西亚证券交易所上市①。公司的首任运营官和技术官分别由 Ryan Steele 和 Miha Zerko 担任，两人共同构建了 PF 最初的风险和法律识别模

---

① Prodigy Finance 官网，https://prodigyfinance.com/。

型,该算法于 2008 年在 Insead 得到试点应用①。Ryan Steele 现担任 Maslow Capital 的首席运营官。

目前,公司核心团队成员主要包括首席财务官 Alistar Hops、人力资源总监 Cate Band、法律与合规总监 Nicole de Rauville、首席运营官 Nico Barnard 等人,他们均在各自业内领域拥有超过 10 年的相关工作经验。核心团队成员的业务专业性契合了 PF 的发展所需,使其能够及时捕捉留学贷款市场的痛点,自主构建满足合规要求的征信体系,成为创新留学贷款业务的先行者。

截至 2020 年 11 月 PF 已经在伦敦、开普敦、纽约、班加罗尔、孟买 5 地分别成立办公地点,拥有员工 200 人。

3. 广受投资者青睐,年内融资超 10 亿

截至 2020 年 11 月,PF 共完成 5 轮融资,累计融资金额超过 13 亿美元。先后吸引了硅谷风险投资机构 Balderton Capital、瑞士信贷集团下的瑞信银行、著名风投机构 Index Venture、AlphaCode Club、London Venture Partners 等众多投资方。2018 年,PF 受到三井住友银行、M&G Investments、高盛、德意志银行等著名投资机构青睐,年内通过债券融资超 10 亿美元。

表 3-23　Prodigy Finance 融资情况

融资轮数	投资方	时间	投资金额
战略融资	Balderton Capital,Ed Wray	2015.08.10	1.25 千万美元
债权融资	瑞信银行	2015.08.10	8.75 千万美元
债权融资	—	2017.08.21	2 亿美元
C	Index Ventures, Balderton Capital, AlphaCode Club, London Venture Partners	2017.08.21	4 千万美元

---

① MBA Community loans plc and apex corporate trustees(UK)limited,https://prodigy-files. s3. amazonaws.com/files/Uhc3jK_jon7aAlnnwfXMHA/EXECUTED__MBA_-_Amended_and_Restated _Trust_Deed_-_2020_Programme_Update.PDF.

续表

融资轮数	投资方	时间	投资金额
债权融资	三井住友银行,M&G Investments,高盛,德意志银行	2018.09.24	10.11 亿美元

资料来源:作者根据天眼查,Crunchbase 资料整理。

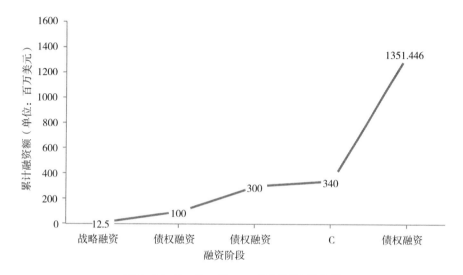

图 3-28 Prodigy Finance 累计融资额曲线

资料来源:作者根据天眼查,Crunchbase 资料整理(使用 2018 年 9 月 24 日英镑兑美元汇率 1.33085)。

(二)经营指标

1. 业务初具规模,尚未实现盈利

截至 2020 年 11 月,PF 已为超过 19000 名客户提供贷款,业务覆盖 150 个国家,累计贷款金额超过 10 亿美元,并与 900 余所高校达成合作,网站平均每月访问次数近 17 万。

根据 PF 此前披露的 2014 年至 2017 年财务数据,公司主营业务收入年均增长近 100%,但毛利率从 2014 年的 73%下降至 2017 年的 32%,一定程度上反映其主营业务成本呈加速上升趋势。此外,由于 PF 在 2018 年前主要致力

于布局市场和模型研发,因此公司盈利状况并不乐观,2014年至2017年间净利润始终为负。PF方面尚未披露2018年及2019年财务数据。

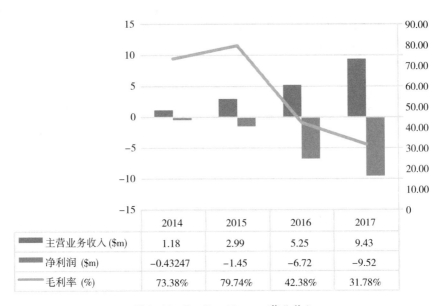

	2014	2015	2016	2017
主营业务收入 ($m)	1.18	2.99	5.25	9.43
净利润 ($m)	-0.43247	-1.45	-6.72	-9.52
毛利率 (%)	73.38%	79.74%	42.38%	31.78%

图3-29　Prodigy Finance 营业收入

资料来源:作者根据 Craft 资料整理。

2. 综合竞争力强,多次入选金融科技独角兽榜单

PF凭借创新的在线跨境留学贷款业务,2016年入选欧洲 FinTech 50 榜单,2018年入选《星期日泰晤士报》英国发展最快的科技公司前100名,2020年入选英国金融科技独角兽俱乐部榜单、《商业领袖》杂志英国金融科技领袖32强、《商业云》"金融科技100强",并被评为"最佳P2P网络借贷平台"。

(三)发展历程

PF的发展历程可分为尝试探索期、高速增长期和发展调整期三大阶段(如图3-30所示)。

1. 尝试探索期(2007—2009年)

2007年成立伊始,PF出台了针对欧洲工商管理学院(INSEAD)学生的点

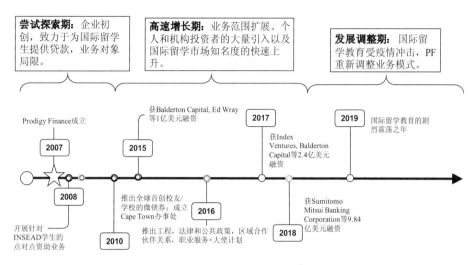

图 3-30　Prodigy Finance 公司发展历程

资料来源：作者根据 Ten years of impact，2018、Crunchbase 资料整理。

对点资助计划,旨在为无力支付高昂学费的该校国际留学生提供贷款渠道,解决财务问题。这一阶段,公司贷款业务对象仅限于欧洲工商管理学院(INSEAD)学生,而投资业务资金主要来自该校校友,尚未建立成熟规范的资金管理体系。

2. 高速增长期(2010—2018 年)

与尝试探索期相比,高速增长期的特征集中表现在业务范围的拓展和大量投资者的加入。2010 年,PF 推出全球首创的校友微债券,并在开普敦成立除伦敦以外的第二个办事处。2014 年,PF 与瑞士信贷影响力投资和小额信贷团队联合发行了 2500 万美元的教育债券。2018 年,PF 将服务院校范围从全球排名前 100 的商学院扩展至覆盖美洲、欧洲、亚洲等逾 900 所高校;将覆盖专业范围从商科拓展至工程、公共政策、法律和医学等各类专业。

3. 发展调整期(2019 年至今)

发展调整期的核心特征表现为应对跨境留学市场波动的业务调整。2018

年以来冲突不断升级的中美贸易战和 2020 年初暴发的全球新冠肺炎疫情极大地限制了国际留学生求学,造成了跨境留学市场的剧烈波动。对此,PF 积极适应动态变化的跨境留学贷款市场,研究针对计划出国、正在学习以及正在还款三类客户的个性化解决方案,支持客户在第一笔付款到期前申请延期以缓解其当前财务压力。

二、产品服务与商业模式

(一)市场痛点解决与客户画像

针对国际留学生获取跨境留学贷款渠道有限、贷款申请流程烦琐、银行放贷风险不确定性高等市场痛点,PF 自主搭建了线上跨境留学贷款申请平台,并利用未来收入潜力(FEP)模型(下文简称 FEP 模型)预测留学生毕业后的薪酬,据此为国际留学生提供合适的贷款,从而在控制跨境留学贷款放贷风险的同时,为国际留学生提供了便捷的贷款申请路径。

1. 自建线上跨境留学贷款平台,解决国际留学生获贷难

首先以银行为代表的传统贷款机构往往以贷款申请人当前的收入水平和提供的担保质量作为放贷标准。在传统信贷模式下,暂无收入来源的国际留学生往往难以从传统银行获得贷款。其次,本地放贷机构通常不支持跨境贷款,进一步限制了国际留学生获得留学贷款的机会。此外,即使银行愿意提供贷款,贷款申请人仍需要按照银行的要求提交收入证明、担保人签字等多项资料,贷款申请流程烦琐耗时。针对以上三大痛点,PF 自主搭建了线上跨境留学贷款平台,其核心亮点在于:

(1)为逾 900 所合作院校的留学生提供无担保贷款。国际留学生获得 PF 提供贷款支持的院校录取即可向 PF 申请无担保贷款以支付其学费及生活费。

(2)先进的信用预测评分模型。PF 与院校合作,获取信用评估所需的一手数据,主要包括学生的课程信息、校园表现及未来可能求职方向,并基于这些数据通过多计分卡模式对贷款人进行信用评估预测所有计分卡都基于同一框架构建——即评估学生的个人资料如院校录取通知书、GMAT 成绩等,预测该学生研究生毕业后的薪资轨迹。该评估和预测过程主要基于将学生录取院校其他学生的典型特征和历史表现。

(3)审慎的风险评估模型。PF 通过 KYC(Know Your Customer)调查对贷款申请者的信用历史进行严格审核。只有通过 KYC 信用审核、符合反洗钱政策(AML)和政治敏感人物政策(PEP)的申请者才有资格获得贷款①。此外,PF 还将不同国家及地区的客户信用数据进行标准化,使其具备可比性②。

(4)持续的风险追踪机制。PF 实时监视和跟踪每位贷款人的还款状态,将其分为已违约客户、极大可能将违约客户与正在执行贷款合同义务三大类。此外,PF 通过评估投资组合绩效报告确定用于信用预测模型的计分卡衡量标准的实时适用性,以降低信用损失的可能性。PF 通过持续追踪贷款学生的年龄变化和所在国家及地区的宏观经济状况,并将其作为计分卡衡量标准变化的两大重要指标。与此同时,PF 已与软件解决方案供应商 SureCloud 建立合作,运用 SureCloud 所提供的软件服务提高风控所需信息来源集中度和可信度,并逐步实现风险管理自动化。③

---

① 金投网,英国助学贷款平台 Prodigy Finance,https://loan.cngold.org/c/2017 – 10 – 13/c5390298.html,2017。

② Fintech:Innovation without Disruption:How Prodigy Finance Achieved Both High Growth and Social Good,https://publishing.insead.edu/case/fintech-innovation-without-disruption-how-prodigy-finance-achieved-both-high-growth-and-social-good.

③ Prodigy Finance and SureCloud agree risk management partnership,https://www.credit-connect.co.uk/consumer-news/prodigy-finance-and-surecloud-agree-risk-management-partnership/.

(5)全球范围内定制化贷款合同执行机制。PF 在其业务覆盖的各个国家和地区聘请法律顾问,并根据当地法律法规对贷款合同进行定制化的评估调整,目前 PF 的定制化贷款合同可以在 150 个国家及地区执行。

2. 投资者来源广泛,贷款者主要分布于新兴市场

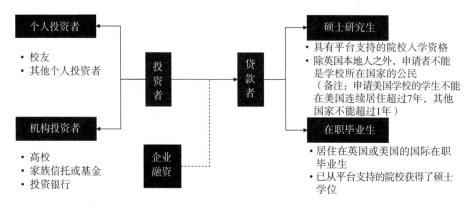

图 3-31　Prodigy Finance 客户群体

资料来源:作者根据 Prodigy Finance 官网、金投网资料整理。

PF 的用户主要分为投资者和贷款者两大类。自成立以来,PF 经历了三轮商业模式的转变,投资者亦在这三轮转变之中逐步拓展。最初,PF 因从银行无法获得资金支持,而采取 P2P 模式链接校友和学生。该模式下 PF 成功资助了第一个 INSEAD 工商管理硕士班。2010 年,PF 开始发行债券,向世界各地的合格投资者开放交易,逐步形成了社群性投资模式。2014 年,PF 吸引了私人银行客户群——高净值客户和家族信托投资者。2015 年以来,PF 受各大投资机构关注,并多次获得投资。目前 PF 的投资者可划分为个人投资者和机构投资者两大类。个人投资者以 PF 合作高校校友为主,一般通过校友基金或区域债券进行投资;机构投资者则包括院校、家族信托或基金以及投资银行等多类社会及金融机构,这些机构旨在通过投资获得收益和社会影响力。

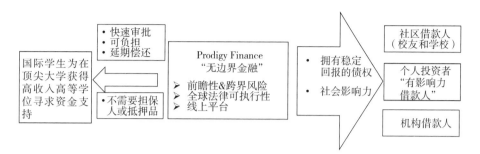

图 3-32　Prodigy Finance 商业模式

表 3-24　Prodigy Finance 贷款客户

贷款客户	要求
硕士研究生	·具有平台支持的院校入学资格 ·除英国本地人之外,申请者不能是学校所在国家的公民 　　备注:申请美国学校的学生不能在美国连续居住超过 7 年,其他国家不能超过 1 年
在职毕业生	·居住在英国或美国的国际在职毕业生 ·已从平台支持机构获得了硕士学位

PF 的贷款者主要就读于北美院校,专业范围广泛,来自商业、经济学、工程、计算机、数学、法律、公共政策和医学等多样化的专业。

(二)产品与服务

PF 主营投资与贷款两大业务,其中投资业务经营面向合格投资者的投资产品,贷款业务经营针对留学生贷款痛点的贷款产品。

下文将对 PF 两大业务板块进行深入分析。

1. 面向合格投资者的投资产品

PF 针对投资者的合格性设置了门槛,有意向的投资者需通过 PF 平台问卷测试才能获准投资。目前,PF 主要推出以学生贷款作为抵押的资产证券化债券投资产品,共基于三类债权资产:一是特定学校债,针对特定院校的学生

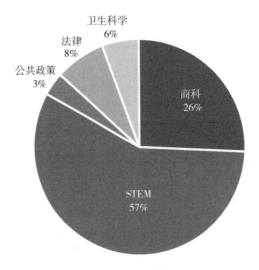

图 3-33　Prodigy Finance 贷款覆盖专业分布

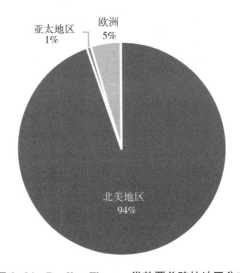

图 3-34　Prodigy Finance 贷款覆盖院校地区分布

资料来源:作者根据 Prodigy Finance 官网资料整理。

贷款;二是多元学校债,针对多所院校的学生贷款组合;三是区域债券,针对特定区域跨国求学的学生贷款。

　　这些债券投资产品除了具备固收类产品的收益稳定和流动性较低等特点

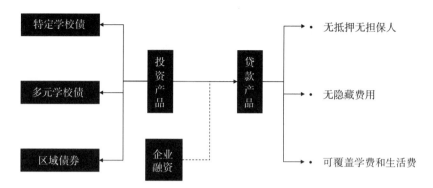

图 3-35　Prodigy Finance 产品

资料来源：作者根据 Prodigy Finance 官网、金投网资料整理。

之外,还具有多元化特征和附加影响力。PF 贷款客户的区域多元性和行业分散性塑造了这些债权投资产品的多元化特征,有助于投资者分散风险。与此同时,由于借款人往往是选定高校就读的研究生,投资者还可以通过该类投资履行企业社会责任,获得一定的社会影响力。

2. 针对外国留学生贷款难的贷款产品

针对难以在传统银行获得助学贷款的国际留学生群体,PF 推出了无抵押、无担保人、无隐藏费用,学费和生活费均可覆盖的在线贷款产品。

(1)申请流程:PF 的贷款流程主要包括贷款申请提交、证明材料递交与审核以及电子合同签署,所有流程均可在线上完成。贷款申请者在 PF 官网在线提交贷款申请后,将在 5 个工作日内收到由 PF 发放的临时合同,约定申请者的贷款利率、贷款规模、还款要求等条款。此后,贷款申请者递交个人身份证明、录取通知书等相关证明性文件供 PF 审核。后续审核完成后双方签署电子合同,申请者即可获得贷款。贷款资金将不会直接发送到申请者的账户,而是直接发给申请者所申请的院校,超出学费的部分将由院校相关机构发放至申请人账户。

(2)还款方式:贷款者可以通过手机 App 进行在线还款。全日制项目学生从毕业后 6 个月开始还款,在职项目学生从放款后 3 个月开始还款,还款时

图 3-36　Prodigy Finance 留学贷款申请流程

资料来源：作者根据 Prodigy Finance 官网资料整理。

间通常为 7—10 年。贷款者可选择每月按时或提前还款，逾期需缴纳违约金。

（3）风险控制：PF 注重数据安全和风险控制。在数据安全方面，PF 以行业安全标准为基础，与 Mimecast、Darktrace、Okta、Threatstack 合作，对应用程序、系统和网络安全定期审核。在风险控制方面，PF 针对不同的贷款者推出了 FEP 模型，并根据互惠协议向各个信用局（CRA）合作交换信贷数据，以控制坏账风险。

此外，PF 已经开发出一个适用于 iOS 和 Android 的应用程序。通过该应用程序，贷款者可以追踪资金去向、自定义还款计划、选择还款方式（如自动还款）和追踪还款状况等。

（三）营利模式

1. 投资业务盈利

PF 的投资业务收入主要来自于发行配售费用以及服务费。PF 向投资者收取配售费用和发行费用，一次性发行费用为债券本金的 0.75%（配售费用为 0.25%，发行费用为 0.50%），基本上涵盖了债券的发行成本。此外，PF 每年向投资者收取 2.00% 的服务费，该费用从学生还款中扣除。

2. 贷款业务盈利

PF 的贷款业务收入主要来自于管理费以及利息。PF 对发放的每笔贷款收取管理费，管理费最高为贷款总额的 4%。该费用直接添加在总贷款额中，并平均分配到贷款者每月还款额。PF 的贷款利率由两个部分组成：固定保证金和基本利率。固定保证金由申请者的资质决定；基本利率对标国际浮动利率，目前使用 3 个月的伦敦银行同业拆借利率（LIBOR）。

（四）市场营销模式

PF 采用推荐人计划进行市场推广，该计划对所有在 PF 网站上注册的用户开放。推荐人输入可能有兴趣了解或申请 PF 贷款的朋友、家人、同事的电子邮件地址，PF 会向上述被推荐人发送电子邮件，包含推荐链接。推荐链接的有效期为自推荐之日起 1 年，之后自动失效。

若被推荐人成功申请贷款，且该贷款已发放至目标院校，推荐人会收到电子凭证。每个用户每成功推荐一个贷款者都会获得 150 美元的 Amazon 代金券，至多可以获得两次。此外，PF 与高校建立了紧密合作，部分学校更将 PF 列在官网的助学渠道上以支持学生获得深造机会。

三、分析及总结

（一）行业及竞品分析

经济合作与发展组织（OECD）预测，截至 2025 年，全球国际学生总量将达到 800 万人，其中研究生贷款总额预计高达 400 亿美元。而与市场之巨大体量形成鲜明对比的是银行等贷款机构的过度保守。以银行业巨头瑞士银行为例，留学生首先需要在瑞银开户，而开户要求留学生同时满足持有瑞士 B 类居留证（Residence Permit B）、存款额不少于 5000 瑞士法郎和拥有有效期在 5 个月的居留证三大条件。开户后，500 瑞士法郎将被冻结，学生如离开瑞士且仍要继续使用该账号，则必须在该账户留存 10 万瑞士法郎，否则该账户会被注销。银行账户的严格管控和传统大银行在资信审核和额度管理上的重重限定都让国际留学生借款和还款成为了巨大的难题。

目前,市场上已有较多企业积极布局国际留学贷款市场,PF 与部分竞品的对比如下:

表 3-25　Prodigy Finance 竞品对比(Ⅰ)

	Prodigy Finance	**CommonBond**	**Future Finance**
成立时间	2007	2011	2013
产品	(1)贷款业务:研究生贷款、学生贷款再融资 (2)投资业务:债券	(1)贷款业务:本科生贷款、研究生贷款、MBA 学生贷款、牙科学生贷款、医学生贷款、学生贷款再融资 (2)投资业务:债券	(1)贷款业务:本科生贷款、研究生贷款
贷款者是否有国籍限制	(1)硕士研究生:除英国本地人之外,申请者不能是学校所在国家的公民 (2)在职毕业生:申请人需是居住在英国或美国的在职毕业生		就读英国大学的学生
地点	伦敦、班加罗尔、孟买、开普敦、伦敦	纽约	都柏林、法兰克福、爱尔兰、大伦敦、芝加哥
员工人数	200	71	90
是否需要抵押或担保人	否	是	是
硕士研究生贷款 APR	7.3%(平均)	固定利率:7.12%—10.74% 可变利率:6.75%—9.41%	可变利率:20.6%
投资者	Balderton Capital、Ed Wray、瑞信银行、Index Ventures、三井住友银行、M&G Investments、高盛、德意志银行等	Alumni Ventures Group、First Republic Bank、The Yard Ventures、Gaingels、路博迈、麦格理投资银行、巴克莱银行等	Waterfall Asset Management、Colchis Capital Management、高盛、KCK、Ridge Road Partners、黑石集团等

表 3-26　Prodigy Finance 竞品对比(Ⅱ)

	LendKey Technologies	**College Ave Student Loans**	**Earnest**
成立时间	2007	2014	2013

续表

	LendKey Technologies	College Ave Student Loans	Earnest
产品	(1)贷款业务:学生私人贷款、学生贷款再融资、房屋装修贷款 (2)投资业务:为投资者构建资产组合产品	(1)贷款业务:本科生贷款、研究生贷款、父母贷款、学生贷款再融资	(1)贷款业务:本科生贷款、研究生贷款、MBA 贷款、医学生贷款、法学生贷款、学生贷款再融资
贷款者是否有国籍限制	美国公民或永久居民	具有有效美国社会保险号的国际学生	是美国公民,或者拥有10 年(无条件)永久居民卡
地点	纽约、俄亥俄州	威尔明顿	旧金山
员工人数	134	70	201
是否需要抵押或担保人	是	是	是
硕士研究生贷款 APR	固定利率:3.99% 浮动利率:1.49%	固定利率: 4.24%—11.98% 可变利率: 1.89%—10.97%	固定利率≥3.49% 浮动利率≥1.05%
投资者	North Atlantic Capital、TTV Capital、美国硅谷银行、Updata Partners、Threshold、Zelkova Ventures、Gotham Ventures、Tourne View Ventures 等	古根海姆投资公司、Leading Edge Ventures、Comcast Ventures、Pivot Investment Partners、Joseph DePaulo、美驰投行等	FinSight Ventures、美国纽约人寿保险公司、StartCaps Ventures、Hone Capital、Augusta Investments LLC、Accomplice、复星锐正资本等

资料来源:作者根据各公司官网、Crunchbase 资料整理。

从放贷角度来看,上述公司都将贷款者的未来还款能力作为评估条件之一,而 PF 是唯一一家不需要抵押物或担保人的留学贷款平台。与此同时,PF 的贷款利率高于部分贷款平台以补偿免于担保带来的额外风险。

从用户群体来看,Future Finance、LendKey Technologies、College Ave Student Loans、Earnest 等公司将贷款客户局限在英国或美国。而 PF 对用户群体具有更大的包容性,覆盖美洲、欧洲、亚洲等逾 900 所高校。但是,PF 仅面向硕士研究生以及在职毕业生提供助学贷款或再融资服务,相较于 CommonBond 面向本科生、硕士研究生、在职毕业生等多类用户群体获客具有一定的局限性。

从投资业务来看,PF 和 CommonBond 除了贷款产品以外,均推出了面向合格投资者的债券产品,但 CommonBond 推出的投资债券已获得穆迪公司 AAA 评级,更具投资优势。

此外,CommonBond 积极布局区块链、人工智能等领域,利用前沿科技为金融服务赋能,而 PF 尚未在人工智能等领域有相关动态。

(二)关键成功要素

1. "三位一体"贷款生态体系,助学贷款专款专用性强

通过搭建"学生—高校—PF""三位一体"贷款生态体系,PF 在关键资源上形成了"护城河"。公司提供助学贷款资金的方式并非直接将资金打到贷款者账户,而是选择与相应高校学生资助部门合作,直接将资金划拨到对应高校,由该高校学生资助部门在扣除相应学杂费之后发放到学生账户中。这种贷款方式能够有效避免资金在公司与个人之间跨国转移带来的各种政治经济风险,也能保证助学贷款资金被切实用于贷款者接受高等教育,做到专款专用。

2. 无抵押无担保在校免息,缓解客户申请贷款压力

PF 贷款申请者除了相应学校录取证明之外不需要提供额外的担保或抵押,为国际学生获取贷款提供了极大的便利。此外,PF 实行学位在读期间免息免还款的模式,所有还款均发生在贷款者完成学业之后,极大减轻了贷款者在求学期间的经济压力。相比于传统银行贷款等形式,客户在求学期间能将更多的时间精力投入到专业研究领域,不需要通过兼职等形式来赚取资金以付息。

3. 目标客户发展潜力巨大,未来还贷能力具有保障

根据美国国际教育协会 Institute of International Education 发布的《2019 年美国门户开放报告》,中国连续 10 年卫冕美国最大生源国,中国和印度留美学生人数达到美国留学生总数的 52%。工程学、数学和计算机科学、商科仍是留

美人员三大首选热门专业,且毕业于该三大专业的学生薪资普遍处于较高水平。商科方面,普林斯顿大学商科硕士平均薪资达 113000 美元;数学和计算机科学方面,芝加哥大学理学硕士平均薪资达 141000 美元。工程学方面,工程系硕士留学生就业后第一年的平均薪资为 79953 美元。可观的薪资水平保障了 PF 目标客户较强的还款能力,一定程度上降低了 PF 的坏账风险。

（三）挑战与风险

1. 国际形势动荡不安,跨境留学贷款波动剧烈

2019 年以来,国际形势动荡加剧。一方面,特朗普政府的"美国中心政策"如控制留学生数量、缩小 STEM(科学、技术、工程和数学)专业范围、收紧 H-1B 政策等,大大限制了中国等国留学生赴美深造,对国际留学市场造成直接打击。另一方面,2020 年席卷全球的新冠肺炎疫情导致国际留学生不得不选择推迟入学或网课等方式完成学业。国际局势的剧烈波动大大削弱了留学贷款市场的稳定性,尽管 PF 积极应对并及时调整业务,留学贷款市场需求侧的剧烈波动对 PF 业务正常开展的负面影响仍不可避免。

2. 同业竞争激烈,稳固市场份额困难

目前全球已有较多公司积极布局留学贷款市场,诸如 MPOWER Finance、CommonBond、LendKey Technologies、College Ave Student Loans 等。LendKey 与银行、信用合作社等合作,可以在线提供低利率贷款。MPOWER 的商业模式与 PF 类似,为赴美国和加拿大留学的学生提供贷款,且允许本科高年级学生获得贷款。CommonBond 推出的投资债券已获得穆迪公司 AAA 评级。PF 不仅在产品多样性还是竞争力都遭受考验,尽管率先进入国际留学贷款市场,其仍处于"不进则退"的激烈竞争中。

全球金融科技创新案例之数字信贷篇：Judo Bank 研究

摘　要：作为澳大利亚领先的挑战者银行，Judo Bank 主营中小企业贷款业务，致力于缓解中小企业融资难、融资贵的问题。自 2016 年在墨尔本成立以来公司虽尚未实现盈利，但客户数量迅速增加，累计融资达 13.788 亿美元，估值超过 10 亿美元。Judo Bank 针对澳洲传统银行业贷款放贷效率低下、抵押资产要求严格以及贷款条件设置僵化等市场痛点，自主搭建"云银行"平台，并构建以"4C"原则为核心的信贷模型，为中小企业提供便捷的信贷服务。Judo Bank 的关键成功要素有三：一是建立以用户为中心的关系银行，提供优质便捷的信贷服务；二是携手以云技术为基础的软件开发商，实现高效便捷的信贷流程；三是构建以数据为核心的风控模型，保障有效控制的信贷风险。然而，新冠肺炎疫情冲击下的外部经济环境和激烈的同业竞争都对 Judo Bank 的未来发展提出了挑战。本案例将从 Judo Bank 的基本情况、经营指标和发展历程入手描述公司概况，从市场痛点解决、用户画像、产品与服务、盈利模式、营销模式、技术优势等方面深入分析其产品服务及商业模式，并在此基础上结合行业及竞品分析，总结其关键成功要素与现存风险挑战。

一、企业概况

（一）基本介绍

1. Judo Bank：澳大利亚首家面向中小企业的数字银行

Judo Bank 是澳大利亚首家面向中小企业（Small and Medium-sized Enterprises，简称为 SMEs）的挑战者银行，主营中小企业商业贷款、设备贷款和房屋贷款等贷款业务[①]，旨在帮助缓解中小企业在传统融资渠道中面临的资金缺口问题。

表 3-27　Judo Bank 基本情况

成立时间/总部	2016 年/墨尔本
创始人	Joseph Healy David Hornery Chris Bayliss Tim Alexander
估值	16.5 亿+美元（截至 2020 年 12 月）
累计融资额	13.788 亿美元（截至 2020 年 12 月）
贷款金额	16 亿美元（截至 2020 年 12 月）
存款金额	15 亿美元（截至 2020 年 12 月）
员工数	244 名（截至 2020 年 12 月）
客户数量	9700+家企业（截至 2020 年 12 月）

资料来源：作者根据 Judo Bank 官网、Crunchbase、Craft 资料整理。

---

① 　未央网，Judo Bank：澳大利亚首家面向中小企业的数字银行，2020。

2. 创始团队业务能力强大，丰富经验支持公司发展

Judo Bank 的创始团队在金融领域拥有丰富的从业经验。公司的首席执行官 Joseph Healy、David Hornery 和首席产品官 Tim Alexander 都曾在国民银行任职。Joseph Healy 曾担任澳新银行全球客户关系总经理，深谙客户关系维系之道。David Hornery 深耕银行对公业务，曾负责管理覆盖 9 万中小企业客户的对公业务线。Tim Alexander 曾担任"未来商业银行"的项目负责人，在探索建立新型的银行运营模式经历颇丰。首席运营官 Chris Bayliss 在中小企业信贷风险管理方面经验丰富，曾担任巴克莱银行小微信贷分析师。创始团队成员专业的业务能力以及丰富的从业经验契合了 Judo Bank 的发展所需，使其能够及时捕捉中小企业信贷市场的痛点，并提供精准化、专业化的解决方案。

截至 2020 年 12 月，Judo Bank 已在墨尔本、悉尼和布里斯班设办事处，员工总数达 244 名，并持续拓展团队规模。

3. 广受投资者青睐，单笔融资金额创纪录

截至 2020 年 12 月，Judo Bank 共完成 2 轮债权融资和 4 轮股权融资，累计融资超过 13.788 亿美元，估值接近 20 亿美元①。债权融资方面，Judo Bank 在 2018 年先后获得了瑞士银行 3.5 亿美元和高盛集团 1 亿美元的债权融资②。股权融资方面，Judo Bank 前后吸引了阿布扎比资本集团、贝恩资本信用、铁桥资本、OTTrust Private Markets Group 等众多著名投资方，并在 2019 年 7 月完成的 B 轮融资中获得了高达 2.764 亿美元的融资额③，创下了澳大利亚资本市场上创业公司单笔融资金额的最高纪录。C 轮融资过后，Judo Bank 跻身澳大利亚金融科技独角兽企业④。

---

① 澳大利亚数字银行 Judo Bank 获 4 亿美金融资，估值接近 20 亿美元，2019。

② 数字银行 Judo 融资路上狂奔锁定 4 亿澳元股权融资，2019。

③ Australian neobank Judo secures ＄247 million in Series B funding，2019.

④ SME challenger bank，Judo Bank，attains unicorn status，2020.

表 3-28　Judo Bank 融资情况

融资轮数	投资方	时间	投资金额
A	Credit Suisse, Myer Family Investments, OPTrust Private Markets Group, Abu Dhabi Capital Group	2018.8	1.039 亿美元
债权融资	瑞士信贷	2018.11	3.5 亿美元
债权融资	高盛	2019.04	1 亿美元
B	The Myer Family Company, OPTrust Private Markets Group, Ironbridge Capital, Tikehau Capital, Abu Dhabi Capital Group, Bain Capital Credit, SPF Investment Management	2019.07	2.764 亿美元
C	The Myer Family Company, OPTrust Private Markets Group, Ironbridge Capital, Tikehau Capital, Abu Dhabi Capital Group, Bain Capital Credit, SPF Investment Management	2020.05	1.485 亿美元
D	Bain Capital Credit, Tikehau Capital, Abu Dhabi Capital Group, OPTrust, Ironbridge, SPF Investment Management	2020.07	4 亿美元

资料来源:作者根据 Judo Bank 官网、Crunchbase 资料整理。

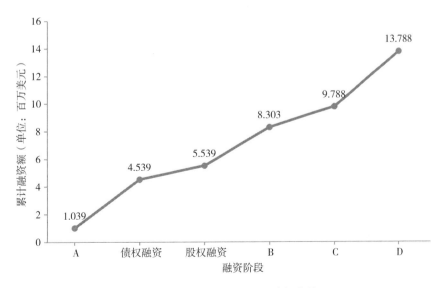

图 3-37　Judo Bank 累计融资额曲线

资料来源:作者根据 Crunchbase 资料整理。

（二）经营指标

1. 虽盈利情况尚不乐观，但业务规模迅速扩张

从 Judo Bank 2020 年公布的年报来看，公司尚未实现盈利。2020 年，Judo Bank 的总收入为 2820 万美元，而净亏损高达 5080 万美元。

虽然公司盈利情况不容乐观，但业务端发展良好。Judo Bank 自 2019 年 4 月开设存款业务以来，仅 8 个月便获得超过 1 亿美元的客户存款①，截至 2020 年 5 月，存款规模超过 15 亿美元。同期，Judo Bank 已为中小企业累计发放了超过 16 亿美元贷款，每周发放至少 5000 万澳元新贷款。基于业务规模上的良好表现，Judo Bank 的首席运营官预计公司将于 2021 年实现盈利。

2. 公司独具特色，荣获金融科技多项殊荣

Judo Bank 凭借创新的存贷款业务，于 2019 年成为继 Airwallex 之后的第二家澳洲独角兽企业并获得了 LinkedIn"2019 年澳大利亚最佳新兴公司"的称号。同年，被毕马威和 H2 Ventures 评为 100 家金融科技公司第 33 位②。2020 年，Judo Bank 的个人定期存款产品获评澳大利亚最佳定期存款产品③。

（三）发展历程

Judo Bank 的发展历程可分为初创起步期（2016—2018 年）和开拓发展期（2018 年至今）两大阶段。

1. 初创起步期（2016—2018 年）

2016 年 10 月 16 日，Judo Bank 成立于澳大利亚墨尔本，前身为 Judo Capital，由著名家族企业巨头 Geoff Lord 领导的澳大利亚家族办公室财团种子

---

① Judo Bank reaches $1 billion in deposits and lends 95% of it back to small businesses,2020.

② 7 Australian companies in top 100 global fintech ranking,2019.

③ Judo Bank Term Deposit wins big in this year's Mozo Experts Choice Awards,2020.

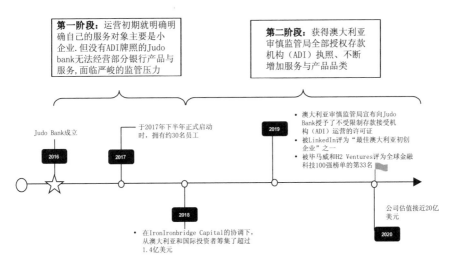

第一阶段： 运营初期就明确明确自己的服务对象主要是小企业. 但没有ADI牌照的Judo bank无法经营部分银行产品与服务,面临严峻的监管压力

第二阶段： 获得澳大利亚审慎监管局全部授权存款机构（ADI）执照、不断增加服务与产品品类

Judo Bank成立

2016

2017

· 于2017年下半年正式启动时，拥有约30名员工

2018

· 在IronIronbridge Capital的协调下，从澳大利亚和国际投资者筹集了超过1.4亿美元

2019

· 澳大利亚审慎监管局宣布向Judo Bank授予了不受限制存款接受机构（ADI）运营的许可证
· 被LinkedIn评为"最佳澳大利亚初创企业"之一
· 被毕马威和H2 Ventures评为全球金融科技100强榜单的第33名

公司估值接近20亿美元

2020

图 3-38　公司发展历程

资料来源:作者根据 Judo Bank 官网、Crunchbase、未央网资料整理。

资金投资创立。这一时期,Judo Bank 仅经营中小企业贷款业务,为中小企业提供从 25 万美元到 1000 万美元的贷款服务,包括商业贷款、信用贷款、融资租赁、房屋贷款等。由于没有获得银行牌照,这一时期公司无法开展存款业务。

2. 开拓发展期(2018 年至今)

相比于初创起步期,开拓发展期的核心特征表现为银行牌照的获得和产品与服务的完善。2019 年 4 月,Judo Bank 获得澳大利亚审慎监管局(Australian Prudential Regulation Authority,简称为 APRA)全部授权存款机构(ADI)执照,正式增加了个人存款业务。同样在该阶段,Judo Bank 不断拓展和完善产品与服务,企业贷款方面增设了抵押贷款、设备贷款和房屋贷款等,存款方面在个人定期存款的基础上推出自我管理养老基金(Self-managed Superannuation Funds,简称为 SMSF)和商业存款,以更加灵活的方式满足客户的金融服务需求。

二、产品服务与商业模式

（一）市场痛点与用户画像

1. 市场痛点：澳洲银行业信贷条件严苛，中小企业长期面临资金缺口

澳大利亚金融市场常年由澳大利亚联邦银行（Commonwealth Bank of Australia）、澳新银行（ANZ）、澳大利亚国民银行（National Australia Bank）和西太平洋银行（Westpac Banking Corporation）四家银行所垄断，四大行持有的资产约占所有澳大利亚所有授权存款机构总资产的 76.4%[①]，存款市占率亦高达 78%，其他银行市占率均在 3% 以下，银行体系高度集中，下表呈现澳洲四大行的基本信息。

表 3-29　澳大利亚四大行介绍

银行名称	成立时间	总部	性质
澳大利亚联邦银行	1911 年	澳大利亚/悉尼	国有银行
澳新银行	1835 年	澳大利亚/墨尔本	私人银行
澳大利亚国民银行	1858 年	澳大利亚/墨尔本	国有银行
西太平洋银行	1817 年	澳大利亚/悉尼	私人银行

资料来源：作者根据各银行官网资料整理。

澳大利亚审慎监管局对抵押贷款的平均风险权重为 85%，高于《巴塞尔协议 III》拟定的标准风险权重（75%）。鉴于中小企业往往难以如大型企业一般提供优质资产作为抵押，其风险系数远高于大型企业。因此，四大行的商业贷款部门通常倾向于优先满足大型企业需求以满足监管对于风险权重的要求。针对没有资产担保的中小企业，四大行贷款发放条件苛刻、信贷审批时间

---

① 疫情下的澳大利亚银行股——行业分析报告，2020。

冗长,需要这些企业提供包括商业计划等在内的大量文书。即使中小企业成功通过审批,也仍然面临着后续流程烦琐、贷款办理效率低下以及贷款条件设置僵化等问题。整体而言中小企业的融资缺口长期存在却无法通过传统融资渠道得到有效解决。

表 3-30　澳洲银行业主要痛点概括

主要痛点	具体描述
苛刻的信息要求	银行在进行信用评估时,往往对信息要求更为苛刻,要求小企业提供大量的信息和文件,如损益表和/或商业计划
必要的抵押担保	银行通常不愿在没有某种形式的担保(如不动产)的情况下直接向中小企业提供贷款,以降低中小企业贷款的可感知风险
僵化的产品设计	传统银行大多提供企业贷款产品,该类贷款产品审批时间较长、金额较大、期限较长、还款方式不灵活,并对贷款使用方式有严格的限制。传统银行提供给中小企业的主要贷款产品是住宅物业担保的中小企业贷款、个人信用卡、发票融资

资料来源:作者根据 61 Financial 资料整理①。

2. 解决方案:建立以"4C"信贷原则为核心的信贷模型,匹配专属客户经理改善信贷体验

针对四大行贷款发放条件苛刻、抵押资产要求高以及产品设计僵化等市场痛点,Judo Bank 借助数字化科技手段提供专门针对中小企业的贷款服务。其核心亮点在于:

(1)技术驱动的云银行平台。Judo Bank 团队及其技术合作伙伴在六个月时间内设计并构建了一个全新的云计算平台以支持实时有效的信息分发、通信和决策。云银行平台创造了灵活和高效的操作环境,又同时兼顾监控架构的安全性。Judo Bank 只需在该平台上核查企业的身份信息、商业资产证明等少量文书,便可办理贷款审批。整体贷款工作流程的效率显著提高,贷款审

---

① 澳大利亚银行业行业概况,2020。

批至发放全过程耗时约在两周以内。

（2）以"4C"为主的信贷模型。四大行发放商业信贷往往重点关注客户抵押物价值这类硬性指标，贷款审批时还需要核查公司近三年经审计的财务报表（包括完整的附注）、公司业务开展情况、企业净资产、总资产、股权结构等相关文书。而 Judo Bank 采用"4C"信贷原则，综合考察企业经营者的能力与经验（Character）、资本情况（Capital）、未来现金流情况（Cash flow）和抵押物（Collateral）[①]，动态关注中小企业在经营过程中围绕上述 4 个指标产生的数据变动以及偿还能力变化。以"4C"为主的信贷模型强调算法驱动的信用评估，将原本在苛刻的贷款条件前望而却步的中小企业纳入信贷体系，同时兼顾了风险防控与管理。

（3）匹配个性化服务的客户经理。大型银行的产品和服务同质化比较严重，而 Judo Bank 秉承着中小企业的"关系银行"的理念，匹配专属信贷经理为客户提供个性化的金融方案，帮助客户更加方便、快捷、全面和深入地了解 Judo Bank 的信贷服务。

3. 客群主体位于澳大利亚主要城市，服务企业多缺乏寻求专业金融帮助意识

从地理分布来看，Judo Bank 目前的客群主体位于澳大利亚墨尔本、悉尼和布里斯班等主要大型城市。

从客户需求模式来看，Judo Bank 所服务的中小企业普遍缺乏向专业金融机构咨询贷款服务的意识。Judo Bank 在 2019 年发起的澳洲中小企业的调查报告显示，86.9%的中小企业主要向朋友或同事咨询具体的贷款业务策略建议。此外，会计（31.6%）和供应商（19.2%）也成为主要的咨询渠道，只有10.3%的中小企业选择向银行寻求业务帮助。

---

① Juod Bank, focused on reducing the SME funding gap, 2020.

（二）产品与服务

截至 2021 年 1 月，Judo Bank 提供的主要账户产品是个人定期存款，并计划推出自我管理养老基金（SMSF）和商业存款。此外，公司提供多种贷款选择，例如商业贷款、设备贷款、信贷额度、融资租赁和房屋贷款等。

1. 存款产品：存款利率行业领先，澳洲政府提供信用担保

自 2019 年，Judo Bank 推出 1000 美元以上的个人定期存款产品。零收费、易申请、高灵活性是 Judo Bank 定期存款产品的特色。Judo Bank 提供 3 个月、6 个月、9 个月、1 年、2 年、3 年、4 年、5 年 8 档存款期限供以选择。3 个月至 5 年的定期存款利率在 0.81% 至 1.30% 之间，均高于澳洲银行业平均定期存款利率（0.05%—0.35%）。此外，客户可以直接登录 Judo Bank 官网输入存款金额以及存款期限，Judo Bank 定期存款利息计算器可以自动根据匹配的利率算出期末存款的价值，如图 3 所示。

表 3-31　Judo Bank 定期存款利率与澳洲银行业定期存款平均利率对比

储蓄期限相关指标	澳洲银行业定期平均存款利率（数据截至 2020 年 12 月，存款本金为 10000 澳元）	Judo Bank 定期存款利率（数据截至 2021 年 1 月，存款本金为任意数额）
1 个月	0.05%	—
3 个月	0.15%	0.81%
6 个月	0.25%	0.82%
9 个月	—	0.83%
1 年	0.3%	0.89%
2 年	—	1.25%
3 年	0.35%	1.25%
4 年	—	1.15%
5 年	—	1.25%

资料来源：作者根据 Judo Bank、Global Database 官网资料整理。

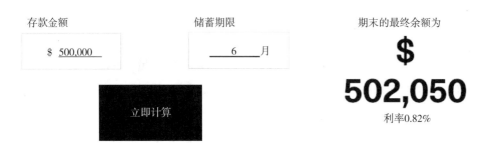

图 3-39　Judo Bank 定期存款利息计算器

资料来源:作者根据 Judo Bank 官网资料整理。

个人客户可以在 Judo Bank 平台上进行存款,并享受由澳大利亚政府提供的最高达 25 万美元的存款担保①。除此之外,针对存款到期后续存的客户,Judo Bank 设立了特色的"忠诚奖励"——在新定期存款标准利率的基础上增加 0.10% 的红利利息。

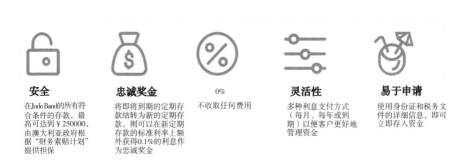

安全
在Judo Band的所有符合条件的存款,最高可达到 ¥ 250000,由澳大利亚政府根据"财务索赔计划"提供担保

忠诚奖金
将即将到期的定期存款结转为新的定期存款,则可以在新定期存款的标准利率上额外获得0.1%的利息作为忠诚奖金

0%
不收取任何费用

灵活性
多种利息支付方式(每月、每年或到期)以便客户更好地管理资金

易于申请
使用身份证和税务文件的详细信息,即可立即存入资金

图 3-40　Judo Bank 个人定期存款的产品优势

资料来源:作者根据 Judo Bank 官网资料整理。

2. 贷款产品:依托"关系银行"理念,贷款服务多样透明

Judo Bank 提供种类繁多的贷款产品,各种贷款产品可以进行自由组合,以满足中小企业多样化的资金需求,Judo Bank 贷款产品概览如下表所示。

———————————

① Judo Bank:澳大利亚首家面向中小企业的数字银行,2020。

表 3-32　**Judo Bank 贷款产品概览**

产品	简介
商业贷款	为客户经营及投资等商业行为提供贷款。利率选择灵活,可选择浮动利率或固定利率。还款频率可选择按月、按季、按半年偿还,还款方式可选择每期偿还本息或仅偿还利息。抵押品形式多样,包括企业的自有财产和交易性资产等
信用贷款	为客户提供一年期浮动利率的信贷额度。无固定还款计划,期限内贷款可循环使用,随借随还。抵押品形式多样,包括企业的自有财产和交易性资产等
设备贷款	为客户购买商业设备或经营车辆提供贷款。以融资设备为担保,采取固定利率,贷款期限与设备使用寿命匹配,最长可达五年。还款方式灵活,可按月、按季、按半年偿还。每期偿还本息,可选择"气球贷"方式——短贷低供,即贷款期限短但以一个较长的期限来计算月供,减轻前期还款压力
融资租赁	为客户提供商业设备和经营车辆"先租后购"的金融服务。Judo Bank 拥有设备所有权,客户可以租赁该资产,租金可以免税,并有权在期限结束时购买。贷款期限与设备使用寿命匹配,最长可达五年。采用固定利率,偿还本息及最后设备余款,还款方式可根据现金流匹配可选择按月、按季或按半年偿还
房屋贷款	为客户购买房产提供贷款。利率选择灵活,可选择浮动利率或固定利率。还款频率可选择按月、按季、按半年偿还,还款方式可选择每期偿还本金或仅偿还利息。抵押客户所购房产,贷款期限最长可达 30 年

资料来源:作者根据 Judo Bank 官网资料整理。

与此同时,Judo Bank 官网内置有关贷款业务的在线模拟计算器,可以实现根据特定利率和还贷条件进行还款方案计算。用户仅需输入贷款额度、贷款期限等变量,再选择贷款目的、贷款类型以及利息支付方式,该计算器即可给出相应的还款方案。

以房屋贷款为例,公司提供额度上限为 200 万美元、期限上限为 30 年的贷款以及可变利率/固定利率计息方式,用户可根据自己的贷款需求滑动旋钮至合适的位置,点击确认后在线模拟计算器自动估算涵盖每月还款额、月利率手续费等关键信息的贷款条款,并以可视化的方式呈现给用户。如果客户对条款内容表示认可,则可以和客户经理进一步协商贷款相关的问题。

（三）营利模式

由于产品和业务模式与传统银行类似,Judo Bank 的主要盈利来源仍为贷款产品的利息收入以及提前还款费用收入。但在计息方式和费用确认上,Judo Bank 费率体系独特:贷款利息每月根据基准利率重新厘定;提前还款费用根据贷款和还款方式灵活调节。

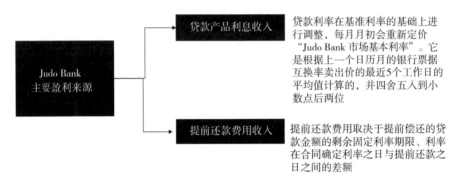

图 3-41　Judo Bank 主要盈利模式

资料来源:作者根据 Judo Bank 官网资料整理。

（四）市场营销模式

Judo bank 的市场营销主要分为三种模式,分别是中介主导型营销方式、经纪人营销方式以及口碑营销方式。与传统广告营销相比,Judo bank 的市场营销模式既提高了获客渠道,又节约了营销成本,以下对 Judo Bank 主要的市场营销方式进行详解。

中介主导型营销(Intermediary led model)主要是指在营销服务机构的协助下进行市场推广。Judo Bank 通过委托广告公司、广告媒介经营公司、市场调研公司、营销咨询公司等专业公司,建立以"Judo Strategy"为公司特色、以中小企业的关系银行为目标、以市场上最高的定期存款利率为亮点的特色广告以推广营销。

经纪人营销(Brokers marketing)是指 Judo Bank 与金融经纪商开展合作,通过一系列 B2B 的专业营销渠道,利用金融经纪商在业内的专业地位,向潜在的客户介绍公司的产品与服务。例如,Judo Bank 于 2020 年 2 月携手澳洲领先的金融经纪商 Finance&Systems Technology(FAST)进行市场业务推广①。

口碑营销方式(Word of mouth marketing)主要是指通过现有用户通过其与亲友之间的交流传播产品信息和品牌。宽松的贷款条件、高效的审核流程以及个性化服务使得 Judo Bank 在众多中小企业之间建立良好口碑,众多老客户自发向新客户推荐 Judo Bank 的产品与服务。

(五)研发情况及技术优势

Judo Bank 通过与同多家科技服务商协作,运用尖端技术为中小企业提供优质的贷款服务。

1. 接入 nCino 的银行操作系统,改善借贷操作过程

通过接入金融软件开发商 nCino 的银行操作系统,Judo Bank 实现了简化信用分析、管理数字文档、自动执行工作流程并实时输出报告等功能。在 nCino 可扩展技术的加持下,Judo Bank 在收入增长,效率提高,成本削减和标准合规等方面实现了质的飞跃。

2. 借助云服务技术提供商,提高数字化程度

Judo Bank 与亚马逊网络云服务(AWS)、微软的云端服务平台 Microsoft Azure 展开合作,核心系统通过虚拟专有云(VPC)实现全面托管,满足实时有效的信息分发、通信和决策等功能。得益于先进的云服务技术,Judo Bank 成功提高数字化程度,成为澳大利亚其中一家将核心银行系统置于云端的企业。

3. 运用信贷业务流程管理工具,加强信用分析

Judo Bank 与领先的金融科技解决方案供应商品钛展开合作,运用品钛旗

---

① FAST welcomes Judo Bank to its panel,2020.

下的信贷业务流程管理工具(Credit Value Maximiser)对中小企业贷款过程中涉及的借款人信用分析、贷款定价以及其他相关流程进行管理,实现信贷风险分析自动化与智能化。

三、分析及总结

(一)行业及竞品分析

1. 行业分析

根据 SME Finance Forum 的数据,中小企业的资金短缺问题在全球范围普遍存在。截至 2020 年 11 月,东亚和太平洋地区的中小企业融资缺口达到 24 亿美元,拉丁美洲和加勒比地区紧随其后,中小企业融资缺口达 12 亿美元。此外,欧洲和中亚地区的中小企业融资缺口为 8 亿美元①。

2. 竞争者分析

市场上已有较多企业积极布局中小企业信贷业务,相关产品已经落地。Judo Bank 与部分竞品的对比如下。

表 3-33　Judo Bank 竞品对比

	Judo Bank	**OnDeck**	**Kabbage**	**Funding Circle**
成立时间	2016	2006	2009	2010
成立地点	澳大利亚/墨尔本	美国/纽约	美国/亚特兰大	英国/伦敦
企业简介	Jodu Bank 是澳大利亚首家面向中小企业的挑战者银行	Ondeck 是一个技术支持的金融平台,可为中小企业提供贷款融资	Kabbage 是面向企业和个人的在线贷款平台,以网商市场为主要业务和最大特色	Funding Circle 是面向小型企业的贷款平台
估值	10 亿美元+	15 亿美元+	12 亿美元+	20 亿美元+

---

① The Current State of SME Lending,2019.

续表

	Judo Bank	**OnDeck**	**Kabbage**	**Funding Circle**
融资总额	13.788 亿美元	12 亿美元	11 亿美元	7.464 亿美元
贷款产品	主要包括商业贷款、信用贷款、设备贷款、融资租赁、房屋贷款等产品	主要包括商业信贷额度、企业信用卡、亲友融资、设备融资、商业票据保理融资、企业预付现金、众筹融资、权益融资、无担保的企业贷款等产品	主要包括企业经营性贷款产品	主要包括信用贷款、抵押贷款、融资租赁、房屋还款等产品
贷款数量	贷款总额 18 亿美元+	贷款总额 100 亿美元+	贷款总额 30 亿美元+	贷款总额 100 亿美元+
客群主体	主要位于澳大利亚	主要位于美国、加拿大、澳大利亚	主要位于美国、欧洲	主要位于欧洲、美国
上市情况	暂未上市	纽约证券交易所	纽约证券交易所	伦敦证券交易所
投资者	瑞士信贷, Myer Family Investments, Abu Dhabi Capital Group,高盛,OPTrust Private Markets Group, Bain Capital Credit, Ironbridge Capital, Tikehau Capital,SPF, Iron bridge Capital 等	Liberty Mutual Insurance, Credit Suisse,Credit Suisse,IVP,Industry Ventures, Founders Fund,Foundation Capital,First Round Capital,Sapphire Ventures 等	BlueRun Ventures, Mohr DavidowVentures, Thomvest Ventures, SoftBank Capital, Victory Park Capital, Guggenheim Securities, Reverence Capital 等	DST Global, Rocket Internet,Union Square Ventures, Sands Capital Ventures, Temasek Holdings,Ribbit Capital, Accel, Baillie Gifford,Index Ventures 等

资料来源:作者根据各公司官网、Crunchbase 资料整理。

　　从信贷风控来看,Kabbage 是第一家将社交网络分析纳入信用评价的金融服务机构。Kabbage 开发的信用评级体系 Kabbage Score 可随时根据企业经营情况动态调整企业风险;Onduck 专门开发了针对企业信用的 Ondeck Score 评分系统,通过不断改进算法和数据分析引擎,实现自动优化信贷审批过程,快速地实现信贷决策;Funding Circle 的信用评估应用了机器学习等分析工具,并采用了一体化的方法,覆盖借款的整个周期,从营销、信用评估到后续的回款及催收,聚焦于风险管理和价值优化,提升客户体验和效率。而 Judo Bank 以"4C"原则进行信用建模,以数据驱动风控模型减少坏账风险,在中小企业信贷行业中独具一格。

从业务种类来看,Judo Bank、OnDeck、Kabbage、Funding Circle 都是提供针对于中小企业的信贷服务,其中 OnDeck 的贷款产品种类相对更为丰富,而 Judo Bank 因获得全部授权存款机构(ADI)执照,可以提供除了贷款服务以外的个人存款业务。

从地域分布来看,OnDeck、Kabbage、Funding Circle 除了立足本土市场之外,都在积极拓展国际市场,对用户群体呈现出很大的包容性,覆盖美洲、欧洲、澳洲等市场。Judo Bank 由于成立时间较短,目前暂时局限于澳洲市场,尚未进行市场拓展。

从盈利情况来看,OnDeck 和 Funding Circle 自成立以来均历经了长达十年的亏损阶段。2020 年上半年,Funding Circle 经营亏损扩大至 1.135 亿英镑①(约合 0.83 亿美元,使用 2021 年 1 月 3 日英镑兑美元汇率 1.3671);OnDeck 亏损有所收窄,但目前仍未实现盈利,根据 2020 第一季度报告,其净亏损高达 5900 万美元;截至 2020 年 12 月,Kabbage 是唯一一家实现盈利的企业。截至 2020 年 12 月,Judo Bank 因处于业务扩张期,尚未实现盈利。

(二)关键成功要素

1. 建立以用户为中心的关系银行,提供优质便捷的信贷服务

Judo Bank 将"关系银行"的服务理念植入银行体系,为客户提供全方位的贷款服务。公司匹配专属信贷经理全程为客户服务并提供个性化的贷款解决方案,提供在线金融计算器为客户提供及时交互,明确信贷条款。通过强调与客户的"关系承诺",Judo Bank 精准聚焦中小企业的需求和痛点,找到在澳

---

① Revenue up but losses widen at Funding Circle,2020.

洲中小企业信贷市场上差异化竞争的利器，真正建立起客户黏性和忠诚度，打造领先传统银行的"护城河"。

2. 携手基于云技术的软件开发商，实现高效便捷的信贷流程

为了改变商业贷款流程效率低下且耗时的问题，Judo Bank 同基于云端的软件开发商 nCino 展开合作，采用 nCino 的平台信贷决策替代人工信贷审查。该功能可以结合 Judo Bank 的贷款政策和风险阈值进行贷款发放，自动执行工作流程并提供实时报告，大大减少了审核时间，提高了业务流程效率。此外，Judo Bank 在亚马逊网络服务云的帮助下，构建了全新的云计算平台，该平台支持实时有效的信息分发、通信和决策。得益于先进的云服务技术，Judo Bank 得以提供高效的信贷评估处理，加速贷款审核与反馈。

3. 构建以数据为核心的风控模型，保障有效控制的信贷风险

针对澳洲中小企业风险权重的要求，Judo Bank 重构风险权重模型，重点关注"4C"信贷原则中的能力与经验、资本数量、现金流，而相对放松抵押品要求。通过搜集企业历史信用、长期发展中的融资借贷信息、日常经营活动中的资金变动情况以及与上下游企业间的互动关系等一系列数据，Judo Bank 形成高质量、高容量的数据集，并在此基础上计算还款可能性，提高以数据驱动的风险管控模型的精确性，有效控制信贷风险。

（三）挑战与风险

1. 新冠肺炎疫情冲击经济，信贷风险显著上升

2020 年，新冠肺炎疫情重创澳洲经济，众多企业面临倒闭威胁。而中小企业在突发事件导致的危机中，脆弱性更为明显，其中澳洲的 200 万家中小企业中大约有 16 万家因疫情而倒闭，占总数的 8%①。以中小企业为主要服务对象的 Judo Bank，在经济下行、疫情影响持续的严峻形势下，面临贷款逾期率

---

① 新冠肺炎疫情重创澳洲中小企业　16 万家或倒闭，2020。

与坏账率上升的风险。

2. 同业竞争激烈,领先地位或遭撼动

综观澳洲中小企业信贷市场,一方面,传统银行开始提升金融科技在信贷分析层面的应用,逐步提高中小企业中长期贷款的规模和比重。另一方面,以 Xinjia Bank、86400 Bank 以及 Volt bank 为代表的挑战者银行强势崛起,积极布局中小企业数字信贷业务。激烈的市场竞争对 Judo Bank 的市场扩张提出了挑战,要求 Judo Bank 在快速变革的行业中不断更新自身独具一格的优势,才能在同一赛道的激烈角逐中始终保持领先地位。

第四篇　线上财富管理

线上财富管理行业综述

线上财富管理指的是金融服务提供者(包括传统财富管理机构和金融科技公司)利用互联网、大数据、人工智能等技术,以网页端、移动端产品为交互手段,通过全面、线上化、定制化、动态化的财富规划和配置服务满足客户财富积累、财富保全、财富增值服务,包括全方位经纪人替代方案、自动化投顾和资产配置、财富保值增值、退休储蓄规划等。线上财富管理行业主要面向对价格更加敏感、对便捷服务更具碎片化个性化诉求且乐于尝试新科技新体验的用户,大大降低了传统财富管理的门槛和成本,成为备受关注的金融科技细分领域。

一、行业概览

(一)发展历程

财富管理的发展源远流长,最早可追溯到古希腊时代。第一代私人银行家于16世纪在瑞士日内瓦兴起,到19世纪中后期,随着工业革命的到来,美国财富管理业务繁荣发展。到20世纪90年代后期,财富管理正式成为一个行业用语并逐渐成为综合金融机构的主流业务,中国等亚洲国家也陆续迈入财富管理发展的全新阶段。

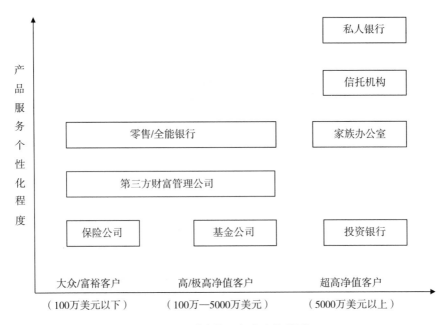

图 4-1　财富管理行业主体类型

资料来源:作者根据亿欧智库《2019 全球财富管理研究报告》资料整理

线上财富管理行业是财富管理行业的一种新的业务形式,是新兴科技与传统财富管理相互促进发展的过程,可大致分为两个阶段:

创新起步阶段(2008—2014 年):随着人们投资理念的加深、市场量化投资和 ETF 基金的兴起以及大数据、人工智能等技术的发展,以智能投顾为代表的线上财富管理服务吸引了越来越多的客户。2008 年,智能投顾概念首先诞生于美国,金融科技企业 Betterment 和 Wealthfront 引领了发展浪潮。自此以后,以新兴金融科技企业为代表的线上财富管理服务者纷纷入局,服务范围也逐渐覆盖证券经纪、退休规划、财富分析等。

蓬勃发展阶段(2015 年至今):自 2015 年开始,传统金融机构纷纷拓展智能投顾等线上财富管理形式并逐步开始占据主导地位。相比于传统财富管理,线上财富管理服务可以为中低净值客户提供个性化"私人定制"服务,投资透明度高且交易费用较低,因而在美国、欧洲、中国、澳大利亚、加拿大、新加坡等国家都得到了蓬勃的发展。

(二)行业现状

在市场规模方面,2013 年至 2018 年间,全球线上财富管理相关的企业股权融资总额从 2.45 亿美元扩大至 10.79 亿美元,实现了 4.5 倍的增长[①]。其中,美国市场的发展最为迅速和成熟,从最有代表性的智能投顾业务来看,Credio 数据显示,美国智能投顾行业资产规模从 2014 年的 43 亿美元上涨至 2015 年的 1218 亿美元,而 2016 年资金管理规模飙升至 3000 亿美元左右。Statista 数据显示,2019 年美国智能投顾 AUM(Asset Under Management,资产管理规模)达 7500 亿美元,占全球智能投顾总 AUM 的 76%。与此同时,数字化和智能化的财富管理服务也在欧洲、亚洲等地区加速发展。2018 年,中国财富管理产品线上化渗透率达 34.6%,已处于全球领先地位,但在产品创新、服务专业度等方面仍与美国有较大差距。

在技术应用方面,云计算、大数据和人工智能技术已经实现了较为成熟的应用,虚拟现实、区块链等技术也在其中的多个子领域开始试水探索。通过数据联通与整合分析,财富管理机构可以在精准营销、潜客挖掘、风控管理等方面形成更精准的客户判断;通过运用以人工智能为代表的智能化技术与各类数字工具,金融服务机构可以对产品和投资组合进行全生命周期的实时管理、提供个性化智慧顾问服务以及更极致的数字化客户体验,在降低服务成本、提升服务质量的同时使金融普惠成为可能。

在政策监管方面,全球监管合规日益完善,为业务发展带来新的挑战。2020 年美国发布《最佳利益规则》(Regulation Best Interest),要求财富管理机构以客户利益最大化为出发点提供服务,对财富管理机构提出信息披露义务、

---

① BCG,《2018 年全球财富管理报告》,2018。

审慎义务、消除利益冲突义务等具体要求;欧洲接连出台《通用数据保护法规》(GDPR)、《金融工具市场规则 II》(MiFID II)等监管法案,从数据安全、增强产品透明、为客户指令提供最好的执行结果等多个方面进一步加强对客户的保护;中国发布《关于规范金融机构资产管理业务的指导意见》《金融控股公司监督管理试行办法(征求意见稿)》等政策对机构合规提出了更高要求,并在 2020 年 10 月后重申了金融科技服务实体的金融本质要求,强调对金融创新加强监管、严控风险,并加大了对防垄断、数据治理、消费者权益与个人隐私保护的重视。对于跨国机构而言,多组织、多司法管辖区域的监管很可能将使其未来面临的复杂性和合规成本急剧增加。

(三)行业格局

根据线上财富管理企业提供的服务以及客户群体的不同,我们将线上财富管理行业主要分为智能投顾、智能退休规划、微型投资、数字经纪公司、投资工具、投资组合管理六大类,具体如下。

表 4-1　线上财富管理行业分类

业务类型	主要特点	业务模式	代表性企业
智能投顾	利用技术降低账户最低成本并减少咨询费用	B2C	Wealthfront、Aspiration、Personal-Capital 等
		B2B	Third Financial、Trizic、Liqid 等
		B2C 兼 B2B	Betterment、Cashboard、bento 等
智能退休规划	针对 401(k)、403(b)和 IRA 等退休储蓄账户提供自动化财富管理	B2C	RobustWealth、blooom、SoFi 等
		B2B	Guideline、Vestwell 等
		B2C 兼 B2B	nextcapital 等

业务类型	主要特点	业务模式	代表性企业
微型投资	通过增加投资频率、减少最低投资额降低投资理财门槛	B2C	Acorns、Stash 等
数字经纪公司	提供数字经纪业务	B2C	Robinhood、Yomoni、富途证券等
		B2B	Artivest、electronifie 等
		B2C 兼 B2B	tradier、motif investor 等
投资工具	提供投资分析工具以及研究、咨询工具	B2C	nerdwallet、huddlestock 等
		B2B	Tradingview、Alpaca 等
		B2C 兼 B2B	Algomi、Kenshc、OpenGamma 等
投资组合管理	帮助投资者分析、预测投资组合市场表现,进行投资组合调整	B2C	Risbeevie 等
		B2B	Carta、Addepar、Advizr、Jacobi 等

资料来源:作者根据 CBInsights 资料整理。

二、核心洞见

线上财富管理行业的核心逻辑是吸引更多财富并提供"轻财富管理",既吸引了传统财富管理机构的加入,也有新兴金融科技企业入局,本文主要聚焦于后者,并将分别从上述财富管理行业类别中选取较具代表性的企业进行案例分析。

在智能投顾类别中,我们选取了可基于用户披露的所有资产进行个人投顾管理的赋能者 Personal Capital;在智能退休规划类别中,我们选取了以面向高信用学生的网络借贷业务起步而闻名市场并逐渐覆盖退休规划、投资理财等服务的 SoFi；在微型投资类别中，我们选取了全球小额零钱自动投资储蓄的领跑者 Acorns；在数字经纪公司类别中，我们选取了美国最早推出零佣金证券经纪服务的先行者 Robinhood；在投资组合管理类别中，我们选取了全球知名的非上市公司股权服务平台 Carta。

表4-2　线上财富管理企业信息概览

公司名称	成立时间/国家	主营业务	客群/数量	是否上市	估值/上市日期	累计融资额/市值
Personal Capital	2009 年美国	财富分析工具，个人理财投顾	需要财富分析工具的普通用户和需要个人投顾服务的中产阶级，注册用户超 280 万，投资用户超 2.6 万	否	2.65 亿美元	10 亿美元
Acorns	2012 年美国	零钱自动投资储蓄	需要培养良好理财习惯的年轻投资者，用户总数超 830 万	否	2.22 亿美元	8.6 亿美元
Robinhood	2013 年美国	零佣金证券经纪服务	年轻投资者，用户总数超 1300 万	否	112 亿美元	57.19 亿美元
SoFi	2011 年美国	网络借贷、投资理财等	高信用用户，用户总数超 180 万	否	29 亿美元	86.5 亿美元
Carta	2012 年美国	非上市公司股权的管理及交易等	需要股权管理服务的非上市公司、投资机构、上市公司等，企业用户超 17000 家，生态参与方超 80 万	否	30 亿美元	6.28 亿美元

注：1. 除单独标注，表格中数据截至 2020 年 12 月；

  2. 若企业未上市，第六列信息为企业估值，第七列信息为累计融资额；若企业已上市，第六列信息为企业上市日期，第七列信息为市值。

5 家线上财富管理案例企业在诸多方面存在共性，也有自己的特点。

从成立时间来看，本文所选取的线上财富管理企业其成立时间相对较早，大多位于行业发展的初始阶段，最早的为 Personal Capital 成立于 2009 年。

从国家分布来看,5 家案例企业均来自美国,美国较为发达的金融投资环境以及浓郁的创新氛围为其众多线上财富管理企业的诞生和发展提供了绝佳的土壤。

从客户群体来看,五家案例企业都是针对小额、高频、高流动性的普惠金融需求痛点,利用技术降低服务门槛,触达传统财富管理机构无法或不愿覆盖的"普惠市场"。其中针对个人客户的企业,其客户年龄大多都分布于 18 至 35 岁之间。

从盈利模式来看,上述企业均提供免费增加值的服务订阅模式,并按照产品与服务的内容分层级收取固定费用或进行定制化收费,且更依赖社交网络、互联网渠道以及优惠补贴等方式进行口碑宣传和用户拓展。

从成功要素来看,5 家案例企业均抓住了显著的市场痛点,并凭借兼具金融专业性、技术壁垒、独特理念的产品服务以及迎合年轻用户使用习惯的产品设计、有效的营销手段占据先发优势。尤其是 SoFi 提出社交金融概念,通过搭建以校友社区为基础的借贷网络,提供多元价值服务,在提高客户黏性的同时进一步降低了违约风险。

从面临挑战来看,这些企业也都面临行业监管日趋严格、个人理财行业竞争日益激烈、数据安全信息安全有待增强等风险和挑战。

全球金融科技创新案例之线上财富管理篇：Personal Capital 研究

摘　要：Personal Capital 是一家美国线上财富管理公司，主要为用户提供财务管理工具和个人投顾服务，并逐渐拓展至现金账户服务。截至 2020 年 12 月，Personal Capital 财务管理工具的注册用户数量超过 280 万，个人投顾服务的投资客户数量超过 2.6 万，平台可追踪资产总额超过 9800 亿美元，投顾服务资产管理规模超过 160 亿美元，总融资金额约 2.65 亿美元，估值达到 10 亿美元。针对传统个人投顾对资金门槛要求过高、纯智能投顾的服务价值有限、投资者资产分散难以全方位追踪投资三大市场痛点，Personal Capital 提供"智能＋人工"的投顾服务，降低个人投顾资产要求并与 Yodlee 合作链接用户所有公开的资产账户，基于整体资产情况提供投顾服务。公司稳健发展的关键成功因素有三：第一，在市场定位上，Personal Capital 洞察并满足中产阶级多元的个人理财需求，实现了财富管理行业的客群下沉；第二，在商业模式上，免费与增值服务相结合的运营方式保证了平台流量，也创造了可持续的盈利模式；第三，在服务质量上，公司顾问团队具备专业背景和丰富经验，贡献了良好的投资业绩。然而，Personal Capital 也面临财富管理行业监管日趋严格、个人理财行业竞争激烈等风险与挑战。本案例将从 Personal Capital 的基本情况、经营指标和发展历程入手描述公司概况，从市场痛点解决、用户画像、产品与服务、盈利模式、营销模式、技术优势等方面深入分析其产品服务及商业模式，并在此基础上结合行业及竞品分析，总结其关键成功要素与现存风险挑战。

一、企业概况

（一）基本介绍

1. Personal Capital：美国全资产投资管理赋能者

Personal Capital 是一家获得美国证券交易委员会（SEC）认证，主要客群为美国中产阶级的线上财富管理公司。其提供的财务管理工具可链接用户披露的所有金融账户，并基于用户资产的全方位分析和智能投资工具提供个人投顾服务，后逐渐拓展至现金账户服务，为资产管理有效赋能。

表 4-3 **Personal Capital 基本情况**

成立时间/总部	2009 年/美国加利福尼亚州
创始人	Bill Harris Rob Foregger Louie Gasparini Paul Bergholm
估值	10 亿美元（截至 2020 年 12 月）
累计融资额	2.65 亿美元（截至 2020 年 12 月）
资产管理规模	160 亿美元（截至 2020 年 12 月）
员工数	419 名（截至 2020 年 6 月）
注册用户数	280 万+（截至 2020 年 12 月）
投资客户数	2.6 万+（截至 2020 年 12 月）
覆盖范围	全美 50 个州①（截至 2020 年 12 月）

---

① Personal Capital 官网，公司简介，2021。

成立时间/总部	2009 年/美国加利福尼亚州
牌照	SEC 注册投资顾问

资料来源:作者根据 Personal Capital 官网、AdvisorHub、Crunchbase 等资料整理。

2. 创始团队兼具金融与技术背景,创业经验丰富

Personal Capital 的 4 位创始人均具有非常丰富的金融科技行业经验,堪称"明星创始团队"。Bill Harris 曾是全球最大的第三方支付平台 PayPal 和多款知名会计软件的开发公司 Intuit 的 CEO,三十多年来经营或创立了 11 家金融技术和网络安全公司,其创立 Personal Capital 时带领了一支 40 人的团队,大部分人员来自 Intuit 旗下的 Quicken①。Rob Foregger 曾任富达投资高管,其创立的网上银行 EverBank 是美国第一家为财务顾问建立业务平台的银行。Louie Gasparini 曾作为富国银行互联网分销系统副总裁,在 20 世纪负责了一家大型银行提供的第一笔在线银行业务,后与 Bill Harris 成立 Passmark Security② 并出任首席技术官。Paul Bergholm 则先后担任过 Passmark Security、Taxcient③、MyVest④ 的 CFO。

3. 著名风投公司持续增资,成为 Empower 全资子公司

截至 2020 年 12 月,Personal Capital 共完成 9 轮融资,累计融资达 2.65 亿美元。著名风投公司 Crosslink Capital、IGM Financial、Venrock、IVP 和 Corsair 分别牵头对其进行了几轮投资,其中 IVP 作为资历最老的风投公司之一,几乎参与了 Personal Capital 的每一轮融资。2020 年 6 月,美国第二大退休服务提供商 Empower Retirement 宣布以 10 亿美元的价格收购 Personal Capital,包括 8.25 亿美元的现金对价与 1.75 亿美元的激励计划,这使得 Personal Capital

---

① 一款家庭及个人财务管理软件。
② 一家专门从事用户和站点身份验证的公司。
③ 一家税务合规软件提供商。
④ 一家在线企业财富管理系统提供商。

估值突破 10 亿美元。

表 4-4　Personal Capital 融资情况

融资轮次	重要 投资人	融资时间	融资金额 （美元）	公司估值 （美元）
种子轮		2009.07	30 万	—
A 轮	Institutional Venture Partners	2010.06	1000 万	3700 万
B 轮	Venrock,Institutional Venture Partners	2011.08	1500 万	6867 万
C 轮	Crosslink Capital, Venrock, BlackRock, Institutional Venture Partners	2013.06	2500 万	1.4 亿
D 轮	Crosslink Capital, Venrock, USAA, Corsair Capital Management, Institutional Venture Partners, Correlation Ventures, Propel Venture Partners	2014.10	5000 万	2.5 亿
E 轮	IGM Financial	2016.05	5000 万	5 亿
E-II 轮	IGM Financial, Institutional Venture Partners	2016.12	2500 万	—
E-III 轮	IGM Financial,Propel Venture Partners,	2017.08	4000 万	—
F 轮	Crosslink Capital, Venrock, Benhamou Global Ventures, Corsair Capital Management,Institutional Venture Partners, IGM Financial	2019.02	5000 万	6.6 亿
收购	Empower Retirement	2020.06		10 亿

资料来源：作者根据 CBInsights、Crunchbase 等资料整理。

（二）经营指标

Personal Capital 以财务管理工具与个人投顾服务为两大主要业务,各自的经营指标不尽相同。在财务管理工具业务上,自 2011 年 Personal Capital 正式推出后,公司平台的注册用户数量及可追踪资产均呈现稳步增长。成立仅两年,公司便吸引了 20 万用户进行注册。2016 年 5 月,平台用户人数突破 100 万,至 2020 年底则超过了 280 万。同一时期,Personal Capital 注册用户的可追踪资产总额从 2390 亿美元增至 9800 亿美元,增幅达 310%。

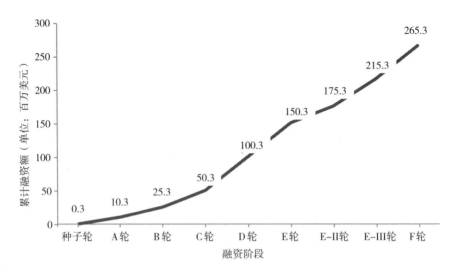

图 4-2 Personal Capital 累计融资额曲线

资料来源：作者根据 CBInsights、Crunchbase 等资料整理。

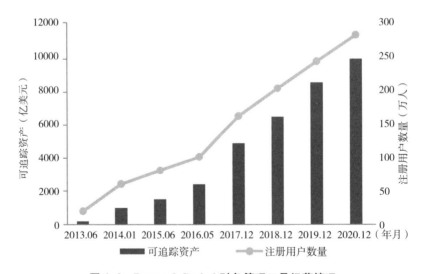

图 4-3 Personal Capital 财务管理工具经营情况

资料来源：作者根据 Personal Capital 官网、IGM Financial 官网等资料整理。

在个人投顾服务业务上，Personal Capital 拥有的投资客户数量及相关资产管理规模始终保持高速增长。2013 年，Personal Capital 仅有 700 位投资客户,至 2020 年底,该数字已超过 2.6 万。此外,公司投顾服务的资产管理规模在 2012 至 2013 两年的增长速度超过 2000%,高于市场上任何传统投资顾问公司。2015 年,Personal Capital 所管理的资产规模超过 10 亿美元,2017 年达到 50 亿美元,2019 年突破了 100 亿美元,至 2020 年 12 月底,平台总资产管理规模更是达到了 160 亿美元。整体资产管理规模提升的同时,投资客户的平均账户金额也在不断上升,从 2016 年的 34 万美元至 2020 年 12 月的 61.5 万美元,提升了 80.9%。

基于管理资产的规模和增长,Personal Capital 在知名财务顾问数据提供商 RIA Channel 的 2019 年财富管理公司 100 强榜单中排名第三。尽管公司未公布营收情况,但基于其个人投顾业务 0.49% 至 0.89% 的收费比率,假设公司的资产平均管理费率为 0.8%,则公司 2019 年的收入将在 7500 万至 1 亿美元之间,基本达到收支平衡点。

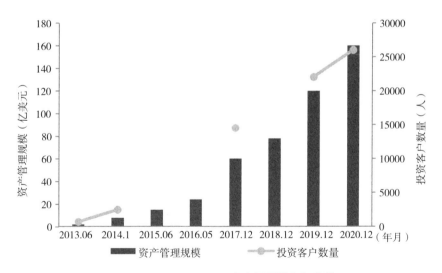

图 4-4　Personal Capital 个人投顾服务经营情况

资料来源:作者根据 Personal Capital 官网、IGM Financial 官网等资料整理。

（三）发展历程

Personal Capital 的发展历程可分为筹备期、发展期、完善期三个阶段（如下图所示）。

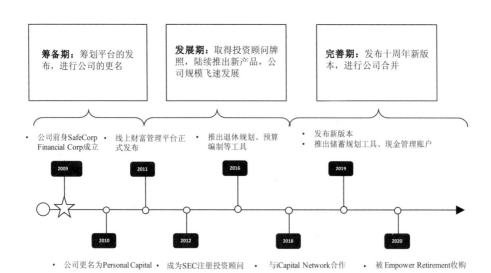

图 4-5　Personal Capital 发展历程

资料来源：作者根据 Personal Capital 官网、未央网等资料整理。

1. 筹备期（2009—2011 年）

Personal Capital 的前身为 SafeCorp 金融公司，该公司于 2009 年成立，并在 2010 年更名为 Personal Capital。经过两年的筹备，2011 年 9 月 9 日，Personal Capital 正式发布线上财富管理平台，致力于为中产阶级客户提供财务管理工具和个人投顾服务，引领财富管理行业的数字化转型。

2. 发展期（2012—2018 年）

平台推出不久后，Personal Capital 成为 SEC 注册投资顾问①，并迅速占据

---

① 根据 SEC 规定，投资顾问是指有偿为他人提供投资建议或发布有关证券分析及报告的个人或公司，包括资金经理、投资咨询师、财务规划师等，需要根据要求在 SEC 或州证券机构进行注册。例如资产管理规模超过 1 亿美元的投资顾问须在 SEC 注册。

了部分在线个人理财市场。此后数年，公司规模飞速发展，在多地设立办事处，不断扩充员工数量，在 2014 年和 2015 年连续上榜 CNBC Disruptor 50。2016 年起，Personal Capital 积极创造新的互动方式，陆续添加退休规划、预算编制等财务管理工具，并与投资平台 iCapital Network 合作，为其个人投顾业务服务的高净值客户提供访问私募股权基金和对冲基金的机会。

3. 完善期（2019 年至今）

在成立十周年之际，Personal Capital 更换了新的徽标，更加突出 Personal 的部分以反映服务的个性化，并重新设计了网页使其更加直观、便于浏览。同年，公司推出了储蓄规划工具和现金账户服务。2020 年，Personal Capital 被美国第二大退休服务提供商 Empower Retirement 收购并被冠以"Personal Capital，an Empower Company"的商标，以打造集财务管理、储蓄规划和个人财富管理的集成平台。依托母公司 Empower Retirement 的规模和基础建设，Personal Capital 有望不断拓展客户群体。

二、产品服务与商业模式

（一）市场痛点解决与用户画像

1. 市场痛点解决

Personal Capital 致力于解决传统个人投顾对资金门槛要求过高、纯智能投顾的服务价值有限、投资者资产分散难以全方位追踪三大市场痛点。具体而言：

（1）降低财富管理门槛，服务中产阶级用户

公司创立时，由金融产品公司、保险公司、银行等传统金融机构提供的传统个人投顾属于相对高端的服务，对投资资产的规模要求基本在 100 万美元以上，过高的进入门槛使得美国中产阶级的理财服务需求得不到满足。为此，

Personal Capital 将个人投顾服务的最低资产要求降至 10 万美元,利用互联网的优势使更多人能享受到同质量而费用相对低廉的财富管理服务。

表 4-5　部分传统理财机构进入门槛

金融机构	进入门槛
摩根大通银行	500 万美元
高盛集团	500 万美元
花旗银行	300 万美元
美林集团	100 万美元
汇丰银行	200 万英镑
渣打银行	100 万美元

资料来源:作者根据未央网等资料整理。

(2)结合智能与人工投顾,提升服务价值

同一时期,其他面向中产及长尾客户的智能投顾平台如 Wealthfront、Betterment,采用纯机器执行的投顾服务方案,虽然大大降低了投顾管理费用,使得大量资产有限的长尾用户也能享受投顾服务,但由于智能投顾不能完全满足客户的定制化投资需求,其能提供的服务价值仍相对有限。相比之下,Personal Capital 在利用科技手段之外更重视人工服务,其专业的财务顾问不仅关注客户的投资收益,还能给出房地产、税收、保险等各方面的财务建议,为客户答疑时也更人性化。

(3)全方位追踪资产,进行综合投资

随着投资者各类账户数量的增多,逐个登录账号以追踪收支和投资情况变得费时费力,且投资者难以对其整体资产组合情况形成完整洞察并做出考虑更全面的投资决策。Personal Capital 通过与金融数据公司 Yodlee[①] 合作进

---

① Yodlee 为金融数据公司,与美国大部分金融机构均有合作。用户在 Personal Capital 平台上传账号信息后,Yodlee 将自动匹配对应的金融机构并下载账户的资金流动数据,若此账户所属机构未与 Yodlee 合作,则平台或 Yodlee 将以用户的身份登录该金融机构后下载数据。

行用户金融信息同步,从而链接用户包括投资、储蓄、养老金、支票、贷款、信用卡等在内的所有公开披露的账户并进行跟踪,还可以添加家庭成员的账户,使用户全方位了解自己的资产状况,并在充分考虑税收等因素后进行投资。

2. 用户画像

Personal Capital 的目标客户群体为 35 至 65 岁,流动资产在 10 万至 500 万美元的中产阶级。他们有足够的净资产来进行复杂的金融活动,但因其能给金融机构带来的利润不足而未被华尔街所重视,而相较于门槛更低的智能投顾平台客户,这批中产阶级又有更高的平均年龄与资产净值。

(二)产品与服务

Personal Capital 为客户提供一站式财富管理平台,其产品与服务主要包括功能全面的财务管理工具、个性化的个人投顾服务和高收益的现金账户。

1. 财务管理工具

Personal Capital 的财务管理工具也称作财务仪表盘,通过整合用户所有公开披露的账户,结合资金管理工具、长期财务规划工具及财务路线图工具等一系列功能丰富的工具,帮助用户全方位追踪资产情况,从而进行财务规划与分析。其中,财务路线图和长期财务规划工具中的智能提款功能属于增值服务,仅供投资客户①使用。下文将具体对以上三类财务管理工具进行逐一介绍。

(1)资产管理工具

Personal Capital 提供资产净值、现金流量、预算编制、储蓄规划等资金管理工具,以帮助用户进行资产管理。首先,财务仪表盘将计算用户的资产净值,即出售所有资产以偿还债务后将剩余的现金量,并随时间推移生成资产净值的趋势图,用户可以快速访问、直观地了解其整体财务状况及稳定性。

---

① 个人投顾服务的客户。

其次,仪表盘界面将显示每月的现金流量分析,包括月收入与月支出信息摘要、分类的统计汇总以及详细的交易情况,记录用户的储蓄和支出习惯。同时,用户能够通过设定每月的支出目标来进行预算编制,账单页面将显示信用卡、抵押贷款等的到期日并提供警报功能,用户只需点击即可还款。另外,储蓄规划工具将根据用户应税账户与递延税账户的每月支出以及支出计划的灵活程度,计算、细分和追踪用户的年度储蓄目标,以帮助他们准备短期应急基金和实现长期退休目标。

(2)长期财务规划工具

Personal Capital 提供退休规划、智能取款、教育规划、投资收益分析、费用分析等长期财务规划工具,以帮助用户进行投资规划与投资分析。

具体而言,退休规划工具可根据用户的收入与储蓄状况、支出目标、期望的退休年龄和社会保障等信息,来预测其成功退休的可能性,并为用户展示各种情况之间的差异,如提前两年退休或是增加每年储蓄金额的影响,为用户调整实际退休储蓄计划提供参考。特别是,公司为投资客户提供智能取款工具,显示所有收入提取组合在税后可覆盖退休支出的情况,并列出所有推荐的收入来源以及预期股息,以预测用户退休时的最佳取款顺序。教育规划工具功能与退休规划工具相似,可以帮助用户比较不同大学的整体成本,为用户进行教育储蓄提供参考。

在投资收益分析工具中,用户可以随时查看自己的资产配置及收益情况,将整体或特定账户的表现与标准普尔 500 等常见指数进行比较。同时,分析工具将评估用户的投资风险、建立目标资产配置并与当前投资组合进行比较,以分析用户的投资表现。

费用分析工具则帮助用户了解与分析他们在 401k 计划①和共同基金上所支出的费用,包括按一定比例收取的投资资金费用、管理咨询费用、未明确

---

① 美国的一种雇主赞助的退休金计划,可能会收取账户相关的资金支出比率以外的其他费用。

披露的隐藏费用等，提供 ETF 或低成本指数基金等替代方案，以保持投资组合的多样化和最大限度地减少费用支出。

（3）财务路线图工具

对于投资客户，Personal Capital 还引入了财务路线图。此工具基于客户的账户汇总数据生成个性化的 19 个财务规划主题，包括在何处优先考虑储蓄、如何偿还债务等，并给出优先级列表。

2. 个人投顾服务

基于自研的财务管理工具和对客户资产的全方位追踪，Personal Capital 以智能投顾与传统人工投顾相结合的方式提供个性化的投资策略，实施和维护客户的投资组合。首先，公司使用策略选择算法，根据客户的风险偏好、财务能力和财务需求等一系列因素为其定制投资组合[①]。而后，公司遵循低买高卖的投资原则，根据客户财务状况的发展变化对其投资组合进行再平衡，并进行税收优化。另外，对于有社会意识的投资者，公司给予了社会责任个人投资策略（SRI）的选择，帮助其投资更积极管理环境、参与社会治理的公司。

与此同时，根据客户可投资资产的规模，公司提供三种层次的个人投资顾问服务。可投资资产在 10 万美元到 20 万美元的客户可获得财务顾问团队无限量的投资建议、退休规划帮助以及专业管理的 ETF 投资组合，并可使用最先进的数字化理财工具。可投资资产在 20 万美元到 100 万美元的客户则会拥有两名专职的财务顾问以及在房地产、股票期权等方面经验丰富的专家，定期审查的定制投资组合以及税收优化等一系列服务。此外，公司为可投资资产在 100 万美元及以上的投资者提供更高级的私人客户服务，包括配备两位专职财务顾问、可优先访问公司专家和投资委员会、更深入和专业的退休及理财规划支持，以及私募股权的投资机会等，私人客户的投资组合将与所有其他客户分开管理。

---

① 覆盖全球资产，包括股票和 ETF。

3. 现金账户服务

在上述两大主要业务之外,用户可选择开设 Personal Capital Cash 现金账户。这是一个 FDIC 保险覆盖范围高达 125 万美元的线上账户,年收益率相比同类储蓄账户的平均值高出 23 倍,且没有费用和最低余额要求。通过提供现金账户服务,Personal Capital 从工具与投顾方案提供商向更深度管理用户资金的线上财富管理公司发展,不断提升影响力与用户黏性。

(三)营利模式

Personal Capital 采用免费加增值的商业模式,以免费的财务管理工具作为增值个人投顾服务的基础,但主要通过个人投顾服务的年度管理费用获取收入,并未设置隐藏费用、尾随佣金和交易佣金。尽管总体收益率有限,但较多的私人客户资产与较高的管理费率仍为公司提供了可观的盈利空间。截至 2020 年底,Personal Capital 高级私人客户的资产管理规模为 89 亿美元,占平台总资产管理规模(160 亿美元)的 56%。

与此同时,Personal Capital 采取差异化的收费标准,对 100 万美元以下的资产收取 0.89% 的管理费用;对 100 万美元到 300 万美元之间的资产收取 0.79% 的管理费用;300 万美元到 500 万美元的资产管理费率为 0.69%;500 万美元到 1000 万美元的资产管理费率为 0.59%;对超过 1000 万美元部分的资产则收取 0.49% 的管理费用。

表 4-6　管理年费收取标准

For Investment Service & Wealth Management Clients	
First ＄1M	0.89%
For Private Clients	
First ＄3M	0.79%
Next ＄2M	0.69%
Next ＄5M	0.59%

续表

For Private Clients	
Over ＄10M	0. 49%
Includes family tiered billing	

资料来源:Personal Capital 官网。

（四）市场营销模式

Personal Capital 主要通过免费产品引流、多渠道推广和企业间合作,稳定且高效地实现用户数量的增长。第一,公司通过提供免费的财务管理工具吸引大量用户注册,收集用户数据,再向潜在客户发出付费投资顾问服务的邀请。这种引流模式帮助公司不断地发现和转化潜在客户,从而赚取更多的管理费用。第二,为扩大影响力,Personal Capital 建立了广泛的网络营销渠道,向合作推广者支付丰厚的佣金[1]。第三,公司直接与企业对接,增加获客效率。Personal Capital 已与员工福利服务商 Alight 和投资公司 AllianceBernstein 签署了合作协议,使用其技术平台帮助参与其中的雇主为其员工选择个性化的 401k 产品,这为 Personal Capital 带来了大量新用户[2]。

（五）研发情况及技术优势

Personal Capital 的技术优势主要体现在智能投顾工具的研发和用户数据的保护上。首先,公司所有的投资组合策略均采用其专有的 Smart Weighting 指数加权方法,避免风险敞口过于集中,以更好地实现多元化和回报率最大化。其次,为提高用户数据安全性,Personal Capital 使用 AES-256[3] 对数据进行加密,并以最先进的多层密钥管理和旋转架构确保加密的正确性。此外,公司网站的

---

[1] Roboadvisorpros,Personal Capital Founder Bill Harris-Marketing Genius,2020.

[2] Tearsheet,Personal Capital links with employers to grow user base,2018.

[3] 美国军方使用的加密标准。

加密技术被知名网站监测工具 Qualys SSL Labs 评为 A+级,高于大多数大型银行和经纪公司,与 Yodlee 的合作更是进一步强化了其数据安全保障。

三、分析及总结

(一)行业及竞品分析

以公司三类业务中最核心的两大业务来看,Personal Capital 主要面临两类竞争者:一是提供类似财务管理工具的平台,二是同样提供混合型智能投顾服务的公司。

在财务管理工具方面,Personal Capital 最大的竞争者为理财门户 Mint,而彼此的侧重有所不同,Personal Capital 更侧重投资规划与分析,Mint 则更加侧重金融预算编制功能。此外,Learnvest、SigFig、FutureAdvisor 等公司也是竞争者。Learnvest 与 Mint 相似,更加侧重预算类工具,而 SigFig 和 FutureAdvisor 虽然侧重投资,却只能关联一部分投资账户并提供有限的分析,无法像 Personal Capital 一样提供功能全面的分析工具并做到对用户资产的全方位跟踪。

表 4-7　Personal Capital VS Mint

公司名称	Personal Capital	Mint
收费标准	免费	免费
账户汇总	有	有
预算编制	设置每月总支出目标	可按类别设置预算
投资分析	有	仅可查看投资组合
退休规划	有	无
信用评分监控	无	有
客户服务	24/7	5 a.m.－ 9 p.m.
安全性	AES-256 加密	AES-256 加密

资料来源:作者根据各公司官网、InvestorJunkie 等资料整理。

在个人投顾服务方面，Personal Capital 作为混合型智能投顾的先驱者，竞争优势极大，后逐渐面临 Betterment、Wealthfront 等创新型纯智能投顾公司以及 Vanguard 等传统个人投顾公司带来的威胁，尤其是 Vanguard 所拥有的全行业最优质且低费率的指数基金构成了绝佳的底层资产，其推出的个人顾问服务平台 Personal Advisor Services 资产管理规模在 2018 年底超过 1400 亿美元，远领先于其他投顾平台。不过对比可见，虽然 Personal Capital 的客户数量和整体资产管理规模（Assets Under Management，简称 AUM）相对较小，但服务对象相对高端，管理费用也相对高昂。

表 4-8　Personal Capital 投顾服务竞品情况

公司名称	Personal Capital	Betterment	Wealthfront	Vanguard Personal Advisor Services
资产管理规模	160 亿美元	220 亿美元	210 亿美元	1610 亿美元
客户数量	2.6 万	50 万	40 万	3000 万
最低资产要求	＄100000	＄0	＄5000	＄50000
管理费用	0.49%—0.89% AUM①	0.15%—0.4% AUM	0.25%AUM	0.05%—0.3% AUM
服务对象	35 至 65 岁流动资产在 10 万美元到 500 万美元的客户	收入在 20 万美元以上拥有高学历的美国职场人士	20 到 30 多岁从事科技行业的中产阶级	平均年龄在 57 岁的客户
投资标的	股票、债券型ETF、固定收益产品、证券、现金等	12 类 ETF（不包括房地产和自然资源类基金）	包括美国股票、美国国债、房地产在内的 11 类 ETF	Vanguard 自有 ETF 和共同基金等

资料来源：作者根据各公司官网、Investor Junkie 等资料整理。

（二）关键成功因素

1. 精准定位中产阶级，满足"智能+人工"投顾需求

Personal Capital 创始人瞄准中产阶级理财市场缺口，通过满足目标客群

---

① 资产管理规模（Assets Under Management）。

的多元需求,实现了财富管理行业的客群下沉。一方面,公司提供的混合型智能投顾符合中产阶级对理财服务的期望,即较低的净资产门槛与个性化的专业服务。另一方面,公司率先以全账户视角布局,帮助用户便捷查看整体财务状况并进行规划。

2. 运营方式具有可持续性,获客能力稳定

Personal Capital 以基础的免费工具与收费的投顾服务相结合的运营方式保证了平台流量,也创造了可持续的盈利模式。值得注意的是,其免费工具并非仅起到引流作用,而是提供了真正的服务价值,这进一步拓宽了产品的普及度以及客户忠诚度。

3. 顾问团队经验丰富,投资业绩良好

Personal Capital 的财务顾问团队具有高度专业性,其对投资业绩的贡献获得了客户的信赖。公司执行团队与投资委员会成员大多有着长期管理数十亿资产组合的成功经验,如首席投资官 Craig Birk 曾在费雪投资公司供职,为高净值客户管理超过 400 亿的资产组合。从业绩来看,自公司成立以来 Personal Capital 的各类投资策略年化收益率普遍高于或与基准收益率[①]持平,2020 年第四季度的收益率更是全部超过了基准收益率。

(三)挑战与风险

1. 财富管理行业监管日趋严格

美国财富管理行业面临更高的监管压力和透明度要求,公司的业务管理压力与合规成本可能增加。美国证券交易委员会(SEC)颁布的《最佳利益规则》(Regulation Best Interest)于 2020 年 6 月开始实施,规定财富管理机构应以客户利益最大化为出发点提供服务,并提出信息披露义务、审慎义务、消除利益冲突义务等具体要求,加强了对全行业的监管力度。

---

① 5 种资产类别的交易所交易基金的加权收益率。

因此，公司需及时评估自身状况与监管要求的一致性，不断改善相关流程和管理机制，同时加强内部人员的监督与培训。据统计，2017 年美国财富管理机构在监管合规方面的支出约占收入的 4%，2022 年该比例将上升至10%[①]。一旦出现合规问题，公司可能面临上千万甚至上亿美元的罚款，其声誉和品牌形象也会受到严重打击。

2. 个人理财行业竞争激烈

个人理财行业合作趋势凸显、主体多元化，而整体市场空间有限，导致竞争越发激烈。一方面，Betterment、Wealthfront 等创新型金融科技公司持续发力线上财富管理市场，并仍有新的相关行业金融科技公司不断涌现。另一方面，近年来，传统金融机构陆续进入线上财富管理领域，凭借其已有的产品、客户、销售渠道及品牌等优势"来势汹汹"，更通过共建、投资、收购等方式与金融科技公司合作，以快速获取和迭代智能化能力。例如，高盛在过去五年间投资了包括了个人理财管理平台 Neyber 在内的 35 家金融科技公司；2015 年 8 月，全球最大的资产管理公司 Black Rock 收购理财服务初创公司 Future Advisor 以下沉市场。日益激烈的行业竞争使得线上财富管理平台更需要建立核心竞争优势，精准把握用户需求，找到合适的市场切入点并加快发展。

---

① BCG，《全球数字财富管理报告 2019—2020：智启财富新未来》，2020。

全球金融科技创新案例之线上财富管理篇：Acorns 研究

　　摘　要：Acorns 是美国最早推出零钱投资的线上财富管理公司，主要提供以消费零钱为主的自动化的小额资金智能投资、定期储蓄理财以及银行卡账户服务。自 2012 年成立以来 Acorns 发展迅速，至 2020 年 12 月其用户数量超过 820 万，资产管理规模超过 30 亿美元，总融资金额约 2.2 亿美元，估值达 8.6 亿美元。针对广大年轻用户普遍缺少良好的财务管理习惯和相关知识、缺少足够的资金和经验用于投资、理财、储蓄的市场痛点，Acorns 推出了以消费零钱为主的自动化小额资金智能投资服务，打造了一个免交易费用、无最低资金限额的财富管理平台，有效降低了投资门槛并致力于引导年轻用户形成健康的理财习惯。Acorns 广受用户青睐的关键成功要素有三点：第一，在市场定位上，Acorns 将目光投向广大储蓄少且财务不健康的年轻用户，抢占以消费零钱为主的小额资金智能投资市场先机，斩获大量客户。第二，在技术优势上，Acorns 聘请诺贝尔经济学奖得主 Harry Markowitz 帮助设计投资组合方案，并与行为经济学家 ShlomoBenartzi 合作创立 Money Lab 实验室研究 Acorns 对用户储蓄行为的影响，使得 Acorns 的产品在强大的经济学与心理学支持下快速迭代。第三，在产品设计上，Acorns 用户界面色彩明艳、排版利落、模块清晰，更符合年轻用户的使用习惯和需求。然而，由于平台收费比例过高、投资组合产品难以满足定制需求、数据安全保护不当和财富管理行业监管趋严等原因,Acorns 在用户留存、合作伙伴关系维护和未来发展上面临风险和考验。本案例将从 Acorns 的基本情况、经营指标和发展历程入手描述公司概况,从市场痛点解决、用户画像、产品与服务、盈利模式、营销模式、技术优势等方面深入分析其产品服务及商业模式,并在此基础上结合行业及竞品分析,总结其关键成功要素与现存风险挑战。

一、企业概况

(一)基本介绍

1. Acorns:美国零钱自动投资储蓄领跑者

Acorns 是美国最早推出零钱投资的线上财富管理公司,为美国年轻用户提供自动化的小额资金(以消费零钱为主)智能投资、定期储蓄理财以及银行卡账户服务。Acorns 从消费场景出发,帮助用户形成良好的财务习惯,受到市场的广泛欢迎。

表 4-9　Acorns 基本情况

成立时间/总部	2012 年/美国加利福尼亚州
创始人	Walter Wemple Cruttenden III Jeffrey James Cruttende
估值	8.6 亿美元(截至 2020 年 12 月)
累计融资额	2.22 亿美元(截至 2020 年 12 月)
资产管理规模	超过 30 亿美元(截至 2020 年 12 月)
员工数	347(截至 2020 年 12 月)
用户数	820 万(截至 2020 年 12 月)
牌照	注册投资顾问牌照、经纪人牌照

资料来源:作者根据 Fortune、growjo、Acorns 官网等资料整理①。

---

① Growjo,Acorns Competitors,Revenue,Alternatives and Pricing,2021.

2. 团队创业经验丰富,人才云集

Acorns 的创始人 Walter Wemple Cruttenden 和 Jeffrey James Cruttenden 父子是卓越的金融服务创新者,拥有丰富的创业经验和专业知识。Walter Cruttenden 曾先后创立了投资银行 Roth Capital 和网络券商 E∗Trade,同时进军声学技术领域,创立了 SRS Labs;Jeffrey Cruttenden 注意到缺少大额可投资资金以及现有资产管理平台佣金高昂对青年投资者的限制,因此与其父共同创建了线上财富管理平台 Acorns,希望降低投资门槛,使人人都能投资理财。

Acorns 广招贤才,团队核心成员在金融与商业领域拥有多年从业经验。根据 Acorns 官网"About"板块所述,Acorns 团队成员包括前 PayPal 首席财务官 Jasmine Lee、前 WeWork 首席战略和营销官 Noah Kerner、JPMorgan Chase 消费者团队市场总监 Kevin E. Hooks 等[①]。此外,Acorns 还聘请诺贝尔奖得主 Harry Markowitz 作为投资顾问,聘任行为经济学家 ShlomoBenartzi 为 Acorns 高级学术顾问和行为经济学委员会主席,团队人才集聚。

3. 知名机构纷纷投资,公司估值赶超争先

截至 2020 年 12 月,Acorns 已完成 11 轮融资,累计融资额 2.22 亿美元,公司估值 8.6 亿美元。Acorns 得到多个知名投资机构和投资人的资金支持,领投者包括全球知名的移动支付公司 PayPal、拥有二十年历史的知名风险投资公司 e. ventures 等。在 2019 年 E 轮融资中 Acorns 获得了 1.05 亿美元的资金支持,使得其估值达到了 8.6 亿美元,较 2016 年的公司估值增长 3 倍以上,超过了 Betterment 等资产管理规模更大的线上财富管理公司[②]。

---

① Acorns 官网,公司简介,2020。
② CNBC,Fintech start-up Acorns valued at ＄860 million after latest funding round,2019.

表 4-10　Acorns 融资情况

融资轮次	投资方	时间	融资额（美元）	估值（美元）
种子轮	Cruttenden Partners	2012.1	30 万	—
A 轮	Steelpoint Capital Partners	2013.10	250 万	910 万
B 轮	Jacobs Asset Management	2014.3	620 万	2300 万
C 轮	e.ventures；Greycroft	2015.2	2300 万	9400 万
D 轮	PayPal Ventures	2016.4	3500 万	1.9 亿
D 轮-II	Sound Ventures；PayPal Ventures；Nyca Partners；Greycroft；e.ventures；Balyasny Asset Management；Bain Capital Ventures	2017.6	3500 万	2.4 亿
风险投资	The Rise Fund	2018.1	—	—
E 轮	Comcast Ventures；NBCUniversal	2019.1	1.05 亿	8.6 亿
风险投资	Jennifer Lopez；BDMI；Alex Rodriguez	2019.8	—	—
风险投资	Chris Adamo	2019.12	—	—
风险投资		2020.5	1500 万	—

资料来源：作者根据 Forgeglobal、crunchbase 资料整理。

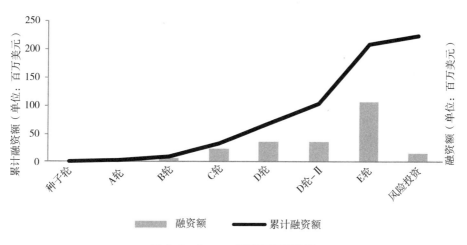

图 4-6　Acorns 累计融资额曲线

资料来源：作者根据 Forgeglobal、crunchbase 资料整理。

（二）经营指标

在用户数量方面,自 2014 年下半年 Acorns 正式推出 App 后其用户数量开始迅速增长,2015 年首次超越成立于 2008 年的智能投顾领域鼻祖 Betterment,此后其用户数量更是与日俱增,远超包括 wealthfront、Betterment、TradeKing 在内的所有提供智能投顾业务的主流线上财富管理公司。2020 年,随着新冠肺炎疫情暴发为投资市场带来大量业余投资者,Acorns 用户数量获得了前所未有的增长,注册用户从 2019 年末的 620 万增长到 2020 年 8 月 800 万。

但在资产管理规模方面,Acorns 却远不及主流的线上财富管理公司。截至 2020 年 12 月,Acorns 虽拥有约 820 万注册用户,资产管理规模却仅为 30 亿美元,其主要竞争对手 Betterment 截至 2020 年 3 月虽拥有约 50 万注册用户,资产管理规模则高达 220 亿美元,后者的平均资产管理规模是前者的 7 倍!

在营业收入方面,截至 2019 年 Acorns 年收入已达到 4510 万美元。

（三）发展历程

Acorns 的发展历程可以分为初创起步期、快速拓展期、深化完善期三大阶段(如下图所示)。

1. 初创起步期(2012—2014 年)

Acorns 于 2012 年成立,在初创的前两年致力于产品设计和手机 App 平台开发,于 2014 年成功推出第一款产品——以消费零钱为主的自动化小额资金智能投资。在诺贝尔经济学奖得主 Harry Markowitz 的帮助下,Acorns 提供了 5 种风险水平不同且可自动实现资产配置再平衡的投资组合供用户进行个性化选择。2014 年,Acorns 发布了适用于 iOS 和 Android 系统的 App,此后公司业务正式启动运行。

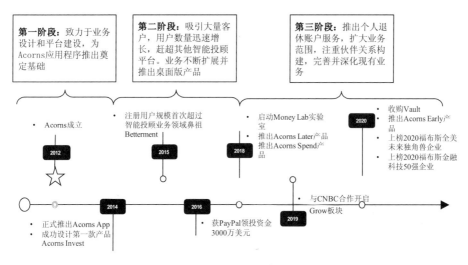

图 4-7　Acorns 公司发展历程

资料来源：作者根据 Acorns 官网等资料整理。

2. 快速拓展期（2015—2017 年）

自 2014 年下半年开始 Acorns 用户数目迅速增加，仅用时一年就超过了 Betterment，在线上财富管理领域站稳脚跟。在拓展期内，Acorns 将用户定位于平均年龄 32 岁的年轻用户，美观的产品界面和简便易行的小额资金投资非常契合年轻用户的消费与理财习惯，使得平台深受市场欢迎。2015 年至 2017 年间 Acorns 平均每年新增用户超过 30 万，吸引了创投机构的关注并获得了大量资金支持，为其继续深化拓展业务奠定了坚实基础。

3. 深化完善期（2018 年至今）

2018 年，Acorns 聘请行为经济学家 ShlomoBenartzi 作为 Acorns 行为经济学委员会主席，启动 Money Lab 计划以进一步完善其产品与服务对用户消费、投资行为的积极影响。同年，Acorns 开启退休金储蓄理财服务和银行卡账户服务，进一步扩大服务范围。2019 年 Acorns 与 CNBC 建立合作伙伴关系，并于 2019 年 1 月 28 日在 Acorns Grow 网站发布"Announcing Our New Partnership With CNBC"通知，通过 Acorns 的 Grow 板块向用户推送关于投资和金融的信息。2020 年,Acorns 收购了退休金投资服务公司 Vault 以进一步完善其退休金储蓄理财服务,同年 6 月,公司推出了监护人储蓄理财服务。同年,Acorns 上榜福布斯 2020 全美未来独角兽企业(The Next Unicorns For The 2020)以及 2020 福布斯金融科技 50 强企业(Fintech 50,2020)。

二、产品服务与商业模式

(一)市场痛点解决与用户画像

1. 市场痛点解决

财富管理行业存在年轻用户普遍缺少良好的财务管理观念和相关知识,导致没有足够资金和经验进行储蓄、投资和理财的市场痛点。一方面,当代年轻人未能形成良好的财务管理习惯。深受"活在当下"观念影响,许多年轻人在收入增加的同时也选择提升消费而不是增加储蓄。E-Trade 2018 年发布的报告显示,超过三分之一的年轻用户会从 401k 退休计划中提前支取款项用于购买大宗商品、度假休闲或其他个人支出,而不是为未来退休养老储蓄资金[1]。此外,美国年轻一代负债水平相对偏高。美国西北互助人寿保险 2018 年调查研究显示,美国人均负债水平为 3.8 万美元,而 25—34 岁人群人均负债水平则高达 4.2 万美元。因此,薪金低、储蓄少的经济状况以及理财知识、投资经验匮乏的情况导致年轻人难以进入高风险、严要求的投资市场。根据 2018 年 Gallup 的调查,在 2017 年至 2018 年期间,只有 37% 的 35 岁以下美国年轻人持有股票,而 35 岁以上的股票持有者比例则高达 61%。尽管市面已经存在很多线上财富管理公司如 Betterment、Wealthfront 等可以为用户提供智能投资建议,降低投资风险,但平台对投资资金存在最低额度要求、提供的投资

---

[1] CNBC,I've Helped More Than 400 Millennials Fix Their Finances and These Are Their 6 Biggest Money Mistakes,2019.

方案较为复杂等现状同样让年轻投资者望而却步。

针对以上痛点，Acorns 通过打造以消费零钱为主的小额资金智能投资、免交易费用的财富管理平台，并提供适合用户风险水平的投资组合方案，吸引了众多年轻散户投资者参与金融市场投资。Acorns 帮助年轻用户在消费的过程中将少于 1 美元的零钱储蓄起来并用于投资理财，使得用户在潜移默化的过程中养成更加良好的消费习惯和财务习惯，深受用户信赖。

2. 用户画像

Acorns 主要为年轻用户提供财富管理服务，用户平均年龄 32 岁，年收入 5 万—6 万美元。他们大部分虽然认识到理财重要性但是理财知识和经验不足，且没有形成健康的财务观念，但乐于通过互联网获取理财知识并使用线上平台进行理财投资。Acorns 在 2016 年对 1991 名年轻用户就资金问题展开的调查研究显示，高达 70% 的用户认识到投资理财的重要性，但认为自己所受教育不足以对自我资产进行正确管理；有 58.04% 的调查者认为移动网络的出现增进了自己对理财的兴趣，愿意进行线上理财；73% 的调查者从不订立预算计划；40.3% 的调查者囿于建立退休金的财务困扰，但正在为建立退休金积极储蓄的调查者比重仅占 8.47%。Acorns 正是为帮助这些年轻用户实现边花边赚愿望而建立的。

（二）产品与服务

Acorns 主要为用户提供了投资理财产品和银行卡账户服务两大类产品和服务内容，用户可以在 App Store 或 Google Play 下载 Acorns 软件或直接登录 Acorns 官网，只需 5 分钟即可完成账户注册开启投资理财之旅。

1. 投资理财产品

（1）自动化的小额资金智能投资服务（Acorns Invest）。

小额资金智能投资服务是 Acorns 的核心业务。首先，用户需要将自己的信用卡或借记卡与 Acorns 绑定以提供投资所需的资金来源。小额资金的积

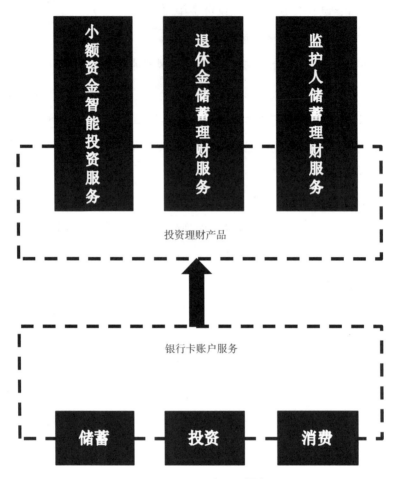

图 4-8 Acorns 产品和服务

资料来源:作者自行整理。

累方式有两种,一是用户主动决定每次投资的金额和投资时间间隔,以 5 美元为最低限额。Acorns 将根据用户的设置定期将资金从信用卡或借记卡转移至 Acorns 投资账户实现自动化的智能投资,无须用户频繁操作。二是用户开通消费零钱投资 Round-Ups 功能,由 Acorns 抓取消费记录,并在用户每次消费后将消费总额四舍五入到下一美元,扣除实际消费后剩余的部分作为消费零钱储存至 Acorns 投资账户,当零钱积累至 5 美元就可以进行一笔投资。

Acorns 提供的智能投资服务包含 5 种资产配置固定的方案：100%投资债券的保守方案；40%投资股票、60%投资债券的适度保守方案；60%投资股票、40%投资债券的适中方案；80%投资股票、20%投资债券的稳健方案；100%投资股票的激进方案。每个投资方案都由混合型基金 ETFs 组成，5 种方案所涵盖的 ETFs 共有 7 只，包括 SHY、VNQ、VWQ、VOO、VB、LQD 和 SPY。考虑到 ETF 会随市场波动发生价值变动，从而影响最初确定的投资组合方案中各项资产配置比例，Acorns 的智能投资服务具有投资组合再平衡功能，当一只或多只 ETF 的持有比例高于或低于目标配置比例5%时，Acorns 将自动买卖相应的 ETF，使用户投资组合中资产类别的配置比例与初始状态达到一致。此外，在风险评估方面，Acorns 会以问卷形式获取用户的身份、财务情况和理财目标等信息，并基于用户提供的信息智能选定其风险偏好水平，推荐上述 5 种投资方案中最符合用户偏好的一种作为智能投资标的。

（2）退休金储蓄理财服务（Acorns Later）。

退休金储蓄理财服务帮助用户定期储蓄资金并投入适合的退休金方案，实现退休金储蓄目标。Acorns 提供了三种类型的退休金方案，包括传统退休金（traditional IRA）、罗斯退休金（Roth IRA）和简化的雇员退休金（Simplified Employee Pension，简称为 SEP）。首先 Acorns 会以问卷形式获取用户年龄、目标退休年龄、投资经验、风险承受能力等信息以帮助用户选择合适的退休金产品。用户开通个人退休金账户并绑定银行卡等存款账户后，根据用户设定的投资时间间隔和金额大小，Acorns 会定期从存款账户扣除最少 5 美元的资金并投资于合适的产品。用户可以随时查看当前投资在未来的预期价值，也可根据退休基金目标随时调整划款周期和金额。

（3）监护人储蓄理财服务（Acorns Early）。

监护人储蓄理财服务帮助用户定期储蓄资金并投资于合适的资产以满足教育投资的目标。Acorns 提供的监护人账户包括 UTMA 账户和 UGMA 账户，能够用于建立教育基金并享受税收优惠。账户虽归于未成年人名下但由监护人暂时托管,到未成年人成长到 21 岁(UTMA 账户)或 18 岁(UGMA 账户)可以接手自己管理。与退休金储蓄理财服务的功能一样,监护人账户可以设置定期循环投资,使投资更加方便。此外 Acorns 软件会定期推送专家分享的家庭投资理财建议,帮助用户获取理财知识、增加理财经验。

2. 银行卡账户服务(Acorns Spend)

银行卡账户服务集账户管理和借记卡功能为一体。Acorns 为用户配发了一张与发卡机构 Visa 联合发行的借记卡,在借记卡下 Acorns 将为用户开立银行卡账户用于日常投资、储蓄和消费。银行卡账户服务不仅可以方便用户享受上述投资理财产品中的自动化小额资金智能投资服务和退休金储蓄理财服务,在 Acorns 合作商家使用 Acorns 借记卡刷卡消费还可享受至多 10% 的返利。截至 2020 年,Acorns 已在全球开设了 5.5 万个 ATM 自动取款机,存取款不收取任何费用。此外,Acorns 银行卡账户由美国联邦存款保险公司提供全权保障,保险金额高达 25 万美元,并配有反欺诈保护和全数字化卡片锁功能,保障用户资金安全。

通过开设银行卡账户服务,Acorns 会吸引更多用户资金用于财富管理,用户也会更多依赖 Acorns 提供的各项服务。同时,由于银行卡日常使用频率大,该服务能够帮助 Acorns 积累用户消费偏好、用卡习惯等数据,有助于 Acorns 投资理财产品的完善和发展。

(三)营利模式

Acorns 盈利来源于固定的账户管理费用和经纪商转移费用。首先,Acorns 根据所含具体投资理财服务内容发布了三个版本的账户管理服务并收取相应的固定费用:(1)基础版本:仅包含自动化的小额资金智能投资服务,每月向用户收取 1 美元费用;(2)个人版本:包含集自动化的小额资金智能投资服务和退休金储蓄理财服务于一体并可进行日常消费和储蓄的银行卡账户,每月收取 3 美元费用;(3)家庭版本:涵盖 Acorns 所有投资理财产品及银行卡账户服务,每月向用户收取 5 美元费用。其次,当用户关闭 Acorns 账户并需要将所投资的混合型基金 ETF 转移到其他经纪商处时,Acorns 将对账户中的每只 ETF 基金收取 50 美元的费用。然而关闭 Acorns 账户的用户并不一定需要转让 ETFs,还可以选择出售资产,此类操作并不收取任何费用。

(四)市场营销模式

Acorns 主要通过发放优惠券和借助社交平台宣传吸引用户。首先,Acorns 通过不定期发放优惠券吸引用户注册 Acorns 会员,体验小额投资。由于 Acorn 与众多共享出行公司、零售商等企业建立了合作伙伴关系,在用户使用这些公司的服务时,通过与 Acorns 绑定的账户进行消费支付可享受 5 美元至 15 美元金额不等的减免优惠,以此活动进行宣传来吸引客户使用 Acorns 进行投资。其次,Acorns 通过 Facebook、Twitter 等 50 余个社交平台宣传其产品。此种宣传方式效果显著,2019 年约 33% 的用户通过 Facebook 购买了 Acorns 投资服务,用户账户余额增加了 7%—10%

(五)研发情况及技术优势

Acorns 注重产品研发,并与多位专家合作提升产品质量。Acorns 的投资组合方案是与诺贝尔经济学奖得主、有"现代投资学之父"之称的 Harry Markowitz 合作设计的。Acorns 提供的投资组合方案中涉及的资产类别及权重大小均是在科学计算后确定的,可以大大简化产品形态、减少客户在投资决策中的障碍,引领年轻用户走入金融投资世界。此外,为发挥 Acorns 产品对年轻用户储蓄与投资的规范引导作用,Acorns 于 2018 年与行为经济学家 ShlomoBenartzi 合作创立了 Money Lab 实验室。与此同时,有包括卡耐基梅隆大学、芝加哥大学、哥伦比亚大学和耶鲁大学在内的 25 所大学向 Money Lab 实验室提交了项目思路,研究 Acorns 产品对用户消费与投资行为的影响,帮助 Acorns 更好地完善产品与服务。

三、分析及总结

（一）行业及竞品分析

Acorns 的核心产品——以消费零钱为主的小额资金智能投资面临的最大竞品是提供了数千只投资标的选项的 Stash。此外，由于 Acorns 为了管理以消费零钱的小额资金投资涉及智能投顾功能，因此本部分还将 Acorns 与提供智能投顾服务的线上财富管理公司进行比较，包括资产管理规模庞大、退休金储蓄管理完善的美国智能投顾业务领域领头企业 Betterment 和 Wealthfront。同时，Betterment 和 Wealthfront 也属于 Personal Capital 的竞品。

表 4-11　Acorns 竞品情况

	Acorns	Betterment	Wealthfront	Stash
交易佣金	＄0	＄0	＄0	＄0
用户数量	820 万	50 万	40 万	500 万
资产管理规模	30 亿美元	220 亿美元	210 亿美元	20 亿美元
最低账户限额	＄0	＄0	＄500	＄0
投资标的	7 只 ETF	15 只 ETF	18 只 ETF	80 只 ETF、千只股票
适合群体	收入 5 万—6 万美元、32 岁左右无大额储蓄、无投资经验的年轻用户	20 到 30 多岁从事科技行业的中产阶级	收入在 20 万美元以上拥有高学历的美国职场人士	资产少于 10 万美元且无投资经营的年轻用户
突出特点	首推消费零钱投资；投资组合固定，用户自选；界面简洁	退休投资计划完善；App 用户友好；免税组合	税损收获功能；无限制的免费转账；现金账户高利息收入	消费零钱投资；提供银行卡账户服务和投资建议，投资组合用户自由建立

续表

	Acorns	**Betterment**	**Wealthfront**	**Stash**
收费标准	基础版本： $1/月 个人版本： $3/月 家庭版本： $5/月	资金规模 0.25%	资金规模 0.25%	新手版：$1/月 增长版：$3/月 Stash+：$9/月
主要产品	Acorns Invest Acorns Later Acorns Early Acorns Spend	个人和联合纳税账户，Roth/Traditional/Rollover/SEP 个人退休账户、信托服务	现金账户；Traditional/Roth/SEP/Rollover 个人退休账户；投资组合信用额度	Stock-Back Card；Roth/ Traditional 退休金账户；个人投资账户
推广	注册可享 $5 优惠	初次投资 1 年免费用	初次投资 $5000 免费用	高达 $510 的现金信贷

资料来源：作者根据 Acorns、Betterment 等官网，Listen Money Matters 等网站整理。

相比之下，Acorns 具有以下优势。首先，Acorns 面向的是愿意进行投资但没有足额的储蓄存款和投资经验的年轻用户，而这部分客户群非常庞大，因而 Acorns 在发布后用户规模日趋扩大并占据线上财富管理公司之首；其次，较其它财富管理类 App，Acorns 界面简洁，渐变背景色界面美观大方，历史投资额和收益增长趋势直观明了，对注重视觉享受的年轻一代有莫大的吸引力；最后，Acorns 根据用户的不同理财需求每月最低仅收取 1 美元的固定费用，较低的理财成本使众多未接触过投资的新用户选择加入 Acorns。

Acorns 的劣势在于，由于平台将自身定位于小额资金投资管理，因此资产管理规模相较 Betterment、Wealthfront 等公司更小，且投资标的数量比较有限。但主打小额资金投资、投资方案简洁是 Acorns 的最大亮点，在公司发展初期用户增长比资产管理规模增长更能彰显潜力，因此该劣势尚在接受范围内。

（二）关键成功要素

1. 产品理念独特，疫情助推发展

Acorns 将目光投向广泛的年轻用户。如上文"市场痛点解决与用户画像"

所述,他们未能形成健康的财务管理观念,需要有平台引导其正确进行储蓄、投资和理财。于是 Acorns 创新地从消费行为入手,让点滴消费零钱也可汇聚成一笔巨大财富,帮助年轻人在花钱的同时有效攒钱。自 2014 年以来 Acorns 用户量呈快速上升的趋势,2020 年新冠肺炎的暴发使得大量领取了政府刺激资金且有时间关注投资理财的年轻投资者进入投资世界。Acorns 作为新手投资者的入门级引导平台受益于此,2020 年用户量达到 820 万,较 2019 年激增 82%。

2. 固定投资选择,提升理财效果

目前提供智能投顾业务的资产管理平台大多以 Markowitz 的均值方差理论以及一系列衍生模型为基础,再根据客户的风险偏好为其定制被动式的投资方案。Acorns 的特别之处在于它并非为每一个投资者都量身定制投资组合方案,而是事先确定了 5 个固定的资产组合。如上文"产品与服务"所述,其设计的投资组合方案极具科学性和权威性,增强了客户投资的信任度。虽然放弃了个性化定制的灵活性,但 Acorns 也因此大大降低相关精算成本,并采取免收交易费、较低管理费率的经营模式,更容易被年轻用户理解和接受。

3. 产品界面美观,用户体验优秀

Acorns 的客群主要为 32 岁左右的年轻用户,非常注重产品使用的感觉,因此 Acorns 团队投入大量精力在用户界面设计上:以双色渐变色为底色铺满屏幕,排版利落,配有精致插图以及或平滑或卷曲翻页的动画。Acorns 将主界面分成三个模块:Past、Present 和 Potential,分别用于查看用户历史投资的账户表、当前的账户余额和资产未来的利益增长模拟图示。Acorns 采取基于卡片的设计策略,不同的组块对应用户资产的各类统计信息,包括过去 30 天投资信息、预测收益、专家文章推送等,用户需要查看某方面的信息只需点击该组块即可,操作界面简洁明了。Acorns 因其独特的色彩、渐变和排版的运用从众多金融科技应用中脱颖而出,在 App Store 上评分高达 4.7,超过 66 万用户发布评价[①]。

---

① Usabilitygeek,UX Case Study:Acorns Mobile App,2021.

（三）挑战与风险

1. 收费比率过高,惠及用户有限

不同账户余额的用户对于 Acorns 按月收取固定服务费用的收费模式是否费用过高各抒己见。虽然 Acorns 采取的固定账户管理费用每月仅收取 1—5 美元,相较 Betterment 等其他资产管理平台收取资产账户余额 0.25% 费用的收费模式看上去似乎更具诱惑力,但对于账户余额较少的用户,该项费用可能会占所投资资产的更高比例。表 4 是 Acorns 年度账户管理费用占资产比重的参考表,可以看出,对于账户余额 5000 美元以下的用户来说,Acorns 的费用收取实际要高于 Betterment 等其他资产管理平台。此外,Acorns 的经纪商转移费用较其他资产管理公司收费更高。例如转让 5 只混合型基金 ETFs,Acorns 将收取 250 美元费用,而其他资产管理公司仅收取 75 美元。

表 4-12　Acorns 年度账户管理费用占资产比重参考表

账户余额	基础版本 ＄1/月（＄12/年）	个人版本 ＄3/月（＄36/年）	家庭版本 ＄5/月（＄60/年）
＄100	12%	36%	60%
＄500	2.4%	7.2%	12%
＄5000	0.24%	0.72%	1.2%
＄10000	0.12%	0.36%	0.6%

资料来源:作者根据 Nerdwallet 资料整理。

2. 投资组合产品有限,难以满足定制需求

虽然上文"产品与服务"所提的 5 种资产配置固定的投资方案能在一定程度上简化投资程序,便于新手投资者选择,但方便之余却限制了用户的个性化需求和盈利空间。年轻用户的一大特点是学习领悟能力强且乐于尝试,在对自己的投资目标和风险偏好有更深层次的掌握后可能不满足于仅有的 5 种投资组合方案和 7 只混合型基金投资标的,而希望通过更具个性化的投资方

案实现更高的盈利目标。而 Acorns 并没有拓展投资组合个性化定制业务,在未来可能无法留住现有的年轻用户。

3. 数据安全难以保证,可能面临用户投诉

Acorns 在数据安全方面曾因管理不当而遭受诟病。2017 年 Acorns 由于未正确设置 WORM("写一次读多次")格式来防止电子业务记录遭受修改或储存被破坏的行为,使得与 Acorns 合作的近 1000 万家电子经纪自营商的业务记录暴露在风险之中,并发生了 22 例订单、交易确认、报表编制等公司业务记录受损的事件,Acorns 也因此遭受到客户谴责,并支付了 17.5 万美元的罚款。此外,据美国金融监管局调查了解,Acorns 没有在保留供应商提供的电子记录之前按要求向美国金融监管局提交为期 90 天的说明,也没有按照证券交易法的要求建立稽核制度核查那些未设置 WORM 格式而直接保存记录的业务。可见,Acorns 在数据安全保护方面的重视力度不强,相关措施不够完善,可能会导致部分合作伙伴中断合作的窘境。

4. 财富管理行业监管日趋严格

正如 Personal Capital 案例所述,从行业监管角度来看,财富管理行业监管的日趋严格也会给 Acorns 的未来发展带来一定阻碍。

全球金融科技创新案例之线上财富管理篇：Robinhood 研究

摘　要：Robinhood 是美国最早推出零佣金服务的线上证券经纪公司。自 2013 年成立以来公司成长迅速并持续营利，至 2021 年 2 月公司用户数量超过 1300 万，年营业收入超过 2.7 亿美元，总融资金额超过 57.19 亿美元，估值超过 117 亿美元。针对传统证券经纪公司交易佣金较高、交易软件复杂、对最低投资额有一定要求导致一些用户无法参与投资的市场痛点，Robinhood 打造了零佣金、简洁易用的交易平台。Robinhood 对年轻用户尤其是"千禧一代"具有极高的吸引力，其关键成功要素有三：第一，在运营模式上，Robinhood 主要通过免除交易佣金、出售分拆的高价股票降低投资门槛，吸引资金实力有限的潜在投资者；第二，在产品设计上，Robinhood 以颜色切换打造了简洁直观、容易操作的交易平台，适合投资经验或相关知识有限但对投资有一定兴趣的用户；第三，在营销模式上，Robinhood 采用了三种市场营销策略大大增加了平台的吸引力和趣味性，并善用饥饿营销。然而，Robinhood 也逐步面临营利模式受到争议、技术稳定性有待提升、市场竞争加剧等风险。本案例将从 Robinhood 的基本情况、经营指标和发展历程入手描述公司概况，从市场痛点解决、用户画像、产品与服务、营销模式、技术优势等方面深入分析其产品战略及商业模式，并在此基础上结合行业及竞品分析，总结其关键成功要素与现存风险挑战。

一、企业概况

（一）基本介绍

1. Robinhood：美国零佣金证券经纪服务先行者

Robinhood 是美国最早推出零佣金服务的线上证券经纪公司，为美国年轻用户提供股票、基金、期权及加密货币交易服务。Robinhood 的出现颠覆了以交易佣金为主要盈利来源的传统证券经纪市场，为美国证券经纪行业带来了革命性影响。

表 4-3　Robinhood 基本情况

成立时间/总部	2013 年/美国加利福尼亚州
创始人	Vladimir Tenev 和 Baiju Bhatt
估值	112 亿美元（截至 2020 年 12 月）
累计融资额	57. 19 亿美元（截至 2021 年 2 月）
累计交易规模	1500 亿美元（截至 2020 年 8 月）
员工数	200 名（截至 2020 年 12 月）
用户数	1300 万（截至 2020 年 8 月）
牌照	经纪人牌照

资料来源：作者根据 Robinhood 官网、Crunchbase 等资料整理。

2. 创始团队准确洞察商机，技术实力雄厚

Robinhood 的两位创始人 Vladimir Tenev 和 Baiju Bhatt 是连续创业者，对市场商机洞察准确。两人曾参与开发对冲基金交易软件，并在此过程中洞察到高额交易佣金对用户参与金融市场投资的限制。因此，两位创始人以打造简洁易用、零交易佣金的平台为愿景，希望尽可能让更多用户有机会参与金融市场投资。

公司多位核心员工来自知名科技公司,技术实力雄厚,包括前 Google 销售与业务运营董事总经理 Gretchen Howard、前 Facebook 产品总监 Adam Wolff 等[1]。2020 年公司进行大规模扩张,员工总数达到 200 人。

3. 深受投资机构青睐,公司飞速发展

截至 2021 年 2 月,Robinhood 已完成 11 轮融资,累计融资额超过 57.19 亿美元。2018—2020 年,Robinhood 用户数量和交易额实现高速增长,为公司估值提升带来广阔空间。DST、Index Ventures、Sequoia、KPCB 等知名投资者以及 SIPC(Securities Investor Protection Corporation)为 Robinhood 的资金和信誉进行了充分背书,降低了平台可能存在的安全风险。2021 年,为应对游戏驿站等股票掀起的市场交易热潮导致的交易量激增,Robinhood 在一周内紧急融资 34 亿美元以补充存量资金,这超过了公司自成立以来 8 年所募得的资金总额。

表 4-14 Robinhood 融资情况

融资轮次	投资方	时间	融资额(美元)	估值(美元)
A 轮	Index Ventures、Google Ventures	2014.9	1300 万	—
B 轮	Susa Ventures、Ribbit Capital	2015.5	5000 万	—
C 轮	DST Global	2017.4	1.1 亿	13 亿
D 轮	DST Global、Sequoia Capital	2018.3	3.63 亿	60.5 亿
战略融资	DST Global、Sequoia Capital	2019.7	3.23 亿	—
F 轮	Sequoia Capital	2020.5	2.8 亿	83 亿
F+轮	TSG Consumer Partners	2020.7	3.2 亿	86 亿
G 轮	D1 Capital Partners	2020.8	2 亿	112 亿
G+轮	Coatue	2020.9	6.6 亿	117 亿
风险投资	Ribbit Capital	2021.1	10 亿	—
债权融资	Ribbit Capital	2021.2	24 亿	—

资料来源:作者根据天眼查资料整理。

---

[1] Robinhood 官网,公司简介,2021 年。

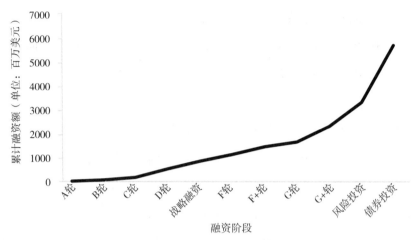

图 4-9　Robinhood 融资情况

资料来源:作者根据天眼查资料整理。

（二）经营指标

在用户数量方面,Robinhood 的 App 产品在正式上线前就具有非常高的人气,用户数一直保持稳步增长,从 2018 年 2 月到 2019 年 12 月初,平台平均每月增加约 33 万个新用户,至 2019 年底公司注册用户总数已超过一千万。2020 年,大量新投资者依靠美国政府发放的 1200 美元支票补贴涌入股市,导致 Robinhood 从 1 月至 8 月新用户增长数量超过 300 万,增幅达到30%。尽管平台用户的平均资金规模只有 1000—5000 美元,但庞大的用户群体使得整个平台的客户投资规模高达 650 亿美元。

在营业收入方面,Robinhood 更是发展迅速。公司自 2014 年便一直盈利,2015 年实现营业收入 290 万美元,至 2020 年第一季度营业收入已增长至9100 万美元。疫情期间 Robinhood 用户数量和交易订单数量激增,其通过"订单流付款"实现的收入在 2020 年第二季度达到 1.8 亿美元,几乎是第一季度的两倍,也超过了公司自 2015 年至 2018 年间所有收入之和①,其中有 1.11 亿

---

① Forbes,Robinhood Doubles Its Second-Quarter Trading Revenue,Reaching ＄180 Million,2020.

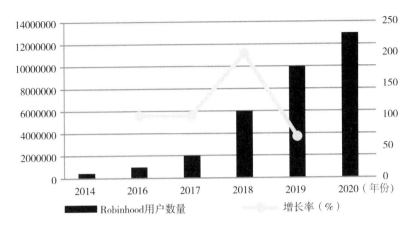

图 4-10　Robinhood 用户数量增长情况

资料来源:作者根据 Business of Apps、36 氪等资料整理。

美元来自期权交易订单。投行 Piper Sandler 在 2020 年发布的分析报告显示,Robinhood 从每 100 股期权合约中获得的报酬是 58 美分,远超过从每 100 股股票合约中仅获得的 17 美分。因此,尽管只有 12% 的客户进行期权交易,期权交易有史以来第一次超过普通股票交易,成为 Robinhood 最赚钱的业务。

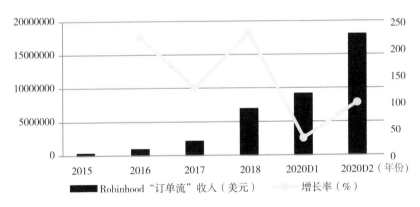

图 4-11　Robinhood"订单流付款"收入增长情况

资料来源:作者根据 Business of Apps、36 氪等资料整理。

　　除此之外,Robinhood 的产品曾获得 Apple Design Awards 以及 Google Play 设计卓越奖,深受"千禧一代"年轻人的喜爱。

（三）发展历程

Robinhood 的发展历程可以分为初创期、拓展期、完善期三大阶段（如图 4-12 所示）。

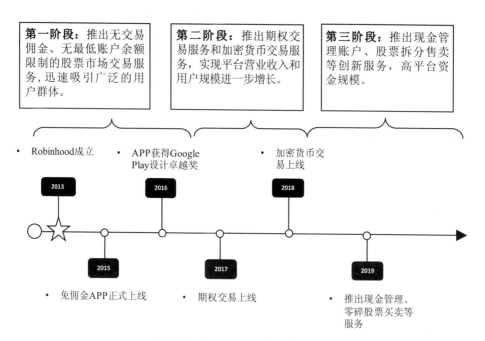

图 4-12 Robinhood 公司发展历程

资料来源：作者根据 Robinhood 官网、Crunchbase、36 氪资料整理。

1. 初创期（2013—2016 年）

在初创期，Robinhood 推出了股票市场交易服务。相比于其他券商经营实体门店、投放高额电视广告的高成本运营模式，Robinhood 选择完全以数字化的形式提供产品和服务从而缩减成本，因此能够推出无交易佣金、无最低账户余额限制的服务模式，对传统证券市场造成重大冲击。该模式迅速吸引了广泛的用户群体，使得 Robinhood 的用户数量和交易额实现高速增长并在市场中取得领先地位。

2. 拓展期（2017—2018 年）

在拓展期,Robinhood 推出期权交易服务和加密货币交易服务,推动平台的营业收入和用户规模进一步扩张。期权交易的高利润使得该业务逐渐成为平台营业收入和利润的主要来源。而加密货币交易则帮助 Robinhood 吸引了更多投资者使用公司产品,其在加州、马萨诸塞州、密苏里州、蒙大拿州、新罕布什尔州和科罗拉多州 6 个州推出的加密货币服务平台以及社交媒体平台 Robinhood feed 支持 16 种加密货币,使得 Robinhood 在 2018 年估值增加两倍。

3. 完善期（2019 年至今）

在完善期,Robinhood 陆续推出创新服务,提高平台资金规模。一方面,公司推出类似银行储蓄账户的现金管理账户服务,为顾客存入平台的资金提供利率并赠送万事达卡,从而吸引更多用户将资金存放在 Robinhood 平台。另一方面,针对单价较高的股票（例如苹果）,Robinhood 将单支股票再进行拆分,而不是只允许购买整支股票,使得资金有限的投资者甚至只用 1 美元也可以买到少份额的高价股票,进一步消除了资金门槛对投资的阻碍,吸引了大量年轻客户群体。

二、产品服务与商业模式

（一）市场痛点解决与用户画像

Robinhood 致力于解决交易佣金较高、投资工具复杂导致用户无法参与金融市场投资的市场痛点。传统证券交易平台通常需要承担交易所费用和较高的运营费用,因此会把二级市场交易佣金作为主要盈利来源,平均每笔交易佣金大概为 7—10 美元。此外,传统证券工具的服务对象主要为专业投资者,在交易以外还提供研究数据、分析工具等丰富功能。然而,这对有一定投资意愿,但资金实力相对有限或投资经验不足的潜在用户而言意味着较高的进入门槛,导致这些潜在投资者不愿将闲置资金投放至金融市场。

因此,Robinhood 通过打造零手续费、无最低账户余额限制、界面简洁、操作简单的投资交易平台降低交易成本和投资门槛,成功吸引更多用户参与金融市场投资。Robinhood 的用户以 18—35 岁的年轻群体为主。他们大多头脑灵活愿意尝试,对互联网和高科技产品兴趣较大,有一定的闲置资金和理财意愿,但缺乏足够的理财知识,不愿为股票投资投入过多的时间、资金和精力。

(二)产品与服务

Robinhood 提供了一个股票、基金、期权以及加密货币的线上交易平台,用户可通过 App 或网页使用产品及服务。新用户仅需 4 分钟即可完成开户,交易界面直观简洁,十分适合经验不足或资金有限的年轻投资者。具体而言,Robinhood 可为客户提供以下三种投资账户:

1. 基础账户(Robinhood Instant)

基础账户是每个新注册 Robinhood 的用户最开始获得的投资账户,可用于 1000 美元以下的存款、即时股票交易或延长交易时间,并且无须缴纳任何保证金。但在该类账户下,用户存款通常需要等待 3 天才能从银行到达账户用于投资交易。

2. 高级账户(Robinhood Gold)

高级账户同基础账户一样可以用于存款和及时交易,但额外具有接待功能。此类账户需要客户根据交易规模每月固定缴纳 5—100 美元的保证金,用户因此可以从平台获得借款用于期权交易。此外,高级账户还提供二级市场研究数据,以及盘前 30 分钟及盘后 2 小时延迟交易的权利。在高级账户下,用户可以跳过 3 天的存款等待期直接完成交易,但要求客户的存款余额必须在 2000 美元以上。

3. 银行卡现金账户(Robinhood Cash)

Robinhood 推出现金账户,为用户存入的资金提供年收益率 0.3% 的利息。用户在存入资金后，还可获得一张由 Sutton Bank 发行、与账户绑定的万事达卡，从而更自由地存储、转移或使用资金。

（三）营利模式

根据 Robinhood 2020 年第一季度的收入明细，公司收入 70%来源于订单流付款，其余来自高级账户增值服务、保证金利息以及账户资金利息收入。

1. 订单流付款（Sell Order Flow）

订单流付款是 Robinhood 不为用户所知但最主要的收入来源。作为证券经纪平台，Robinhood 不将客户订单直接送到交易所寻找全国最优交易价格，而是通过 Apex 清算公司①，将客户的交易订单卖给 Citadel Securities、Two Sigma Securities、Susquehanna International Group 和 Virtu Financial 等大型复杂的高频定量交易公司（做市商，market maker）达成交易，并获得这些做市商提供的回扣收入。

2. 高级账户增值服务

Robinhood 的高级账户（Robinhood Cold）提供借贷、二级市场研究数据、在交易时间外挂单等增值服务，但需要用户每月支付固定的保证金费用。其中，保证金费用与交易规模相关。如果交易规模较小，用户借款能力较低，则月保证金费用为 6—15 美元；如果交易规模较大，用户可选择每月 200 美元的增值服务，即可获得高达 5 万美元的借款。

3. 保证金利息

对于用户在交易过程中借记的超出保证金额度的金额，Robinhood 会收取 7.5%左右的杠杆利息，作为保证金借贷的利息收入。

4. 账户资金利息

Robinhood 将用户账户里未投资的资金出借给其他金融机构，如存入计息

---

① Apex 是美国知名平台交易商，提供最优质、最保险的双向价格交易服务，保证交易的高度准确性和资金安全性。

银行账户,从而获得利息收入。值得注意的是,这些利息并不与用户共享。以交易者平均账户余额为 1000 美元估算,个人每年获得的账户利息大约只有 20 美元。但 Robinhood 基于庞大的用户数量每年可获得数亿美元收入,成为代替交易佣金的重要收入来源。此外,Robinhood 通过 Sutton Bank 发放的与现金账户关联的万事达卡,获得万事达卡返还的交易处理费收入①。

(四)市场营销模式

Robinhood 通过三种市场营销策略大大增加了平台的吸引力和趣味性。首先,Robinhood 十分注重宣传其零手续费的平台形象,这本身就令其获得了大量关注并大大降低了拓展客户的成本。根据调查,Robinhood 开发一个新客户的成本仅为 25 美元,而传统券商大约需要 170 美元。其次,Robinhood 擅长运用饥饿营销快速推动公司发展。在 App 正式上线前,公司通过设置准入门槛形成了 5 万人的等候名单,并告知用户可通过推荐朋友的方式提升其在等候名单的排名,使得 App 在上线前便成功积累了 100 万用户。最后,Robinhood 会根据用户推荐的新用户注册数量随机赠送一支股价在 2—100 美元的免费股票。

(五)研发情况及技术优势

Robinhood 将很多资金及精力放在网络安全协议建设和维护上,以求完全保障投资资金及个人信息的安全。同时,Robinhood 招募了大批来自斯坦福大学、麻省理工学院以及加州理工学院,或曾供职于谷歌、Facebook 和 Palantir 等公司的顶级信息安全和基础设施专家,不断提升公司交易服务的资金安全性与系统可靠性。

_____

① Marketrealist,With No Commissions or Fees,How Does Robinhood Make Money?,2020.

三、分析及总结

（一）行业及竞品分析

Robinhood 的竞争者主要是同样提供在线交易平台的线上证券经纪公司，包括 TradeStation、TD Ameritrade、Firstrade、E∗TRADE 等。

表 4-15　Robinhood 竞品情况

公司名称	Robinhood	TradeStation	TD Ameritrade	Firstrade	E∗TRADE
交易佣金	$0	$0	$0	$0	$0
最低账户额	$0	$0	$0	$500	$0
最低初始存款	$0	$0	$0	$0	$0
投资标的	股票、ETF、期权、加密货币	股票、基金、期权、期货、债券、加密货币	股票、基金、期权、期货、加密货币、外汇	股票、基金、债券	股票、基金、期权、期货、加密货币
适合群体	新手投资者	期权/期货交易员 活跃的股票交易员	新手投资者 退休储蓄者 活跃的股票交易员	新手投资者 共同基金投资者	新手投资者 活跃的股票交易员
突出特点	最先推出免佣金模式，功能简洁	提供交易平台和投资教育平台	除交易平台外还提供交易技术以及个人退休账户等多种金融服务	提供国际账户，可访问美国以外的地区	适合进行期权交易，提供银行服务
推广	随机赠送一支免费股票	无	高达 375 美元的免佣金	转账可获得高达 2500 美元的奖金	无

资料来源：作者根据 Stockbrokers、Benzinga、Brokerage-review 等资料整理。

相比之下，Robinhood 具有以下优势：首先，作为最早推出零佣金、无最低账户额、无最低初始存款模式的证券经纪商，Robinhood 非常适合年轻投资者；其次，在产品推广方面，Robinhood 向所有注册用户随机赠送一支免费股票，优惠范围更为广泛。虽然 Robinhood 的投资标的仅覆盖了股票、ETF、期权、加密货币，没有包括期权、期货、债券等产品，且没有提供国际账户、投资者教育等功能，使得 Robinhood 可能不适用于已经拥有一定投资经验的投资者，但其简洁易用的突出属性依然受到大量目标客群的青睐。

（二）关键成功要素

1. 率先推出零佣金模式，占据先发优势

近 200 年来，证券交易领域中的企业一直维持着向投资者收取固定利率的佣金的传统，即使在 Robinhood 刚刚起步发展的 2014 年，每笔交易的最低佣金费用也在 5—8 美元左右。在此背景下，率先推出零手续费交易服务的 Robinhood，一经问世就立刻吸引到大量用户并迅速占据了股票交易市场，短短五年内注册用户就已突破 600 万。

2. 产品设计简洁，用户好评如潮

Robinhood 能够吸引如此庞大数量的用户，与其采用的原质化设计风格有紧密的联系。借助颜色表达和卡片设计，Robinhood 的简洁设计使用户在交易时获得了良好的体验。2016 年 Robinhood App 在 Google Play 上获得了 4.65 的评分，并有超过 9000 个用户进行了评论。

具体来说，首先 Robinhood 运用一系列流线型的动画和图片引导用户注册并使用产品，并统一采用绿色背景加白色插画的形式，在简化用户入门流程的同时可以有效吸引用户注意力。其次，Robinhood 擅长利用颜色传递关键信息。Robinhood 的用户界面会根据市场状况和股票价值变化而改变颜色，例如用户投资组合表现良好时背景呈浅绿色，反之则为红色；交易时间内填充背景会变为白色，其他时间则为灰色，从而通过颜色变化帮助用户对市场行情形成快速认知。最后，Robinhood 以卡片模式增加用户处理信息效率。Robinhood 里用户需要的信息，包括金融咨询、投资组合里股票价格等都以卡片的形式呈现，用户可以选择追踪关注的信息，对不感兴趣的信息只需左滑即可删除卡

片，可以同时满足了解信息和深入研究需求①。

3. 营销策略有效，深受年轻用户喜爱

正如市场营销模式部分所述，Robinhood 的产品契合了年轻用户极度依赖互联网、追求简单极致体验的习惯。陆金所和艾瑞咨询 2019 年联合开展的调研显示，智能理财服务的客户中 83% 为"80 后"或"90 后"。他们在成长的过程中看到科技变革带来的巨大变化与冲击，企业的信任更多来源于科技，而不仅仅关注机构声誉、牌照等因素。与上一代客群不同，"千禧一代"不仅在收益、期限、风险等角度对产品进行考量，他们更注重在咨询、购买、售后环节上的产品互动体验。此外，他们更容易被社交媒体或互联网媒介吸引，因此能够提供更加便捷、有趣服务的互联网公司更容易得到他们的青睐。

（三）挑战与风险

1. 盈利模式争议较大，可能面临处罚风险

Robinhood 的一大部分收入来自"订单流付款"交易，但该盈利模式一直以来都存在大量争议并受到美国证券交易委员会（SEC）愈加严格的监管。尽管向高频交易做市商而不是全国性交易所出售散户的订单流能够增加市场流动性和活力，但却可能导致客户交易质量下降等问题，如客户订单无法以最优价格进行交易，这有悖于公司降低投资门槛、为顾客降低交易成本的宗旨。由于 2018 年以前未完全披露将客户订单数据售卖给高频交易商的情况，Robinhood 涉嫌欺诈而面临调查，对公司的信誉造成了一定影响。

2019 年，华尔街监管机构对 Robinhood 处以 125 万美元的罚款，因为 Robinhood 将客户的非定向股票订单发送给四家定量高频交易公司（做市商）获得收入，但并未有效监督订单执行过程，导致某些客户股票订单未以最佳价格执行，违背了商业准则。因此，在存在信息披露问题及监管环境日趋严格的

---

① Google Design, Robinhood: Investing in Material, 2020.

情况下,Robinhood 以"订单流付款"为主的商业模式是否能够持续有待进一步评估。

2. 技术稳定性有待提升,客户信任有待维护

Robinhood 技术平台的不稳定以及投资者教育的缺失,使得 Robinhood 在快速发展的同时也饱受争议。一方面,Robinhood 的服务器不够稳定,导致交易未生效、资金被占用、客户被盗号等问题时有发生,其数据商服务不稳定导致股票价格不刷新等问题也对 Robinhood 的产品功能造成影响。疫情期间由于注册用户数量激增、交易量过大,平台多次出现系统故障,导致某些功能运行缓慢或无法访问、某些资产类别无法交易、某些客户无法看到账户余额等问题,收到大量客户投诉。

另一方面,Robinhood 虽然降低了投资门槛,但大量投资经验和知识不充足的投资者涌入投资市场,也导致更多用户和平台自身需要承担不可预知的投资风险。其增值服务允许用户贷款购买股票,但平台内的技术漏洞导致用户可贷款的范围没有上限,使得一些用户在无限制的使用金融杠杆后不得不面临高于其承受能力的风险水平。2020 年,Robinhood 因为大二学生发现自己欠债过多而自杀的事件饱受争议。此外,其产品虽然界面简单容易操作,却没有专业的股票观测和分析工具,从而无法吸引专业投资者。因此,Robinhood 技术平台的稳定性以及产品服务的合理性与完善度仍有待提升。

3. 市场竞争持续加剧,未来发展前景存疑

虽然 Robinhood 的零交易费用模式在六年前具有革命意义,但 2019 年 10 月以来,几乎所有美国在线经纪公司都开始逐步取消了佣金,加剧了 Robinhood 可能面临的直接竞争和冲击。因此,面对越来越激烈的市场竞争,Robinhood 不得不持续拓展业务范围和市场范围,吸引更多的潜在投资者加入平台,从而支撑其个体用户利润微薄但受益于巨大用户体量的盈利模式。

为了吸引更多潜在投资者加入平台,Robinhood 试图推出利率为 3% 的"支票和储蓄"账户(目前已更名现金管理账户),但该类账户既不属于受证券

投资者保护公司（SIPC）保护的经纪账户，也不属于受联邦存款保险公司（FDIC）保护的传统储蓄帐户，因此存入该类账户的资金可能面临风险。但 Robinhood 使用银行、支票和储蓄等术语来描述该业务，可能对用户造成误导，公司也因此受到美国证券交易委员会的调查。此外，虽然 Robinhood 试图在美国以外开展业务，但却面临重重阻力，其在英国的业务不到一年就因困难重重而宣告无限期停滞。因此，Robinhood 是否能够持续实现高速发展以支撑其估值仍有待考量。

4. 限制散户交易，陷入舆论风波

2021 年 1 月，一场美国机构投资者与散户投资者的史诗级对抗将 Robinhood 推入风口浪尖。大量散户投资者通过社交媒体抱团集结，推动 GameStop、AMC Cinemas 等股票经历了不可思议的股价大涨，使得大量卖空型投资者面临巨额亏损。在此背景下，Robinhood 选择停止用户买入 GameStop 等热门交易股票，被指责与华尔街权贵站在同一阵线，而弃普通投资者于不顾。这场论战引起了美国国会成员的关注，要求对 Robinhood 发起调查。虽然对于"经纪公司或证券交易所在股市极其动荡期间停止交易，是否是合理的政策"尚未有明确的答案，但 Robinhood 依旧被认为"背叛"了公司最初想要服务的客户群体，使得公司可能面临争议、用户信任下降甚至诉讼风险。

全球金融科技创新案例之线上财富管理篇：SoFi 研究

摘　要：SoFi 以面向高信用学生的网络借贷业务闻名市场，后逐渐拓展其他网络借贷、投资理财、银行卡账户等业务以提供一站式金融服务。自 2011 年成立以来公司发展势头强劲，截至 2021 年 1 月，公司用户数量已超过 180 万，贷款总额超 500 亿美元，总融资金额约 29 亿美元，预计 2021 年上市后估值达 86.5 亿美元。针对美国学生贷款市场广阔但联邦学生贷款利率无差异导致贷款利率较高的市场痛点，SoFi 创造性地以社交金融模式为高信用学生提供具有差异化利率的低息贷款以及学生贷款再融资服务，减轻其贷款成本和压力。SoFi 的关键成功要素有三点：第一，在市场定位上，SoFi 准确洞察面向学生的网络贷款市场商机，定位高信用人群并率先展开服务，赢得发展先机；第二，在商业模式上，SoFi 提出社交金融概念，通过搭建以校友社区为基础的借贷网络，提供多元价值服务，在提高客户黏性的同时进一步降低了违约风险；第三，在资金成本上，SoFi 利用资产证券化极大降低了资金成本，从而获取更多利润。然而，SoFi 也面临面向学生的网络借贷行业竞争激烈、公司被迫转型，新业务仍处于起步阶段、发展前景尚不明朗，高管流转率较高、公司战略稳定性不足等风险与挑战。本案例将从 SoFi 的基本情况、经营指标和发展历程入手描述公司概况，从市场痛点解决、用户画像、产品与服务、盈利模式、营销模式、技术优势等方面深入分析其产品服务及商业模式，并在此基础上结合行业及竞品分析，总结其关键成功要素与现存风险挑战。

一、企业概况

（一）基本介绍

1. SoFi：美国私人学生贷款服务明星

SoFi 以面向高信用学生的网络借贷业务起步并闻名市场。随着用户群体的社会化发展，公司业务范围逐渐拓展至多种网络借贷、投资理财以及银行卡账户等全面线上金融服务。SoFi 创造性地开创了社交金融的服务模式，助力市场营销的同时提升风控效果，成为行业先行者。

表 4-16　SoFi 基本情况

成立时间/总部	2011 年/美国旧金山
创始人	Mike Cagney（多次在金融科技领域创业） Dan Macklin（曾任职渣打银行高管） James Finnigan（曾任职埃森哲高科技行业战略咨询师） Ian Brady（曾任职富达投资创新总监）
估值	86.5 亿美元①（截至 2021 年 1 月）
累计融资额	29 亿美元（截至 2021 年 1 月）
贷款总额	500 亿美元+（截至 2020 年 7 月）
员工数	1700 名+（截至 2020 年 7 月）
用户数	180 万+（截至 2021 年 1 月）
覆盖范围	美国（12 个办事处）；中国香港（SoFi Hong Kong）（截至 2020 年 7 月）

---

① 完成合并，公开上市后。

牌照	虚拟货币牌照（BitLicense）、资金划拨牌照（Money Transmitter Licenses）、保险代销牌照

资料来源：作者根据 SoFi 官网、Crunchbase 等资料整理。

2. CEO 兼具金融服务专业知识和丰富的管理经验

SoFi 由四位斯坦福商学院的研究生共同创建，其联合创始人兼 CEO Mike Cagney 拥有丰富的创业经历，前后创立了五家估值数亿美元的金融科技公司并出任要职，是一名优秀的连续创业者。

遗憾的是，由于性丑闻、继续创业等个人原因，目前四位创始人均已离职。现任 CEO Anthony Noto 于 2018 年加入 SoFi，其在 2003 年至 2007 年间被誉为"全美排名第一的互联网分析师"，且作为 Twitter 前首席运营官及高盛 TMT 前全球联席主管，Noto 不仅拥有较为丰富的金融及技术相关专业知识，对金融科技的理解较为深刻，而且拥有丰富的公司运营及管理经验，给 SoFi 带来了新的发展契机。

3. 融资轮次高达 15 次，2021 年完成上市计划

2021 年初，SoFi 宣布将通过与 Social Capital Hedosophia[①] 进行合并来实现公开上市，该交易预计在第一季度完成，可使公司估值达到 86.5 亿美元。此前，SoFi 共完成 15 轮融资，累计融资约为 29 亿美元，投资人包括 DCM、SoftBank（软银集团）、Qatar Investment Authority（卡塔尔投资局）等顶级投资机构。值得关注的是，SoFi 在成立后四年内就成为独角兽，估值超过 10 亿美元，而相似业务领域（网贷行业）的 Lending Club 和 OnDeck[②] 则大约花了七年的时间[③]。在 SoFi 多达 15 次的融资历程中，2015 年 8 月由软银集团领投的 E 轮

---

① 由风险资本家 Chamath Palihapitiya 领导的一家特殊目的收购公司（SPAC），通过 IPO 募集资金后，在一定时间内确定收购目标并完成收购，最终目标企业成为上市公司。

② 在线贷款领域最大的两家由风投支持的公司。

③ PitchBook, The Newest Online Lending Unicorn：SoFi Lands ＄200M, 2015.

融资规模最大,融资总额高达 10 亿美元,该轮融资也使公司估值达到 35 亿美元,是 D 轮融资后公司估值的 2.5 倍。

表 4-17　SoFi 融资情况

融资轮次	重要投资人	融资时间	融资金额（美元）	公司估值（美元）
A 轮	Baseline Ventures,Innovation Endeavors	2011.9	400 万	—
B 轮	Baseline Ventures、DCM、Renren	2012.9	7720 万	2 亿
债务融资	Morgan Stanley	2013.3	6000 万	—
债务融资	The Bancorp	2013.6	4100 万	—
债务融资	East West Bank	2013.8	5000 万	—
C 轮	Discovery Capital Management、Peter Thiel、Wicklow Capital	2013.4	8000 万	4.1 亿
D 轮	Third Point、Wellington Management、Institutional Venture Partners	2015.2	2.13 亿	14 亿
E 轮	SoftBank、Third Point Ventures、Baseline Ventures	2015.8	10 亿	35 亿
F 轮	Silver Lake、SoftBank、Institutional Venture Partners、GPI Capital	2017.2	5 亿	45 亿
股权融资	Qatar Investment Authority、Institutional Venture Partners	2019.5	5 亿	43—48 亿
股权融资		2021.1	3.698 亿	—

资料来源:作者根据 SoFi 官网、Crunchbase 等资料整理。

（二）经营指标

在客户数量方面,SoFi 经历了由慢至快的增长。在 2011 年以及成立后的两年内,SoFi 处于产品打磨和业务梳理期,客户数量拓展较慢,至 2013 年底累计仅为 3000 人提供了贷款服务。不过随着业务的成熟和拓展,SoFi 的用户规模迅速扩大,2015 年该数字激增至 10 万,相比于 2013 年底增长了 32.3 倍,而截至 2021 年 1 月,SoFi 的用户总数已达到 180 万人,相比于 2015 年增长了

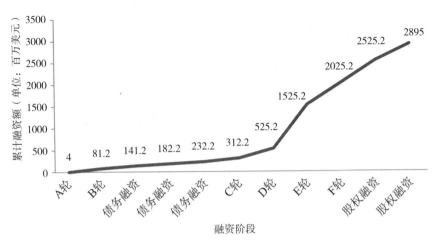

图 4-13　**SoFi 累计融资额曲线**

资料来源:作者根据 SoFi 官网、Crunchbase 等资料整理。

17 倍。

在贷款总额方面,SoFi 的贷款规模一直保持着较高的增长率。早在 2014 年 10 月,公司累计提供的贷款总额已超过 10 亿美元,成为美国当时发展最快的网络借贷平台,更值得关注的是,此数值建立在借款人零违约的情况下。2017 年底,SoFi 的贷款总额超过 250 亿美元,截至 2020 年 7 月,SoFi 的贷款总额已超过 500 亿美元。

在营业收入方面,SoFi 自 2014 年便实现盈利,资产负债情况良好。2019 年公司营业收入约为 5.96 亿美元[1],相比 2018 年增长 9%,2020 年第三季度的净收入则超过了 2 亿美元。凭借其高速增长的公司价值,SoFi 被福布斯评为"2019 年美国前 11 大金融科技公司"(位列第 4),并连续多年入选毕马威《全球领先金融科技创新者 100 强》。

---

① What Competitors, Top 3 SoFi Competitors & Alternatives in 2020, 2021.

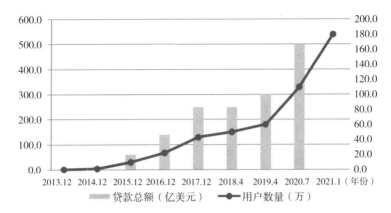

图 4-14 SoFi 客户数量及贷款总额变化趋势

资料来源:作者根据未央网、CNBC 等资料整理。

(三)发展历程

SoFi 的发展历程可分为起步期、发展期、扩张期三个阶段(如图 4-15 所示)。

1. 起步期(2011—2013 年)

SoFi 早期专注于为精英学生提供低息贷款,以社交金融为核心成功构建了优质而强大的借贷网络,迅速获得高校学生的关注。2013 年,美国联邦政府大幅下调学生贷款利率,SoFi 不再享有利差优势,转而将学生贷款再融资作为主营业务,成为美国第一家为联邦和私人学生贷款提供再融资服务的公司。

2013 年 12 月,SoFi 宣布公司首次资本证券化成功结束,成为当时美国网络借贷行业首家完成资产证券化的公司。此次资产证券化资金规模达 1.52 亿美元,由摩根士丹利公司作为担保人,DBRS(世界第四大信用评级公司)给出了 A 级的信用评级。依靠此次证券化所获资金,SoFi 在 2014 年 1 月至 4 月发放贷款 1.5 亿美元,是其 2011 年至 2013 年贷款总额的 50%。

2. 发展期(2014—2016 年)

2014 年起,SoFi 陆续推出住房抵押贷款与个人贷款业务,使得公司用户

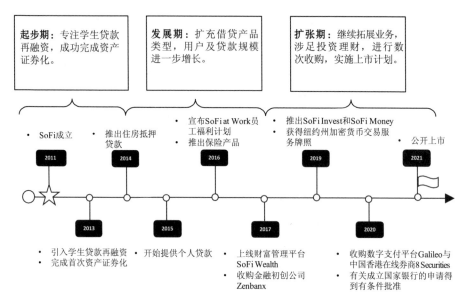

起步期：专注学生贷款再融资，成功完成资产证券化。

发展期：扩充借贷产品类型，用户及贷款规模进一步增长。

扩张期：继续拓展业务，涉足投资理财，进行数次收购，实施上市计划。

- SoFi成立
- 推出住房抵押贷款
- 宣布SoFi at Work员工福利计划
- 推出保险产品
- 推出SoFi Invest和SoFi Money
- 获得纽约州加密货币交易服务牌照
- 公开上市

2011 2014 2016 2019 2021

2013 2015 2017 2020

- 引入学生贷款再融资
- 完成首次资产证券化
- 开始提供个人贷款
- 上线财富管理平台SoFi Wealth
- 收购金融初创公司Zenbanx
- 收购数字支付平台Galileo与中国香港在线券商8 Securities
- 有关成立国家银行的申请得到有条件批准

图 4-15　SoFi 发展历程

资料来源：作者根据 SoFi 官网，未央网等资料整理。

数量和贷款总额进一步增长。2016 年 9 月，SoFi 宣布推出 SoFi at Work 员工福利计划，该计划与 600 多家企业合作，旨在减少员工的学生债务并帮助员工保持财务健康。同年，SoFi 联手 Protective 推出新型定期寿险产品，进军保险领域。

3. 扩张期（2017 年至今）

在扩张期，SoFi 不断丰富金融产品，包括投资理财服务、信用卡账户等。2017 年，SoFi 上线数字财富管理平台 SoFi Wealth，为用户提供智能投顾①服务。与此同时，SoFi 收购金融初创公司 Zenbanx，完善借记、支付和汇款等服务。2019 年，SoFi 宣布推出 SoFi Invest（在线投资平台）以及 SoFi Money（储蓄账户）。同年 10 月，SoFi 获得纽约州加密货币交易服务牌照并上线相关业务。

---

①　基于投资者的投资需求和风险偏好，为其提供数字化、自动化、智能化的财富管理服务。

2020 年 4 月,SoFi 先后收购了数字支付平台 Galileo 和中国香港在线券商 8 Securities,前者被融合到 SoFi Money,后者则为扩张国际市场做准备。同年 10 月,SoFi 有关成立国家银行的申请得到美国货币监理署(OCC)的初步有条件批准,银行牌照将使得 SoFi 能够持有更多客户存款并独立提供信用卡等服务,为公司成为全方位的金融服务提供者奠定坚实基础。经过多年发展后,SoFi 预计将在 2021 年第一季度通过反向收购完成上市。

二、产品服务与商业模式

(一)市场痛点解决与用户画像

1. 市场痛点解决

美国学生贷款市场规模极大,但存在联邦学生贷款利率的无差异化导致贷款利率较高的市场痛点。受 2008 年次贷危机影响,美国失业率居高不下,选择上大学或继续修读研究生的人数明显增长,同时由于财政经费削减,美国大学学费持续上涨,涨幅远高于收入涨幅。收入增长与学费增长的严重不匹配,导致学生贷款交学费的现象相当普遍。据《纽约时报》报道,2012 年美国超过 90%攻读本科学位的学生需要依靠贷款支付学费,人均欠债 2.5 万美元。随着时间的推移,此情形有愈演愈烈之势,截至 2019 年 8 月,美国助学贷款债务总计约 1.56 万亿美元,约等于美国 GDP 的 7.5%,规模仅次于住房抵押贷款,平均每人负债 3.7 万美元。

SoFi 成立当时,学生贷款的总体违约率在 8%至 12%左右,联邦政府需要通过较高的贷款利率尽量降低贷款损失,使得联邦学生贷款利率高达 6%至 8%。同时基于公平原则,政府在贷款利率和还款期限上对借款者一视同仁。然而,在高违约率的贷款中,金额在 2000 美元的小额贷款占到绝大多数,且其持有人一般为就读学校或专业较差甚至中途辍学、导致毕业后难以通过收入偿还贷款的学生。相比之下,就读于排名前 200 大学的学生平均违约率仅为 1.6%,远低于总体平均水平,但却只能承受联邦学生贷款统一定价所带来的高额贷款利率,背负极高的学业成本。此后,虽然联邦学生贷款利率存在下降趋势,但直至 2017 年其平均水平仍在 4.45% 至 7% 之间,对研究生和学生家长而言借款负担尤为沉重。

针对以上市场痛点,SoFi 开始为高信用学生提供具有差异化利率的低息贷款以及学生贷款再融资服务以减轻其贷款成本和压力,并以社交金融模式和自研的信用评分系统①形成独特的风险管理体系。

2. 用户画像

起初,SoFi 的核心客户为被称作 HENRYs(High Earners Not Rich Yet)的高信用人群。贷款者需要就读于公司指定的美国排名前 200 的优秀大学以及法律、医学、商业等就业前景良好的热门专业,且在校成绩优异。相比于一般大学生,他们拥有更好的信用与未来还款能力。

随着越来越多的 SoFi 用户毕业后进入社会以及 SoFi 金融服务范围的不断扩展,公司的用户群体也得到延伸。目前,学生贷款再融资的客户群覆盖指定 IV 级学校②的在读学生、毕业生和学生家长,个人贷款服务的服务对象为信用评分在 680 分以上、收入在 45000 美元以上的贷款者,投资理财等其他个人业务则主要面向年轻投资者。

(二)产品与服务

SoFi 致力于提供一站式的金融服务,其产品及业务涵盖广泛,主要分为五大板块:(1)网络借贷服务;(2)投资理财服务;(3)银行卡账户服务;(4)保险服务;(5)企业服务。

---

① 详见下文。

② IV 级学校表示有资格处理联邦学生资助的高等教育机构,包括公立、私立非营利性和私立学校。这些大学的学生可以获得学生贷款、助学金或加入勤工俭学计划。

1. 网络借贷服务

网络借贷是 SoFi 的起家业务,也仍是目前的核心业务之一。SoFi 以高信用学生群体为起点,逐步构建起庞大的"投资人—借款人"网络,成功打造了能提供多种解决方案的网络借贷平台。目前,SoFi 的网络借贷业务包括学生贷款再融资、私人学生贷款、住房抵押贷款和个人贷款四类,具体情况如下:

(1)学生贷款再融资

作为 SoFi 的基础业务,学生贷款再融资是一种"申请新贷款偿还原有学生贷款"的业务,通过向毕业生提供低息贷款以及灵活的还款方式,使他们可以一次性偿还在读期间所申请的联邦政府高利率学生贷款,从而尽可能节省一大笔利息费用。截至目前,已有超过 37.5 万名成员申请过学生贷款再融资服务,总再融资额超过 300 亿美元。其中,针对医学生以及学生家长的学生贷款再融资业务尤其受到 SoFi 的重视,用户可享受到 0.125% 利息减免。

(2)私人学生贷款

SoFi 为在校生(包括本科生和研究生)提供零佣金的私人学生贷款服务,总额可覆盖所有的学杂费,并提供"立即开始支付本息"、"离开学校六个月后开始支付本息"、"在校时仅支付利息"、"在校时每月支付固定金额"四种还款方式供学生依据自身情况灵活选择。其中,面向法学生和 MBA 学生以及学生家长的私人学生贷款业务由于占比较高尤其受到 SoFi 的重视。

(3)住房抵押贷款

此项贷款可用于购买新房屋或为现有抵押贷款再融资,主要面向高信用、高收入的年轻专业人士。SoFi 对最低首付的要求仅为 10%,最高贷款金额可至 300 万美元,且整个申请及处理过程只需在线进行,为用户提供了极高的便利。

(4)个人贷款

此业务为使用高利率信用卡(利率通常超过 20%)的借款人提供了替代方案。SoFi 可提供利率为 5.99%—20.69%、额度在 5000 美元至 10000 美元之间的个人贷款,用于合并信用卡债务、进行房屋装修、支付医疗费用等各种目的,以较低的成本提升了用户资金使用的灵活度。

2. 投资理财服务

SoFi Invest 为用户提供了一个投资平台,帮助新手投资者轻松交易股票、ETF 和加密货币,其中包括主动投资服务和自动投资服务。前者供用户自主进行投资,不收取交易费用,且允许用户购买少于一股的股票,有效降低了投资门槛。用户还可加入 SoFi 社区,与其他成员交流投资经验。后者则由智能投资顾问为用户构建和管理投资组合,而无须管理费用。SoFi 根据用户的财务状况与偏好制订目标计划,通过多元化分散风险,并且每季度对投资组合进行自动再平衡。

同时,用户还可通过 SoFi Invest 的主动或自动个人退休账户进行退休储蓄,并免费获得财务规划师的建议。在美国市场之外,SoFi 也积极开展投资理财服务。在收购中国香港在线券商 8 Securities 后,SoFi 将其重新命名为 SoFi Hong Kong,重点服务中国香港地区的年轻投资者。作为零佣金的证券交易平台,目前 SoFi Hong Kong 可提供超过 15000 只港股、美股及 ETF 的投资选择。

3. 银行卡账户服务

SoFi 为用户提供了 SoFi 信用卡、SoFi 储蓄账户以及 SoFi Relay 账户管理服务三大账户服务。在信用卡服务上,2020 年 10 月,SoFi 与美国密苏里银行(United Missouri Bank)合作发行了自己的信用卡。该信用卡不仅不收取年费且提供较低的利率,用户在使用信用卡支付以及后期还款时均可获得金额无上限的1%返现。此外,用户在完成 12 次按时付款后,可将信用卡年化利率进一步降低 1%。在美国货币监理署(OCC)批准 SoFi 的银行牌照申请后,这些信用卡将由 SoFi 银行独立发行。

在储蓄账户上,SoFi 推出具有支票和储蓄功能的 SoFi Money 账户,使得用户能够通过 SoFi 移动端进行消费、储蓄和支付,账户的年收益率随市场情况浮动。SoFi Money 账户不收取账户费、月租费、ATM 机使用费等费用,还免费提供纸质支票。为了增加账户的安全性,每个 SoFi 账户均受联邦存款保险公司(FDIC)的保险保护,最高保额达 150 万美元。

此外,SoFi 还提供了 SoFi Relay 账户管理服务。用户不仅可以一键追踪其所有账户及资产情况,还可以随时掌握信用评分变动以及资产变动情况,方便用户对自身财务情况形成整体了解。

4. 保险服务

SoFi 与多家保险科技公司合作,为各类保险产品提供销售平台,包括 Ladder① 的人寿保险产品以及遗产规划服务,Root② 的汽车保险服务和 Lemonade③ 的住房和租房保险。

5. 企业服务

在上述业务之外,SoFi 逐渐将服务对象由个人扩展至企业。一方面,SoFi 为小微企业提供融资服务,通过广泛的投资人网络帮助小微企业申请 SBA 贷款计划或个人贷款;另一方面,SoFi 为企业提供员工福利计划,为员工提供学生贷款管理、理财规划等产品和教育,帮助企业轻松而全面地保障员工的财务健康。

(三)营利模式

SoFi 的产品及服务类别广泛,但每种产品或服务都具有清晰的盈利模式,包括资产证券化收入、贷款利息、订单流付款收入、现金利息、融资融券利息、加密货币交易佣金、存款利息、保险销售佣金等。④

---

① 专注人寿保险的美国保险科技公司,承保范围从 10 万美元到 800 万美元不等,期限为 10—30 年。
② 美国 UBI 车险服务提供商,通过分析用户的驾驶习惯和数据为用户提供费率个性化、方案智能化的保险产品。
③ 运用人工智能为定制财产保险计划,使用聊天机器人处理索赔的行业颠覆者。
④ SoFi 官网,盈利模式,2018 年。

1. 网络借贷服务收入

SoFi 打造了一个高质量的网络借贷平台,其贷款业务主要通过资产证券化和整体贷款销售以及贷款利息获得收入,其中前者是最主要的收入来源。SoFi 将一些流动性较差的信贷资产进行组合,并将组合资产的未来现金流收益权整体或部分出售给养老基金、保险基金以及其他资产管理机构等投资者。由于贷款质量较高,SoFi 的资产证券化产品经常受到机构投资者热烈追捧而被超额认购,以此可获得资产本身价值的溢价收入。截至 2016 年 9 月,SoFi 完成了 10 笔已获评级的贷款证券化处理,其他最新数据各方均未披露。

2. 投资理财服务收入

起初,SoFi 对 SoFi Invest 的投资账户收取账户管理费,但该费用在公司推出自动投资服务后取消,投资理财服务的收入模式包括订单流付款收入、账户中未投资现金的利息收入、融资融券利息收入以及加密货币交易佣金收入。首先,SoFi 通过 Apex 清算公司将客户订单出售给大型做市商,在做市商以低于订单价格达成最佳交易从而获得证券买卖的差价收入时,获得部分做市商返还的回扣收入,即订单流付款收入。其次,SoFi 通过 FDIC 的计划将用户账户中未投资的现金和股票借给需要的机构,获得现金利息以及融券利息收入。此外,用户在 SoFi Invest 投资加密货币时,SoFi 将对每笔加密货币交易加收 1.25% 的费用,获得交易佣金收入。

3. 其他收入

在银行卡账户服务方面,SoFi 可通过 SoFi Money 账户获得存款利息收入,并在用户通过信用卡支付时获得消费分成。在保险服务方面,SoFi 通过提供保险产品销售渠道赚取销售佣金。当客户通过 SoFi 的链接购买人寿保险等产品时,对应的保险公司将向 SoFi 支付一笔固定的市场推广费用。

(四)社交金融模式

SoFi 将社交与金融相结合,基于校友关系构建社交平台并提供相关增值服务,既起到营销推广作用,又助力违约风险的控制,这也是公司能够成功的一项关键因素。具体而言,SoFi 通过定期举办聚会鼓励借款学生和投资人校友间沟通交流,提供职业规划咨询与就业帮助,另外,公司设立了失业保护制度,当学生失业时可以申请暂停还款。这一系列额外的服务使其贷款业务更加人性化,且受助的学生将乐意传递这种帮扶精神,进行自动的推广,以此为 SoFi 持续吸引了更多高质量的用户。一般机构的客户推荐指数(NPS①)在-15 到 15 之间,而 SoFi 各产品的 NPS 则达到了 70—90。

同时,SoFi 以校友社区作为在线审核②之外强有力的风控手段,发挥其激励与约束的作用,解决了违约率高的难题。第一,社区的情感联系可以激励成员诚实守信,投资人帮助校友减轻贷款压力,借款学生则出于感恩准时还款,且社区提供的职业服务保证了借款者的还款能力。第二,社区成员注重自身在校友圈内的名誉,一旦发生违约,借款者的信用甚至未来事业发展将会受到影响,SoFi 利用该声誉约束机制从动机上控制了违约风险。

(五)市场营销模式

SoFi 成立以来通过线上和线下结合的宣传和营销方式迅速发展,目前已成为学生贷款领域最具知名度的品牌。公司的主要营销模式包括用户推荐、付费搜索、邮寄广告、奖励机制和内部业务联动,其中用户推荐成为 SoFi 最主要的推广方式。

首先,得益于 SoFi 的社交金融模式,公司 50% 以上的业务均来自口碑传播和熟人介绍;其次,付费搜索③有效帮助 SoFi 找到了大批正在寻求学生贷款的潜在客户。与此同时,SoFi 依靠较为完备的用户数据库,通过邮寄广告对

① Net Promoter Score:一种计量某个客户将会向其他人推荐某个企业或服务可能性的指数。
② 将在"研发情况及技术优势"部分详细介绍。
③ 通过付费的方式使推广信息在搜索结果中排名靠前。

用户进行精准广告投放,取得了一定效果。此外,SoFi通过制定丰富的激励制度以及平台内部的业务联动机制进一步吸引并巩固客户关系。例如,客户开通SoFi Invest投资账户和SoFi Money现金管理账户并存入资金均可获得25美元甚至100美元的开户奖励;SoFi Hong Kong的会员在完成应用程序内列明的任务后,可赚取积分来兑换免费股票等奖励;客户申请人寿保险产品获得的25美元奖励,可直接用作SoFi Invest账户的资金。

(六)研发情况及技术优势

在贷款审批方面,SoFi根据内部算法对借款人的信用评分和借贷资格进行比较精准的审查与评估。其信用评分系统主要考虑三个因素:过去的信用历史记录、现在的现金流和支付能力、预期的收入波动性。同时,SoFi关注借款人的学校、专业、工作表现和失业历史,从而进一步丰富信用评价基础数据。随着技术创新和算法优化,SoFi可以更好地理解具有相同基本信息的贷款申请者的整体财务状况,从而为客户提供更合适的利率以及更优质的客户服务。

三、分析及总结

(一)行业及竞品分析

SoFi的竞争者主要为网络借贷公司,尤其是同样提供学生贷款再融资与个人贷款业务的公司。具体而言,从学生贷款再融资竞争者来看,美国学生贷款再融资行业的产品相似度较高,大部分都没有初始费用和预付罚款,且选择自动付款可以减少0.25%的利率,公司之间的年化利率差异主要来自对不同类型客户的评估。

表 4-18　SoFi 学生贷款再融资竞品情况

公司名称	SoFi	Commonbond	Earnest
贷款金额	＄5000 及以上	＄5000—＄500000	＄5000—＄500000
年化利率	浮动:2.25%—6.09% 固定:2.99%—6.09%	浮动:1.99%—6.84% 固定:2.83%—6.74%	浮动:1.99%—5.74% 固定:2.98%—5.89%
费用	无初始费用和预付罚款	无初始费用和预付罚款	无初始费用和预付罚款
贷款期限	5、7、10、15、20 年	5、7、10、15、20 年	5—20 年
信用评分要求	650	660	650
适用学位	本科生、研究生	本科生、研究生	本科生、研究生
失业保护	有	有	无

资料来源:作者根据 SoFi 官网、Student Loan Hero 等资料整理。

从个人贷款竞争者来看,SoFi 与 Prosper 和 Lending Club 同为美国大型的在线个人贷款平台,对比之下,SoFi 的费率更低,可贷款的金额更高,期限也更灵活,但对 FICO 信用分数和收入有更高的要求。另外,SoFi 不收取初始费用,并设置了失业保护制度。

表 4-19　SoFi 个人贷款竞品情况

公司名称	SoFi	Prosper	Lending Club
贷款金额	＄5000—＄100000	＄2000—＄40000	＄1000—＄40000
年化利率	5.99%—20.69%	7.95%—35.99%	10.68%—35.89%
初始费用	＄0	2.4%—5%	1%—6%
贷款期限	2—7 年	3 年或 5 年	3—5 年
资格要求	FICO 信用分数:680 最低收入:＄45000 信用历史:无 负债收入比:无	FICO 信用分数:630 最低收入:无 信用历史:2 年及以上 负债收入比:50%及以下(不包括抵押贷款)	FICO 信用分数:600 最低收入:无 信用历史:3 年及以上 负债收入比:40%及以下(个人),35% 以下(联合)
失业保护	有	无	无

资料来源:作者根据 SoFi 官网、NerdWallet 等资料整理。

（二）关键成功因素

1. 洞察细分市场商机，服务高信用人群

在 Lending Club、Prosper 两家平台基本统领美国网贷市场的情形下，SoFi 敏锐发现了细分市场商机——面向高信用学生人群的网络借贷。此细分体现在两个方面：一是着眼于面向学生的网络借贷市场；二是在学生群体中精准定位于高质量借款人。SoFi 起初仅服务其限定范围内的名校热门专业学生，这些学生优异的教育背景与就业前景令其信用价值较高、风险属性较低。上述风控体系使 SoFi 在成立伊始便得到了快速发展。

2. 提出社交金融概念，实现多元价值服务

SoFi 强调社交元素对借贷双方的价值，积极搭建校友社区。一方面，社区形成的情感纽带能够提高客户黏性，并降低获客成本，同时，各类社交活动的组织可以吸引更多校友投资人，从而拓展资金来源；另一方面，社区通过就业指导及声誉约束进一步降低了违约风险。

3. 努力降低资金成本，开展资产证券化

SoFi 网络借贷业务的资金来源主要有三个渠道：机构投资者的资金支持、校友基金会的投资、资产证券化带来的流动性资金。SoFi 创造性地利用资产证券化以极低的成本获取资金，使得其虽然本身提供的贷款产品利率已经极低，但在借贷与融资之间仍然存在利息差，从而仍有一定的利润空间。由于 SoFi 提供的信贷资产为高质量学生贷款，因此摩根斯坦利等发行机构乐于将这些贷款聚集和证券化，供投资者选择。其证券化产品也是行业中首个获得标准普尔与穆迪两家著名评级机构评级的债券收益产品。

（三）挑战与风险

1. 面向学生的网络借贷行业竞争激烈，公司被迫转型

随着新进入者的出现和国家货币政策的变化，SoFi 面临越来越激烈的竞

争。一方面,虽然 SoFi 最早进入学生贷款的细分市场,赢得了品牌优势,但此后 Laurel Road 和 Splash Financial 相继在行业立足,不少新兴金融服务机构也着力于开创学生贷款服务新模式;另一方面,受 2015 年底美联储加息的影响,网络借贷吸引力有所下降,2019 年第一季度 SoFi 贷款量为 22.4 亿美元①,与上一季度相比下降了 10.4%。

2. 新业务仍处在起步阶段,发展前景尚不明朗

2019 年以来,SoFi 推出多项新产品,并在新冠肺炎疫情期间进行了两次收购(先后收购了数字支付平台 Galileo 和中国香港在线券商 8 Securities),然而其业务拓展行为存在不确定性,面临财富管理行业监管日趋严格、个人理财行业竞争激烈②的风险。以投资理财服务中的自动投资服务为例,目前美国的智能投顾公司逾 200 家,但资源也相对集中,排名前五的公司便占据了 42% 的市场份额。此外,如前面案例所述,Personal Capital、Robinhood 等企业在产品服务和盈利模式上均是 SoFi 强有力的竞争者,公司新业务的发展前景尚不明朗。

3. 高管流转率较高,公司战略稳定性可能不足

SoFi 创业至今经历了几次重大人事变动,较高的高管流转率对战略稳定性和员工信心造成一定的负面影响。2017 年,SoFi 创始人兼 CEO Mike Cagney 陷入性骚扰风波,其对冲基金 Cabezon 被 SoFi 收购的事件也引起了一些员工的不满,最终该名创始人宣布卸任,同时期多名高管相继离职。2019 年 6 月,包括 SoFi 首席营销官 Joanne Bradford、风险部门负责人 Kevin Moss 和资本市场高级副总裁 Ashish Jain 在内的三名重要高管同时宣布离职,其中 Bradford 作为首席营销官,在任时推出的"抵押贷款即可获得一个月的免费鳄梨吐司"促销活动在 2017 年掀起了热潮,曾为 SoFi 的营销工作做出巨大贡献。

---

① Los Angeles Times,SoFi Plans to Offer New Lending Products and Move into Stock Trading, 2019.

② 详见 Personal Capital 案例研究。

全球金融科技创新案例之线上财富管理篇:Carta 研究

摘　要:Carta 是美国知名的股权服务商,主要从事非上市公司股权服务并逐步拓展至上市公司服务领域。自 2012 年成立以来公司一直稳健运营,至 2020 年 12 月已拥有超过 17000 家企业用户和超过 80 万的投资者等生态参与方,2019 年营业收入超过 9500 万美元,总融资金额超 6.2 亿美元,估值约 30 亿美元。针对非上市公司股权管理复杂以及交易流动性不足的市场痛点,Carta 为用户提供了基于股权结构表的股权管理、股权估值、合规性报告等服务以及股权交易平台 CartaX,有效提升了非上市公司股权交易市场的透明度和股权流动性。Carta 获得用户与投资者青睐的关键成功要素有三点:第一,在市场定位上,Carta 准确洞察非上市公司股权管理及交易中的痛点,在有效简化股权管理的同时提升了市场流动性;第二,在盈利模式上,Carta 采用股权估值与股权结构表捆绑销售的销售模式并创新地推出"N-1"业务推广模式,利用投资人与初创企业之间的网络效应推动客户参与产品裂变推广并取得了良好效果;第三,在产品服务上,Carta 不仅提供了功能全面的非上市公司股权管理服务,其服务周期还覆盖了从初创到上市后的全周期,使得平台具有极高的用户黏性和活力。然而,受到数据安全风险以及新冠肺炎疫情影响,Carta 在产品研发、市场容量、人员雇用等方面均面临风险与考验。本案例将从

Carta 的基本情况、经营指标和发展历程入手描述公司概况，从市场痛点解决、用户画像、产品与服务、盈利模式、营销模式、技术优势等方面深入分析其产品服务及商业模式，并在此基础上结合行业及竞品分析，总结其关键成功要素与现存风险挑战。

一、企业概况

（一）基本介绍

1. Carta：美国知名非上市公司股权服务平台

Carta 是美国知名的股权服务商，主要围绕非上市公司股权的管理及交易提供股权结构表、股权估值、合规性报告等服务并逐步拓展至上市公司股权服务。Carta 以非上市公司及其股权投资者为核心用户，以众多律所、会计师事务所为生态组成，打造了服务周期横跨企业初创至上市后的股权服务平台。

表 4-20　Carta 基本情况

成立时间/总部	2012 年/美国旧金山
创始人	Henry Ward（2011 年创办 Second Sight，现任 CEO） Manu Kumar（2009 年创办 K9 Ventures）
估值	约 30 亿美元（截至 2020 年 12 月）
累计融资额	超 6.278 亿美元（截至 2020 年 12 月）
营业收入	9500 万美元（截至 2019 年 12 月）
员工数	889 名（截至 2020 年 12 月）
用户数	超 17000 家公司，超 80 万投资者等生态参与方（截至 2020 年 12 月）
覆盖范围	美国、加拿大和巴西（截至 2020 年 12 月）

资料来源：作者根据未央网、Carta 官网等资料整理①。

---

① Carta 官网，公司简介，2018 年。

2. 创始团队兼具股权服务专业知识与丰富的管理经验

Carta 的创始人是 Henry Ward 和 Manu Kumar,目前 Henry Ward 为 Carta 现任 CEO。Henry 曾于 2011 年创办过 Second Sight,Manu Kumar 于 2009 年创办 K9 Ventures 微型风险投资基金,两人均拥有丰富的企业管理与运营经验。此外,当前 Carta 的核心管理者除 Henry Ward 外,还包括身兼 yearend.联合创始人和首席技术官的软件工程师 Jared Hobbs;来自风险投资公司,股权评估及运作经验丰富的服务部副总裁 Christine Ngo;曾执行过 11 项收购、13 项战略投资的首席财务官 Charly Kevers 等 10 余人。Carta 的创始及管理团队从业经历丰富、富有激情,共同推动了公司的快速发展,让其向可比肩 NASDAQ 的非上市公司股权交易平台逐步迈进。

3. 积聚公司股权信息,D 轮融资后迅速成长

截至 2020 年 11 月,Carta 已完成 10 轮融资,累计融资额超 6.278 亿美元,公司估值约 30 亿美元,重要机构投资者包括 Tribe Capital、Andreesen Horowitz、Social Capital 等。公司在 2018 年完成 D 轮融资后实现了快速发展,使得其估值在 2019 年 5 月 E 轮再次融资时的增幅超过 130%,达到 17 亿美元。这是 Carta 紧抓创业公司股权信息这一推动现代创业精神原子资源①的重要结果。

表 4-21　Carta 融资情况

融资轮次	投资方	时间	融资额（美元）	估值（美元）
种子轮	Founder Frienfly Labs	2012.10	—	—
天使轮	XG Ventures、Threshold 等	2013.8	180 万	—
A 轮	Oakhouse Partners、Spark Capital 等	2015.1	700 万	—
B 轮	Spark Capital、SierraMaya360 等	2015.8	1700 万	0.77 亿

---

①　原子资源指每个时代的基础资源,如石油、人脉等,一旦被捕获,会激起行业内巨大的创新浪潮。

续表

融资轮次	投资方	时间	融资额（美元）	估值（美元）
可转换票据	Spark Capital、SierraMaya360 等	2017. 2	—	—
C 轮	Menlo Ventures、Social Capital 等	2017. 10	4200 万	—
C 轮-II	Palm Drive Capital	2018. 1	—	—
D 轮	Tribe Capital、Andreesen Horowitz 等	2018. 12	8000 万	7. 27 亿
E 轮	Tribe Capital、Andreesen Horowitz 等	2019. 5	3 亿	17 亿
F 轮	Tribe Capital、Andreesen Horowitz 等	2020. 5	1. 8 亿	30 亿

资料来源：作者根据天眼查、Crunchbase 资料整理。

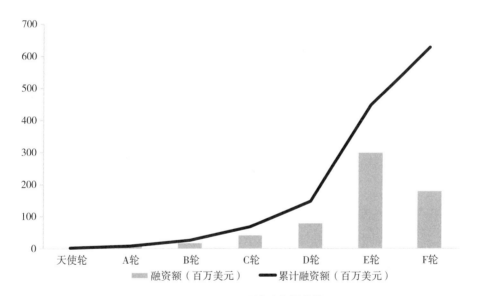

图 4-16 Carta 累计融资额曲线

资料来源：作者根据天眼查、Crunchbase 资料整理。

（二）经营指标

在客户数量方面，Carta 在 2016 年之前曾多次被质疑突破业务规模的能力有限，用户数量停滞不前。但后续随着公司投资者服务的深入开展以及股

权交易平台的建立,一方面,加入到 Carta 平台的累计企业用户数量从 2017 年
10 月 6000 家、2018 年 3 月 7500 家逐渐增长到 2020 年 12 月 17000 家;另一方
面,加入到 Carta 平台上的投资者等生态参与方的数量也从 2018 年 3 月的 50
万增加到 2020 年 2 月的 80 万。Tribe Capital 的报告显示,Carta 大约管理了
所有风险投资支持的企业中 35% 的股权,平台管理的股权总价值超过 1 万亿
美元①。

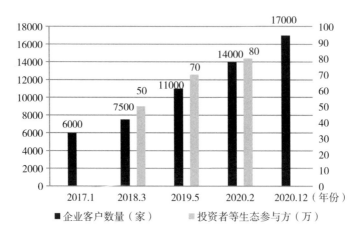

图 4-17 Carta 企业客户数量与投资者等生态参与方数量一览

资料来源:作者根据 TechCrunch、Crunchbase、36 氪等资料整理。

在营业收入方面,随着平台用户数量的逐年增长,Carta 营业收入也节节
攀高,从 2017 年的 1560 万美元激增至 2018 年的 3530 万美元,增长幅度达到
126%。2019 年公司营业收入 9500 万美元②,在市场中取得领先地位。

在区域布局方面,目前 Carta 在美洲拥有 9 大办公室,分别在美国的帕洛
阿尔托、旧金山、西雅图、纽约、盐湖城、新泽西、费城,以及加拿大的滑铁卢和
巴西的里约热内卢。

---

① Tribe Capital, $ 1Trillion in Equity:How Carta is Set to Unlock the Private Markets,2020.

② The Intellectualist,Carta Cut Revenue Outlook,But Continued Hiring Carta,2020.

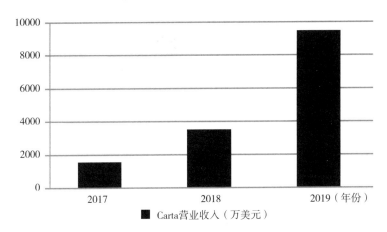

图 4-18 Carta 营业收入情况

资料来源:作者根据 TechCrunch、Crunchbase、36 氪资料整理。

(三)发展历程

Carta 的发展历程可以分为初创起步期、拓展构建期、高速发展期三大阶段(如图 4-19 所示)。

1. 初创起步期(2012—2015 年)

Carta 前身是 2012 年在美国成立的 eShares,主要提供非上市公司股权信息实时追踪更新服务。2014 年 Carta 推出 409A 股权估值①业务,但由于该业务仅定位于规模较小的用户群体,且存在估值粗糙、估值服务与股权结构表服务关联不足等问题,其科学性受到市场质疑,发展势头较缓。

2. 拓展构建期(2016—2017 年)

2016 年,随着 Carta 股权结构表管理和 409A 股权估值业务的不断完善,大量投资者在给初创企业的投资条款中增加了要求使用 Carta 进行股权结构

---

① 409A 估值名称来自美国税务局 409A 条款,要求企业在募集股票期权前,对公司普通股进行公平市价评估,所得估值也为员工可以购买本公司股票的价格。为避免招致国税局巨额罚单,不少企业会请求第三方机构进行估值,获得"安全港"保护。

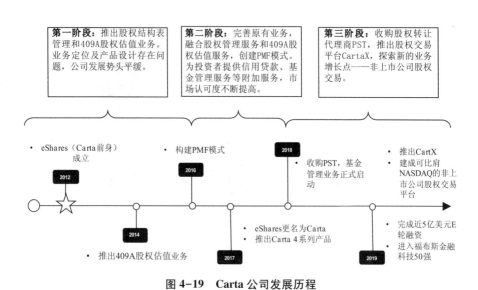

图 4-19　Carta 公司发展历程

资料来源:作者根据 Carta 官网、未央网资料整理。

表管理的条款,使得 Carta 在投资者与初创企业的网络中快速发展,PMF
(product-market fit)的产品研发模式的构建更是充分发挥并扩大网络效应的
作用。2017 年由于域名纠纷问题,eShares 更名为 Carta①,同年公司推出 Carta
4 系列产品。

3. 高速发展期(2018 年至今)

在此期间,Carta 已逐渐在非上市企业股权信息和管理领域占据主导地
位,也开启了新的业务增长点——上市公司股权管理。2018 年初,通过收购
拥有 20 多年从业经验的股权转让代理商 PST(Philadelphia Stock Transfer),
Carta 为上市公司提供快捷高效的股票转让及代理服务。2019 年,Carta 全面
整合现有资源,推出股权交易平台 CartaX。Carta 被福布斯列入 2019 年"福布
斯云计算企业 100 强"(Forbes Cloud 100)名单(排名 44),并被 Inc.杂志评为
旧金山最具潜力的初创公司之一(The Hottest San Francisco Startups of 2019)。

---

① Brex,How Carta Rebuilt The Math Behind Managing Startup Equity,2019.

二、产品服务与商业模式

（一）市场痛点解决与用户画像

1. 市场痛点解决

针对非上市公司股权管理复杂、股权交易市场流动性不足这两大核心市场痛点,Carta 为非上市公司提供了可以及时更新的股权结构表管理服务以及非上市公司股权交易平台解决方案。同时,Carta 也敏锐地抓住了上市公司股权分类管理导致管理成本高昂的痛点并提出来相应解决方案,具体而言:

（1）提供股权结构表管理服务,解决股权管理复杂痛点

早期创业公司普遍存在不善管理股权分配方案的痛点。一方面,随着公司规模扩大,员工持股激励机制和投资人的加入使得公司股权结构日益复杂,编制清晰、准确的股权结构表难度加大;另一方面,不同员工持有期权的成熟条件、行权价格、回购价格等相对个性化,因此科学评估公司在资本市场的价值通常需要消耗大量的精力和资源。

针对以上痛点,Carta 打造了智能化的股权结构表管理平台,自动更新期权发行、股票交易等引起的股权结构表变化,帮助非上市公司及股权持有者明确权益并进行管理。

（2）创立非上市公司股权交易平台,提升非上市企业股权交易市场流动性

非上市公司股权交易市场存在流动性较低的痛点。世界交易所联合会（WFE）2019 年披露的数据显示,尽管非上市企业股权交易市场规模是场内市场（交易所市场）的 2 倍,但流动性却相差 330 倍。前者流动性较低的重要原因在于非上市公司要在二级市场进行股权交易必须依赖银行和经纪人

作为交易中介,并满足 ROFRs、转让协议等一整套复杂条款,成本高昂且难度巨大。

为提高非上市企业股权交易市场流动性,Carta 推出了买卖非上市公司股权的股权交易平台——CartaX,为非上市公司直接参与股权交易提供了满足监管要求的专业支持,极大地降低了市场对原有银行和经纪人等传统交易中介的依赖,充分提升了非上市公司股权交易市场的流动性以及估值的公平性。

(3)两类股权结合管理,服务链条拓展至上市公司

上市公司股权管理存在非员工持股股权和员工持股股权必须拆分管理导致效率低、成本高的市场痛点。当公司上市后一般会根据股权是否由员工进行划分并交由不同的管理人员分开管理,非员工持股股权交予股权转让代理商,员工持股股权交予股权激励计划管理者,在该过程中产生的高费用和长耗时给上市公司股权管理带来不便。

Carta 虽然主要服务于非上市公司股权管理,但随着部分非上市公司客户逐步走向上市阶段,Carta 敏锐地抓住了上市公司在股权管理过程中的痛点,将股权管理链条延长到公司从初创到上市后的完整生命周期,为上市公司提供股权综合管理解决方案。

2. 用户画像

Carta 的主要客户包括非上市公司、其投资机构以及上市公司,这些客户的员工也通过参与公司股权激励从而在其公司购买 Carta 的产品和服务后间接成为 Carta 股权管理服务的享受者。此外,律师事务所和会计师事务所虽然不是 Carta 的服务对象,却作为重要组成参与到 Carta 的生态中,为非上市公司股权的管理和交易提供必要的法律和会计等专业知识的支持。

Carta 的主要客户及股权服务生态如表 4-22 所示:

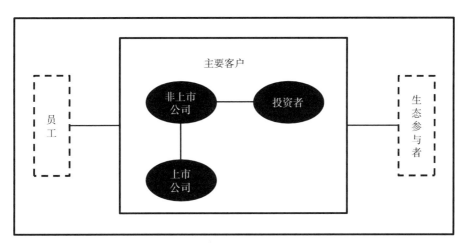

图 4-20　Carta 股权服务生态图

资料来源:作者根据 Carta 官网资料整理。

表 4-22　Carta 主要客户及股权服务生态

客户类型		覆盖范围	代表性客户
主要客户	非上市公司	金融业、信息技术、产品供应商、新闻业、电子商务、人工智能、咨询服务咨询服务业等初创企业	Personal Capital、Robinhood、Zenefits、Dialpad、Lightspeed、Axios、SoloSuit
	投资者	风险投资机构、私募股权公司、风险投资人	高盛集团、Lowercase Capital、Greycroft、Nick Candito
	上市公司	医疗保健业、制造业、软件开发等大型企业	Tilray、Slack、Mohawk、Brickell Biotech、Keros Therapeutics、Immunomedics
其他服务享受者		机构客户公司员工	—
生态参与者	律师事务所		Gunderson Dettmer、Latham & Watkins、Cooley、Fenwick & West
	会计师事务所		OutForce、Burkland Associates

资料来源:作者根据 Carta 官网资料整理。

（二）产品与服务

针对非上市公司、投资者以及上市公司三类客户，Carta围绕股权结构表管理、估值和交易提供了一系列有针对性的特色服务，详细介绍如下。

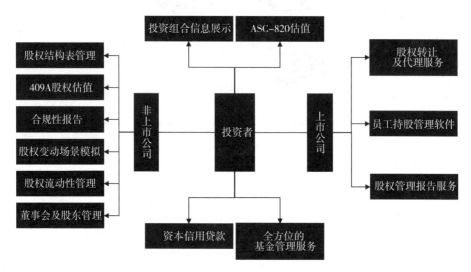

图4-21 Carta产品

资料来源：作者根据Carta官网资料整理。

1. 非上市公司服务

Carta为非上市公司客户提供了股权结构表管理、409A股权估值、合规性报告、股权变动场景模拟、股权流动性管理与董事会及股东管理六大服务，其中最主要的服务为股权结构表管理和409A股权估值。

（1）股权结构表管理（Cap Table Management）

作为Carta最核心的产品，Carta可为非上市公司提供电子版且实时更新的股权结构表。企业客户只需在软件上录入初创企业股权信息和证券发行信息，即可对股权结构表实现自动化的更新管理，不仅有效节约了股权管理的时间和成本、提高了股权信息的合规性与准确性，也为Carta提供的股权估值、合规性报告等服务奠定了坚实基础。

（2）409A 股权估值(409A Valuation)

Carta 可根据用户的股权结构表数据以及从 QuickBooks 或 Xero 导入的财务数据对非上市公司的股权进行 409A 股权估值分析,每年提供的估值服务超过 6500 次。Carta 的 50 余名分析师具有丰富的经验,每一次估值都会由专门的分析师和审查委员负责,且在估值的全过程中全程保持与用户的沟通交流,其估值服务受到普华永道、安永等知名会计师事务所机构的信赖。

基于股权结构表管理,Carta 还为非上市公司提供了合规性报告、股权变动场景模拟、股权流动性管理与董事会及股东管理等衍生服务,覆盖期权估值、股权交易、收益预测、股权信息获取,实现非上市公司股权的全流程管理,具体服务内容如表 4-23 所示。

表 4-23　Carta 非上市公司具体服务内容

产品	具体服务内容
合规性报告 （ASC-718 Expense Reporting）	为企业提供 ASC-718 费用报告等合规性报告,根据 ASC-718 美国会计准则对企业期权的公允价值、分配费用和补偿费用进行计算;快速实现员工期权奖励合理费用化;生成合规披露报告
股权变动场景模拟 （Scenario Modeling）	提供敏感性和断点分析(Sensitivity and Breakpoint Analysis)以及支出和使用模型(Payout and Dilution Modeling)工具;模拟风险投资协议或投资意向书的精确条款可能对股权结构表带来的影响,包括股权稀释情况、公司未清算期权数量以及企业估值结果;模拟计算股利支付率数据,帮助非上市公司对股权交易的未来收益进行全面评估
股权流动性管理 （Administer Liquidity Programs）	自动完成报价审查、文件签署、股票交易以及股权结构表的更新工作;提供详细的交易信息供股东随时查看
董事会及股东管理	储存、管理所有重要的公司文件(经营协议、公司章程、董事会会议记录、董事会同意书);协助公司举行董事会会议;将公司文件发送至相关人员

资料来源:作者根据 Carta 官网资料整理。

2. 投资者服务

Carta 可为投资者提供投资组合信息展示、ASC-820 估值、资本信用贷款以及全方位的基金管理服务,同时也支持投资者对股权变动进行场景模拟,帮助投资者搜集其投资公司的股权和财务信息、估算投资项目价值、提供资金支持,最终提升基金管理效率。四类业务具体服务内容如表4-24所示。

表4-24 Carta投资者服务具体服务内容

产品	具体服务内容
投资组合信息展示 (Portfolio dashboard)	收集并持续跟踪客户投资组合中所有公司的财务指标、股权结构表等关键数据;将信息标准化展示
ASC-820估值 (ASC-820 Valuation)	严格参照美国会计准则第820号评估方法对客户的投资项目进行公允价值计量;生成合规估值报告;提供ASC-820自助估值工具供投资者自行评估使用;四大会计事务所等机构专业支持
资本信用贷款 (Capital Call Line of Credit)	与沿海社区银行(Coastal Community Bank)合作为投资者提供资本信用贷款;一个工作日即可完成贷款申请、审核及合同签订流程
全方位的基金管理服务 (Full-service Fund Administration)	通过Carta后台轻松维护总账和其他会计报表;生成财务分析报告;高效进行现金管理;随时查看投资成本、投资收益以及内部收益率等指标

资料来源:作者根据Carta官网资料整理。

3. 上市公司服务

如上文"市场痛点解决与用户画像"所述,Carta的上市公司服务最初源于其服务的非上市公司逐渐成熟,在成功上市后需要分别对非员工持股股权和员工持股股权进行管理。因此,Carta分别对应推出了股权转让及代理、ESPP员工持股两类股权管理服务及相关报告服务,帮助上市公司在Carta平台集中管理两类股权。

在非员工持股股权管理方面,Carta通过收购了经美国证券交易委员会认证的股权服务公司PST(Philadelphia Stock Transfer),为上市公司提供协助客户记录股权交易、发行和注销证券的股权转让信息等股权转让服务以及年度会议支持、全天候访问或维护股东信息等代理服务。在员工持股股权管理方面,Carta为上市公司提供传统股票期权计划、限制性股票奖励(RSA)等各类股权奖励计划方案,并帮助公司生成员工持股界面,既方便公司随时查询并追踪股权登记状态以及员工出资情况,又可让员工轻松参与持股计划并在平台上执行股权交易等操作,提升股权激励计划的效果。此外,Carta 为上市公司客户提供 ASC-718 费用核算、财务报表、财务脚注披露等定制化的会计和权益报告服务,降低股权管理成本。

(三)营利模式

Carta 的盈利模式是按产品服务分等级收费,为客户提供免费试用的基础服务,后续服务按内容分层级收费,并对高级服务进行个性化方案定制和报价。

面向非上市公司,Carta 按照公司发展的不同阶段分等级收费。对于股权结构表管理等基础服务,Carta 部分客户可免费使用;随着公司规模逐渐扩大,后续的股权结构表更新、股权估值管理、ASC-718 等合规性报告生成、税务报告、股权激励计划等股权管理服务将按照解决方案的功能完整程度分层级收费。对于进行首次公开募股前期准备工作的公司,Carta 将对其提供个性化定制方案和报价。

面向投资者,Carta 按照服务内容的复杂程度分等级收费。对于投资组合信息展示等基础服务,Carta 将免费提供;而对于 ASC-820 估值报告、股权变动场景模拟以及全方位基金管理等服务,Carta 将根据客户选择的服务内容复杂性提供个性化报价。

面向上市公司,Carta 将根据股权转让及代理业务以及员工持股管理计划等业务复杂性与客户进行个性化协商定价。

(四)市场营销模式

在市场营销模式上,Carta 通过创建"N-1"模式和减免服务费用推广其产品和服务。一方面,Carta 创造了"N-1"业务推广模式,充分利用其投资人客户与初创企业客户之间的网络效应,先通过合伙人制度以极其优惠的条件吸引一部分客户加入,再让这部分用户作为 Carta 的宣传者推荐其他用户加入平台,在层层扩散的过程中迅速提高了公司知名度、产品业务范围以及市场份额;另一方面,Carta 通过减免费用吸引企业用户。在 Carta 最新推出的启动计划中,拥有不超过 25 名股东且筹集资金少于 100 万美元的企业,均可以免费使用股权结构表服务,成功吸引初创企业加入 Carta 平台。

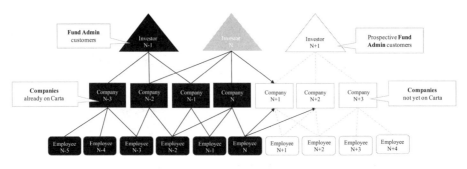

图 4-22　Carta"N-1"营销模式示意图

资料来源:Carta 官网。

(五)研发情况及技术优势

Carta 注重产品研发并经常推出新产品。首先,Carta 将前沿技术融入产品设计。为给客户带来更好的使用体验,Carta 不断探索 HTML5 互联网语言、Google Analytics 数据统计、jQuery 代码库、SSl/TLS 加密协议、Oracle 身份管理、OpenResty 应用服务器等 16 个类别的 100 余项前沿技术,并将其不断融入产品。自 2012 年成立以来,公司已累计推出产品十几种,大约每 3—6 个月就要推出新产品。其次,Carta 一直不断完善风险与估值模型。针对非上市公司股权交易市场中股权回报曲线更接近于幂律分布而非正态分布的痛点,Carta 创始人 Henry Ward 与精通 Python、Django 的金融科技开发人员共同设计了基于股权回报曲线幂律分布的风险与估值模型,并将其应用于 Carta 的股权估值服务中,不断巩固公司的专业技术优势。

三、分析及总结

（一）行业及竞品分析

Carta 的主要产品是针对非上市公司股权提供服务平台，并逐渐拓展至上市公司股权服务，其竞争者主要有 Shareworks、Certent、Carta 和 Ledgy 等同样为企业和投资者提供股权管理服务的公司，具体对比如表4-25 所示。

表4-25　Carta 竞品情况

公司名称	业务范围	使用群体	主要产品	收费标准	突出特点
Carta	美国、加拿大、巴西	非上市公司、投资者及上市公司	股权结构表管理、股权估值、ASC-718、ASC-820、CartaX 等	按产品服务分等级收费：基础服务免费试用，后续服务按内容分层级收费；高级服务个性化定制方案和报价	服务覆盖非上市公司股权管理全流程，业务逐步拓展至上市公司股权转让代理及员工持股管理计划
Ledgy	瑞士	非上市公司、投资者（天使投资人、专业投资者）	股权交易管理、场景模拟、股权结构表管理、文档存储等	新用户基本服务免费使用；Premium 服务 2 欧元/月起；个性化定制方案企业报价	为非上市公司提供股权管理解决方案；可扩展性、灵活性和易于使用的点到点资产管理，具有安全性和私密性
Shareworks	美国、加拿大、欧洲、澳大利亚、中国香港	非上市公司及上市公司、证券监管机构	简化股权计划管理、可定制的ASC-718 和 IFRS财务报告等	免费试用；个性化定制方案企业报价	基于云计算的股权计划管理解决方案；集成实时经纪服务
Certent	美国、加拿大、欧洲	非上市公司及上市公司	财务报告和对账服务、FAS123R报告、Certent 沙盒、CompXchange等	个性化定制方案企业报价	简化公司股权管理，跟踪、管理股权和财务信息并生成合规报告

资料来源：作者根据 Carta、Shareworks、Certent 等官网资料整理。

相比以上企业,Carta 的优势主要体现在:首先,Carta 的业务范围更加全面,产品服务从股权结构表管理到股权估值、财务报告分析均有涉足,并推出了垂直一体化的股权交易平台 CartaX;其次,Carta 主要面向非上市公司股权管理及交易这一利基市场,客户群庞大、市场空间广阔。此外,与线上股权管理平台的另一巨头——Shareworks 相比,Carta 的基本产品和服务可免费使用,其他业务将根据客户的实际情况进行个性化定价,并且为客户提供"先试后买"的运作模式,市场竞争力和用户青睐度有望持续提升。

然而,Carta 劣势主要在于业务覆盖的区域范围相对较窄,目前仅布局在美国、加拿大与巴西这三大美洲国家,而 Shareworks 和 Certent 已将目光投放在了欧洲和亚洲市场。

(二)关键成功要素

1. 准确切入蓝海市场,精准把握市场痛点

如"市场痛点解决与用户画像"部分所述,当前,美国非上市公司总价值数千亿美元,市场规模是场内市场规模的两倍,然而由于非上市公司缺乏股权管理经验,且市场交易制度不完善、资源不充分等原因,非上市公司股权市场存在股权管理难度大和市场流动性不足等痛点。在此背景下,Carta 依托其智能化的股权结构表管理平台,帮助非上市公司创建、管理股权结构表并提供股权估值服务。同时,Carta 计划在 2020 年推出股权交易平台 CartaX,让非上市公司股票交易能够避免原先由于交易中介参与而导致的复杂程序和高昂成本,在透明、高效的平台上实现流动,精准切入非上市公司股权服务的广阔市场。

2. 围绕网络拓展用户,盈利模式清晰可行

Carta 取得成功的一个重要因素,是在创业初期探索出了可行的盈利模式。在创立初期,Carta 选择以每张股权结构表售价 20 美元进行单独销售,以此降低了发行股权结构表的成本,有效增加了产品收入。随着市场对 409A

股权估值服务需求的增加，Carta 在客户购买 409A 股权估值服务时追加销售股权结构表管理服务，成功实现了两大基本业务的交互。另一方面，Carta 创新性采用了"N-1"业务推广模式，通过为客户提供合伙人机会以及丰富的奖励折扣，引导客户向其投资公司和投资对象推荐 Carta 产品，利用客户群体间的网络效应迅速获取客户，有效推动了公司的快速发展。

3. 产品功能全面，服务周期完整

从"产品与服务"部分可以看出，一方面 Carta 提供了功能全面的股权管理服务，从股权信息搜集到股权结构表管理、从股权估值再到相关合规性报告的生成，覆盖了非上市公司股权管理的全部需求；另一方面，Carta 可以为一家公司提供从初创到上市后的全周期股权管理服务，可帮助公司降低股权管理成本、提高管理效率、实现长远发展，也使得平台具有长久的价值和生命力。

（三）挑战与风险

1. 数据安全需要管理，信息安全有待增强

非上市公司的股权信息通常相当敏感和机密，因而 Carta 面临的最大风险之一就是数据安全。当前 Carta 在数据安全方面的准备已较为充足，如双设备认证保护账户安全、通过 256 位 SSL 加密维护数字安全等。但互联网世界瞬息万变，隐患犹存。此外，线上股权管理平台具有依赖电力和需要联网的特性，电源或网络暂时关闭都可能会引发数据丢失的问题。对于这种特殊的风险，包括 Carta 在内的多数线上股权管理平台网站并没有提到过解决方法。虽然大范围、长时间的断电断网情况在大多数发达国家并不常见，但防患于未然，相关应急措施方案仍需重视。

2. 疫情导致市场容量减少，员工离职导致人工成本增加

2020 年的新冠肺炎疫情使得美国经济遭受重创。在金融市场动荡加剧的背景下，一方面 Carta 的主要客户源——非上市公司，面临融资难的困境。根据 Carta 发布的 2020 年第二季度非上市企业股权交易市场报告，参与 Carta

平台的非上市公司融资规模比 2019 年第二季度减少了 42%。若疫情带来的负面打击长久不散,投资者的信心愈发不足,非上市公司将难以筹集足额资金生存发展,Carta 也将面临非上市公司客户及其投资者流失的风险。另一方面,疫情下 Carta 被迫辞去大量员工。根据报告显示,与 2020 年 1 月、2 月相比,Carta 在 3 月和 4 月解雇的员工人数增加了 50%。员工的大量流失增加了 Carta 的人力资源成本,包括员工离职费用、新聘员工培训费用、过渡时间等。

第五篇　保险科技

保险科技行业综述

    保险行业历史悠久,可追溯至公元前 3000 年前的古巴比伦时期①,其行业体系、制度不断完善,但仍然面临着市场下沉困难、风险管理复杂、保单定价困难等长期存在的痛点。随着信息技术在通信、人工智能、大数据、云计算等领域的不断突破,其应用潜力在多个商业场景中持续得到释放,为保险行业缓解市场痛点提供了新思路。由此,保险行业迎来了借助科技求新求变、自我升级的崭新机遇,保险科技从而兴起,并成为保险市场的下一个风口。

    保险科技(Insurance Technology)指通过通信、人工智能、大数据等技术手段优化保险服务的业务流程,为用户提供较传统保险更低的投保成本、更高的服务效率等优势的保险模式。保险科技的市场参与主体可分为两大类:一是数字化转型的传统保险企业;二是以保险科技为市场切入点的新兴企业,并可进一步细分为 To B 与 To C 两大业务板块。从产业终端来看,保险科技主要面向对价格较为敏感、追求服务的便捷性,并接受以科技为主导的保险模式的用户群体。本篇将围绕保险科技的崛起与现状,对保险科技行业进行探讨。

---

① Britannica, Mark Richard Greene, Insurance, 2019.

一、行业概览

（一）发展历程

保险科技的发展,实质上表现为新兴科技如何融入并赋能传统保险业的过程。根据所应用技术的由浅入深,以及应用场景的持续拓宽,可大致分为三个阶段(如图 5-1 所示)。

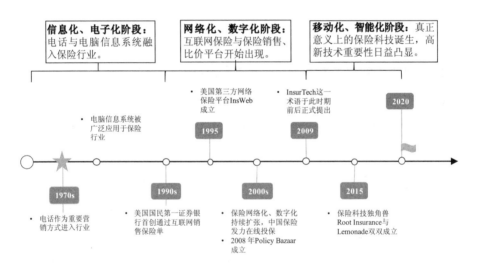

信息化、电子化阶段: 电话与电脑信息系统融入保险行业。

网络化、数字化阶段: 互联网保险与保险销售、比价平台开始出现。

移动化、智能化阶段: 真正意义上的保险科技诞生,高新技术重要性日益凸显。

- 美国第三方网络保险平台InsWeb成立 **1995**
- InsurTech这一术语于此时期前后正式提出 **2009**
- 电脑信息系统被广泛应用于保险行业
- 电话作为重要营销方式进入行业 **1970s**
- 美国国民第一证券银行首创通过互联网销售保险单 **1990s**
- 保险网络化、数字化持续扩张,中国保险发力在线投保
- 2008 年Policy Bazaar成立 **2000s**
- 保险科技独角兽Root Insurance与Lemonade双双成立 **2015**
- **2020**

图 5-1　保险科技发展历程

信息化、电子化阶段(1970s—1990s):在此阶段之前,由于信息技术的客观限制,保险公司只能通过纸质媒介推广、销售、运营业务。而从 20 世纪 70 年代始,电话作为一种重要的营销方式融入保险行业;与此同时,电脑信息系统的应用领域不断拓宽,保险行业信息化开始起步,基于电脑的信息系统被广泛应用于保险出单、客户管理等多个方面,大大提高了保险行业的业务效率。

网络化、数字化阶段(1990s—2008):以美国国民第一证券银行首创互联网保险销售模式为标志,基于互联网平台的网络保险正式进入市场,行业走向

网络化、数字化。在这一阶段,各保险公司纷纷拥抱信息技术与电子商务,积极建设网络平台并开发官网直销等业务模式。同时,第三方的比价、测评网站也开始出现,如世界最早、最大之一的第三方网络保险平台 InsWeb 于 1995 年成立,进一步激发了行业活力。

移动化、智能化阶段(2009 年至今):2009 年前后,随着大数据、云计算、人工智能等新技术的诞生与应用,以及手机等移动设备的普及,InsurTech(保险科技)这一名词正式被提出,真正意义上的保险科技出现。在这一阶段,保险行业愈发重视高新技术的重要性,并将其作为优化营销、承保、理赔、客服、风控等业务模块的重要抓手。移动化、智能化的保险产品一方面改善了用户体验,使他们能够购买更为便利、实惠、适合的保险产品,另一方面促成了保险公司业务能力的整体进步。

(二)行业现状

从市场规模来看,尽管近年来保险科技发展迅速,并取得了越来越多的消费者的认可,其市场份额相较于整个保险业而言仍显得稚嫩。据 Statista 统计,2020 年全球保险市场规模约为 5.8 万亿美元[①];而据 Grand View Research 估计,2020 年全球保险科技市场规模约为 27.2 亿美元[②]:可以预见在短时间内,保险科技仍将作为保险行业的补充而存在。

从技术发展来看,保险科技主要探索大数据、人工智能、云计算、区块链等高新技术与保险业务的融合。借助不断积累的大量市场、客户数据,保险科技应用大数据技术精准勘测市场环境与定位客户需求,辅助做出合理商业决策,并持续优化人工智能技术以取代人工完成营销、承保、客服等业务流程,提高运营效率且节约成本。与此同时,借助云计算技术,保险科技得以动态管理计

---

① Statista, Forecast of the Global Insurance Market in 2020, with forecasts from 2020 to 2025, 2021.

② GVR, Insurtech Market Size, Share & Trends Analysis Report, 2021.

算资源,减轻业务带来的资源压力。此外,区块链技术也被尝试性运用于保险科技行业中,从而增强保单安全性、公平性。

而在政策方面,全球各主要经济体出台了较为清晰的监管政策,总体而言,鼓励引导与严格监管并举。在部分国家及地区,政府成立了针对保险或保险科技的专门监管机构,如美国的财政部联邦保险办公室,以及中国香港的保险业监理处金融科技联络小组,在严格要求大数据等技术使用规范的同时,也引导促进业界与监管展开对话、加强沟通。同时,一些国家则采取统一监管的模式,如英国所设的整体监管金融机构业务的金融行为管理局(FCA),以及德国对于证券业、银行业以及保险业统一规划管理的监管方式。此外,以英国为标杆,监管沙盒制度也在部分国家及地区落地实施,中国香港更成立了专门的保险科技沙盒鼓励保险科技公司对于新业务、新技术开展更大力度的探索。

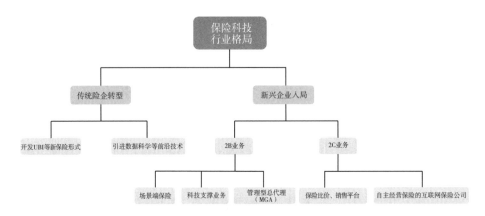

图5-2　保险科技行业格局

(三)行业格局

经过数年发展,保险科技的业态趋于成熟,行业格局已逐渐清晰。一方面,乘着新兴技术的东风,众多传统保险公司积极布局移动化、智能化转型,如美国的StateFarm与中国的平安保险,凭借其多年的客户与经验积累成为保险科技的"头号玩家";另一方面,大量新兴企业抓住机遇进入市场,其业务可以进一步分为以下几类。

1.2B 业务

2B 业务主要分为三类。其一,是场景端的保险,经营这一业务的企业为线下与线上场景提供保险服务,如线上消费者较为熟悉的退货运费险,以及线下较为广泛的交通延误险;其二,是科技支撑业务,这一细分领域下的企业为保险公司或保险中介的各个业务环节提供技术支持,如用户风险评估、理赔模型制定、云计算平台租赁等;其三,是国外较为成熟的管理型总代理(MGA)业务,主要帮助保险公司开展销售、运营产品、服务客户。

2.2C 业务

2C 业务主要分为两类。其一是经营自主保险的互联网保险公司,其向个人消费者出售自主开发的保险产品;其二是保险比价、销售平台,这些平台直接面向客户,并帮助他们获得更为理想的保险产品,并从中向保险提供方抽取推广费用。

从全球格局来看,随着保险市场的地域性差异,以及对于新兴科技不同程度上的应用,全球保险科技逐渐形成了特点各异的发展模式。一方面,在美国、英国等国家,由于传统保险行业已高度成熟,保险科技起到的更多是"锦上添花"的作用;而另一方面,对于印度等保险覆盖率、消费水平双低的新兴市场,保险科技则作为传统保险的补充,极大地提高了服务的可获得性。

二、核心洞见

本次案例研究选取了 PolicyBazaar、Root Insurance 与 Lemonade 三家具有代表性的保险科技独角兽企业。PolicyBazaar 是印度最大的线上保险购买平台,Root Insurance 是美国第一家仅通过线上渠道销售保险的保险科技公司,而 Lemonade 则是以人工智能技术为核心优势赋能财险的美国数字保险公司。

在案例选取过程中,我们希望所选企业能够更加体现出科技底色,因此主

要聚焦于依靠科技占据市场的新兴保险科技企业。同时,由于 2B 业务相比
2C 业务体量较小,此次研究的三家保险科技独角兽企业皆集中于 2C 业务领
域。在自主经营保险的企业中,我们选择了业务模式颇具特色,体量也较大的
Root Insurance 与 Lemonade 两家公司;而在保险比价、销售平台中,我们遴选
PolicyBazaar 进行深度剖析。这些企业的基本信息如表 5-1 所示。

表 5-1 保险科技企业信息概览

公司名称	成立时间/国家	主营业务	客群/数量	是否上市	企业估值/上市日期	累计融资额/市值
PolicyBazaar	2008 年印度	既是在线保险比价平台,又提供多品牌多险种的数字化保险产品,同时也进军互联网医疗产业	希望获得可靠、实惠保险产品的用户,总数超 1000 万	否	15 亿美元	6.5 亿美元
Root Insurance	2015 年美国	利用远程信息处理技术(Telematics),根据人们的驾驶行为模式提供定制化的车险产品	价格敏感型用户与少数群体用户,暂无具体数据,2020 年保单约 33 万份	是	2020 年 10 月 28 日	50.41 亿美元(截至 2021 年 1 月 16 日)
Lemonade	2015 年美国	以人工智能技术为核心优势为用户提供可靠、快捷、实惠的财险产品(租房险、房屋险、宠物险等)	以价格敏感、互联网亲和度高的年轻群体为主的用户,总数超 100 万	是	2020 年 7 月 2 日	67.22 亿美元

注:1. 除单独标注,表格中数据截至 2020 年 12 月。
 2. 若企业未上市,第六列信息为企业估值,第七列信息为累计融资额;若企业已上市,第六列信息为企业上市日期,第七列信息为市值。

通过比较异同,我们有以下发现:

从成立时间来看,PolicyBazaar 成立时间较早,已在印度市场站稳了脚跟;而
Root Insurance 与 Lemonade 则耐心积累技术基础,于 2015 年才双双进入市场。

从国家分布来看,上述三家企业中,PolicyBazaar 运营于印度,而 Root Insurance 与 Lemonade 则来自市场较为发达的美国。

从客户群体来看,针对保险昂贵的普遍痛点,三家独角兽均将价格敏感型群体作为主要客群,为他们提供实惠的保险产品以获青睐。

从盈利模式来看,保险比价、销售平台 PolicyBazaar 通过引流、推荐收费, Root Insurance 通过直接平衡赔付费用与保单收入实现盈利,而 Lemonade 选择了基于再保险的固定费率收益模式,减少风险系数。

从成功要素来看,尽管技术能力各异,它们都较传统险企更为精准地匹配了当地市场对于保险产品的需求。PolicyBazaar 的技术能力较 Root Insurance 与 Lemonade 尚显不足,业态更趋向于保险网络化、数字化阶段。然而, PolicyBazaar 更适应印度基础设施不完备的现状,是"因地制宜"的典范。而在业态已然迈入保险移动化、智能化阶段的 Root Insurance 与 Lemonade,以人工智能赋能家财险的 Lemonade 较依托远程信息处理技术(Telematics)经营车险的 Root Insurance 拥有更先进的技术。但两者均响应所在细分行业的市场需求,在各自的领域崛起,成为独角兽企业。

·从面临挑战来看,三者都同样面临着监管环境不确定、行业竞争加剧的挑战。

全球金融科技创新案例之保险科技篇:PolicyBazaar 研究

摘　要: PolicyBazaar(以下简称"PB")是印度数字保险的行业龙头,主营线上保险比价以及销售。自 2008 年成立以来,PB 迅速成长并持续盈利。截至 2020 年 12 月,PB 用户数量已超过 1000 万,每月销售保单约 40 万份,累计融资达 6.5 亿美元,估值达到 15 亿美元。PB 针对印度保险市场可信度低、保单漏洞频出,中介收费高昂等痛点,以互联网平台作为保险业务的载体,并通过人工智能和大数据技术为保险业务赋能,为印度消费者提供了更可靠的服务与更实惠的价格。PB 的成功主要归功于以下几点:一是率先开拓互联网保险市场,占据发展先机;二是科技能力求新求异,持续探索新兴技术在保险科技中的应用;三是填补市场缺口,抢占时代红利,顺应政府号召,从而于风口腾飞。尽管身为行业龙头,PB 依然面临重重挑战:市场驱动的增长模式在保险科技不断深化的当下恐难以为继,印度线下保险与保险科技的同业竞争渐趋激烈。本案例将从 PB 的基本情况、经营指标和发展历程入手描述公司概况,从市场痛点解决、用户画像、产品与服务、盈利模式、营销模式等方面深入分析其产品服务及商业模式,并在此基础上结合行业及竞品分析,总结其关键成功要素与现存风险挑战。

一、企业概况

（一）基本介绍

1. PB：印度最大的线上保险购买平台

PB 是印度最大的线上保险购买平台和保险科技初创公司，其以保险比价平台作为传统保险市场的切入点，而后发展为印度最大的线上保险购买平台，为消费者提供条款清晰、可靠度高、价格实惠的保险产品。

表 5-2 PB 基本情况

成立时间/总部	2008 年/印度哈里亚纳邦古尔岗市
创始人	Alok Bansal（CFO） Avaneesh Nirjar（COO） Yashish Dahiya（集团 CEO，前 E-Bookers 网站员工）
估值	15 亿美元（截至 2020 年 12 月）
总融资金额	6.5 亿美元（截至 2020 年 12 月）
员工数	13000+名（截至 2020 年 12 月）
用户数	1000 万+（截至 2020 年 12 月）
覆盖范围	印度（截至 2020 年 12 月）

资料来源：作者根据 PB 官网资料整理。

2. 创始团队：从消费互联网中汲取经验

联合创始团队三人 Alok Bansal，Avaneesh Nirjar，Yashish Dahiya 均毕业于印度理工学院[①]，严格的科班训练使他们拥有了良好的科技基础。并且在创建 PB 之前，三人已有于保险销售领域的创业经历，共同创立了保险聚合商

[①] 印度理工学院是印度最顶尖的工程教育与研究机构，根据英国 2020 年 QS 排名，印度理工学院（各分校）包揽了印度大学 TOP5 中的前四席，其中最好的印度理工学院孟买分校世界排名第 152 位。

First Europa。然而,First Europa 并未解决印度保险市场的痛点,其仅仅是一个保险销售公司,缺乏对于业务模式更深的思考,最终促使三人在保险销售领域另起炉灶。

创立 PB 这一网站的灵感来源于联合创始人之一 Yashish Dahiya 父亲由于不法保险公司的欺诈性销售而遭遇的一次骗保经历。以此为契机,Yashish 立志于为印度市场打造合法可靠的保险销售公司,创建 PB 的想法应运而生,并成功吸引到了 Alok 与 Avaneesh 入伙并重新创业。得益于先前的创业经验,以及针对性的业务模式,PB 发展迅速。2008 年,PB 从一家仅 15 名员工的小型保险比价网站起步,在至 2020 年的 12 年间已成长为一家拥有 13000 多名员工的保险科技巨头。

3. 深受资本市场青睐,巨头纷纷入局

截至 2020 年 12 月,PB 共获得了 10 轮投资,累计融资额高达约 6.5 亿美元。早在风险投资轮,PB 便受到了科技巨头 Intel 旗下 Intel Capital 的青睐,随后著名风险投资 Tiger 在 C 轮与 D 轮的连续领投更为 PB 发展不断加码。在 F 轮、G 轮融资中,软银腾讯纷纷入局,该两轮融资额达到 3.5 亿美元,足见其对于 PB 未来前景的信心。此外,PB 的融资表现也折射出资本市场对于印度保险科技,特别是对于印度市场庞大的保险市场和潜力的认可。①②③④

表 5-3　PB 融资情况

年份	融资轮次	金额(百万美元)	投资方	估值(亿美元)
2011	天使轮	未披露	Intel Capital	—

①　Owler,PolicyBazaar Profile,2020.

②　Crunchbase,PolicyBazaar Profile,2020.

③　拉美贸易经济网,PB 的目标是在 2021 财年第三季度筹集 1.5 亿美元,2020 年。

④　由于全球疫情的蔓延,PB 的融资需求仍在进一步扩大以应对疫情导致的意外事件。

续表

年份	融资轮次	金额(百万美元)	投资方	估值(亿美元)
2013	A 轮	4.6	Inventus Capital Intel Capital	—
2013	B 轮	5	Info Edge Intel Capital Inventus Capital	—
2014	C 轮	20	Tiger	—
2015	D 轮	40	Tiger ABG capital Premjilnvest Ribbit Capital	—
2017	E 轮	77	Wellington Management True Northland	—
2018	F 轮	200	Temasek Houldings SoftBank Vision Fund Startup Houlding Info Edge	—
2019	G 轮	150	Tencent Holdings SoftBank	—
2020	二级市场 (Secondary Transaction)	25	Inventus Capital	—
2020	二级市场 (Secondary Transaction)	130	SoftBank Vision Fund	15

资料来源:作者根据 CrunchBase、Owler.com 资料整理。

(二)经营指标

1. 保险产品覆盖范围广,细分行业销量领先

PB 与 50 多种保险品牌合作,提供超过 4000 种保险计划,涵盖国内全部险种,覆盖了印度将近 25% 的人寿保险和 7% 以上的零售医疗保险业务,占据了印度互联网保险市场份额的 50%。截至 2020 年 12 月,PB 拥有超过 1000

图 5-3　PB 投资者群像

资料来源:作者根据 PB 官网资料整理。

各年度融资额（百万美元）

累计融资额（百万美元）

图 5-4　PB 各年度融资额和累计融资额

资料来源:作者根据 CrunchBase、Startup 资料整理。

万名消费者,每月销售约 40 万份保单[1][2],其中车险,特别是具有特色的两轮

车险销量全国领先。[3]

---

[1]　Startup Talky,Success Story of PolicyBazaar-Online Insurance Aggregator,2020.

[2]　PolicyBazzar 官网宣传。

[3]　PolicyBazzar 官网宣传。

2. 前期持续盈利,后期支出大幅上涨

自 2008 年创立至 2017 年以来,PB 的营业收入不但保持了年均 100% 的高速增长,而且在整个营运期内保证了盈利①。但是 2019 年度,PB 为了维持高速增长和保持市场份额,将大量资金用于广告、促销以及升级网络设施,利润出现了大幅度下滑。

表 5-4 PB 2018—2019 年主要经营指标 （单位:千万美元）

	2018	2019	变动幅度
营业收入	2.32	4.55	96%
营业支出	2.48	7.70	211%
毛利润	−0.14	−3.13	−2167%
净经营性现金流	−0.03	−2.45	−7800%

资料来源:作者根据 Emtracker② 资料整理。

3. 平台访问量可观,变现潜力大

PB 全平台(网页+手机客户端)年均访问量过亿,日均和时均访问量分别高达超 27 万和 11000 人次。③ 这部分得益于 PB 在 2015 年 iOS App Store 和谷歌应用商店上架的同名手机应用,为 PB 创造了可观移动端流量,截至 2020 年 12 月已经收获超过 500 万下载量,活跃用户高达 83 万。④ 庞大的访问量为 PB 流量变现赋予了较大的潜力。

4. 综合实力强劲,成为印度保险科技唯一独角兽

PB 成立至今获得多项荣誉,如入选 CB Insights 评选 2019 年 Q1 全球金融

① Startup Talky, Success Story of PolicyBazaar-Online Insurance Aggregator, 2020.
② Entrackr, Jai Vardhan and Gaurav Tyagi, PolicyBazaar losses jumped 23X in FY19 while revenue grew 2X, 2020.
③ PolicyBazaar 官网宣传。
④ PolicyBazaar 官网宣传。

科技独角兽名单;入选 2020 CB Insights 推荐独角兽企业榜单①,成为印度唯一一家保险科技独角兽②。

(三)发展历程

PB 的发展历程可划分为业务萌芽期、流量变现期与领域拓展期三大阶段(如图 5-5 所示)。

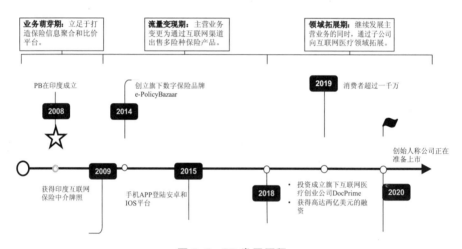

图 5-5　PB 发展历程

资料来源:作者根据 PB 官网③资料整理。

1. 业务萌芽期(2008 年)

自 2008 年成立之后,PB 客户量、流量有限,并且尚未得到授权成为互联网保险中介,仅为一个方便保险购买者比较保险类型和了解保单信息的保险比价平台。尽管体量较小,PB 作为印度最早的保险比价网站之一,在这一阶段通过比价服务为公司后续发展积累了用户黏性和较好的声誉。

---

①　PolicyBazaar 官网宣传。

②　Owler,PolicyBazaar Profile,2020.

③　Startup Talky,Success Story of PolicyBazaar-Online Insurance Aggregator,2020.

2. 流量变现期(2009—2017 年)

这一时期的重大突破在于成功获取印度互联网中介牌照,以及实现网站流量的高速积累。早在 2011 年,PB 就已拥有注册客户 500 万。同时,PB 与越来越多的保险公司缔结了合作伙伴关系,开始通过互联网渠道出售自营及其他保险公司的保险产品,销售范围不断扩张,从而将流量变现为利润,公司发展自此驶入快车道。

3. 领域拓展期(2018 年至今)

在此阶段,PB 主营的保险科技业务继续增长,消费者突破 1000 万。2018年,不满足于在线保险中介的定位的 PB 通过子公司 DocPrime 向互联网医疗领域拓展,探索医疗咨询、诊疗管理与医疗服务销售业务,抢先布局火热的大健康市场。

二、产品服务与商业模式

(一)市场痛点解决与用户画像

专题一　印度保险市场概况

第一,社会进步拉动保险需求。得益于印度收入水平快速提高带来的保险需求,印度保险业务增长迅速,其市场总规模从 2008 财年的 578 亿美元增加到 2020 财年的 1084 亿美元,年增长率逾 10%。[①]

第二,保险深度、密度低下,保险发展水平低。尽管增长迅速,但由于各种负面因素和障碍,从国际常用衡量保险发展水平的两个指标——保险密度(保费收入/总人口)和保险深度(保费收入/GDP)来看,印度保险发展水平较

---

① IBEF,Indian Insurance Industry Report,2020.

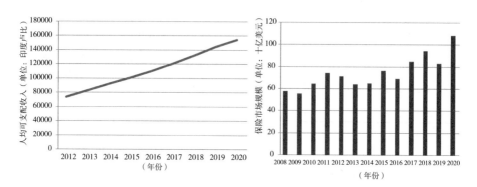

图5-6 印度人均可支配收入（左图）和印度保费总收入（右图）

资料来源：作者根据世界银行数据库、IBEF资料整理。

低。印度保险深度不但一直落后于世界平均水平，并且一直呈波动下降趋势，从2008年的4.6%一直降至2018年的3.7%，而中国保险业近5年持续发力，自2015年之后就已经领先印度；同样地，2008—2018年这十年间，印度平均保险密度仅为58美元，不仅低于中国平均值238美元，更远远低于世界平均水平638美元。这说明虽然人均可支配收入逐年增加，但是印度保险保障缺口却在不断增加。

表5-5 印度与中国保险行业对比

	印度	中国
报告期	2019—2020	2018—2019
保险公司数量	70	228
寿险公司	24	71
非寿险公司	46	157
保费总收入	947亿美元	5747亿美元
保费收入占全球份额	1.62%	9.81%

资料来源：作者根据IBEF、中国银保监会、IRDAI①资料整理。

---

① IRDAI，Indian Insurance Annual Report 2018—19，2019.

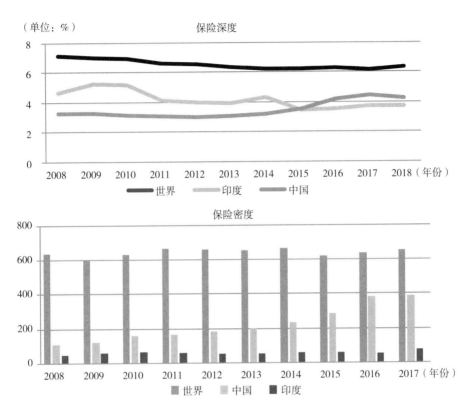

图 5-7　中国、印度与全球保险深度(上图)、密度(下图)对比

资料来源：作者根据印度保险监管和发展局(IRDAI)资料整理。

第三，险种比例失衡，国有险企垄断寿险市场。从险种比例来看，印度保险市场寿险业务所占份额过高，比例严重失衡。2018 年，印度寿险业务市场占比为 73.85%，其中国有保险公司 Life Insurance Corporation（LIC）就占据了68.7%，非寿险业务仅占 26.15%。而纵观同时期中国保险业情况，寿险在总保费中占比为 69.07%，而在全球保险市场上，寿险业务在总保费中占比只有 54.30%。

1. 行业流弊导致保险抑制需求

印度保险行业发展初期为快速抢占市场经历粗放经营滋生了诸多行业弊病，使得当时的保险产品未能真正契合用户需求，用户忠诚度低。

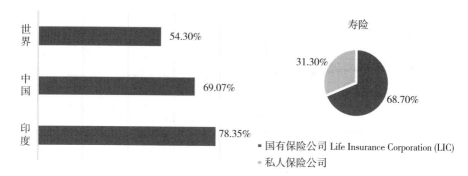

**图 5-8　中国、印度和世界寿险收入占总保费比例(左图)
与印度寿险中国有与私营占比(右图)**

资料来源:作者根据 IBEF、中国银保监会①资料整理。

(1)销售误导、产品条款复杂:①传统保险行业险种设计单一,从业者素质参差不齐,在利益驱动下有进行错误销售的动机;②保险条款冗长且晦涩,普通人难以理解,无法选择真正适合自己的保险产品。

(2)综合费用高:中介渠道是传统保险销售的主要渠道,在多重保险中介和保险经纪公司的层层代理下,大量的资金用于支付给保险代理人和企业运营,最终导致了保险成本高昂。②

(3)理赔难:在印度,由于缺乏足够的保险教育和保险意识,用户较少的购买保险,对于理赔条款的敏感性尚待加强。同时,部分保险中介关注缺少职业道德,仅仅着眼于保险推销和利润回扣,甚者夸大产品情况以诱骗客户投保,导致理赔事实与口头承诺不符。

(4)难下沉:保险行业存在的种种痛点使得传统保险发展迟缓,并且难以触达位于三四线城市和村镇的潜在用户。

2. 科技赋能保险,缓解行业痛点

(1)互联网+保险消除销售误导,提高保险意识

PB 将保险品牌、价格、适保范围、理赔率和详细条款以最直观的方式呈现

---

① 中国银保监会,2018 年保险统计数据报告,2019 年。

② 知乎专栏,中国保险业的痛点,2018 年。

在网页上。一方面,通过在不同的保险品牌间比较,用户可以根据自身需求选择合适的保险计划;另一方面,通过汇总整合众多保险计划和详细条款,PB 在为用户提供便利的同时加强了对用户的保险教育,提高了他们的保险意识。

(2)线上平台降低投保综合成本

计算平台降低固定成本。PB 采用了亚马逊云计算(AWS)平台,其最显著优势是将原有系统的固定成本转化为可变成本。该平台采用"产品即服务"(PaaS)方法,可以帮助 PB 避免因自身网络原因而导致业务中断的问题。通过将其基础设施转移到 AWS 平台,PB 取消了负载均衡服务器,而使用了"弹性计算"的模式:白天使用 4 台服务器,晚上只使用 1—2 台服务器。因此大大减少了服务器成本。[①]

人工智能降低人力成本。PB 通过引进 Amazon Polly 解决方案,推出了渐进式拨号和自动拨号功能。Amazon Polly 是一个文本到语音(TTS)解决方案,它能将文本转换为逼真语音。在 PB 的客服流程中,由人工智能自动确定拨号对象和时间以提供客户服务,这使 PB 客服中心的拨号效率增长了 50%,通话效率从 40% 提高到 85%。因此,PB 的人工智能客服更加高效,并且节省了人工客服的人力成本。

人工智能降低销售代理成本。PB 内置的聊天机器人 PolicyBazaaree 基于谷歌 Dialogflow 平台,显著提高了销售代理的效率,降低了代理人成本。在 PolicyBazaaree 的辅助下,代理人销售量从之前的每天 1.5—2 笔提高到了现在的 7—8 笔。首席技术官兼首席执行官古普塔称,PolicyBazaaree 将独立为 80% 的销售场景提供解决方案,销售代理只需介入约占总体情况 15% 的复杂问题,这使他们的效率提高了 4 倍。[②]

---

① Brian Pereira, How Automation, Intelligence and Analytics helped PolicyBazaar.com grow 100%, 2018.

② Brian Pereira, How Automation, Intelligence and Analytics helped PolicyBazaar.com grow 100%, 2018.

(3)大数据刻画客户画像,精准引流匹配用户需求

PB 在过去几年里建立了庞大的内部数据库,用来存储和分析数据以进行客户画像。例如,PB 从语音信息中获取用户数据:PB 每个月的顾客咨询时间约为 3500 万分钟,庞大的数据能更精准的刻画客户画像,便利 PB 了解客户的投资模式、产品选择以及家庭情况,从而精准引流。而与此同时,大数据将会为 PB 创造新的业务增长点:通过将客户数据与理赔数据相结合,PB 得以定制个性化的保险产品[①]。

(二)产品与服务

PB 业务模式多元,既是在线保险比价平台,又提供多品牌多险种的数字化保险产品,同时也进军互联网医疗产业,深入保险行业多个垂直领域提升品牌价值。

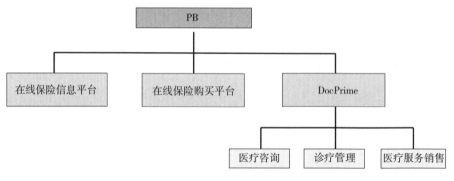

图 5-9　PB 产品与服务

资料来源:作者根据 PB 官网资料整理。

1. 避免销售误导、便利用户选择的在线保险信息平台

首先,PB 是一个在线保险信息平台,网站首页提供了多样化的保单种类及其详细信息,消费者可以在此基础上对保单的基本覆盖范围、收益、索赔过程等信息做出充分的判断并且根据自己的需求选择最合适的保险,节省了时

---

① Digital Creed,Brian Pereira,How Automation,Intelligence and Analytics helped PolicyBazaar.com grow 100%,2018.

间成本和保费支出,同时避免了保险代理人在销售时出现的信息不对称和错误销售问题。

2. 降低交易成本、推动产品下沉的在线保险购买平台

PB 亦从事在线保险投保以及续保业务。截至 2020 年,PB 与超过 50 家印度保险公司达成了合作,在平台上推出了多险种的保险产品(见表 5-6)。相较于线下投保,PB 平台所提供的保险产品在价格和保障范围上都更具竞争力。同时,PB 良好完善的售后服务为顾客免去了难以理赔之忧。

表 5-6　PB 在售保险产品分类

人寿保险	定期寿险
	失能保险
	养老保险
	冠状病毒定期寿险
健康险	家庭健康险
	老年人健康险
	冠状病毒健康险
车险	汽车保险
	两轮车险
	商业汽车保险
其他保险	非人寿保险
	旅行险
	企业保险
	住宅保险
理财保险	投资计划
	退休金计划
	分红型寿险
	纳税规划

资料来源:作者根据 PB 官网资料整理。

以健康险为例,在一次完整的比价购买流程中,PB 首先需要采集用户包括姓名、联系方式在内的基础信息。其后需要用户确认投保对象及年龄,并登记居住地城市以便 PB 匹配临近保险商。在填写了日常服药信息后,PB 就能够为用户匹配到合适的保险计划与对应价格,方便用户比价完成购买。全流程只需要 4 步,用时约 5 分钟,高速快捷,为用户创造了良好的使用体验。

同时,用户还可以点击"Personalized Plans"以选择更加个性化的保险方案。点击此选项后,系统将会继续采集用户的酒精摄入与烟草消费信息,而后为用户推送三类不同定价水平的保险计划。

3. 对标"平安好医生"的互联网医疗健康产品——DocPrime

PB 在印度互联网保险领域占据稳固的地位后,又将业务扩展到与健康保险有所关联的互联网医疗健康领域,并成立子公司 DocPrime,主要从事在线医疗咨询、诊疗管理与医疗服务销售。

具体而言,DocPrime 的在线医疗咨询业务提供了一种新的远程医疗模式,即"免费家庭医生"。PB 意在用免费医疗咨询服务培养用户忠诚度和用户黏性,并向诊疗管理、医疗服务销售业务和 PB 与保险商合作定制的健康险引流[1]。而 DocPrime 所开发的诊疗管理平台则致力于医疗数据的线上化和数字化,为客户的问诊与病情追踪提供信息记录。提供与此同时,DocPrime 还销售医疗服务以利用自身流量创造更大的盈利空间。通过与诸多医疗机构合作,同时结合自身诊疗管理业务的数据积淀,DocPrime 向需要医疗服务的消费者提供高度可定制化的产品,进而实现自身平台诊疗—信息管理—获取医疗服务的一站式体验。

(三)营利模式

PB 主要的盈利业务涵盖了三个方面:(1)广告收入;(2)保险销售;(3)向

---

① Your Story,Tarush Bhalla,How SoftBank Wants to Replicate the Success of Ping An in India with PolicyBazaar's Docprime,2019.

保险公司提供潜在客户。公司的盈利方式在发展过程中发生了很大的变化,具体趋势为广告与引流收入减少,销售收入占比增加。2011 年之前,公司广告和保险通道收入占 85%,销售利润只占 15%,而到了 2020 年保险销售和相关的电子商务则占到了总利润的 85%①。

(四)采购模式

PB 主动与汽车保险、健康保险、人寿保险、企业保险和旅游保险等领域中 50 多家知名保险公司建立了长期业务合作关系,为广大用户提供了绝大部分保险公司的各类保险产品,建立起连接众多公司与客户的一站式保险在线交易平台。主要合作方情况如图 5-10 所示。

图 5-10　PB 主要合作方

资料来源:作者根据 PB 官网资料整理。

---

① Startup Talky,Success Story of PolicyBazaar-Online Insurance Aggregator,2020.

（五）市场营销模式

截至 2020 年 12 月，PB 的网站流量主要来源于搜索、直接访问等，具体占比如图 5-11 所示。

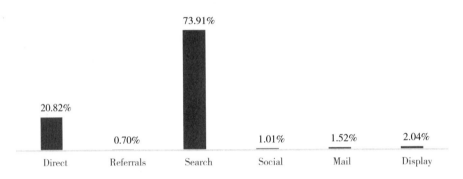

图 5-11　PB 网站流量来源

资料来源：作者根据 PB 官网资料整理。

1. 通过搜索引擎优化（SEO）提高官网点击量

PB 通过 SEO 技术分析搜索引擎的排名规律并确定特定关键词，从而对官网内容进行有针对性的优化，提高网站在搜索引擎中的自然排名，吸引更多的用户访问网站，提高网站的销售能力和宣传能力。截至 2020 年 12 月，PB 通过搜索引擎带来的访问量约占客户流量的 74%。

2. 通过社交媒体运营为业务导流

PB 在主流社交媒体如 Facebook、Twitter 上运营账号，通过发布广告和与潜在客户互动以推广产品信息，提升品牌商誉。截至 2020 年 12 月，通过社交媒体带来的访问量约占客户流量的 1.01%。

3. 通过广告投放吸引流量

通过电视、互联网、邮件投放广告也是 PB 用以吸引客户的一大方式。通过广告带来的流量约占总客户流量的 3.54%。

（六）技术及研发优势

PB 积极运用人工智能、云计算、大数据分析等前沿技术赋能保险销售业务。一方面，PB 引进 Amazon、Google 等科技公司提供的商用技术平台，用先进技术加持产品；另一方面，PB 结合自身的业务特色，将外包技术本地化，使其最大限度地适配、便利保险产品销售。由此，PB 为客户提供便利、高性价比、可靠的保险产品，并在印度保险科技业占据头部优势。

三、分析及总结

（一）行业及竞品分析

近年来，在印度的互联网保险市场上涌现了一些与 PB 业务领域类似的竞争企业，与 PB 形成"寡头垄断"局面①。PB 主要的竞争者有从事印度互联网贷款、金融以及保险服务的 BankBazaar、互联网保险中介平台 Coverfox Insurance 以及数字保险初创公司 Acko General Insurance 等。主要竞争者中服务模式和发展方向与 PB 最接近的是 Acko 和 CoverFox。

表 5-8　PB 竞品情况

名称	范畴	主营业务	成立时间	估值	融资总额
CoverFox	互联网保险	线上保险比较和购买，利用其专有技术和基于算法的平台，用户可以比较各种不同的保险产品，并购买顶级保险公司的一系列保险计划	2013	超过 6500 万美元	3860 万美元

---

① Analytics India Magazine, The Amazing Way That PolicyBazaar Uses Analytics & AI For Success, 2017.

名称	范畴	主营业务	成立时间	估值	融资总额
Acko General Insurance	互联网保险	利用数据和分析工具为用户提供个性化的保险产品。通过技术来减少分销成本，降低定制化的价格，并自动化索赔流程等	2017	约 3 亿美元	1.4 亿美元
EasyPolicy	互联网保险	在筛选优惠价格的基础上，提供现场报价的服务，帮助用户比较印度保险公司的产品种类，做出合理选择。同时在发生索赔时帮助用户维护权益	2011	不详	超过 1 亿美元
BankBazaar	互联网金融	提供关于保险、贷款、信用卡和其他金融产品的定制报价。该平台帮助用户在不同银行和非银行金融机构之间进行金融产品的比价	2007	3 亿美元	1.1 亿美元

资料来源：作者根据公开信息整理。

1. 竞品 Acko：科技能力高，术业有专攻

Acko 由 Coverfox 的联合创始人 VarunDua 于 2016 年创立，截至 2020 年 12 月，已经获得了 2.15 亿美元的融资，且也已经获得了印度保险监管和发展局的批准成为一家综合保险公司。该公司主要面向保险业务全环节的数字化，着力运用保险科技优化传统保险服务，利用数据和分析工具为用户提供个性化的自营保险产品。

Acko 相对于 PB 的优势第一在于利用大数据等技术，通过收集客户的数据，为客户定制保险产品和精准定价；第二在于 Acko 主打车险这一细分市场，特色鲜明并通过低廉的价格（产品比传统保险公司同类产品便宜 30%—40%）[①]吸引客户。Acko 在车险领域的收入从 2017 年度的 820 万卢比快速增长到 2018 年度的 7.5 亿卢比，增速高达 9085%[②]。Acko 相对于 PB 的劣势在

---

① 互金发展史案例选萃：《Acko：印度互联网保险开山之作》，2020 年。

② IRDAI, Indian Insurance Annual Report 2018—19, 2019.

于其起步晚,在渠道和风险控制上缺乏沉淀。

2. 竞品 Coverfox:平台更专业,盈利待观察

Coverfox 与 PB。同为互联网保险平台的 Coverfox 成立于 2013 年,总部位于印度孟买,利用其专利技术和基于算法的平台,在线上提供房屋、汽车和旅游保险产品的比价和购买。截至 2020 年 12 月,Coverfox 估值已经超过 6500 万美元,与印度的 35 家保险公司达成合作,提供超过 150 种保险服务。

Coverfox 相比于 PB 的优点在于平台的专业化。Coverfox 使用人工智能模型搭建保险平台,基于算法的策略方便用户从一系列计划中进行比较和选择。Coverfox 还致力于将保单签发、批单、检查和理赔流程与保险公司进行整合,使销售和售后服务通过他们的平台变得更加容易。[①] Coverfox 相对于 PB 的劣势在于仍未实现盈利,能否继续获取融资仍是未知数。

(二)关键成功要素

1. 政府政策加持,借力高速发展

一方面,印度市场吸引外资的能力不断加强。在 PB 进一步拓宽其线上平台的 2014 年,印度政府将外资投入上限从 26%上调至了 49%,拓宽了投资大门,这使得 PB 能获得国外投资者更大力度的资本支持。此外,印度保险监管和发展局(IRDAI)不断加大对保险科技基础设施的投入;其一,拓宽移动支付和电子支付渠道、推出保险存储库系统,允许投保人数字化保单、为互联网保险搭建数字平台等;其二,通过法律对互联网保险进行规范,如云端数据的传输和储存的信息安全规范、网络聚合商准入和经营规范;其三,在新冠肺炎疫情的背景下,为减少面对面接触,印度保险监管和发展局(IRDAI)针对在线交易优化了一系列政策,以确保保险公司和投保人能够在网上销售、购买和申

---

① Inc42,Meha Agarwal,Coverfox Pins IPO Hopes On Automation As It Looks To Tap ＄280 Bn Indian Insurance Market,2019.

领保险①②。

2. 率先开拓互联网保险市场,积累用户黏性

PB 在 2008 年就已经成立,是印度最早的保险比价网站之一。通过比价平台为公司带来的口碑和用户黏性,PB 成为印度最大的互联网保险平台,仅在 2011 年,PB 就拥有 500 万注册用户,竞争优势明显,且大大降低了在扩展新业务初期引入客户流的难度。庞大的用户流量与客户黏性是 PB 在保险业务中生存和扩大规模的关键。

3. 持续融资能力强,运用多方资金拓展产业链

PB 不断在有计划地拓展新的业务链条,多轮融资为其发展战略提供了资金支持,使其能集中精力发展关键业务。截至 2020 年 12 月,PB 已通过 10 轮融资筹得了 6.5 亿美元,并将大量资金用于扩展医疗健康行业和金融服务行业方面的业务。PB 还计划在 2021 年 9 月后通过 IPO 获得融资。

4. 科技直击保险痛点,提升用户投保体验

PB 诞生的初衷便是为了改变保险行业的现状,作为一家保险科技初创公司,PB 有着强烈的科技底色,通过科技赋能保险有效解决了行业痛点,提高了用户的投保体验。如前所述,一方面,PB 通过搭建互联网平台,通过保单比价帮助投保人按需挑选保险,避免了保险中介和代理人的错误销售,同时在比价的过程中,投保人提高了保险意识。利用大数据分析,PB 精确刻画用户画像,实现精准引流和产品设计,避免了产品与需求不相符。另一方面,为了降低投保成本,PB 将基础设施转移到云计算平台,降低了固定成本和营运成本,并通过智能拨号和智能销售,自动化应对客户的沟通和投保需求,减少了相应的人工服务,大幅降低了人力成本。

---

① Ca Rajkumar S. Adukia, Insurance Laws of India, 2012.

② Harvinder Singh, A Comprehensive Guide to India's New Insurance Laws, 2015.

表 5-7　PB 运用保险科技解决行业痛点

所用科技	解决的痛点
互联网平台	销售错误、产品条款复杂 客户保险意识低
大数据	销售错误、产品与需求不匹配
云计算	固定成本和营运成本高
人工智能	固定成本和代理人成本高

资料来源:作者根据公开信息整理。

(三)挑战与风险

1. 传统渠道黏性对保险科技发起挑战

在印度,通过保险中介和代理人购买保险仍然是主流。短时间内,PB 难以让这部分消费者抛弃线下保险而转为购买线上保险。同时,印度保险渗透率不足 4%,意味着大量民众没有接触过保险,行业规模有限。随着时间的推移,PB 的用户增速可能会逐渐放缓,影响营业情况。

2. 新兴保险科技纷纷入局,行业竞争加剧

PB 在印度互联网保险领域并非一枝独秀,正如上文指出,目前主要的竞争者有互联网保险中介平台 Coverfox、EasyPolicy 互联网保险初创公司 Acko General Insurance 和金融产品比价平台 BankBazaar。[1] 虽然直至 2020 年,PB 的发展较为成功,但开拓新领域的不确定性以及不断涌现的年轻竞争者都给 PB 的发展带来严峻挑战。

3. 自研发能力薄弱,科技程度仍然有所欠缺

尽管 PB 对于人工智能、云平台等都做出了一些探索,但是其应用主要基于 Amazon 等在内的一众大厂直接提供的整合式方案,缺乏自身的研发与创

---

[1]　道口保险观察(刘晓):《揭秘印度新晋保险科技独角兽 PolicyBazaar——除了比价,他还干了啥?》,2019 年 3 月 8 日,见 https://www.weiyangx.com/322899.html。

造。印度保险市场新星频出，其中不乏 Acko 等以技术发家的保险科技公司，PB 虽占有得天独厚的先发优势与市场优势，但若缺乏科技加持而后劲不足，也恐失消费者青睐。

全球金融科技创新案例之保险科技篇：Root Insurance 研究

摘　要：Root Insurance(以下简称"Root")是美国互联网车险引领者,主营业务为 UBI 车险(Usage-based Insurance),并以车险为媒介兼营租房险、房屋险业务。自 2015 年成立以来,公司迅速成长,市场表现良好:2020 年销售有效保单超 33 万份,营业收入达 3.47 亿美元。同时,Root 在资本市场备受关注,截至 2020 年 12 月已获 5 轮投资,累计融资约 5.3 亿美元,并已于纳斯达克上市,截至 2021 年 1 月 16 日市值为 50.41 亿美元。针对美国车险行业步骤复杂、价格高的痛点,Root 利用远程信息处理技术跟踪用户驾驶习惯,并制定个性化的保单范围和保费费率,吸引了价格敏感型客户。除主营的车险服务外,Root 锐意进取,开辟了租房险、房屋险等新领域,持续创造更大发展空间。回顾发展历程,Root 在短期内实现迅猛发展的原因有三:第一,Root 深耕关键技术,拥有保险全环节信息技术解决方案;第二,Root 采用用户推荐奖励等高效率直接分销渠道,在持续扩大受众规模的同时降低获客成本;第三,Root 所售保险的全服务环节均可在手机端进行,大大简化了流程,提高用户体验;第四,美国监管方以审慎、包容的监管态度赋能 UBI 车险,为 Root 创造了良好的发展环境。然而,Root 也面临着信息监管政策不确定、市场竞争激烈和收支失衡导致持续亏损等多重挑战。本案例将从 Root 的基本介绍、经营指标和发展历程入手描述企业概况,从市场痛点解决、用户画像、产品与服务、盈利模式、市场营销模式等方面深入分析其产品服务及商业模式,并在此基础上结合行业及竞品分析,总结其关键成功要素与现存挑战与风险。

一、企业概况

(一)基本介绍

1. 美国第一家仅通过线上渠道销售保险的保险科技公司

Root 是美国第一家完全依靠互联网平台开展服务的持牌保险公司,主营美国汽车保险业务,并已于 2020 年在纳斯达克上市。Root 利用远程信息处理技术(Telematics),根据人们的驾驶行为模式来判定保险费率,从而为用户提供个性化的车险、更低的费率和便捷的使用体验。

表 5-9　Root 基本情况

成立时间/总部	2015 年/美国俄亥俄州哥伦布市
创始人	Alex Timm(CEO,前 Nationwide Insurance 战略顾问) Dan Manges(CTO,前 Braintree CTO)
市值	50.41 亿美元(截至 2021 年 1 月 16 日)
总融资金额	5.275 亿美元
营业收入	2.9 亿美元(2019 年);3.47 亿美元(2020 年)
员工数	800+名(截至 2020 年 12 月)
覆盖范围	美国 30 个州(截至 2020 年 12 月)

资料来源:作者根据 Root 官网资料整理。

2. 创始团队兼具技术背景与业界经验,携手打造互联网车险

Root 创始人兼 CEO Alex Timm 有着丰富的保险行业从业经历。在创立 Root 前,Alex Timm 在 Nationwide 保险公司担任过 3 年战略顾问[1],这一经历

---

[1]　领英,Alex Timm,个人档案,2021。

使他获得了对于保险行业深刻的认识。随着信息技术革命的深入进行,各大产业重新洗牌,Alex 从中看到车险行业在信息时代的崭新机遇,并决心颠覆车险行业现有的模式。由此,Alex 构想创立一家以信息为核心优势、基于用户使用数据制定保险方案的 UBI 汽车保险公司,以充分利用时代红利,打造车险行业全新业态。

Root 的另一位创始人兼任 CTO 的 Dan Manges 则在技术方面为 Root 的发展奠定了坚实基础。Dan Manges 曾是在线支付公司 Braintree 的创始人兼 CTO,成功孵化 Braintree,公司后被 PayPal 购入麾下。此后 Dan 离开了 Braintree 另起炉灶,决意在金融科技领域继续打造一番事业。除创业者这一身份外,他也是一位富有经验的技术从业者,有着坚实的金融、管理领域技术开发基础,曾在摩根大通、ThoughtWorks[1] 担任软件开发工作[2]。

Alex Timm 与 Dan Manges 对于金融科技的热忱一拍即合,于 2015 年创立了以车险为主要业务的保险科技公司 Root。在两人的领导下,Root 仅用了两年多时间就跻身为估值超过 10 亿美元的"独角兽公司",超越了其他在美国汽车保险科技领域内探索的竞争对手。

3. 融资轮次已达 E 轮,已于纳斯达克上市

Root 自成立以来便深受投资机构青睐,从 2016 年至 2019 年,Root 通过五轮融资获得共计 5. 275 亿美元投资。Root 的融资情况表现为两大特点:其一,资金渠道多元,多家头部资本机构(如 Ribbit Capital、Tiger Global Management)陆续领投,足以说明 Root 的业务模式与发展曲线受到了资本市场的广泛认可;其二,从 A 轮的 500 万美元到 E 轮的 3. 5 亿美元,Root 逐轮的融资额以惊人速度持续上升,反映出资本对于 Root 的期待值渐次增强。而在市场信心与经营表现的双重推动下,Root 已在 2020 年 10 月于纳斯达克 IPO 上市,以每股 27 美元的价格筹集 7. 24 亿美元,彼时市值达到 67 亿美元,坐实"独角兽"之名。

---

[1] ThoughtWorks(斯特沃克),软件与技术咨询公司。

[2] 领英,Dan Manges,个人档案,2021。

表 5-10　Root 融资情况

年份	融资轮次	金额 （百万美元）	投资方	估值（亿美元）
2016	A 轮	5	Drive Capital	—
2017	B 轮	21.5	Ribbit Capital Drive Capital Silicon Valley Bank	—
2018.3	C 轮	51	Redpoint Silicon Valley Bank Scale Venture Partners Ribbit Capital	—
2018.8	D 轮	100	Tiger Global Management Redpoint Scale Venture Partners Ribbit Capital	10
2019	E 轮	350	Coatue DST Global Tiger Global Management Drive Capital Redpoint Scale Venture Partners Ribbit Capital	36.5

资料来源：作者根据 CrunchBase 资料整理。

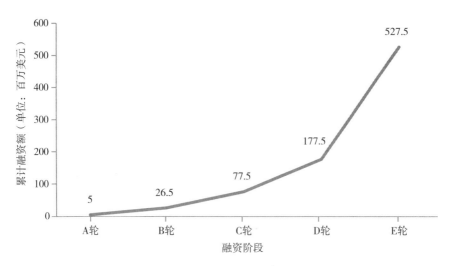

图 5-12　Root 累计融资额曲线

资料来源：作者根据 CrunchBase、Craft 资料整理。

(二)经营指标

总体而言,自 2015 年成立以来,Root 尚未实现盈利。并且,上市后 Root 股价波动频频,仍需要进一步观察市场表现。但与此同时,其用户与业务的高增长率为其未来扭亏为盈提供了强大动力。以下将从收支情况、股价表现、业务指标三方面予以阐述。

1. 营收能力增强,但支出持续走高

Root 在 2018 年、2019 年、2020 年营收分别为 4330 万美元、2.9 亿美元、3.47 亿美元,营收能力于近年来获得快速增长;另外,虽然每年的营业收入呈递增态势,但支出也连年上升,依然入不敷出。Root 在 2018 年、2019 年与 2020 年净亏损分别为 6910 万美元、2.82 亿美元、3.63 亿美元,为运营带来较大压力。

2. 股价波动较大,前景尚未明朗

在 Root 完成上市后,其市值由最初的 67 亿美元缩减至最低点的 35.29 亿美元(2020 年 12 月 14 日),随后股价逐渐回升,截至 2021 年 1 月 16 日,市值为 50.41 亿美元。尽管 Root 的市值具备重回高点之势,其股市表现的大幅波动或体现出市场对于 Root 业务模式的疑虑。同时,市场上也存在关于 Root 股价是否虚高的质疑:Root 于 2020 年完成营收 3.47 亿美元,而其完成 IPO 上市后的市值高达 67 亿美元,市销率高达 19 有余,而市场上的大型保险公司,如 State Farm,其市销率仅有 1.89。[①] Root 股价的增长趋势能否持续,其市值能否真实反映出其市场表现与业务潜力,仍待进一步观察。

3. 市场尚未饱和,业务稳健扩大

一方面,Root 用户人数正在不断增加。至 2020 年 10 月,Root 的保费收

---

① Macroaxis,State Farm Growth,2020.

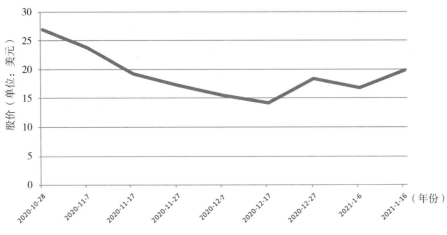

图 5-13 Root 上市至 2021 年 1 月 16 日股价情况

资料来源:作者根据 Yahoo Finance 资料整理。

入中新客户投保收入占比仍达到 53%,而续保用户的贡献率在 47%;相比之下,行业中成熟期车险公司的续保用户保费占比一般在 80% 左右:说明 Root 的市场规模还远未饱和。同时,若不考虑 Root 单方面解除保单带来的影响,其一期和二期保单留存率分别为 84% 和 75%,处于车险公司的中游水平。另一方面,Root 的保单数量与保费收入情况仍处于上升期。2020 年 Root 共售出逾 33 万份保单,较去年增加 16.8%,保费收入增长 19.5%。可以预见,未来随着新客户的涌入以及原有客户的留存续保,Root 的财务状况将得到改善。

(三)发展历程

Root 的发展历程可划分为初创起步期与业务拓展期(如图 5-15 所示)。

1. 初创起步期(2015—2018 年)

2015 年 Root 成立时,UBI 车险已在美国发展了一段时间。Root 作为一家刚进入车险领域的初创企业,并未急于扩大市场,而是着眼技术和数据打造发展立身之本。同时,为最大限度利用互联网平台优势,Root 简化了渠道和产

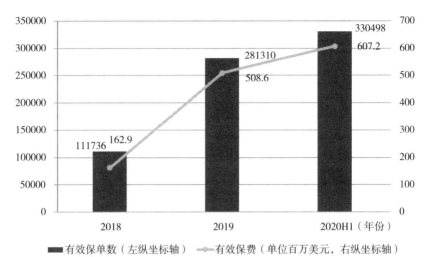

图 5-14　2018—2020 年 Root 保单数量及保费收入

资料来源：作者根据 Root 招股说明书资料整理。

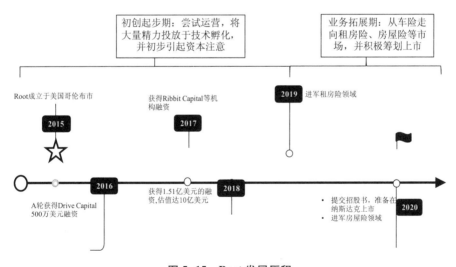

图 5-15　Root 发展历程

资料来源：作者根据 Root 官网资料整理。

品，将所有业务集中在移动端开展。Root 一开始只在个别州尝试运营。在初步获得成功后，便快速拓展地理版图，成功进军了超过 20 个州开展业务。

2. 业务拓展期(2019年至今)

相比于初创起步期,Root 在业务拓展期的特色体现为对于业务范围的进一步探索,以及通过上市吸收资本,进而持续发挥比较优势的战略意图。自2019年来,Root 将保险业务拓展到了租房险领域与房屋险领域,并开始推出基于远程信息处理技术的技术解决方案,扩大了业务的多样性。2020年10月,Root 进入了 IPO 程序,并正式挂牌上市。①

二、产品服务与商业模式

(一)市场痛点解决与用户画像

专题 美国车险市场概况

市场规模巨大,行业集中度高。咨询机构 HIS Markit 估测2020年美国汽车保有量在2.78亿辆,汽车市场的繁荣为汽车保险行业提供了沃土。2019年,美国汽车保险市场规模达2660亿美元,公司数量繁多,且行业集中度高,前十大车险公司的销售总额占据整个市场总额的72%。②

各州监管独立,牌照获取复杂。美国并不实行全国统一的保险监督管理制度,其保险业的管理权由各州自主掌握。因此,不同州的汽车保险在保障范围、保险金额、保险费率等方面都存在一定的差异。一方面,这为获取各州的车险牌照增加了难度;另一方面,地缘差异加高了行业壁垒。

综合赔付率高,保费难以降低。美国车险公司的综合赔付率一直居高不

---

① TechCrunch, Alex Wilhelm, Root Targets $6B + Valuation in Pending IPO, a Boon for Insurtech Startups,2020.

② 美国前十大汽车保险公司依次为:State Farm、Geico、Progressive、Allstate、USAA、Liberty Mutual、Farmers Insurance、Nationwide、Travelers、American Family Insurance,见 https://www.forbes.com/advisor/car-insurance/companies-list/。

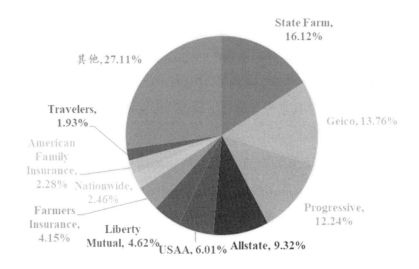

图 5-16　2020 年美国汽车保险公司市场占有率

资料来源：作者根据标普、福布斯资料整理。

下，既增加了车险公司的支出比例，也使得车险费用难以降低。咨询公司贝氏（AM Best）2020 年 6 月的报告称，美国商业车险综合赔付率远高于整个产险业综合赔付率，且近十年来美国车险综合赔付率始终高居 100% 以上。为维持收支平衡，车险公司难以下调保费。

UBI 渗透率低，发展较为缓慢。传统车险行业难以降低的损失和赔付费用催生了 UBI 车险（Usage Based Insurance），即按照使用情况付费的车险。全球 UBI 车险主要分为按里程付费（PAYD）、按驾驶行为付费（PHYD）以及管理驾驶习惯（MHYD）三种类型①，车险公司通过运用"Telematics"（远程信息处理技术，又称车载信息服务）、车联网等技术收集消费者的个人驾驶数据，并根据每个消费者的驾驶行为提供目标价格折扣，因此 UBI 车险的价格往往低于传统车险的平均价格。美国的 UBI 车险起步于 2010 年左右，但受客群、行业格局等因素的影响，发展较缓慢，从保单量来看，美国的 UBI 年保单量约

---

① 道口保险观察：《UBI 车险全球一览：车联网浪潮中的保险业》，2019。

790万单①,市场渗透率仅为约5%②,低于最先创造UBI车险的欧洲。因此UBI短期不会颠覆传统车险格局,而是成为传统车险的补充,占据一定的细分市场。此外,UBI对中小车险公司来说是一个机遇,有助于其占领市场空白,在提高保费收入的同时降低综合成本率。随着UBI技术的发展成熟,从事数据采集、建模等基础设施技术的公司也能够通过出售技术产品给产业链上下游企业而获得一定收益。

尽管美国车险市场已较为成熟,但互联网车险这一细分领域仍然鲜有公司涉足。诞生于信息技术革命的风口之上,Root希望通过科技赋能UBI车险,为用户创造更好的投保体验。

1. 行业痛点导致保费居高不下

需求侧,汽车保险作为家庭必需品,保费居高不下。美国的车险市场经历了多年的发展,已步入成熟阶段,具有稳定和广阔的市场。2019年美国的车险市场总体规模达2660亿美元,占当年GDP的1.30%。2018年,美国私人车险份额占财产险总额的36%,对于很多美国家庭来说,车险已经是必需品:一方面,车险能覆盖交通事故后的医药费和赔偿;另一方面,美国部分州法律规定车辆必须持有车险才能合法上路。由于车险覆盖的范围较广,且一旦发生事故后赔付金额较大,其费用一直居高不下。通常美国车险以半年或一年为单位,其保费价格根据车险公司、个人特征、保险范围等因素的不同而差距很大,半年保费大多在200—1000美金不等,对于大部分家庭来说都是一笔不菲的开支。与此同时,作为传统车险主要分销形式的保险代理人制度也增加了消费者的总成本。

供给侧,传统车险公司的总体风险评估方法过于陈旧,保费降低空间有限。自车险行业兴起以来,传统的车险公司一直将用户统一划归到风险池

---

① 林清川:《UBI能否拯救中国车险市场,我们写了一份美国市场UBI的发展报告》,2017。

② PTOLEMUS, Driven by the Success of Mobile Insurance, the Number of UBI Customers Has Soared Past 20 Million, 2018.

中,并长期依赖"大数定律"在总体上制定可覆盖赔付额的定价。同时,传统车险公司"一刀切"式的用户分类方法可能会造成一些刻板印象带来的消费者价格歧视。举例来说,在其他条件不变的情况下,男性驾驶员需要缴纳的保费可能比女性更高,黑人可能比白人更高等。虽然这些变量与事故概率可能存在相关性,但对于一些驾驶习惯好但被归为潜在风险群体的消费者而言,可能会因为具备某些特质而不得不承担更多的保费,有损公平性。

2. 精准产品投放降低保险成本

Root 的用户评估模型基于大数据分析技术,通过细分风险来创造定价优势。具体而言,Root 收集和测量超过 200 个驾驶变量(如刹车、转弯、驾驶里程、驾驶中使用手机的情况)来测试司机的驾驶状况,同时将驾驶习惯作为预测事故的核心参数以提供报价(权重约为 35%[①])。在软件评估之后,Root 将向那些拥有良好驾驶习惯的司机提供优惠的报价;依据生成的用户评估模型,Root 还能够将 10%—15% 最具风险的客户排除在外。通过吸引优质客户,排除风险客户,Root 大幅减少了其赔付成本,从而降低用户投保费用。

3. 以定价策略勾勒出独特的用户画像

一方面,Root 的定价策略意在吸引价格敏感型客户。一方面,由于美国车险市场较成熟,市场上车险产品的同质化也较为严重,各个车险覆盖的基本内容都大体相同,此时价格对于用户选择的影响格外重要;另一方面,Root 在宣传标语和广告词中多次强调"节省最多 52% 车险费用""平均每年节省 1142 美元[②]"等内容,这些折扣和数字对苦于传统车险高额费用的车主极具吸引力。

---

① CarrierManagement,Susanne Sclafane,How Root Insurance Did What Other Insurers Only Imagined,2020.

② Root Fact Sheet.

另一方面,Root 的定价策略兼顾少数群体需求。Root 认为基于远程信息处理技术的用户评估模型比征信体系与基于人群特征(肤色、性别、种族等)的大数定律更具有预测性,因而依赖于自己研发的风险模型对每位用户都分别进行个性化评估。通过用户评估模型,Root 的车险定价基于用户本身的驾驶行为表现,从而公平对待在传统征信体系中受到差别对待的群体,如有色人种、移民等,获得了他们的青睐。

(二)产品与服务

Root 最主要的业务是汽车保险产品,截至 2020 年 12 月,已经覆盖全美 30 个州,获得了 36 个州的车险牌照,并预计将在 2021 年前获得全美 50 个州的牌照。在持续拓展区域市场之余,Root 仍积极探索扩大盈利空间,在近几年陆续推出了租房保险和房屋保险。截至 2020 年 12 月,这两项业务分别覆盖 9 个州和 13 个州。2020 年,Root 成立了专营技术产品的子公司 Root Enterprise,向企业输出远程信息处理技术。

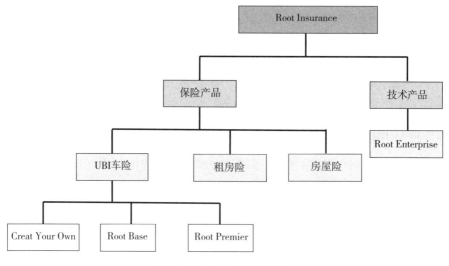

图 5-17 **Root 产品与服务**

资料来源:作者根据 Root 官网资料整理。

1. 车险产品

Root 的车险产品高度定制化,用户可自由选择车险内容。Root 提供的车险按基础价格从低到高可分为三类:第一类是用户定制的车险组合,用户可在法律强制规定的基本车险险种的基础上根据需求增加 Root 提供的其他可选险种,并相应地在保费中增加可选险种的费用;第二类是"Root Premier",即保险业通常所说的"全面保险",覆盖了责任险、车辆险和医疗险;第三类是"Root Base",即基本险,这类保单仅包含各州最低标准的车险,因此价格也最低。另外,用户同样可以灵活选择车险承保时间,最小承保单位为月,进一步为用户提供了较高的自由度。

表 5-11 Root 车险险种

险种	承保范围
责任险(Liability)	包括人身伤害责任和财产损害责任,法定险
车辆险(Car)	包括道路救援、碰撞、综合意外险、租车保险、未投保的司机财产损失(UMPD)
医疗险(Medical)	包括个人伤害保护、医疗费用、无保险和保险不足驾驶人人身伤害(UM/UIM)

资料来源:作者根据 Root 官网资料整理。

在客户体验的易用性方面,Root 简化了用户的投保过程,支持用户在手机 App 上全程操作。用户的投保过程可以分为三个步骤:首先,需要下载 App 并注册账户;其次,用户需要进行 3 周左右的驾驶测试,此时 App 会根据驾驶数据为用户赋予驾驶评分,用于对用户的收费标准定价;最后,用户需要在 App 上填写一些基本信息,并根据自身需求定制保险产品,便能获得专有报价并投保。整个试驾—询价—投保过程都能在 Root 手机 App 上完成,简便易用。

此外,投保用户的索赔流程也得到了简化。用户仅需在手机 App 上提交索赔申请以及事故类型、车辆损坏情况,Root 便会主动联系用户确认赔付事宜。若索赔申请获批,Root 会在 App 上实时更新索赔进度,最后将赔付金额以转账或支票形式交付给用户。

2. 租房险产品

2019 年 11 月,Root 为消费者推出了一款精简、定制和个性化的租房险,起价为每月 6 美元。该险种除了覆盖用户(房屋租客)的个人财产和意外事故责任外,还将索赔期间临时生活费用和屋外物品失窃费用①加入承保范围。为有效利用自身广阔的车险市场,Root 规定,如果用户同时投保了 Root 的车险,便可以在购买租房险时节省 5%的保费。

表 5-12　Root 租房险承保范围

承保范围	具体内容举例
失窃	赔付范围包括屋内、车内、酒店内物品的失窃
损坏	如物品因为火灾等原因损坏了,赔付新的购置费用
临时住所	如果有房屋因为火灾或风暴等原因损害而无法居住,会支付 12 个月的生活费用
伤害	如果有人因标的物受伤,租房保险可以帮助支付医疗费用

资料来源:作者根据 Root 官网资料整理。

Root 租房险的投保流程同样包含三个步骤:首先,投保人需要提供作为保单标的物的房屋的信息,比如房间、楼层的数量,以及房东的相关情况;其次,投保人需要提交房屋内的物品、财产情况;最后,Root 会依据前两类信息定制个性化保单以供投保人选择。

3. 房屋险

与车险、租房险不同,Root 并不出售自营的房屋险产品,而是作为渠道代理商与房屋险公司合作提供产品。Root 认为,房屋与车辆同样属于重要财产,因而客户对于车险与房屋险具有捆绑购买需求;而对房屋险公司而言,通

---

① Insurance Journal, Insurtech Root Expands Into Renters Market: Product Launched in 3 States,2019.

过 Root 的车险客户渠道销售房屋险，能够进一步扩大受众范围，进而产生可观的单位经济效益。在共同利益驱动下，Root 与 Homesite① 合作，共同为用户提供车险与房屋险。

Homesite 提供的房屋保险产品无缝地集成到了 Root 应用程序中，为客户提供了一个简便易用的途径来购买房屋险。两者分工明确：在 Root 负责销售房屋险的同时，Homesite 专注于具体服务，并承担相关的风险。

4. 向企业出售的技术产品

作为一家以技术为主要优势的保险科技企业，Root 设立了子公司 Root Enterprise，将移动远程信息处理技术（Mobile Telematics）和技术平台能力商业化，进一步拓宽盈利空间。该项技术原本应用于 Root 车险业务中的用户评估模型，以收集多项数据为用户的驾驶情况做出评估。而今 Root 通过开放此技术，为主营个人和商业汽车保险、车辆管理等多个行业的企业提供技术支持。Root 的第一款企业产品于 2020 年 3 月推出，能够帮助目标企业实现远程数据收集和旅行跟踪等功能，已吸引多个企业客户与其签订了协议。未来，Root 计划扩展企业产品套件，形成用于风险分析、风险管理评分和车队性能管理的软件。

（三）营利模式

Root 通过平衡保险费用与赔付损失实现盈利。从业务而言，Root 的盈利主要来自于自营的车险业务（保单数量占总保单数 90% 以上）②，同时，租房险、房屋险与技术输出有望为 Root 带来更大收益。一方面，租房险与房屋险能够进一步为 Root 开辟盈利空间，并通过捆绑销售等方式提高客户留存率，从而提高经济效益；另一方面，技术产品能进一步提升 Root 在移动信息技术方面的优势，实现收入多样化，并在长期内扩大公司的利润率。

---

① Homesite Insurance，美国波士顿的一家保险公司，主要经营房屋险。
② Root，S-1 招股书，2020。

（四）市场营销模式

1. 基于移动端的分销渠道

在美国,由于消费者对于手机的黏性更高,并且移动端具有方便快捷的天然优势,移动端分销超越传统媒介成为新兴的营销赛道。而在 Root 之前,美国市场上鲜有车险公司通过移动渠道分销。Root 充分把握移动端这一机遇,以低成本、高效率持续进行客群积累。进而,移动端成为 Root 最主要的分销渠道,手机 App 与移动端网站使 Root 获得了超过 75% 的客源。

2. 与媒体平台合作的数字化营销

Root 的数字化营销渠道旨在通过有效地捕获高意向客户来推动销量,而与同样以互联网为主要媒介的移动端分销不同的是,数字化营销更注重于利用第三方平台:Root 有选择地在客户广泛使用的媒体平台(如 Facebook、YouTube)或消费者积极购买保险的市场平台上进行营销;此外,Root 也会通过广告牌、地区电视、广播和邮件等更传统的媒体渠道宣传产品。由于需要为第三方支付高昂的广告费用,Root 超过 3/4 的营销成本被用于建设数字营销渠道。尽管成本较高,数字化营销在开辟新市场时作用显著:如在进入一个新的州市场时帮助 Root 迅速提高知名度,并能更全面地触达潜在客户。

3. 相关科技企业帮助分销

作为一家主营车险的互联网保险公司,Root 积极与 Carvana、Chime、GasBuddy、SoFi 和 Stash 等汽车产业链相关的上下游科技企业合作,截至 2020 年 12 月,Root 共有 20 多个战略合作伙伴。这些企业及平台本身拥有忠实的客户群,它们的背书可为 Root 吸引更多高转化率的高质量客户。

4. 用户自驱动分销渠道

作为分销战略的一个重要方面,Root 利用"推荐返现"的活动形成了用户自驱动的传播机制。具体而言,Root 鼓励老用户推荐朋友参与 Root 的试用和询价,并设立了对应的奖励:在此流程中新老用户双方都能获得 35 美元的返现奖励。这一推荐渠道通过 C2C 的传播方式,促进了 Root 在社区内的大范围增长。

(五)研发情况及技术优势

Root 的核心技术优势是独立研发了应用性较强的驾驶行为数据采集技术和远程信息处理技术。Root 将上述技术应用于 UBI 车险领域,贯穿数据采集、驾驶行为评分、建模定价的全流程,在风险评估和模型迭代方面积累了丰富的经验与技术积淀。随着数据集的扩大,Root 不断测试新的变量及优化模型,在 2020 年推出了预测能力更强的第三代驾驶行为评分系统 Root UBI 3.14。远程信息处理技术的优势保障了 Root 在大数据处理、风险预测、降低定价等方面的竞争力。

三、分析及总结

(一)行业及竞品分析

Root 的竞争对手主要为同样经营 UBI 车险的车险公司。最初,美国 UBI 车险行业的发展由大型传统保险公司推动,如 Allstate 的 Drivewise,Progressive 的 Snapshot,或者 State Farm 的 Drive Safe & Save。同时,新兴保险科技公司也纷纷入局。获得中国太平洋保险 5000 万美元投资的车险初创公司 Metromile 也在 2016 年拿到保险牌照,推出仅跟踪驾驶里程并按里程付费(PAYD)的汽车保险产品。Root 竞品的具体情况如表 5-13 所示。

表 5-13　Root 竞品情况

企业名称	产品简介	产品推出时间
Progressive-Snapshot	Snapshot 通过 App 获取车主 30 天的驾驶数据,根据该数据评估车主的驾驶行为并计算分数,并以此分数确定个性化费率	2008

续表

企业名称	产品简介	产品推出时间
State Farm-Drive Safe & Save	Drive Safe & Save App 会根据用户 2 周内的驾驶情况进行分析,决定用户可以节省多少保险费,State Farm 最多会给予高达 30% 的保费折扣	2011
Clearcover	该公司基于 API 平台从与客户相关的公司获取数据,通过 AI 等技术精准描绘客户画像,向客户提供更合适的车险产品,试图打造车险行业的 Amazon	2016
Metromile	该公司按照实际行驶公里来收取保险费用,聚焦用户体验,利用 AI 等科技提升盈利能力,并推出相关 SaaS 服务	2011

资料来源:作者根据各公司官网、Craft、国信证券资料整理。

尽管 Root 在客群基础和 UBI 车险业经验方面都难以与历史悠久的 Progressive、State Farm 等大型保险公司相抗衡,但 Root 在用户策略方面却有独到之处。Progressive、State Farm 的 UBI 车险通过驾驶行为测试决定是否给予用户一定的折扣,而 Root 的用户策略则更为激进,驾驶行为不仅会影响客户的产品价格,更会从根本上决定其能否成为 Root 的客户,从而避免高风险客户,降低 Root 的理赔损失。

而与同样经营 UBI 车险的新兴保险公司,如 Metromile 相比,两者各有千秋。Root 与 Metromile 的一大差别在于定价模式:Metromile 按照实际行驶公里来收取保险费用,且收费方式以天为单位,提升了驾驶里程数少、驾驶频率低的用户使用车险服务的频率,使车险服务进一步外延。而基于驾驶行为并以月、年为单位收费的 Root 则对驾驶习惯好、驾驶频率高的用户更有利。此外,Root 的兼容性优于 Metromile。截至 2020 年 12 月,Metromile 业务仅覆盖美国 7 个州,而 Root 已实现对于 30 个州的覆盖。

（二）关键成功要素

1. 深耕关键技术,应用覆盖全环节

Root 的技术优势来源于其拥有的行为数据收集技术和专有的远程信息处理技术。基于车险业务,Root 已拥有市场上关于驾驶里程、驾驶行为和相关索赔经验最大的专有数据库,数据优势使得 Root 能够对风险进行分类并服务于定价决策的制定,进而帮助 Root 的业务迅速而审慎地增长。同时,作为一家完全自主的全栈保险公司,Root 拥有覆盖保险全流程(设计、发起、承保、索赔和后端处理)的技术,使其在技术领域不受制于人,并能根据实际应用不断升级科技能力。

2. 重点布局直接分销渠道,降低获客成本

首先,与传统的保险代理人制度相比,Root 通过直接分销渠道招徕客户,该获取策略能更加精准地触达客户,且节省了代理人的中介费用。其次,Root 丰富的市场营销模式为其提供了更多商业空间。Root 将广告精准投放至社交媒体、移动终端,并且与科技公司强强合作,使得两者得以共享客户群体,实现双赢。同时,老客户带动新客户的个人营销方式,既增加了既有客群的用户黏性,又通过客户的人际关系进一步拓展市场,不失为营销的一计妙招。

3. 重视 App 易用性,提高用户体验

为便利客户使用,Root 把车险涉及的承保、理赔、救援各个方面的所有环节全都集成在移动端,使得客户能够完整参与并全流程获悉"测试—承保—索赔—续保"进展信息。从驾驶测试间的评估,到投保后数字化管理和调整保单,乃至发出索赔命令,用户只需要一部手机;所有的操作方式都针对移动端进行了优化,大幅降低客户上手成本。

4. 监管环境包容鼓励,促进 UBI 车险发展

美国部分州政府抱持包容、鼓励的监管态度,将 UBI 车险作为提高安全驾驶意识、改善交通环境、降低事故发生率的有效手段,以及为消费者节约费

率的有效途径,并以官方视角为 UBI 车险背书。如纽约州金融服务部门
(DFS)向州内汽车保险公司发出倡议,鼓励他们基于 UBI 技术提供保险服务。
监管方的支持为 UBI 车险发展营造了良好的环境,使 Root 得以持续探索服务
模式。

5. 发挥技术优势,向技术服务平台发展

Root 运用在 UBI 车险领域积累的大量数据和技术优势,创立了子公司
Root Enterprise 开发面向企业的技术产品。Root 将远程信息处理技术运用于
车队管理等商业领域,并推出了相应的产品与技术服务解决方案,从而延长产
业链,进一步扩展业务范围与盈利空间。

(三)挑战与风险

1. 收入支出不均衡,盈利模式或难以为继

成本方面,由于 Root 前期需要持续的研发投入,并且与客户事故相关的
赔付率居高不下,其自 2015 年成立以来每年都遭受净亏损;2020 年,Root 亏
损额继续扩大,足有 3.63 亿美元。尽管提高产品费率将显著改善 Root 的收
入状况,但也势必对获客造成影响。Root 该如何做好定价与盈利的平衡,仍
有待进一步思考与探索。

收入方面,在初期发展阶段,Root 的收入增长极度依赖用户数的增长,
Root 可进入的新市场有限,用户增速可能放缓。同时,Root 在新地区的销售
需要获得当地监管机构的批准并遵守当地的法规,可能会陷入"水土不服"的
困境。另外,Root 也需要积极应对既有客户流失的风险。如果单纯扩大市场
规模而减少对于客户服务的投入,可能导致客户大量流失,从而削减公司的盈
利能力,不利于 Root 的长期经营。

2. 用户体验仍待完善,用户留存存在问题

尽管 Root 产品创新性得到认可,部分消费者对于其用户体验仍存不满,
并直接导致用户黏性较低,影响其盈利模式的稳定性。其一,Root 的 UBI 车

险的驾驶评估严重依赖于用户手机硬件,可能由于 GPS 模块、网络的失灵导致不尽如人意的评估结果;其二,Root 的保费将在用户选择投保后根据驾驶数据持续动态调整,可能导致保费升高而失去价格优势,使用户转而选择传统保险;其三,部分用户倾向于面对面交流的赔保服务,对于 Root 提供的远程客服缺少信任感;其四,尽管 Root 声称其通过驾驶习惯确定驾驶人,以避免受测试对象搭乘公交车、网约车等对于驾驶评估的影响,仍有用户对于该技术提出质疑,认为自身的驾驶评估深受搭乘他人交通工具的影响。

3. 面临激烈的外部竞争,竞争市场份额困难

美国的车险行业竞争激烈。一方面,诸多传统巨头入局 UBI 保险市场,从 State Farm 的 Drive Safe & Save 到 Progressive 推出的 Snapshot,都提供了基于手机 App 的用户驾驶评估,与 Root 的业态高度相似,同时市场经验、服务能力等更为出色。此外,这些传统保险商在 UBI 车险外,亦有常规车险服务,以多元化车险产品抢占市场。另一方面,在庞大的市场潜力吸引下,不少保险科技新秀入局车险市场,并提供了不同于 UBI 模式的业务方案。如 Clearcover 通过用户多角度数据协同评估用户的风险等级,或能够提供更加公正合理的车险定价。因此,Root 同时面对着多个赛道的竞争对手,能否脱颖而出尚未可知。

4. 未来发展存在不确定性,可能面临监管风险

近年来,Root 正在扩展到新的保险领域,如租房险、房屋险及技术产品,并计划进入新的领域,如人寿险、健康险等。扩展新业务的同时,Root 可能会面临诸多不确定性:其一,来自传统保险公司既有产品的激烈竞争;其二,可能需要付出高额的时间成本以获取监管部门的批准与支持;其三,Root 在车险领域内积累的经验和运营、营销方法很可能不适用于新领域,或需要花费大量试错成本。

此外,Root 依靠远程信息技术、移动技术和数字平台来收集数据以支撑其业务流程,其势必涉及个人隐私问题,使部分对于个人隐私较为敏感的消费

者对 UBI 车险望而却步。与此同时,各地的信息监管政策仍有待明确。如果联邦、州政府或国际监管机构认为 Root 收集、使用用户数据的过程存在不当或隐弊,并限制或禁止其对于用户数据的收集或使用,Root 的业务将不可避免地受到负面影响。

全球金融科技创新案例之保险科技篇:Lemonade 研究

摘　要:Lemonade 是近年来在美国家庭财产保险领域崭露头角的一家保险科技初创公司,以人工智能技术为核心优势为用户提供可靠、快捷、实惠的财险产品(租房险、房屋险、宠物险等)。自 2015 年成立以来,Lemonade 便广受市场欢迎,截至 2020 年 12 月,其用户突破 100 万人,2020 年全年保费收入达到 2.13 亿美元。凭借优异的市场表现,截至 2020 年 12 月,Lemonade 已斩获 6 轮融资,总额达 4.80 亿美元,并于 2020 年 7 月在纽交所上市,通过 IPO 募资 3.19 亿美元,截至 2020 年 12 月 31 日,Lemonade 市值为 67.22 亿美元。针对美国保险业中用户恶意骗保、保险商理赔缓慢的问题,Lemonade 运用人工智能技术审批客户的理赔申请,大幅降低了恶意骗保成功率,并提高了赔付速度。Lemonade 的成功原因主要有以下几点:第一,美国保险市场庞大,Lemonade 通过自动化的保险流程和低保费,在财险(房屋险与租房险)这一细分领域积累了大量用户;第二,人工智能技术为保险购买、理赔流程赋能,大大优化了用户体验;第三,营销定位明确,风格明快且价格低廉,精准锚定年轻客群;第四,运用行为经济学理论,积极引导用户约束自身行为,从而降低骗保行为发生率。然而,Lemonade 也遭遇了如客户流失率较高、同业竞争压力加大、技术能力遭受质疑等挑战。本案例将从 Lemonade 的基本介绍、经营指标和发展历程入手描述企业概况,从市场痛点解决、用户画像、产品提供、盈利模式、市场营销模式等方面深入分析其产品服务及商业模式,并在此基础上结合行业及竞品分析,总结其关键成功要素与现存风险与挑战。

一、企业概况

(一)基本介绍

1. 以人工智能技术为核心优势赋能财险的美国数字保险公司

Lemonade 是美国一家主营租房险、房屋险等财险产品的数字保险公司,已于 2020 年 7 月在纽交所挂牌上市。Lemonade 以人工智能技术覆盖产品的全生命周期,为用户创造了可靠、快捷、实惠的保险产品及使用体验。

表 5-14   Lemonade 基本情况

成立时间/总部	2015 年/ 美国纽约市
创始人	Daniel Schreiber(CEO,Powermat 前 CEO) Shai Wininger(COO,Fiverr.com 创始人)
市值	67. 22 亿美元(截至 2020 年 12 月)
总融资金额	7. 99 亿美元(截至 2020 年 12 月)
营业收入	2. 13 亿美元(2020 年)
员工数	300+名(截至 2020 年 12 月)
覆盖范围	美国、以色列、德国、荷兰

资料来源:作者根据 Lemonade 官网资料整理。

2. 创始团队于科创领域积淀深厚,携手共创全新业态

Lemonade 创始人兼 CEO Daniel Schreiber 本科毕业于伦敦国王学院法律专业,在律所担任两年律师后,Daniel 创立了安全软件公司 Alchemedia。此后,他的职业生涯切换至科创领域。在 Alchemedia 之后,Daniel 依次加盟数字存储硬件公司 M-Systems、头部科技公司 SanDisk(闪迪)以及无线电力服务商

Powermat，皆担任高管职位。2015 年，Daniel 决定创立一家以互联网平台与人工智能技术为核心竞争力的数字保险公司，以科技颠覆人们对于传统保险公司理赔慢、不可靠的刻板印象。

Lemonade 的另一位创始人兼 COO 的 Shai Wininger 则具有硬核的技术与创业背景。从 1999 年 Shai 创立世界第一个 VR 网页浏览器始——Trimus，他就一直走在以科技创业的时代前沿。截至 2020 年 12 月，Shai 共参与创立 5 家科技公司，其中 3 家运营情况良好，充分体现出 Shai 对于新兴技术商业化潜力的前瞻性认知和自身技术能力的深厚底蕴。

2015 年，Daniel 向 Shai 介绍了创设一家数字保险公司的想法，并成功将 Shai 吸引入创始团队中。尽管两人此前都没有在保险行业的从业经验，但是正由于初来乍到，他们得以脱离传统保险的经营模式，开拓全新业态。

2016 年，Lemonade 聘请杜克大学的行为经济学家 Dan Ariely 为 CBO，意图通过他的相关研究成果将行为经济学原理融入保险产品的设计，从而优化产品逻辑与风险管理机制。

3. 投资者提前下注，成立五年内即完成 IPO

资本界将 Lemonade 的出现看作对保险行业的一场革命：早在 2015 年，Lemonade 方才创立、尚未有产品上线时，其以人工智能技术为核心竞争力的数字保险概念便获得了红杉资本和 Aleph 1300 万美元的种子轮融资，足见头部资本对其寄予厚望。截至 2020 年 12 月，Lemonade 共获 6 轮融资，总额高达 4.8 亿美元。许多具有科技背景的头部投资方，如软银、GV（Google 母公司 Alphabet 旗下 VC 投资）等纷纷入局，Lemonade 业务逻辑下的科技底色备受认可。获得市场充分关注的 Lemonade 积极寻求上市，2020 年 7 月，成立不到五周年的 Lemonade 成功在纽交所完成上市，以每股 29 美元的价格公开发行 1100 万股，通过 IPO 融资 3.19 亿美元（总融资金额为 7.99 亿美元）。根据纽交所的股价信息，截至 2020 年 12 月 31 日，Lemonade 市值达到 67.22 亿美元，以发行价格为基础计算的涨幅达 322%。

表 5-15 Lemonade 融资情况

年份	融资轮次	金额(百万美元)	投资方	估值(亿美元)
2015	种子轮	13	Sequoia Capital Aleph	—
2016.04	A 轮	13	XL Innovate	—
2016.12	B 轮	34	General Catalyst Thrive Capital Tusk Ventures GV	—
2017.04	公司轮 (Corporate Round)	—	Allianz SE Ashton Kutcher	—
2017.12	C 轮	120	SoftBank	—
2019.04	D 轮	300	SoftBank Allianz General Catalyst GV OurCrowd Thrive Capital	21

资料来源:作者根据 CrunchBase 资料整理。

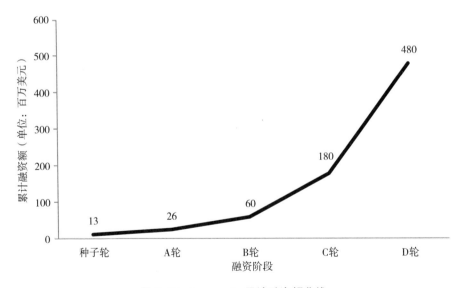

图 5-18 Lemonade 累计融资额曲线

资料来源:作者根据 CrunchBase、Lemonade 官网资料整理。

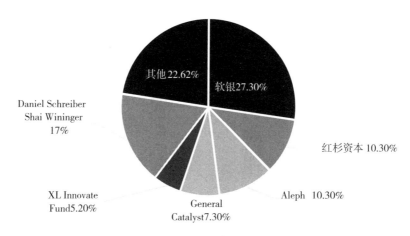

图 5-19　Lemonade 股权结构(Pre-IPO)

资料来源：作者根据 Lemonade 官网资料整理。

(二)经营指标

自创立以来至 2020 年，Lemonade 尚未实现盈利。2017 年至 2020 年，Lemonade 的净亏损分别为 2800 万美元、5300 万美元、1.09 亿美元和 1.22 亿美元。虽然保费收入仍低于运营开支，但得益于前期的技术与市场沉淀，Lemonade 的经营指标正在持续改善。以下将从成本支出情况、保费收入情况两点详细阐述。

1. 高额支出导致公司仍处于亏损

2020 年，Lemonade 的总支出达到 2.15 亿美元，其中销售和营销成本占比巨大：仅这一项，Lemonade 在当年就累计支出高达 0.8 亿美元，业已超越同期总保费收入 0.77 亿美元。此外，从 2019 年至 2020 年，尽管销售与营销费用在收入中所占的比例持续下降，但在 2020 年仍然保持在占总收入 85% 左右的高位。销售与营销费用之外，Lemonade 的开销主要来自于研发、管理费用与再保险和理赔支出。就 2020 年数据来看，一方面，Lemonade 的研发支出略低于其余开支，仅占保费收入的 25%，说明现阶段 Lemonade 的业务更依靠于市

单位：百万美元

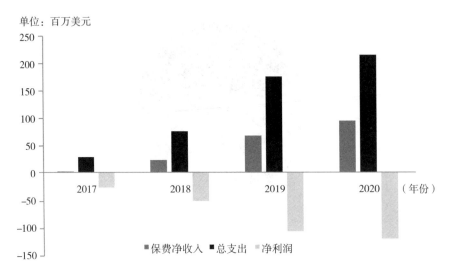

图 5-20　2017—2020 年 Lemonade 经营状况

资料来源：作者根据 Lemonade 招股书资料整理。

场而非科技驱动；另一方面，Lemonade 的再保险与理赔开支为 82%，略高于行业平均水平（70% 上下），定价与理赔模型或需进一步完善。

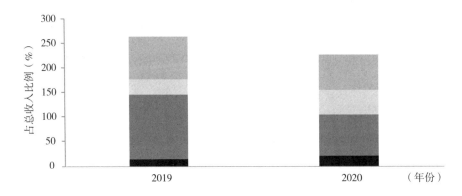

图 5-21　Lemonade 各项支出占总收入比

资料来源：作者根据 thomvest 资料整理。

虽然净利润缺口连年增加，但 Lemonade 的总损失率（总损失和损失调整金额/保费总收入）从 2017 年之后稳步下降：2018 年该比率为 113%，而到 2020 年总损失率下降至 70.8%，反映出 Lemonade 对成本的控制能力正逐步提高。据 Lemonade 称，如此提升得益于自身的数据积累、更准确的诈骗识别率以及更高的客户转化率。

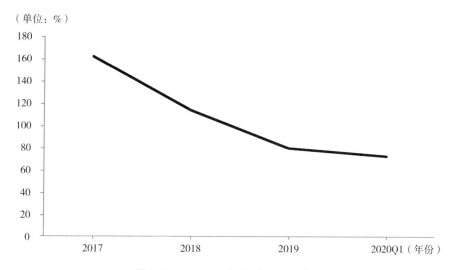

（单位：%）

图 5-22　**Lemonade 总损失率变化**

资料来源：作者根据 Lemonade 招股书资料整理。

2. Lemonade 的客户数量稳健增长，保费收入连创新高

Lemonade 前期在销售与营销方面的高额投入带来了良好的引流效果：Lemonade 在 2020 年递交的招股说明书中称"营销上每投入 1 美元，可以带来 2 美元的有效保费"。具体而言，Lemonade 在成立之初便保持了较高的用户增长率：产品上线仅 8 个月，用户数便从 0 增长到 14000 多人。截至 2020 年年末，Lemonade 总用户达到 100 万人。同时，Lemonade 在 2020 年一季度的当年客户留存率和第二年客户留存率（第一年留存的客户在第二年继续留存的百分比）分别为 75% 和 76%，皆处同类公司的平均水平之上。

随着用户的快速增长与稳定驻留，Lemonade 在美国站稳了脚跟。截至

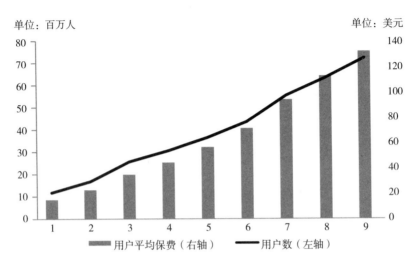

图 5-23 Lemonade 用户数与保费收入变化

资料来源:作者根据 Lemonade 招股书资料整理。

2020 年,Lemonade 已在美国 50 个州进行运营,业务横跨美国东西,尤以在加州、纽约州与得州的市场表现最为出色。同时,Lemonade 成功进驻更多国家市场开展业务:Lemonade 已持有泛欧洲保险业务许可证,可在欧洲 31 个国家/地区销售保险,并分别于 2019 年 6 月 11 日和 2020 年 4 月 2 日在德国和荷兰开始运营。

(三)发展历程

Lemonade 的发展历程可划分为业务构筑期与市场拓展期两个阶段(如图 5-25 所示)。

1. 业务构筑期(2015 年)

2015 年,Lemonade 在美国纽约正式成立。创始之初,Lemonade 足花了一年的时间构筑、优化产品。通过吸引资金、充实团队,Lemonade 着重打磨保险产品底层逻辑,力求在效率、性价比、使用体验等各方面获得消费者的认可。2016 年 8 月,Lemonade 的财险产品正式上线。

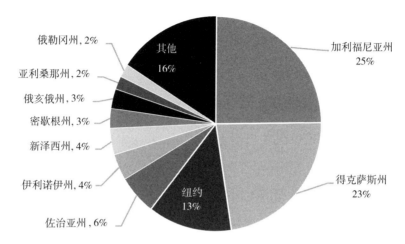

图 5-24   2020 年第一季度 Lemonade 国内保费收入依地理分布状况

资料来源:作者根据 Lemonade 招股书资料整理。

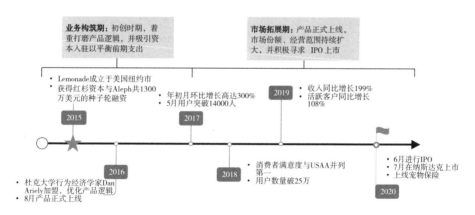

图 5-25   Lemonade 发展历程

资料来源:作者根据 Lemonade 官网资料整理。

2. 市场拓展期(2016 年至今)

自产品上线后,Lemonade 的市场表现持续走高。一方面,Lemonade 的产品销售收入与客户数量高速增长;另一方面,Lemonade 积极探索新的市场,从美洲扩展到欧洲。在获得多个资方的支持后,Lemonade 启动 IPO 上市计划,并于 2020 年 7 月在纽交所上市,进一步吸收资本以持续扩大业务规模。

二、产品服务与商业模式

（一）市场痛点解决与用户画像

1. 传统保险渠道存在固有弊端

保险代理人制度托高财险保费。与上文 Root Insurance 案例中美国车险市场痛点类似，美国财险市场也面临着保费高昂的问题。根据 IBIS World 的数据，2020 年美国租客险与房屋险的保费收入将超过 1400 亿美元，预计达到同年 GDP 的 0.6% 以上，成为民众消费的重要组成部分。与此同时，租客险与房屋险的费用并不亲民。据统计，2019 年美国租客险的平均保费为 180 美元/年①，而房屋险更是高达 1200 美元/年②。高昂的保费来自于被诟病已久的保险代理人制度——由于需要支付高额的人力成本，通过传统保险渠道投保的租客险、房屋险产品价格居高不下。

人工效率较低影响理赔体验。与 Root Insurance 案例不同的是，相较于车险，财险的标的物繁多，定损与理赔更为困难。在收到保险理赔申请后，保险商需要手动对多项标的物价格与用户承受风险能力进行反复估算，并需人工勘验赔付请求的合法性以避免骗保事件发生。受限于对人工操作的高度依赖，传统财险的理赔体验并不理想：一方面，人工服务效率不高，用户需要等待较长时间方能获得赔付；另一方面，由于人工理赔服务往往带有一定主观性，易引起用户与保险公司间的理赔纠纷。

2. 科技手段降低保费，人工智能提升投保体验

针对传统保险商要价高昂与理赔体验不佳的痛点，Lemonade 提出"保险

---

① Businessinsider, Liz Knueven, The Average Cost of Renters Insurance, 2021.

② Policygenius, Pat Howard & Kara McGinley, How Much Does Homeowners Insurance Cost, 2021.

2.0"概念,意图以自研的人工智能技术推动业务智能化转型,优化投保流程的用户体验。

人工智能技术助推保险业务自动化,节省大量人力成本。Lemonade 通过应用人工智能客服覆盖了获客—投保—理赔服务全流程,如负责获客、销售的人工智能客服 Maya 与负责理赔审核的人工智能客服 Jim,实现了保险业务高度自动化。如图 5-26 所示,截至 2020 年一季度,Lemonade 的自动化指数(每名员工服务的客户数)保持在 2000 左右,充分体现出其人力成本优势。以 2018 年数据为例,Lemonade 的自动化水平明显领先于其主要竞品。由于无需雇佣大量保险代理人与人工客服处理用户请求,Lemonade 得以节省高额的人力成本,从而以低廉的价格提供标准规格的保险服务:相较于同类型产品,Lemonade 的保费低于平均保费约 68%(见图 5-27)。

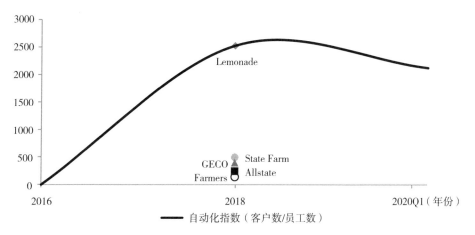

图 5-26　Lemonade 自动化指数变化曲线及与其他保险厂商对比

资料来源:作者根据 Lemonade 官网、招股书资料整理。

人工智能技术助推保险理赔智能化,高效做出精准决策。理赔难、理赔时间长是传统保险行业长期存在的问题。Lemonade 在自建的数据库基础上应用机器学习技术,使人工智能理赔客服获得了针对客户信息快速精准处理理赔请求的能力。Lemonade 官网称,约 1/3 的理赔事件可由负责理赔的人工智

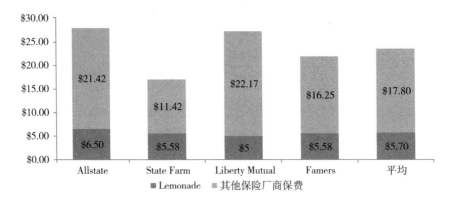

图 5-27　Lemonade 与友商保费比较

资料来源:作者根据 Lemonade 官网、招股书资料整理。

能客服 Jim 独立完成,剩余 2/3 由 Jim 辅助人工完成。

在美国的大多数州,保险公司平均会在 30—45 天内赔付[①]。而在人工智能客服 Jim 的辅助下,Lemonade 的理赔过程最快仅需 3 秒,极大地提升了用户的理赔体验。此外,由于人工智能处理索赔的输入参数、输出结果较为透明公开,一定程度上保证了客观性与公平性,降低了理赔纠纷的发生率。

3. 客群画像——以年轻群体为主

年轻群体在 Lemonade 的客群中的比例占有绝对优势:Lemonade 约 70% 的客户年龄在 35 岁以下,81% 的客户在 45 岁以下,客户平均年龄仅为 30 岁。一方面,这与 Lemonade 数字化、智能化的运营策略相契合。相较于手续繁杂的传统保险,方便快捷的互联网保险更受年轻人欢迎。根据 Insurance.com 的一项调查,年龄在 18—25 岁之间的年轻群体主要通过线上渠道购买保险,例如近 60% 的年轻人通过互联网平台购买健康险。另一方面,年轻群体资产规模较低:Lemonade 的 35 岁以下的客户群体平均净资产约为 11000 美元,属于价格敏感型群体。这正与 Lemonade 以科技实现低价的运营策略相迎合。

---

① 9to5toys,Andrew Uh,Lemonade is Using Technology to Speed Up Insurance Claims and Bring Down Prices,2020.

（二）产品提供

Lemonade 主要面向租客和房东推出租房险和房屋险，并开发了配套的线上平台和手机 App 帮助客户便利地完成线上投保以及后续理赔流程。2020年7月，Lemonade 在原有的家财险基础上推出了宠物险。

1. 租房险

Lemonade 面向租客群体推出了高性价比的租房险，最低月费仅需 5 美元。在客户向负责导购的人工智能客服 Maya 提交作为保单标的物的房屋信息后，系统会自动对客户进行评估并在一分钟内为用户提供相应的报价。尽管价格低廉，Lemonade 的租房险覆盖范围与传统财险无异，同样承保了房屋、私人财产和访客人身安全等基本项目。同时，用户可根据自己的需求调整赔付额度，最大限度提高投保灵活性。

2. 房屋险

Lemonade 面向房屋所有者推出了房屋险。房屋险的承包范围涵盖重建成本、居住损耗、个人财产损失以及个人责任支出①等，最低月费仅需 25 美元。与租客险类似，客户只需向 Maya 提交相关信息便能实现快速定价并进行购买，并同样能够自由调整赔付额度满足定制化需求。相较于同属财险的租房险，房屋险覆盖范围增加了房屋修缮支出与电子产品损坏/遭盗窃损失。

3. 宠物险

宠物险是 Lemonade 进一步拓宽业务线的新产品，继承了 Lemonade 财险产品高性价比的特点。其基于宠物的种类、品种、年龄与居住地区定价，最低费率仅 10 美元/月。该险种将为宠物疾病、意外伤害、医学检查、药品和手术费用提供保障。

---

① 指第三方在屋主物产上受损害而使屋主需赔付的损失。

523

4. 保险购买流程

Lemonade 通过人工智能 Maya 的指引让用户可以方便快捷的购买保险产品,并且整个保险购买流程基于数字化减少了人力耗费和信息不对称,具体流程如图 5-28 所示。

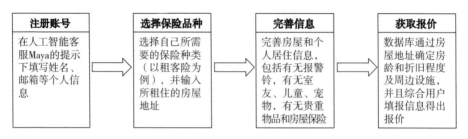

图 5-28　Lemonade 保险购买流程

（三）营利模式

1. 收取固定费率以盈利

由于 Lemonade 的保险产品皆为自营,故需直接承担赔付责任。然而,Lemonade 体量小、盈利能力差,难以承担过大的风险。因此,Lemonade 留存固定比例的保费,并将剩余部分用于再保险:通过将部分保费投保至再保险公司,Lemonade 也将相应的风险一并转移,这使得 Lemonade 能够更好地控制成本,并将监管资本要求转移给再保险人来提高资本运行效率。

具体而言,Lemonade 保留保费收入的约 25% 用于赔付和经营开支,并将保单金额的约 75% 投向再保险公司,而再保险公司则会支付 Lemonade 再保险费用的 25% 作为佣金。因此,Lemonade 在保单中的实际收入由固定比例的保费留存额度与再保险佣金组成。在实际收入扣除赔付额与经营开支后,Lemonade 的净收入约为保费收入的 20%。

2. 多余资金用于慈善捐赠

"回馈"机制是 Lemonade 盈利模式中最大的特色。在传统保险业中,若

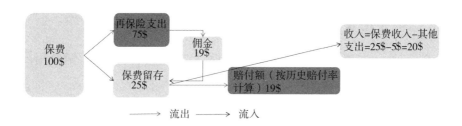

图 5-29　Lemonade 固定费率盈利模式（以 **100 $** 的保费收入为例）

资料来源：作者根据 thomvest 资料整理。

在保险期间未发生理赔事件，保险商会将扣除必要成本后的剩余保费返还给投保人，而 Lemonade 别出心裁，将每一年的剩余保费结算后捐赠给投保人指定的慈善机构，如水资源保护协会、红十字会等，剩余保费比例最高可达保费总额的 40%。2016 年，Lemonade 成为了保险行业内第一家 B-Crop（公益企业认证）型企业。根据官网数据显示，截至 2020 年上半年，Lemonade 已经向超过 34 家非营利性机构捐赠超过 100 万美元（如图 5-30 所示）。

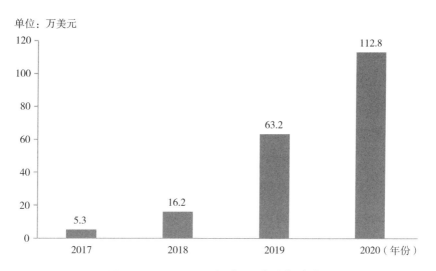

图 5-30　Lemonade 捐赠机制与金额统计

资料来源：作者根据 Lemonade 官网资料整理。

（四）市场营销模式

Lemonade 在市场营销方面投入不菲,2020 年,其销售和营销费用高达 8040 万美元,占同期营业收入的 85.2%、总支出的 37.4%。Lemonade 将互联网作为其主要营销渠道,具体可分为社交媒体、搜索引擎网站、电子邮件三大渠道。

1. 简洁有趣的社交媒体营销

Lemonade 在以 Facebook 与 Instagram 为代表的社交媒体发布的广告以生动形象、活泼有趣的短视频为主,意在通过这些广告吸引以年轻群体为主的消费者群体,并快速为潜在客户阐明自身理赔快、价格低的优势。

2. 双线并行的搜索引擎网站营销

在以 Google 为代表的搜索引擎网站上,Lemonade 同时通过付费搜索与自然搜索进行产品推广。在付费搜索方面,Lemonade 通过富有吸引力的标题,如"Killer Prices!""Make Your Mom & Landlord Proud"等吸引用户点击,从而在诸多同样购买了付费搜索的保险公司中脱颖而出;而在自然搜索方面,Lemonade 通过搜索引擎优化(SEO)来提高自身在搜索引擎结果中的自然排名,进一步提升曝光度。

3. 系统有序的电子邮件营销

对于提供了邮件地址的潜在客户,Lemonade 会在统一的时间节点系统性地向用户发送营销邮件,分别为填写邮件地址当天、约三天后、约一周后,以持续提醒客户选购产品。同时,邮件将使用循序渐进的标题,如"Your Lemonade Insurance",到"Don't Forget Your Lemonade",再至"Your Quote!",语义逐渐加强,促使客户做出决定。

（五）研发情况及技术优势

Lemonade 高度重视技术创新,2020 年,其于技术研发的投入为 1940 万美元,占同年总支出的 9.0%。Lemonade 通过在保险购买—理赔全流程应用人工智能技术,确立了自己的技术优势。围绕获客、投保、理赔、风控等环节,Lemonade 构建了六个职能分明的人工智能应用程序,并通过中枢系统 Customer Cortex 协调统筹六个人工智能程序的运行。随着用户与人工智能互动数据的不断积累,Lemonade 的自有数据库将愈加丰富,进而反哺人工智能持续迭代、完善,提高服务质量并加强自身的风控能力。

同时,在新冠肺炎疫情大流行的趋势下,Lemonade 的人工智能应用程序可以无间断、无接触地提供服务,尽可能削弱了疫情对于自身业务的冲击。

Lemonade 旗下人工智能应用的详细情况如表 5-16 所示。

表 5-16　Lemonade 人工智能功能详细介绍

名称	负责领域	详细说明
AIMaya	客户服务	人工智能客服,通过自然语言引导客户提供信息,创建报价和安全付款,并在这个过程中收集数据。
AIJim	保单理赔	Jim 独立处理约 1/3 的索赔需求,无需人工干预即可支付赔偿或拒绝索赔。Jim 将其无法解决的索赔案件转接给索赔专家进行进一步处理,并根据每位专家的专长、资历、工作量和时间表确定索赔案件分配对象。Lemonade 官网称理赔过程仅需三秒,打破了最快理赔的世界纪录。
CX.AI	客户体验平台	负责了 1/3 的客户咨询请求,负责保险售前和售后服务,如增加配偶信息、增加保费等。
后台端		
Cooper	内部服务	Cooper 处理复杂和重复的任务,大大提高 Lemonade 的工作效率。Cooper 将客户体验团队从简单重复劳动(如处理纸质支票)中解脱出来,甚至负责公司的大部分的工程任务分配,代码部署,问答环节等等。
Forensic Graph	欺诈行为控制	利用行为经济学理论、大数据和人工智能来预测、阻止、检测和阻止客户参与过程中的欺诈行为,机器学习揭示了复杂的多变量联系,帮助 Lemonade 节省了数百万美元的潜在损失。

名称	负责领域	详细说明
Blebder	保险管理平台	用于 Lemonade 的客户体验、承保、索赔、增长、营销、财务和风险团队,为索赔专家提供大量关于用户行为模式及其索赔、背景信息、风险指标、保险历史记录等的信息。
集成系统		
Customer Cortex	中枢神经系统	负责所有客户的数据传输、持续分析和所有六个应用程序的运行。

资料来源:作者根据 Lemonade 官网资料整理。

三、分析及总结

(一)行业及竞品分析

Lemonade 的主要竞争对手为大型传统保险公司。2019 年,美国前 25 家公司(皆为 State Farm、Progressive、Allstate 等保险巨头)财险保费收入约 4464 亿美元,占市场份额约 65.9%,成为 Lemonade 的有力对手。与此同时,市场上也出现了一些主营财险的保险科技公司,如为在灾害频发的沿海地区人们提供房屋保险的 Kin,但是体量与市场份额都较 Lemonade 稍逊。Lemonade 在财险保险科技这一细分领域仍占据着头部优势。

Lemonade 竞品的具体情况如表 5-17 所示。

表 5-17 Lemonade 竞品情况

名称	范畴	主营业务	成立时间	2019 年保费收入(亿美元)
Allstate (好事达)	综合保险公司	提供完善的保险品种,包括房屋、租房和公寓保险,以及人寿保险、宠物保险、退休与投资产品等领域	1931	446.8

名称	范畴	主营业务	成立时间	2019 年保费收入(亿美元)
Progressive (美国前进保险)	财险公司	主营车险,包括个人车辆保险、商业车辆保险和其他类保险,同时通过中介子公司承保房屋财产保险	1937	41.3
American Family (美国家庭保险)	财险公司	专注于个人财产保险,主打车险和人身险,同时它还提供房屋险和一系列家庭财产保险	1927	122
Geico (政府雇员保险)	财险公司	主营汽车保险,其他提供商合作提供住房和商业保单	1936	355.7
State Farm (州立农业保险)	综合保险公司	在五种不同的业务领域中提供约 100 种产品和服务,主营财险、意外伤害险、汽车险和人寿保险	1922	817.3

资料来源:作者根据 Wikipedia、东方财富资料整理。

可以看出,Lemonade 虽在业务模式上做出了一定的创新,但是其客群以消费能力较低的年轻群体为主,并且自身体量较小、承受风险能力弱,容易受到来自覆盖范围更广、客户规模更大、资金更充裕、业内经验更丰富的传统保险公司的竞争压力。其中,又以 Allstate、State Farm 最具代表性。

1. 竞品 Allstate:产品服务领先,覆盖美国全境

Allstate 是美国保险业巨头之一,总部位于伊利诺伊州。在 2019 年《财富》世界 500 强榜单中,Allstate 居全美 79 位(按收入排名)。相较于 Lemonade,Allstate 优点在于其多元化的财险产品,满足了房主的多样化投保需求。此外,Allstate 提供大力度折扣,折扣的比例取决于客户是否购买保险组合以及个人信用评分等因素,而 Lemonade 则尚无类似优惠活动,因此在特定情况下,Allstate 的服务会比 Lemonade 更具性价比。在覆盖区域上,Allstate 的房屋险业已覆盖美国全境,而 Lemonade 仅覆盖了半数左右。

2. 竞品 State Farm：市场规模庞大，承保范围广阔

State Farm 同为美国保险业巨头，掌握全美约 8300 万份保单和账户，2019 年保费收入更高于 Allstate，其财务实力被 A.M.[①]评为 A ++（最高等级）[②]。相较于 Lemonade，State Farm 的承保范围不仅限于财险，还包括人寿保险、伤残保险和其他保单，例如收入财产保险、人造房屋、农场和牧场保险等，盈利空间更为广阔。State Farm 的市场同样覆盖全美地区，市场份额远超 Lemonade。

相较于诸多竞争对手，Lemonade 拥有其独特的优势。一方面，其平均价格远低于同业：以房屋保险为例，Allstate 的价格为 169 美元/月，State Farm 为 122.5 美元/月[③]，Geico 为 145 美元/月[④]，而 Lemonade 的价格仅为 100.9 美元/月；另一方面，Lemonade 是唯一一家深耕于租房险和房屋险这一垂直领域的保险公司，并且体量较小，能够快速、集中地调整运营策略，具有"小而精"的发展优势。

（二）关键成功要素

1. 瞄准行业空白领域，迅速抢占市场份额

Lemonade 初创之际，美国保险行业数字化转型仍处于起步阶段，而彼时的保险业巨头，如 State Farm 与 Allstate，大都尚未认识到保险科技的商业潜力，或在保险科技领域布局缓慢，这给予了 Lemonade 充分的生存与发展空间。借此机会，Lemonade 以先进的业务模式快速占领数字化保险市场，从纽约布局全国，并拓展至欧洲。把握市场风口，合理利用红利是 Lemonade 实现高速增长的重要外因。

---

① A.M.（贝式）评级公司是全球四大评级机构之一，主要针对保险行业评级。
② Usnews，Jeff Kinney&Jeremy Brown，Best Homeowners Insurance Companies，2020.
③ Usnews，Jim Travers，State Farm vs Farmers Homeowners Insurance，2020.
④ Policygenius，Tim Torres，GEICO Homeowners Insurance Review，2020.

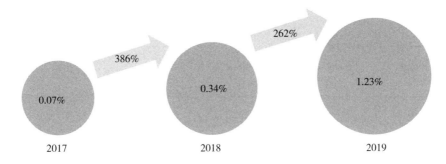

图 5-31　Lemonade 市场份额与增速

资料来源：作者根据 Lemonade 官网资料整理。

2. 美国政策法规完善，鼓励保险科技发展

美国对金融科技实行功能性监管，按照其业务的功能进行分类，然后再进行监管。从表 5-18 可以看出，法律法规逐渐确立了互联网保险以及保险科技的地位及规范，特别是 2017 年颁布的《金融科技框架白皮书》，对于保险科技生态提供了十项原则。从白皮书上看来，美国监管政策对于保险科技相对友好，各管理部门和监管机构通过一系列手段刺激保险科技的创新①，为Lemonade 的发展创造了良好的环境。

表 5-18　美国互联网保险和保险科技领域法律法规

1998 年	NAIC 颁布《互联网保险营销》白皮书（The Marketing of Insurance Over the Internet）	针对各州如何制定关于互联网保险的电子法规提出建议。建议涉及了电子签名效力、隐私保密原则、保险合同规范以及执业认证等方面
2000 年	NAIC 颁布《保险业电子商务与法规问题文件》（Electronic Commerce Regulation Issues Paper）	针对各个州法律中关于电子签名、保单传送、电子支付、信息披露等法律条款提出具体修改建议
2000 年	批准《全球及全国商务电子签名法案》（Electronic Signatures in Global and National Commerce Act）	肯定电子签名的法律效力。取消了对电子签名和认证的规制政策

① 　许闲：《全球保险科技监管概览》，2017。

续表

2001 年	纽约州政府保险局《第五号函件》（Circular Letter NO. 5）	为互联网保险业务提供操作指南
2017 年	美国国家经济委员会发布《金融科技框架白皮书》	概述了政府对保险科技创新的原则与框架政策,进一步规范了保险科技领域

资料来源:作者根据中国报告网资料整理。

3. 技术助推业务升级,致力打造保险智能化

较尝试性运用人工智能技术进行数据分析、客户服务的保险公司(如行业巨头 Allstate 等),Lemonade 业务的人工智能覆盖率更广,集成度也更高。基于此,Lemonade 自主开发的人工智能平台以一个中枢程序统筹六大人工智能应用程序,涵盖了财险产品的全周期,不仅为 Lemonade 减少了人力成本,更优化了产品的底层逻辑与使用体验。其一,人工智能技术的应用提高了承保精度和定价的准确性,并能够精准识别骗保行为,降低了赔保成本;其二,Lemonade 数字化的服务平台为消费者提供了便捷的使用体验,从而使其免于传统保险的繁文缛节。

4. 凭借价格与营销优势,抢占年轻用户市场

互联网保险以其方便快捷的特点更受年轻群体欢迎,而 Lemonade 正针对这一偏好,有的放矢地制定营销策略。一方面,Lemonade 持续优化线上平台,为年轻群体提供更加便宜、便利的产品和服务;另一方面,Lemonade 从公司名称到交互界面都以趣味化、卡通化为主要设计特点,以迎合年轻人的审美品位。精准、细致的营销策略使 Lemonade 有效占据了年轻客群的租房险市场。

5. 提供多元化产品,覆盖客户生命周期

大多数年轻用户的自身资产有限,缺乏保险标的物,因此其对财险的消费水平较低。但 Lemonade 通过多元化的财险业务顺应年轻人的资产成长曲线,并依据其需求变化动态升级,进而获取此类群体的长期价值:随着年轻群体的年龄与财富的增长,他们将实现从租户到房主的身份转换,与此同时,他们在 Lemonade 投保的保单也将从费用低廉的租房险升级为房屋险与宠物险,为

Lemonade 带来更大的收益空间。

6. 应用行为经济学理论,降低骗保发生率

Lemonade 通过应用行为经济学理论减少欺诈与骗保行为而降低赔付损失:其一,Lemonade 的保费余额捐赠机制给用户以强烈的心理暗示,使其提高自身道德底线而降低骗保倾向;其二,Lemonade 要求客户在申请理赔前签署诚信公约,促使用户在潜意识层面自我约束;其三,Lemonade 的理赔流程通过人工智能客服以人机对话的形式进行,相较于用户独立填写文书,对话方式能够向用户施加"被监视感",从而间接提高欺诈的心理成本。

(三)挑战与风险

1. 排斥高风险客单,导致用户流失率偏高

Lemonade 在招股书中指出:截至 2020 年一季度,客户的当年留存率和次年留存率分别为 75% 和 76%,在行业内处于中游水平。然而,出于控制风险的需要,Lemonade 会拒绝承保或拒绝续保部分高风险客户的保单;若将 Lemonade 的主动拒保行为计算在内,其客户的流失率将达到 33%,远高于行业平均 16%。因此,若 Lemonade 对于客户风险的准入要求持续保持严格,大量客户将因无法达到要求而被排斥在外,使 Lemonade 的市场占有率不可避免地遭受影响(如图 5-32 所示)。

2. 传统保险巨头着手数字化转型,行业竞争加剧

尽管 Lemonade 异军突起,抢占了保险科技的先发优势,但是其市场份额依然较小,仅占租户险与房屋险市场总规模的 0.1%。相比之下,保险业界的巨头公司,如 State Farm 和 Allstate 分别占据美国房屋险市场的 19% 和 10%,拥有经验、资金和客户规模上的绝对优势。同时,此类保险巨头也开始了自身的数字化转型①,如 Allstate 正尝试运用数据科学优化客户服务,并开发 UBI

---

① Accenture,Three Insurers Set Their Sights on Becoming Industry Disruptors,2020.

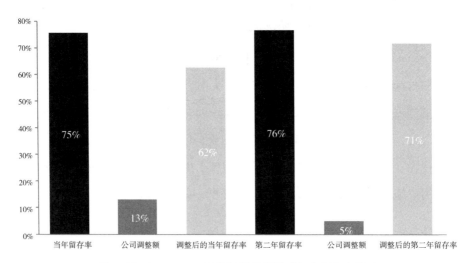

图 5-32　Lemonade 的公司调整额①对客户留存率影响

资料来源:作者根据 Meritech 资料整理。

(Usage Based Insurance)保险②为客户提供高性价比的产品。因此,随着传统保险巨头进入保险科技赛道,Lemonade 面临的行业竞争将日渐激烈,其能否保持当前增长趋势仍待观察。

3. 技术尚未完全成熟,理赔能力仍受质疑

由于 Lemonade 的理赔服务以人工智能技术为核心,其可靠性引发部分市场与业界的质疑。一方面,由于 Lemonade 经营时间较短,用户数据积累不足,数量有限,质量也有待提升。因此,其基于数据提供服务的人工智能理赔模型尚未得到充分完善,恐难以做出合理的决策判断,引起潜在客户对于 Lemonade 理赔服务的持续担忧。另一方面,尽管传统保险业已着手数字化转型,大多数企业对于人工智能技术主导理赔仍持消极态度,因此,他们质疑甚至敌视 Lemonade 的发展模式。如美国保险巨头 State Farm 发布攻击性广告,

---

① 公司调整额为根据承保风险评估发起的取消、撤销和不续保造成的客户流失。
② 根据使用情况定价的保险。

强调人工智能技术无法与人类保险业务员竞争。综上所述，Lemonade 仍需持续加强客户数据积累的提质增量，并打磨科技能力以消弭外界对于人工智能技术的质疑。

第六篇　金融 IT 及其他

金融 IT 及其他行业综述

　　金融行业是信息技术（IT）应用创新最积极、最活跃的行业之一，并逐渐形成了金融 IT（Financial Information Technology）业，其作为信息技术行业（IT 行业）在金融领域的分支，为金融企业提供包括网络设备、ATM 机等硬件设备，数据库管理系统、业务系统等软件设备以及综合解决方案服务等在内的信息化产品与服务，有效提高了金融企业乃至金融市场的运行效率。金融 IT 行业同时也可被定义为金融科技的子行业之一，两者的区别在于：金融 IT 企业是以信息技术服务金融企业，帮助其开展线上线下业务、进行高效的管理和决策，而金融科技行业的范围更加广阔，包含了丰富的业态，其需求方既包括金融企业，更包括广大的个人用户。

　　下文将主要围绕金融 IT 行业进行分析，但需要特别说明的是，本章节为"金融 IT 及其他"行业分析，因此还有一家企业 CreditKarma 并不属于金融 IT 行业，但也被包含于本章节内。

一、行业概览

（一）发展历程

金融 IT 行业的发展先后经历了电子化（20 世纪 60—90 年代）、互联网化（20 世纪 90 年代—2008 年）和智能化（2009 年至今）三个阶段。

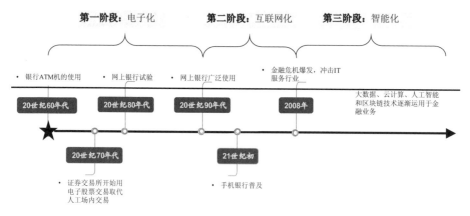

图 6-1　金融 IT 行业发展阶段

资料来源：作者自行整理。

电子化阶段（20 世纪 60—90 年代）：在电子化阶段以前，传统金融机构完全依赖手工作业，纽约证券交易所曾因交易量过大无法及时手动处理而缩短交易日时间。直到 20 世纪 60 年代，计算机和局域网等信息技术的发展为金融业带来了快速且可负担的信息访问与处理方式，金融电子化历程展开。在此阶段，金融 IT 为金融基础设施建设提供了可靠的软硬件支持，重要的发展包括银行 ATM 机陆续投入使用，证券交易所开始采用电子股票交易方式，以及随后开展的网上银行试验。

互联网化阶段（20 世纪 90 年代—2008 年）：在该阶段，金融 IT 从电子化阶段的封闭式信息网络进阶至拥抱开放的互联网。通过搭建在线业务平台并开辟互联网渠道,金融 IT 服务商使金融企业站在了信息共享和信息安全技术的最前沿。20 世纪 90 年代,网上银行已被广泛使用;21 世纪初,手机银行则得到了普及,金融行业信息化进程加速发展,服务效率指数倍提升。

智能化阶段(2009 年至今):2008 年,受全球金融危机影响,金融 IT 服务市场增速放缓,但与此同时,云计算、大数据、人工智能和区块链技术等领域的发展为金融企业的信息采集、投资决策、产品研发提供了新方法和新思路。金融 IT 行业由此进入智能化阶段,市场上涌现了多元的金融行业智能解决方案,相较于互联网阶段的产品更加适配金融企业的个性化、差异化需求,全面赋能金融行业发展。

(二)行业现状

从技术发展来看,随着云计算、大数据、人工智能和区块链等技术不断突破,科技对金融的支撑作用愈加凸显。金融 IT 行业始终在促进新兴科技在金融领域的落地与深入应用。金融 IT 运用云计算技术帮助金融企业有效整合内部多个互不相连的信息系统,有效解决数据孤岛问题。大数据技术则使金融 IT 企业具备了处理多格式、宽领域的海量数据的能力,高级的统计与分析技术使其可以自动智能地提取关键信息,帮助客户实现精准评估商业决策、提高运营效率。人工智能技术被金融 IT 行业广泛应用于智能风控、智能投资管理、自动交易系统以及欺诈检测等应用场景,替代了人工重复性工作,提升客户工作效率。近年来,金融 IT 行业也积极利用区块链技术来为客户搭建可实时结算、高度透明、低风险与低成本的金融基础设施平台。

从行业政策来看,全球在信息科技、金融 IT 方面的监管规则逐步完善,促使金融 IT 行业朝着合规化方向发展。美国早在 1978 年就建立起一套专门的信息科技风险管理评价体系 URSIT,应用于美国的金融机构及 IT 服务商。

2012年,美国联邦金融机构检查委员会(FFIEC)编制了一整套IT指引手册(IT Booklet),指导被监管方有效识别、分析、预警和管控涉及审计、信息安全、技术服务提供商等12个方面的风险。国内对金融行业的信息科技监管近年来趋于完善。2017年,中国人民银行印发《中国金融业信息技术"十三五"发展规划》,全视角统筹未来金融科技发展;2020年,银保监会起草了《银行保险机构信息科技外包风险监管办法(征求意见稿)》,进一步规范银行保险机构的IT外包活动。

从行业特点来看,总体而言金融IT行业具有进入壁垒高、客户黏性相对较强的特点。首先,由于金融行业对信息安全、信息处理效率有较高要求,金融IT企业需具有较为雄厚的技术实力以及不断更新迭代的创新能力;此外,业内口碑、项目经验以及合作资源等方面也存在较高标准。其次,金融IT企业往往与客户签订长期合同,双方需要在软硬件产品或整套解决方案的部署、使用、后续维护和升级过程中保持持续且密切的合作,因此客户的转换成本高,行业客户黏性强。

(三)行业格局

金融IT企业可分为金融IT基础服务商、金融IT综合解决方案供应商与金融行业数据服务商三类。其中,金融IT基础服务主要指为金融企业提供信息数据处理的软硬件支持,包括硬件产品供应、基础软件供应、应用软件供应。金融IT综合解决方案供应商则较为定制化地为金融企业提供日常运营、决策所需的工具。当前,解决方案供应在金融IT行业中具有重要地位,其运营过程通常是首先发掘金融企业的经营需求和面临的特定问题,随后为其量身打造集规划咨询、方案设计、系统部署、用户培训、维护升级于一体的解决方案。金融行业数据服务商帮助金融企业及时、准确、完整地获取行业数据、基于数据的洞见以及资讯。当然,需要说明的是,随着行业不算深化发展,众多企业也开始不断延长业务链条,使得以上三种企业分类的界限变得模糊,表6-1

的代表性企业分类仅以其核心主营业务为依据。

表 6-1　金融 IT 企业分类及业务简介

金融 IT 企业分类		业务简介	代表性企业
金融 IT 基础服务商	硬件产品供应商	生产并销售金融信息化所需的各类硬件产品,如大型机、小型机、服务器、PC 机、终端、网络设备、ATM	NCR、亚马逊网络服务
	基础软件供应商	开发和销售基础平台性质的软件产品,如操作系统、数据库管理系统、软件开发工具等	FinancialForce、NeitSuit、Plaid
	应用软件供应商	为金融行业提供面向业务和管理的应用型系统,如银行核心业务系统、财富管理系统、客户管理系统、保险单管理系统、证券经纪业务系统	ORACLE、SUNGARD、MISYS
金融 IT 综合解决方案供应商		提供金融行业的 IT 应用软件及服务,包括咨询、规划、实施、维护等一系列综合服务	IBM、塔塔、FIS、Palantir
金融行业数据服务商		为金融企业提供行业数据库、信息检索、数据提取与分析等工具	万得、彭博、Dataminr、modeFinance

资料来源:作者根据中国人民大学《金融 IT 服务业调研报告》、各公司官网整理。

二、核心洞见

金融 IT 综合解决方案及金融行业数据服务是本行业创新发力点,因此,本章侧重研究该领域的企业,探究他们如何运用先进的信息技术开发全面赋能金融行业的创新产品,并在行业中崭露头角。

以金融企业与银行的数据联通为切入点,本文选取了提供金融 API(开发应用程序接口)的公司 Plaid,该公司承担着银行与其他金融企业的数据桥梁角色,是推动传统银行向开放银行过渡的重要力量;当进一步着眼于数据挖掘或分析时,本文则选取了数据挖掘行业领跑者 Dataminr 和美国数据分析行业的龙头企业 Palantir,前者通过广泛挖掘公共数据源来为客户提供实时事件信息和风险预警,能帮助客户及时应对风险并保持竞争优势,后者则帮助客户整合海量数据并分析其间关键联系;本文还选取了欧洲首家从事信用评级的金融科技公司 modeFinance,其还提供全球海量企业的数据查询服务,并为企业提供风控系统。除金融 IT 企业外,本章还包含了为个人用户提供免费信用信息产品及财务管理服务的消费技术公司 CreditKarma,该公司精准识别到美国征信体系中消费者获取自身信息环节的缺失,由此开辟了一条独特赛道。各企业的基本信息如表 6-2 所示。

表 6-2　金融 IT 企业及 Credit Karma 信息概览

公司名称	成立时间/国家	主营业务	客群/数量	是否上市	上市时间/估值	累计融资额/市值
Plaid	2012 年美国	金融数据 API 及综合解决方案	11000 余家金融机构、2600 余家金融科技企业	否	150 亿美元	3.1 亿美元
Dataminr	2009 年美国	挖掘分析公共数据源,为客户提供实时事件信息和风险预警	大型企业、公共部门及 650 余家新闻媒体（截至 2020 年 12 月）	否	16 亿美元	5.8 亿美元
Palantir	2003 年美国	提供"一站式"数据智能解决方案,整合客户的海量数据并分析其间关键联系	125 家政府部门及企业（2020 年上半年）	是	2020 年 9 月 30 日	660 亿美元
modeFinance	2009 年意大利	企业信用评级、企业信息查询软件以及风险管理平台	企业客户、公共部门客户及个人用户	否	—	150 万美元
Credit Karma	2007 年美国	消费者征信信息以及财务管理服务	个人用户,在青年中普及度尤其高,用户总数超 1 亿	否	被 Intuit 以 71 亿美元收购（2020 年 2 月）	3.68 亿美元（收购前）

注:1. 除单独标注,表格中数据截至 2020 年 12 月;
　2. 若企业未上市,第六列信息为企业估值,第七列信息为累计融资额;若企业已上市,第六列信息为企业上市日期,第七列信息为市值。

金融 IT 企业逐步向市场提供了新型的"基础设施",备受市场关注,涌现了金融科技领域 2020 年两个最大的收购案。本文四家金融 IT 案例企业的共性与特点如下:

·从成立时间来看,本文所选的金融 IT 企业其成立时间普遍较早,这主要是由于企业需要积累深厚的 IT 技术及经验并通过与客户的长期合作建立良好声誉,才能在行业中脱颖而出。

·从国家分布来看,除处于成长期的 modeFinance 以外的企业均来自美国,美国较为宽松的数据政策以及优渥的信息技术发展土壤促进了更多企业的诞生与发展。

·从客户群体来看,金融 IT 企业均服务机构客户,其中 Dataminr、Palantir 与 modeFinance 都同时覆盖私营企业与公共部门。且经过研究发现,为公共部门(尤其是政府)服务可以明显提高企业的声誉与可信赖程度,但在特定情况下,两类客户的利益冲突会让金融 IT 企业面临平衡难题。

·从盈利模式来看,四家金融 IT 企业的收入来源均为收取的解决方案服务费用。

·从成功要素来看,上述企业的创始团队均包含计算机科学科班出身的工程师或科学家,其中不乏名校毕业的人;同时大部分企业都与其他科技公司存在合作伙伴关系,因此得以享受技术或数据共享带来的竞争优势。

·从面临挑战来看,这些企业普遍面临着处理数据隐私的难题,例如,Plaid 曾因为涉嫌侵犯消费者隐私接连遭遇集体诉讼;Dataminr 的合作方 Twitter 因为隐私方面的担忧迫使 Dataminr 与 CIA 等间谍机构和其他执法部门断绝合作。用户对于信息隐私的担忧以及各国逐渐完善并趋严的数据相关监管政策对企业发展带来了一定的限制。

全球金融科技创新案例之金融 IT 及其他篇：Plaid 研究

    摘　要: Plaid 是美国一家利用 API(开发应用程序接口)提供金融相关数据共享的 B2B 金融科技企业,并致力于构建更完备的金融科技基础设施,通过科技让金融服务更加大众化。自 2012 年成立以来,公司成长迅速且规模不断扩大,截至 2021 年 1 月,Plaid 的客户包括 11000 余家金融机构以及 2600 余家金融科技企业;公司共经历 4 轮融资,累计融资达 3.1 亿美元,估值约为 150 亿美元。长久以来,金融机构通过传统途径获得消费者信息的步骤烦琐、耗时较长,针对此痛点,Plaid 通过构建 API 帮助其客户简化流程。Plaid 能取得行业领先地位的原因主要在于:第一,商业模式灵活,业务范围广泛,能及时把握客户需求,不断拓展其业务范围;第二,坚持消费者至上,重视数据安全性。然而,发展至今 Plaid 也逐步面临来自银行的合作阻力、潜在竞争,业务涉嫌侵犯隐私以及 API 等相关技术风险不断加大等问题。本案例将从 Plaid 的基本介绍、经营指标和发展历程入手描述企业概况,从市场痛点解决、用户画像、产品与服务、商业模式等方面深入分析其产品战略及运营机制,并在此基础上结合行业及竞品分析,总结其关键成功要素与现存风险挑战。

一、企业概况

(一)基本介绍

1. 强大的金融数据共享平台

Plaid 是美国一家利用 API(开发应用程序接口)提供金融相关数据共享的 B2B 金融科技企业。具体而言,Plaid 开发的 API 产品及基于 API 的技术解决方案简化了金融企业获取银行业务及消费者财务数据的过程,提供了让开发者能自主构建金融服务的技术平台,使其将应用程序与消费者的银行账户建立联系,进行在线余额查询、支付、借贷、投资等操作。Plaid 的愿景是构建更完备的金融科技基础设施,通过科技让金融服务更加大众化。

表 6-3　Plaid 基本情况

成立时间/总部	2012 年/美国旧金山
创始人	Zach Perret(首席执行官)、William Hockey(曾担任首席技术官)
累计融资额	3.1 亿美元(截至 2021 年 1 月 31 日)
估值	150 亿美元(截至 2021 年 1 月 31 日)
营业收入	约 2 亿美元(2019 年度数据)
员工数	500+名(截至 2021 年 1 月 31 日)
用户数	11000+金融机构、2600+金融科技开发商(截至 2021 年 1 月 31 日)
覆盖范围	美国、加拿大、英国、法国、西班牙、爱尔兰和荷兰共 7 个国家(截至 2021 年 1 月 31 日)

资料来源:作者根据 Plaid 官网资料、相关新闻报道整理。

2. 创立背景:开放银行,大势所趋

开放银行是指利用开放 API 技术实现银行与第三方机构之间的数据共享,因其众多的潜在优势,成为近年来全球金融业的大趋势。英国是践行开放银行的先行者,2018 年其推出的《开放银行标准》要求商业银行扩大数据共享和开放范围。欧盟《支付服务法案》(The Revised Payment Services Directive)的一项核心条款就是要求银行向非银行机构开放账户访问,以促进欧元区支付服务市场的竞争和创新。

相比之下,美国尚未从中央政府层面推出数据治理监管措施,这种环境催生了一大批金融科技创新企业与银行的一次性合作协议,Plaid 正是在这样的背景下孕育而生,并且成为传统银行向开放银行和数据访问过渡的关键驱动力。传统银行长期以来专享用户数据,依靠信息垄断来获得高额利润。然而,为了应对挑战者银行的威胁,传统银行不得不构建自己的 API 或与 Plaid 等金融 IT 企业合作,加快自身数字转型,让消费者感受到更便捷、迅速的服务。否则,正在考虑开设账户的新一代消费者将选择挑战者银行,而非不提供实时数据的传统银行。这也正是银行虽然会牺牲部分数据控制权,却愿意与 Plaid 合作的原因。

3. 创始人实践中汲取灵感,技术团队规模可观

Plaid 由 William Hockey 和 Zach Perret 在 2012 年创立。William Hockey 毕业于埃默里大学计算机科学专业,曾任公司 CTO,后于 2019 年离任[1]。Zach Perret 毕业于杜克大学[2],现任公司 CEO。两人最初准备开发一个财务计划的应用,但在构建过程中,无法从银行获取数据成了一个棘手的问题。最终他们决定构建自己的技术基础设施,由此诞生了 Plaid。此后,Plaid 在开发人员和产品经理的口口相传中积累了良好声誉,公司业务规模逐渐增大。Zach Perret 表示:"我们与一些金融科技公司的创始人会面,了解他们的问题,

---

① Crunchbase 官网,William Hockey,2021。

② Crunchbase 官网,Zach Perret,2021。

思考 Plaid 如何提供帮助。"

随着公司规模扩张,截至 2020 年 12 月,Plaid 已有超过 500 名员工,其中半数以上员工从事技术性工作。①

4. 备受投资者追捧,Visa 曾欲斥巨资收购

截至 2021 年 1 月 31 日,Plaid 已完成 4 轮融资,累计融资近 3.1 亿美元。2016 年 6 月,公司在 B 轮中收获了 4400 万美元资金,此次融资由高盛集团基金会领投,其他投资方均为著名机构,包括星火投资和谷歌的基金会等。B 轮融资对公司发展意义重大,对于使用 Plaid 的应用程序及网站也是极大的鼓励。

2020 年 1 月 13 日,Plaid 宣布将以 53 亿美元被 Visa 收购,该价格约为当时公司估值的两倍②;同年 8 月,英国竞争监管机构 CMA 正式同意了这项交易。Visa 愿斥巨资收购 Plaid 的原因主要有两个。一方面,Plaid 与美国绝大多数大型金融科技应用程序兼容,例如 Venmo、Square Cash、Chime、Acorns、Robinhood 和 Coinbase。通过此次收购,Visa 将获得重要且庞大的新增客户基础,可以向其销售其他支付服务。另一方面,Visa 拥有金融技术卓越的全球网络,在 200 个国家或地区拥有数百万的客户,这将使 Visa 更加容易地将 Plaid 推向全球,为 Visa 带来更多收益。收购 Plaid 后,Visa 可以达到一个更好的状态:一个以 Visa 为中心的新的金融网络,改变消费金融服务行业,就像当年信用卡改变了消费零售业一样。

然而,2020 年 11 月,美国司法局提起民事反垄断诉讼,指控 Visa 收购 Plaid 将增强或维持 Visa 于在线支付行业的垄断地位。该案原定于 2021 年 6 月 28 日开庭审理,但 Visa 与 Plaid 在如此监管压力下于 2021 年 1 月 12 日正式宣布放弃收购计划。

---

① Craft 官网,Plaid,2021。

② Visa 官网,Visa To Acquire Plaid,2020。

表 6-4　Plaid 融资情况

融资轮数	主要投资方	时间	投资金额（美元）	估值（美元）
种子轮	Spark Capital	2013.09	280 万	—
A 轮	New Enterprise Associates，Spark Capital	2014.11	1200 万	—
B 轮	Goldman Sachs Investment Partners	2016.06	4400 万	—
C 轮	Index Ventures，Kleiner Perkins，Visa	2018.12	2.5 亿	26.5 亿

资料来源:作者根据 Crunchbase 网资料整理。

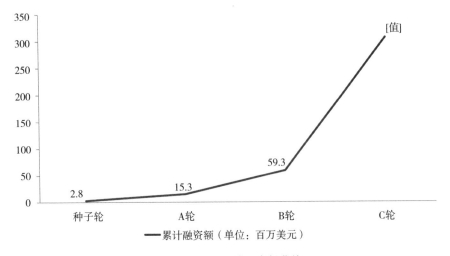

图 6-2　Plaid 累计融资额曲线

资料来源:作者根据 Crunchbase 网资料整理。

（二）经营指标

从客户来看,就美国国内而言,Plaid 为 11000 余家美国金融机构提供技术解决方案,通过 API 连接了美国近四分之一人口(约 8250 万人)的金融账户信息。除美国之外,Plaid 还在英国、法国、加拿大等国家开展业务,也拥有数量庞大的金融机构客户。Plaid 的客户广泛覆盖了金融相关的技术行业,知名客户包括加密货币交易所 Coinbase、美国数字银行 Chime、点对点支付应用

Venmo 等。

从营收来看，据《福布斯》估计，2017 年 Plaid 收入为 4000 万美元，现金流接近收支平衡；到 2019 年收入增长至近 2 亿美元，是 2017 年的 5 倍。

从荣誉来看，Plaid 曾入选《硅谷商业期刊》评选的"2018 年硅谷十大独角兽企业"名单；2019 年以来，Plaid 连续两年入选福布斯金融科技 50 强。

（三）发展历程

Plaid 的发展可大致分为起步萌芽期、快速成长期和海外拓展期三个阶段（如图 6-3 所示）。

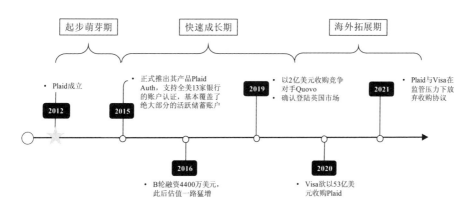

图 6-3　Plaid 公司发展历程

资料来源：作者根据 Plaid 官网资料、相关新闻报道整理。

1. 起步萌芽期（2012—2015 年）

2012 年成立后，Plaid 立足于美国国内市场，低调地进行业务开发和客户获取。

2. 快速成长期（2015—2019 年）

2015 年，Plaid 正式推出产品 Plaid Auth，支持全美 13 家银行的账户认证，帮助金融科技初创企业掌握其客户的银行账户信息。此后，Plaid 逐渐推出并不断完善其产品服务，在这一过程中，客户数量快速增长，企业估值也一路走高。

3. 海外拓展期(2019 年至今)

2019 年,Plaid 以 2 亿美元的价格收购其竞争对手 Quovo。同年,Plaid 确认进入英国市场,与汇丰、渣打、苏格兰皇家和巴克莱银行等英国八大银行进行合作,使得英国金融科技企业可以立即访问该国 70%的个人往来账户。此后,Plaid 在欧洲持续开疆拓土,截至 2020 年 10 月,Plaid 已将业务拓展至法国、爱尔兰、西班牙、荷兰等国。除此之外,2020 年于 Plaid 而言最大的事件之一便是上文所提到的 Visa 收购事件,然而却因为监管的原因在 2021 年 1 月 12 日被终止。

二、产品服务与商业模式

(一)市场痛点解决与用户画像

金融机构或者金融科技企业在个人理财、消费者付款、借贷、银行业、投资决策和企业财务管理共六大场景中常面临诸多痛点问题,Plaid 通过更好的客户体验、更高效和包容性基础架构、更智能的软件工具对以上痛点进行逐一击破,使开发人员可以轻松构建出出色的金融产品。以下为 Plaid 客户的主要分类及相关代表性企业。

表 6-5　Plaid 客户分类及代表性企业

个人理财	消费者付款	借贷	银行业	投资决策	企业财务管理
Dave	Current	Blend	Varo	Betterment	Wave
Drop	Paysafe	EllieMae	Chime	Acorns	Abacus
Truebill	TransferWise	MoneyLion	Live Oak Bank	Atom	Justworks
Qapital	Venom	Upstart	Empower	SS&C	Expensify

资料来源:作者根据 Plaid 官网资料整理。

（1）个人理财:用户往往会在多个金融机构中拥有账户,金融科技企业通常很难获得其全部财务信息。对此,Plaid 可以合并不同来源的财务数据,并对过去 24 个月历史交易数据进行分类,使数据易于被使用和分析。

（2）消费者付款:用户在使用银行直接转账的方法付款时,需要登录银行账户并进行身份验证,交易过程复杂。而 Plaid 可与任何 ACH 处理器配合使用,将付款变得简单迅速。

（3）借贷:借款人通过传统方式收集申请贷款人的收入信息、账户余额和资产历史记录等信息时需要耗费大量成本;此外,借贷双方连接银行账户以接收贷款和偿还贷款也是一个烦琐的过程。Plaid 为借款人提供了轻松简化的贷款体验,并且帮助贷方访问银行数据以做出明智的贷款决定。

（4）银行业:开设一个新的银行账户通常需要手动验证 2 个小型微存款。此过程通常需要 2—3 天,并且容易出现用户输入错误导致银行客户流失的情况。Plaid 允许用户使用其登录凭据在几秒钟内安全地链接银行账户。通过与 Plaid 集成,用户可以在同一天启动并使用银行账户。

（5）投资决策:数据的低保真度和低转换率为财富管理企业获得可靠的投资信息带来了挑战。Plaid 帮助财务顾问和财富管理平台汇总保留投资信息,从而为其客户提供更全面的财务建议。

（6）企业财务管理:企业烦琐的会计账簿和相关流程为员工和客户带来了诸多不便。Plaid 为企业提供将财务账户连接到软件或应用程序的工具,减少企业财务人员管理时间。

（二）产品与服务

Plaid 现有访问交易记录、即时验证银行账户、实时验证账户余额、身份识别、反映所有投资信息、验证借款人资产、访问学生负债数据这七大产品服务,致力于在保障数据安全的前提下,更有针对性地解决市场痛点,为客户提供最新、最全、最详细的数据。例如,"验证借款人资产"能帮助贷款人及时准确地了解借款人的财务状况,该产品能够在几分钟之内完成对借款人工资数据的核验,跳过银行员工手动验证和处理信息的过程,缩短银行的审批时间,使得贷款资金更快下达。

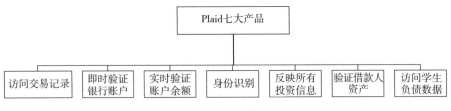

图 6-4 Plaid 产品一览

资料来源:作者根据 Plaid 官网资料整理。

除基础产品外,公司还推出了包含数据分析服务和提供最优财务管理方案的综合解决方案,帮助用户进行执行预算或费用管理等操作。

表 6-6 Plaid 产品情况

产品	特色
访问交易记录	综合数据(交易结算值、交易类别、日期、地理位置、商家名称或交易说明等等)、持续更新交易信息、按需刷新数据
即时验证银行账户	及时验证账户、可以连接到任何美国银行账户、设置无摩擦付款
实时验证账户余额	通过在转账之前查看可用资金可防止透支和 NSF 费用(美国、加拿大)、启用账户预注资金
身份识别	使用银行数据验证用户身份、使用身份数据自动填写表格
反映所有投资信息	深入了解用户投资、从广泛金融机构网络中检索投资数据、可连接到全部投资账户
验证借款人资产	提供用户财务信息快照、查看交易数据、与贷方和其他第三方共享资产报告
访问学生负债数据	查看账户详细信息、实时更新数据、帮助用户设置支付给学生的贷款

资料来源:作者根据 Plaid 官网资料整理。

以美国最早推出零佣金服务的证券经纪公司 Robinhood 为例,其在 Plaid 上的运作流程如下。首先,用户下载 Robinhood 的应用程序,填写所属银行账户和密码，应用程序中由 Plaid 提供的代码就获取了该用户的银行账号信息。然后，Plaid 将信息进行安全包装，向银行验证用户身份并确认账户是否有效。最后，通过验证的用户就可以在 Robinhood 应用程序上进行交易。Plaid 不仅可以帮助金融机构以及金融科技企业便捷地连接到消费者的银行账户并访问其相关信息，同时也可以使消费者在应用程序上轻松且安全地连接和管理他们的资产。

（三）商业模式

Plaid 的商业模式较为清晰简单，主要向其客户提供免费体验版、贴合不同企业偏好的自定义版以及 500 美元月租的完整版这三类服务套餐，收取相应的服务费用。具体而言，在免费体验版中，客户可免费使用三个核心产品进行构建和测试，使用额度为 100 组金融机构凭证；自定义版没有启动产品的最低数量要求，可以满足客户针对不同产品个性化的需求，该套餐按照数据调用次数收费，不同 API 数据调用单价不同；而完整版的价格是每月 500 美元，客户可以使用所有七项产品，并且除数据外还可获得量身定制的解决方案，批量定价以及为团队提供的专门支持。

表 6-7　Plaid 产品服务套餐

	免费体验版	自定义版	完整版
产品	√访问交易记录 √即时验证银行账户 √实时验证账户余额 身份识别 反映所有投资信息 验证借款人资产 访问学生负债数据	√访问交易记录 √即时验证银行账户 √实时验证账户余额 身份识别 反映所有投资信息 验证借款人资产 访问学生负债数据	√访问交易记录 √即时验证银行账户 √实时验证账户余额 √身份识别 √反映所有投资信息 √验证借款人资产 √访问学生负债数据
服务	无限的测试凭证 高级支持 账户管理 整合协助	无限的测试凭证 高级支持 账户管理 整合协助	无限的测试凭证 高级支持 账户管理 整合协助

资料来源：作者根据 Plaid 官网资料整理。

三、分析及总结

(一)行业及竞品分析

在开放银行等趋势之下,全球服务于金融行业的 API 公司不断涌现,整体市场集中度不高,且各公司提供的服务同质化程度较高,竞争较为激烈。Plaid 的主要竞争者如表6-8 所示。

表 6-8　Plaid 的主要竞争者情况

竞争者名称	成立时间	总部	简介
Yodlee	1999 年	美国旧金山	Yodlee 专注于充当银行与第三方公司之间的桥梁,从银行处获取客户数据,再将这些数据以 API 接口的方式提供给第三方公司进行金融创新。2014 年,Yodlee 在纳斯达克上市。2015 年,Yodlee 以 6.6 亿美元的价格被 Envestnet 收购
Finicity	1999 年	美国盐湖城	Finicity 主要通过其实时金融数据聚合和洞察平台,为财务管理,支付和信贷决策提供解决方案。2020 年 6 月 Finicity 被万事达卡收购,价格约为 8.25 亿元
Xignite	2000 年	美国圣马特奥	Xignite 致力于为各类金融服务的创新提供支持,并向金融服务和金融技术公司提供基于云的参考市场实时数据,且这些数据可以轻松地与网站、应用和软件进行整合
Kontomatik	2009 年	波兰华沙	Kontomatik 业务遍及 11 个市场,可访问来自欧洲和外部的 130 多家银行的数据。Kontomatik 通过 API 提供与银行的连接,使企业可以使用银行数据来开发高效和个性化的服务

续表

竞争者名称	成立时间	总部	简介
MX Technologies	2010 年	美国犹他州	MX Technologies 提供数据聚合、数据清理、自动分类、资金管理、自定义 API、数据分析、市场营销等服务,帮助金融机构汇总、增强、分析、呈现财务数据并对其进行处理

资料来源:作者根据 Crunchbase 网资料整理。

下文将针对其中几家富有特色的公司开展介绍和对比分析。

1. Yodlee:行业最大玩家,产品相似度高

Yodlee 是 Plaid 的主要竞争对手,其产品与 Plaid 相似度很高。Yodlee 的 API 产品主要包括三类:数据聚合、账户验证、资金流动。

表 6-9　Yodlee API 产品概览

API 产品	简介
数据聚合	识别商户交易数据并分类,为第三方公司提供清晰、标准化和易于使用的交易数据源
账户验证	客户只需要输入网上银行凭证即可实时验证账户内余额
资金流动	客户可以通过第三方应用程序连接到自己的银行账户进行资金转移

资料来源:作者根据网络资料整理。

Yodlee 处于行业领先地位,可谓是金融 API 服务的行业领头羊,在银行业方面表现尤其突出,已为美国 99% 的银行提供金融服务[1],拥有比 Plaid 更多的客户数量。Yodlee 可以直接访问银行数据,而其他 API 则需要从银行网站提取数据。但就用户体验而言,Plaid 的连接性更加可靠,其 API 更便于使用。

2. Xignite:云技术助发展,基础架构高效

Xignite 利用云技术将金融市场数据提供给客户,为金融科技公司和企业

---

[1]　Xignite 官网,Plaid,Xignite or Yodlee:Choices for Financial APIs,2015。

提供实时市场数据 API。相较于 Plaid,Xignite 的云 API 集成到金融 App 更加容易,对 API 的应用更侧重采集并集成实时市场数据到面向财富管理的 App 和设备中。云 API 消除了建立昂贵的基础架构的需要,并且只需几行代码就可以从其云 API 收集高质量的数据。Xignite 致力于提供财富管理、多币种电子商务、ERP 和对冲基金领域等金融应用市场解决方案。Xignite 抓住了云技术领域的热门和趋势,而 Plaid 仍处于私用 Beta 阶段,需要发送请求访问权限的电子邮件以获得访问权限。

3. MX Technologies:多源数据聚合,技术优势突出

和其他数据聚合商一样,MX Technologies 连接支付 App 到客户的银行账户。根据 MX 官网,MX 与 Plaid 的技术对比如表6-10 所示。

表6-10　Plaid 与 MX 技术对比

	Plaid	MX
聚合连接	11000	50000
双边 FI 协议	15	1200
连接冗余	×	√
数据增强	√	√
分类准确率	76%	95%
外部账户洞察	×	√
平台内行销	×	√

资料来源:作者根据 Plaid 官网资料以及 MX 官网资料整理。

(二)关键成功要素

1. 商业模式灵活,业务范围广泛

Plaid 的成功之处主要在于能及时把握客户需求,不断拓展其业务范围。在其早期支付产品取得成功后,Plaid 迅速将其扩展为一套新产品,每个产品都包含从一开始就构建的访问和汇总工具。双边平台在建立初期往

往面临着"鸡与蛋"的问题，只有平台上的金融机构数量足够多时，才能吸引更多的参与者加入。因此，Plaid 早期的成功也为后续的发展奠定了良好的基础。Plaid 现有的七类产品可以充分覆盖客户在个人理财、消费者付款等六个场景的使用需求，这为 Plaid 获取客户、积累声誉提供了坚固的业务基石。

2. 坚持消费者至上，重视数据安全性

在帮助客户为消费者打造金融产品的同时，Plaid 逐步遇到了由技术引发的有关数据访问、消费者保护和银行与开发人员互动的诸多问题[①]，但公司始终强调将消费者放在首位，并推出三个重点原则：保护创新和消费者的选择；赋予消费者对个人财务信息的控制权，以便他们按照自己的意愿进行部署；为个人财务信息提供更好安全性。尤其是在安全性方面，金融 API 企业几乎没有可以出错的空间，因为一次违规就会极大程度地降低客户信任度，造成 API 平台较为严重的客户流失。

因此，Plaid 高度重视数据安全，通过实施访问控制、例行测试和严格的真实性验证保障信息安全，并因此在行业内建立了良好的声誉。此外，Plaid 积极引入了第三方安全审查，除了外部机构的定期审核以外，使用 Plaid 的客户一旦发现产品使用过程存在不安全性即可向 Plaid 报告，若得到证实后便可领取赏金。

表 6-11　Plaid 信息安全措施情况

信息安全措施	简介
数据加密	高级加密标准（AES-256）和传输层安全（TLS）的组合有助于保持用户的个人信息端到端的安全性。Plaid 使用 TLS 技术进行 Plaid API、金融机构以及客户之间的所有信息交换，保护传输中的数据免受未经授权的第三方的侵害

①　Plaid 官网，Baker Shogry，Putting Consumers First in Fintech，2016。

信息安全措施	简介
严格的认证	除了用户名和密码,用户在使用产品时需要多种方式认证,以增加安全性,防止未经授权的用户访问数据
云基础设施	客户可以通过第三方应用程序连接到自己的银行账户进行资金转移
强大的监控系统	信息安全团队将全天候持续监控 Plaid API 以及所有相关组件,以快速响应和解决突发事件
引入第三方安全审查	安全研究人员和金融机构定期审核 Plaid 的 API 和安全控制。同时,Plaid 运营一个向公众开放的漏洞赏金计划。如若发现 Plaid API 端点存在的安全漏洞,即可向 Plaid 领取赏金

资料来源:作者根据 Plaid 官网资料整理。

(三)挑战与风险

1. 银行不愿分享信息,或成潜在竞争对手

Plaid 的产品和业务起到了消费者与金融机构之间的双边平台作用,这决定了 Plaid 必须与金融机构维持良好的合作关系,并其业务开展在一定程度上受制于金融机构的态度。虽然"开放银行"已逐步成为趋势,但目前进行金融账户信息共享时,以银行为代表的金融机构更多地承担着数据分享的损失而非利润的提成,这直接导致了金融机构缺少足够的积极性来大范围参与。Plaid 的全球政策负责人约翰·皮茨(John Pitts)在采访时表示,一些合作的银行拒绝分享利率数据,认为此类信息应该是银行专有,还有部分银行认为分享数据将加剧竞争。

同时,有能力的银行已经开始构建自己的 API,巴克莱银行和桑坦德银行都已经建立了开放的 API 基础设施。如果各大银行携手打造联合 API,将极大地削弱 Plaid 的竞争力。因此,对于 Plaid 而言,金融机构不仅是其业务开展必备的合作对象,也是其潜在的竞争对手。

2. 业务涉嫌侵犯隐私,接连遭遇集体诉讼

2020 年 5 月和 6 月,Plaid 分别遭遇了两次集体诉讼,两案均声称 Plaid 利用其广泛的访问权限来收集客户的银行数据。同时,Plaid 被指控将大约 2 亿个账户的数据出售给第三方。Plaid 发言人对此事件做出回应,否认其出售客户的个人信息。

逐渐频繁的负面新闻或将降低客户对 Plaid 的信任,从而影响老客户的维护和新客户的获取。在将来,隐私政策的优化、清晰数据储存和使用的边界都将是 Plaid 需重点关注的内容。

3. API 存在固有风险,风控技术需跟进

API 的易用性和普遍性是其极大的优势,但其运行存在固有风险。用户数据通常由客户端应用程序维护和监视,使用 API 时,在每个 HTTP 请求中发送更多的参数(对象 ID、过滤器等)会暴露应用内部的实现机制,并产生传统的防御技术(如 Captchas 或 JavaScript)和移动 SDK 工具无法有效地防止外部攻击等新的安全风险问题。

全球金融科技创新案例之金融 IT
及其他篇:Dataminr 研究

　　摘　要:Dataminr 是美国一家数据挖掘与分析服务商,通过分析公共信息源为商业机构、政府部门、新闻媒体提供实时事件信息和风险预警。自 2009 年成立以来,Dataminr 发展迅速,截至 2020 年 12 月底,其用户已覆盖 75 个国家和地区;公司共经历 7 轮融资,累计融资达 5.77 亿美元,估值约 16 亿美元。面对海量繁杂的数据,大部分的企业难以及时地把握与风险和竞争有关的重要信息,而 Dataminr 能根据客户的需求,从实时数据中挖掘出关键信息并及时预警,从而缩短客户的应急反应时间。Dataminr 的关键成功要素主要在于:一是美国宽松的数据政策推动了行业繁荣,同时全社会数据量的指数增长利好市场前景;二是公司与社交媒体巨头 Twitter 合作,数据资源优势突出;三是公司从业时间长,技术领先,产品功能强大。然而,Dataminr 也正面临着社交媒体公司的潜在竞争以及算法难度增加等挑战。本案例将从 Dataminr 的基本介绍、经营指标和发展历程入手描述公司概况,从市场痛点解决、用户画像、产品与服务、商业模式等方面深入分析其产品服务及运营机制,并在此基础上结合行业及竞品分析,总结其关键成功要素与现存风险挑战。

一、企业概况

（一）基本介绍

1. Dataminr：数据挖掘行业领跑者

Dataminr 是美国一家出色的实时数据挖掘与分析公司，通过强大的 AI 算法分析公共信息源从而为商业机构、政府部门、新闻媒体等机构用户提供实时事件信息和风险预警。特别值得关注的是，Dataminr 与社交媒体巨头 Twitter 建立了战略合作关系，能够实时访问每一条公开推文，通过对 Twitter、网页、报道和其他数据源信息的网罗采集和综合分析，Dataminr 可以比主流新闻媒体更快抓取突发事件，帮助其客户及时应对风险并保持竞争优势。

表 6-12　Dataminr 基本情况

成立时间/总部	2009 年/纽约
创始人	Ted Bailey Jeff Kinsey Sam Hendel(已离开)
累计融资额	5.77 亿美元(截至 2020 年 12 月 31 日)
估值	约 16 亿美元(截至 2020 年 12 月 31 日)
营业收入	7750 万美元(2019 年度数据)
员工数	近 650 名(截至 2020 年 12 月 31 日)
用户覆盖范围	75 个国家和地区(截至 2020 年 12 月 31 日)

资料来源：作者根据 Dataminr 官网资料整理。

2. 创始人术业专攻，研发团队实力雄厚

Dataminr 由耶鲁大学的三位毕业生 Ted Bailey、Jeff Kinsey、Sam Hendel 联合创立，三人分别在社交媒体、科技创新、金融领域上有所建树。Ted Bailey 为现任公司 CEO，专注于研究颠覆性技术对美国工业和政府的影响，曾被美国

知名杂志《City & State》评选为最具科技影响力的人物之一。Jeff Kinsey 为公司 CTO,创办 Dataminr 之前,曾在麻省大学安姆斯特分校担任软件工程师,研究方向为机器语言学①,利用大量的行为数据集开发了模拟人类语言学习过程的计算仿真器。目前 Sam Hendel 已离开 Dataminr,为现任纽约资产管理公司 Levin Easterly Partners 的总裁。

至 2020 年,Dataminr 已有近 650 名员工,且技术研发团队实力雄厚。具体而言,Dataminr 研发团队由 115 名 AI 专家、工程师和技术人员组成,他们来自自然语言处理、理解和生成、计算机视觉、音频处理和分类以及对公共数据流的异常检测等②人工智能研究的各个领域,负责构建、修正、更新机器学习和 AI 模型,为 Dataminr 的产品提供强有力的技术支持③。

3. 备受资本青睐,获取多轮融资

截至 2020 年 12 月,Dataminr 共完成 7 轮融资,累计融资金额约为 5.77 亿美元。在成立初期,公司的资金主要来自个人投资者 Andreas Wuerfel,而后吸引了 BoxGroup、GSV Capital、Deep Fork Capital 等机构进行投资。2018 年 6 月,Dataminr 完成 E 轮融资,收获来自 Valor Equity Partners、MSD Capital、摩根士丹利旗下股权基金 Tactical Value Fund 等机构的 3.916 亿美元资金,投后估值约为 16 亿美元④。

表 6-13　Dataminr 融资情况

融资轮数	主要投资方	时间	融资额(美元)	估值(美元)
种子轮	未披露	2009.10.15	200 万	—
天使轮	Andreas Wuerfel	2010.8.17	200 万	—

①　Crunchbase 官网,Jeff Kinsey,2021。

②　Dataminr 官网,Dataminr's Real-time AI Platform,2021。

③　Dataminr 官网,Jason Wilcox,The Multi-Dimensional Value of Public Twitter Data for Real-Time Event Detection,2019。

④　Crunchbase 官网,Dataminr,2021。

续表

融资轮数	主要投资方	时间	融资额(美元)	估值(美元)
A 轮	BoxGroup,Andreas Wuerfel	2011. 7. 26	110 万	——
B 轮	Deep Fork Capital, GSV Capital	2012. 9. 24	1650 万	——
C 轮	Institutional Venture Partners, GSV Capital, Deep Fork Capital	2013. 6. 12	3390 万	——
D 轮	Fidelity Investments, CS Next Fund,Goldman Sachs	2015. 3. 17	1. 3 亿	6. 8 亿
E 轮	Tactical Value Fund, Valor Equity Partners,MSD Capital	2018. 6. 29	3. 916 亿	16 亿

资料来源:作者根据 Crunchbase 网、Craft 网整理。

(单位: 百万美元)

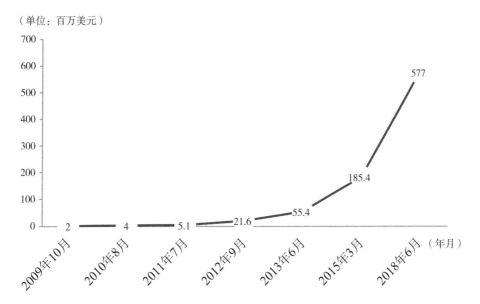

图 6-5 **Dataminr 累计融资额曲线**

资料来源:作者根据 Crunchbase 网整理。

（二）经营指标

从用户规模来看，Dataminr 为全球 75 个国家的客户提供全天候的服务[①]，客户类型覆盖金融、零售、运输、保险、能源等众多行业，其中在金融领域，其客户包括华尔街前五大投资银行中的 3 家以及一家估值 150 亿美元的股权避险基金公司。此外，截至 2020 年 12 月，公司旗下产品 Dataminr for Newsroom 已为全球 650 余家新闻媒体提供了服务。

从业务地域分布来看，Dataminr 成立于纽约，2020 年公司在美国境内已扩展至华盛顿特区、西雅图以及蒙大拿等地，在海外也设有伦敦、爱尔兰、墨尔本等办事处。

从营业收入来看，随着客户数量的增加，Dataminr 整体业务量不断扩大，营业收入高速增长。在 2013 至 2016 财年间，Dataminr 收入增长高达 2318%，以第 69 名入选德勤"2017 北美高科技高成长 500 强"[②]。在 2015 至 2018 财年间，Dataminr 收入增长达 1166%，以第 109 名入选德勤"2019 北美高科技高成长 500 强"[③]。据估计，Dataminr 的 2019 年收入约为 7750 万美元。

（三）发展历程

Dataminr 的发展历程可分为起步探索期、快速成长期和稳定发展期三大阶段（如图 6-6 所示）。

1. 起步探索期（2009—2012 年）

在这一阶段，公司一方面专注开发技术，另一方面着力发展客户，与多家银行和对冲基金签约，并持续累积政府客户，不断扩大影响力。

---

① Dataminr 官网，Clients rely on Dataminr 24/7 to identify emerging events and risks in real time，2021。

② 德勤，《2017 北美高科技高成长 500 强》，2017。

③ Dataminr 官网，Dataminr Named to Deloitte's 2019 Technology Fast 500™，2019。

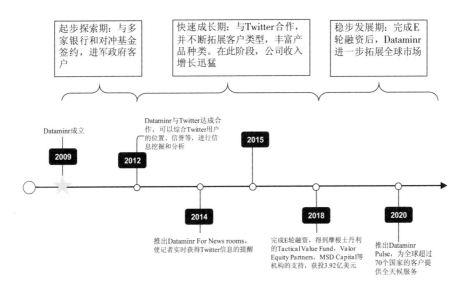

图 6-6　Dataminr 公司发展历程

资料来源：作者根据 Dataminr 官网资料、相关新闻报道整理。

2. 快速成长期（2012—2018 年）

2012 年，Dataminr 与 Twitter 达成合作，可以不受限制地访问所有推文信息。此后，Dataminr 积极将 Twitter 提供的信息优势最大化，进入产品完善阶段，推出覆盖不同类型机构的多元产品。2014 年，Dataminr 推出全新产品 Dataminr For Newsrooms，进一步扩大其业务范围，将新闻媒体纳入服务对象范围。在此阶段，公司收入增长迅猛，两度入选德勤"北美高科技高成长 500 强"。

3. 稳定发展期（2018 年至今）

2018 年以后，Dataminr 在成熟的商业模式下继续稳定发展。2018 年 6月，Dataminr 完成 E 轮融资后，开始进一步拓展全球市场，以满足更多客户的数据和信息分析需求，辅助他们更及时、更好地做出决策。2020 年，公司整合已有业务并正式推出服务企业的产品 Dataminr Pulse。

二、产品服务与商业模式

（一）市场痛点解决与用户画像

1. 市场痛点解决

无论是企业、政府部门还是新闻媒体,都普遍面临信息感知和获取滞后的问题。从重大事件发生、媒体报道到最后接收信息的过程需要耗费大量时间,导致企业和政府无法及时知晓突发事件,进而错过应对风险的最佳时机,增加了应急处理的难度。就新闻媒体而言,突发事件具有不可预见性和重大影响性,如何快速、准确地报道突发事件,如何在激烈的市场竞争中比竞争对手更快地识别并发布信息从而占据竞争优势,是其普遍面临的挑战。

针对以上市场痛点,Dataminr 构建了一个实时信息挖掘平台,帮助客户提前感知事态并识别风险。其主要做法在于:

(1)丰富数据来源,扩展数据类型

成立之初,Dataminr 的数据主要来自 Twitter 的公开信息,而后公司不断丰富数据来源,不仅与 Twitter 达成合作可以不受限制地访问所有推文信息,而且逐步从其他论坛、博客等获取资源,如今已集成了涵盖社交媒体、网络论坛、博客、深网等 75000 余个公开数据源的数据信息。与此同时,Dataminr 不断拓展数据的格式和类型,其 AI 算法能交叉处理文本、声音、图像、视频等多种数据格式。

(2)构建 AI 模型,提升技术实力

为了加强数据的处理能力,Dataminr 广泛使用了包括卷积神经网络、递归神经网络、长短期记忆神经网络等神经网络模型,对信息源所描述的事件进行识别、分类和总结。同时,Dataminr 还将自然语言理解、计算机视觉和自然语言生成等系列 AI 算法进行了结合与集成,并在此基础上不断优化算法的准确度和适用性,持续提升自身的技术实力。

（3）完善工作流程,提高产品质量

以分析 Twitter 的信息为例,Dataminr 产品的工作流程大致如下:第一步,根据信息的语言、语义、价值,以及信息发布用户的兴趣、影响力等,对所有可获得的信息进行分类、标记、打分,进行初步的筛选。第二步,根据推文发布的时间、定位、内容密度、同一事件的其他推文,对所有信息进行聚类分析,推断出当前正在发生的事件。第三步,将实时情况和历史信息进行对比检测,删去不重要的事件。第四步,预测该事件可能产生的后果,包括市场波动、突发新闻、新兴趋势、重大事件等。第五步,对该事件的紧急和重要程度作出评估和判断。第六步,向不同兴趣群组的客户传递预警,推送相关事件。传递渠道包括用户界面、电子邮件、即时信息、移动客户端和客户自有系统。

（4）针对客户需求,提供个性服务

除此之外,Dataminr 十分重视细分市场的定制性产品开发,会向不同类型的客户提供量身定制的产品与服务,从而满足不同客户的个性化需求。

2. 用户画像

Dataminr 的客户群体主要可分为大型企业、公共部门以及新闻媒体三大类,其客户具体的覆盖范围及代表性客户如表 6-14 所示。

表 6-14　Dataminr 主要客户

客户类型	覆盖范围	代表性客户
大型企业	覆盖金融、零售、运输、保险、能源等行业的大型企业	花旗银行、WeWork、3M、麦当劳、壳牌
公共部门	政府机构、全球非营利组织、大学和医院	纽约应急管理部、联合国人道主义事务协调办公室
新闻媒体	各大报纸和电视台	时代周刊、华盛顿邮报、纽约邮报、法兰克福汇报、爱尔兰电视电台

资料来源:作者根据 Dataminr 官网资料整理。

（二）产品与服务

针对大型企业、公共部门以及新闻媒体三类客户，Dataminr 分别对应推出了 Dataminr Pulse、First Alert 和 Dataminr for Newsrooms 三项产品，帮助企业应对各类风险，为公共部门提供突发事件警报，为新闻媒体发掘有价值的新闻线索。

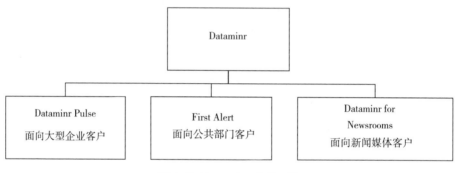

图 6-7　Dataminr 产品一览

资料来源：作者根据 Dataminr 官网整理绘制。

三种产品的详细介绍如下：

1. Dataminr Pulse

Dataminr Pulse 的主要功能在于对企业至关重要的高影响力事件进行检测并发出警报，帮助企业决策者在重大事件发生时尽早了解情况，从而快速、自信地做出响应。其主要价值体现在以下三个方面：

（1）实时感应：Dataminr Pulse 可通过对 75000 个公共数据源[①]的数据挖掘和分析，第一时间向客户提供有重要影响的事件警报，且在警报的速度、范围和深度方面拥有突出的优势。

（2）丰富的背景信息：在事件警报的基础上，Dataminr Pulse 还拥有大范围的全局和超本地数据源，可在事件发生时为客户提供丰富的背景信息，以此提

---

① Dataminr 官网，Brooks Crichlow，Risk is Your Business，2020。

高客户对信息的综合理解和可利用性。

（3）集成的用户管理平台：Dataminr Pulse 为客户提供了一整套集成的用户管理平台，使其可以在控制台界面针对组织内的成员进行个性化的信息部署、扩展和管理。具体而言，一方面，Dataminr Pulse 可以让客户为其组织内的个人用户量身定制信息服务。例如，一个企业可以向其本地的某一分支机构提供所需的独特信息。另一方面，Dataminr Pulse 可以在出现突发情况时快速联系客户下属的多个信息使用者，确保团队经营的一致性。

金融行业案例：

Dataminr 曾在股市下跌前三分钟，预知黑莓股票将被抛售。

2013 年 11 月 11 日，美国东部时间早上 8 点刚过，加拿大一家报纸泄露消息：黑莓公司（纳斯达克代号：BBRY）总价达四十七亿美元的收购案取消。足足过了 3 分钟，华尔街的通讯社才陆续报道这条消息。然而，就在加拿大通讯社关于黑莓的报道刚出来的几秒钟内，Dataminr 的客户便收到 Dataminr 发来的电邮提示。根据这条信息，很多 Dataminr 的客户，尤其是对冲基金客户，抢在其他还未获得消息的用户之前漂亮地卖空了这只股票。

WeWork **案例**①：

2019 年 11 月，阿姆斯特丹机场一名飞行员误按劫机警报，机场陷入紧急封锁状态。WeWork 在第一份主流新闻报道之前 15 分钟就收到了 Dataminr 的风险警报。这 15 分钟给了 WeWork 足够的时间去了解该事件可能给员工、客户、业务线等带来的风险，从而进行前瞻性的部署。

2. First Alert

Dataminr 面向公共部门提供的 First Alert 可以向急救人员发出突发事件警报，从而实现最快响应。纽约应急管理部门曾评价 Dataminr 为该部门提供

---

① Dataminr 官网，Jen Jones，How WeWork Uses Dataminr，2020。

了至关重要的响应时间。2019 年,Dataminr 与联合国人道主义事务协调办公室(UNOCHA)达成合作协议,为数千名联合国工作人员配备 First Alert,帮助其克服执行跨地区任务时所面临的困难。苏丹 OCHA 计划主任玛丽·凯勒表示,"于我而言,(First Alert)最有用的功能是帮助我获取阿拉伯语的社交媒体内容,这些渠道通常是我们自己无法访问的。能够看到没有国际关注度的本地居民发布的内容,并在事态发展的过程中形成深入见解是非常宝贵的"。

火灾案例:

2015 年 3 月,曼哈顿东村的瓦斯爆炸引起了一场大火,大火持续了几个小时,造成 2 人死亡,25 人受伤。First Alert 发布的最早警报比主流新闻报道提前了 12 分钟,留给急救人员更多响应时间。纽约应急管理部门曾评价 Dataminr 为其提供了至关重要的响应时间。

3. Dataminr for Newsrooms

Dataminr 能在包括 Twitter 在内的社交网络中实时发掘最新的、尚未报到的新闻,并结合地理位置-·并推送给新闻媒体客户,帮助其及时发现重大事件,紧追潮流趋势。具体而言,这一产品的主要价值在于:一是从社交网络等信息中更快发现新闻线索,并且迅速地报告给客户,使其可在报道时抢先一步。二是 Dataminr 为新闻业客户提供了"故事追踪"(Track Story)功能,帮助客户跟进热点事件的后续发展和最新细节。三是 Dataminr 提供灵活的警报发送方式,媒体记者可以通过基于网页的控制台、电子邮件、移动应用程序、Slack、TweetDeck 或 API 集成等多渠道无缝地接收警报,确保信息接收的及时性并提升工作效率。

枪击案案例:

例如,当 Dataminr 实时检测到某位学生发出"我的天,有个带枪的人闯进来了"此类的推文,Dataminr 会立即将消息通知给记者,让他们意识到发生了校园枪击事件。

(三)营利模式

从盈利模式来看,Dataminr 主要通过向客户收取产品服务费用来获利,各种产品的收费标准不同,并且会根据客户的需求进行个性化定价。除此之外,Dataminr 采用永久许可的定价模式,即客户支付相关费用后就可获得产品的永久使用权,具体的费用包括客户在使用产品前期需支付的软件安装、定制、与现有系统集成等费用,以及后期需缴纳的维护费用或技术支持费用,而且如果后续有更新需求,客户还需额外进行付费。

三 、分析及总结

(一)行业及竞品分析

现代组织机构时刻面临着来自内外部的各种风险,突发事件的监测预警在机构运营管理中至关重要,因此利用 AI+大数据完成风险监测的各类产品备受机构用户的青睐。也正因如此,数据挖掘行业竞争激烈,以 Accern、Signal AI、DataSift 为代表的一批数据挖掘公司快速涌现,且业务模式与 Dataminr 相似度较高。

表 6-15　Dataminr 主要竞争对手

竞争者名称	简介
Accern	Accern 创立于 2014 年,总部位于纽约,是一家为金融服务业客户提供 AI 驱动的自然语言处理和预测分析平台的公司。Accern 于 2016 年推出 Accern Vigilant,该产品可以实时扫描超过 10 亿个网站,并将所有现有的新闻订阅源整合到一个集中的新闻平台。Accern Vigilant 利用 Auto-ML 和 NLP 技术帮助对冲基金和银行找到最相关的股票新闻,并主动警告客户可能发生的紧急情况,从而帮助金融服务团队调整他们的投资组合。

续表

竞争者名称	简介
Signal AI	Signal AI 成立于 2013 年,总部位于伦敦,是一家主营舆情监控的 AI 公司。该公司打造的"营销情报套件"通过算法识别和标记实体,利用前端仪表板实现可视化和实时分析,为客户提供即时的市场情报。
DataSift	DataSift 成立于 2010 年,总部位于旧金山,是数据智能领域的领导者。DataSift 帮助组织从各类的人工生成数据中实时识别并提取有价值的信息。

资料来源:作者根据 36 氪、各公司官网资料整理。

具体而言,Accern 主要服务金融行业的客户,收集和整理社交媒体上的金融新闻数据,警告用户可能发生的风险并提供决策信息来源。Signal AI 通过人工智能与机器学习技术,帮助决策者实时了解外界动态,进行风险管理,作出明智的投资决策。相比于 Dataminr 而言,Signal AI 更侧重舆情监测,帮助企业管理品牌形象,开展营销活动。除直接销售服务外,Signal AI 还与第三方合作,围绕更具针对性的主题进行分析(例如特定地区不断变化的法规环境),然后由第三方将其出售给其他客户。DataSift 的定位是实时社交数据挖掘平台,拥有强大的信息过滤算法,每秒能挖 12 万条推文,其除了将 Twitter、Facebook、Instagram、YouTube 等国际社交平台作为数据池之外,还取得了新浪微博、腾讯微博的资源授权,相比 Dataminr 而言在数据源合作伙伴方面略显优势。

(二)关键成功要素

1. 宽松数据政策推动行业繁荣,数据量指数增长利好市场前景

Dataminr 及其所在行业的成功与美国政府对大数据的积极利用态度密不可分。美国主张利用大数据提高社会福利,坚持市场主导与行业自律。较为宽松的法律与监管框架激励了美国大数据行业的繁荣,数据隐私保护与产业利益在发展中逐步趋于平衡(具体内容详见下文专题"美国数据行业政策概况")。

此外,从数据挖掘的市场规模来看,全球各种结构化、半结构化、非结构化数据呈现指数级增长,而组织机构的决策越来越依赖于数据的互联、共享、搜集和分析。IDC 发布的《数据时代 2025》报告显示,2025 年全球每天产生的数据量预计将达到 491EB(百亿亿字节),由此带来了数据挖掘行业巨大的增长潜力。Dataminr 作为全球数据挖掘的龙头企业,有着广阔的市场前景。

专题　美国数据行业政策概况

美国以政府引导监管与行业自律相结合的方式促进大数据领域的健康发展。

1. 政府引导监管:联邦与州政府

在联邦层面,美国没有统一的大数据隐私法律,但政府一直积极推动大数据的开发与利用,并且强调数据隐私安全的重要性。

2012 年,奥巴马团队意识到政府大数据相关技术方面的投入不足,于是成立了大数据高级指导小组,并投入 2 亿美元启动了"大数据研究与发展计划",此事标志着大数据研究上升为美国的国家战略。该计划鼓励工业界、学术界、非营利机构与政府部门合作共进,为大数据的发展提供机遇和动力。2013 年,奥巴马政府进一步推出"数据—知识行动"计划,持续推动大数据应用,促进前沿科技发展。此外,为了回应"大数据研究与发展计划"中针对隐私保护的相关内容,2016 年美国国家科技委员会(NSTC)发布《国家隐私研究战略》,以督促解决数据隐私安全问题。

而后在特朗普执政早期,美国国内出现了一系列的数据安全事故,加之2018 年欧盟出台了颇为严格的《通用数据保护条例》(GDPR),使得美国社会对于隐私保护的呼声高涨。同年,白宫发言人 Lindsay Walters 称,特朗普政府有意制定一项消费者隐私保护政策,以在隐私与数据经济繁荣之间取得平衡。9 月,国家电信和信息管理局就隐私保护政策向社会征求意见。2019 年 12月,美国管理和预算办公室发布了《联邦数据战略 2020 年行动计划》,该战略的核心在于进一步明确美国会把数据作为战略资源进行开发。

在州政府层面,美国各州均有针对个人数据的法律条文,内容多样,往往强调数据安全与隐私保护。但全美仅有加州、内华达州以及缅因州出台了正式且较为全面的隐私法。其中最重量级的是于 2018 年签署、2020 年生效的《加州消费者隐私法》(CCPA)。CCPA 是以互联网为中心的数据隐私法规,主要作用于收集和出售消费者个人信息的营利性法律实体,旨在提升消费者对其自身个人信息的控制权。CCPA 在一定程度上弥补了联邦法律的空缺,并带动了其他各州以其为参照起草自身的隐私法。同时,该法将美国在全球数据隐私讨论中置于与欧盟同等的地位,与 GDPR 共同引领国际数据隐私规范。

美国CCPA	共同点	欧盟GDPR
• 要求在网站上提供隐私声明	消费者有权: • 获取自身数据 • 了解自身数据如何被使用 • 删除自身数据 • 选择不出售自身数据	• 获取消费者数据需要经过明确的同意 • 消费者有权更正自身数据

图 6-8　美国 CCPA 与欧盟 GDPR 重要异同梳理

资料来源:作者根据 Varonis 研究报告整理。

2. 行业自律

一方面,苹果、谷歌、脸书等美国科技巨头均有自己的用户隐私准则,他们对制定全面的联邦隐私法律持积极态度,因为全国统一的法律可以使企业无需同时应对 50 个州的差异化准则,可极大地降低合规成本。另一方面,互联网协会、信息技术产业委员会等行业自律组织也积极倡导信息安全与隐私保护。2018 年 7 月,美国信息技术产业委员会表态支持联邦政府在立法方面的努力，希望美国在避免妨碍行业创新的基础上为数字经济创建一套完善的隐私法律。同年 9 月，美国参议院商业、科学和运输委员会召开听证会，亚马逊、谷歌、苹果以及 Twitter 等企业出席，并一致表态支持联邦政府出台一个消费者隐私保护法以代替过于严格的 CCPA。

2. 与社交巨头合作，数据资源优势突出

2012 年，Dataminr 与 Twitter 达成战略合作，成为唯一一家获得授权访问全部推文并且能提取信息发送给客户的公司，且 Twitter 持有 Dataminr 约 5% 的股份。Twitter 是全球访问量最大的十个网站之一，日活跃用户约有 1.87 亿人（2020 年第三季度数据）。因此，与 Twitter 的合作给 Dataminr 带来了巨大的竞争优势，Dataminr 不仅可以从 Twitter 用户的推文中挖掘资讯，还可以绕过 Twitter 账户安全设置等限制，综合用户的位置、信誉等进行信息提取和分析。

3. 入行较早经验丰富，技术领先功能强大

数据挖掘的广度和深度是构建大数据企业竞争优势的核心重点。大数据企业的发展早期依赖专家支持，后续主要由算法驱动、不断迭代，通过数据积累形成产业知识体系。积累时间越长，处理数据越多，则其产业知识体系越完善，搜索及预测效果也越好。至 2020 年，Dataminr 已有十余年的从业经验，已建立起了一套独特的数据科学体系。除此之外，Dataminr 的技术实力强大，其 AI 模型综合了多种数据科学方法，将深度学习、自然语言处理和高级统计模型应用于涵盖 150 多种语言和多维格式的不同数据集中。同时，Dataminr 具有强大的自修能力，可以高效地排除误报。

（三）挑战与风险

1. 社交媒体优势彰显，或成潜在竞争对手

Facebook、Twitter 等社交媒体平台不仅是数据产生的源头，而且普遍拥有强大的技术实力，在数据挖掘方面具有天然优势。具体而言，从技术角度来

看,以 Facebook 为例,作为社交媒体平台的头部品牌,Facebook 的技术类员工占比高达 66%[①],技术实力十分雄厚。此外,Facebook 在加州门洛帕克、纽约、巴黎、蒙特利尔等地建有人工智能研究室,拥有 100 余位数据科学家。基于此,Facebook 于 2016 年推出了基于深度学习技术的文字理解引擎 Deep Text,每秒可分析、识别数千篇文本,覆盖二十多种语言。从业务角度来看,社交媒体在数据源头进行挖掘和分析的成本将远低于外部企业,且响应速度更快,更可能为客户提供第一手信息。随着社交媒体平台在客户、服务、媒体上的影响力不断扩大,他们可能将数据挖掘业务纳入战略规划,或将成为 Dataminr 的潜在竞争者。

2. 高维数据计算增加,算法优化难度加大

在大数据时代,Dataminr 需要面对的是更大型、更高维的数据以及日益复杂的数据结构,而随着数据维数的增加,其计算量将呈指数级增长。超大规模且快速增长的数据给传统的聚类分析方法带来了巨大的计算困难,不仅大大提高了 Dataminr 的运营成本,同时也对其算法的优化提出了更高的要求。

---

① Craft 官网,Facebook,2021。

全球金融科技创新案例之金融 IT 及其他篇:Palantir Technology 研究

摘　要:Palantir Technology(以下简称"Palantir")是一家位于美国的数据分析企业,主要通过整合客户的海量数据并分析其间关键联系,为客户提供一站式数据智能解决方案。自 2003 年成立以来,Palantir 发展势态良好,备受资本青睐,已于 2020 年 9 月在纽约证交所上市。针对企业和政府部门在分析数据时面临的数据孤岛、传统数据系统陈旧死板和数据安全难题,Palantir 分别建立了 Gotham、Foundry 和 Apollo 三个平台,通过全面的智能模块,帮助用户高效且安全地整合数据、作出分析并合理决策。Palantir 取得成功的主要原因在于:第一,提供功能强大的产品,相比市面上的各种统计、分析软件更加全面可靠,能够帮助客户实现公司内部跨部门、跨功能的合作;第二,依托政府客户起步,积攒了良好的口碑,品牌效应帮助 Palantir 成功深入到多个垂直行业,并凭借着自身产品和服务优越性获得较高的用户黏性与续约概率;第三,注重研发投入,深耕数据相关技术,获得了极大的竞争优势。然而,Palantir 的发展目前也面临一些风险和挑战,如公司持续亏损,且收入对大客户过度依赖,未来何时盈利难以预测;政府与企业客户存在一定利益冲突,两端业务较难平衡;存在负面新闻损毁公司声誉等。本案例将从 Palantir 的基本情况、经营指标和发展历程入手描述公司概况,从市场痛点解决、用户画像、产品与服务、商业模式等方面深入分析其产品战略及运营机制,并在此基础上结合行业及竞品分析,总结其关键成功要素与现存风险挑战。

一、企业概况

(一)基本介绍

1. Palantir Technology:美国数据分析行业的龙头企业

Palantir Technology(后简称 Palantir,NYSE:PLTR)是一家美国的大数据分析上市公司,通过整合客户的海量数据并分析数据之间的关键联系,为客户提供"一站式"数据智能解决方案。Palantir 成立初期主要服务于政府部门,帮助其解决数据处理低效的问题,后逐步进军企业市场。凭借其强大的数据分析和可视化实力,Palantir 现已成为众多知名企业的数据分析服务供应商。

表 6-16　Palantir 基本情况

成立时间/总部	2003 年/丹佛
创始人	Peter Thiel Alexander Karp Joe Lonsdale(2009 年离开) Nathan Gettings Stephen Cohen
上市前累计融资额	约 25.8 亿美元
上市前估值	约 205 亿美元
上市时间	2020 年 9 月 30 日
交易所	纽约证券交易所
市值	约 660 亿美元(截至 2021 年 1 月)
员工数	2398 名①(截至 2021 年 1 月)
覆盖范围	累计服务客户范围超过 150 个国家(截至 2021 年 1 月)

资料来源:作者根据 Palantir 招股说明书、Crunchbase 网资料整理。

---

① Craft 网,Palantir 详情页,2021。

2. 创始团队背景多元,技术队伍实力强劲

Palantir 的创始团队由 Peter Thiel、Nathan Gettings、Joe Lonsdale、Stephen Cohen、Alexander Karp 五人组成。其中,Peter Thiel 毕业于斯坦福大学,是 PayPal 的创始人之一,也是一名优秀的投资人,曾为 Facebook、LinkedIn、Quora 等明星公司提供早期投资;Nathan Gettings 曾是 PayPal 负责风险和研发的总监,以开发了反欺诈系统而闻名;Joe Lonsdale 和 Stephen Cohen 均毕业于斯坦福大学计算机系,前者于 2009 年离开 Palantir,但仍负责 Palantir 的咨询工作;Alexander Karp 则拥有斯坦福大学的法学博士学位,以及德国法兰克福大学的哲学博士学位,与 Peter Thiel 是斯坦福求学期间的室友,并且财力较为雄厚,在继承了一大笔家族财产后开始投资各种初创公司,投资经验丰富。

与此同时,Palantir 拥有一支实力强劲的技术队伍。根据公司招股说明文,截至 2019 年末,Palantir 的 2391 名员工中超过 35% 为工程师或技术人员,主要从事软件平台的架构、运营等工作。根据领英数据,公司技术团队中有超过两百名工程师曾在 Google 任职,超过一百名曾在 Facebook 任职。

3. 获取多轮融资,股价波动上升

截至 2020 年 9 月 Palantir 上市前,公司共完成 15 轮融资,累计融资金额逾 25.8 亿美元。在历轮融资中,Palantir 的估值一路攀升,早在 2015 年便已达 200 亿美元,时隔 5 年后的 2020 年 9 月,Palantir 在美国纽约证券交易所上市,发行价为每股 7.25 美元。上市后 Palantir 股价表现依旧出彩,获市场较大认可,截至 2021 年 1 月 29 日,其收盘价为每股 35.18 美元,总市值共计 660 亿美元。

表 6-17　Palantir 融资情况

融资轮数	主要投资方	时间	融资额（美元）	估值（美元）
A 轮	Oakhouse Partners	2006.7.21	750 万	——
B 轮	REV	2006.11.23	1050 万	700 万

续表

融资轮数	主要投资方	时间	融资额 （美元）	估值 （美元）
C 轮	REV，Oakhouse Partners	2008. 2. 28	3680 万	4 亿
债务融资	未披露	2009. 4. 14	830 万	—
D 轮	Founders Fund，Glynn Capital Management	2010. 6. 25	9000 万	7.3 亿
E 轮	未披露	2011. 5. 5	5000 万	17 亿
F 轮	未披露	2011. 10. 6	6800 万	—
G 轮	未披露	2012. 10. 1	5600 万	—
H 轮	未披露	2013. 9. 27	1.965 亿	—
H 轮	未披露	2014. 2. 14	1.113 亿	90 亿
I 轮	未披露	2014. 9. 12	4.442 亿	—
J 轮	未披露	2014. 12. 12	5000 万	150 亿
风险轮	未披露	2015. 12. 24	8.798 亿	200 亿
风险轮	未披露	2016. 11. 8	2000 万	205 亿
	Sompo Holdings	2020. 6. 19	5.5 亿	—

资料来源:作者根据 Crunchbase 网、Craft 网整理。

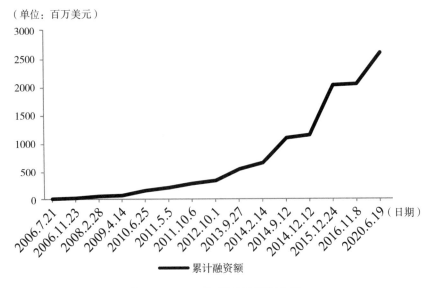

图 6-8　Palantir 累计融资额曲线

资料来源:作者根据 Crunchbase 网整理。

（二）经营指标

从用户和市场规模来看,根据其招股说明书,在 2020 年上半年,Palantir 向 125 家客户提供数据分析相关各类服务,这些客户分布于 12 类政府部门和 24 个行业。Palantir 预测其产品在全球的潜在市场规模（TAM）约为 1190 亿美元,其中政府部门的潜在市场规模为 630 亿美元,商业部门的潜在市场规模为 560 亿美元。

从营业收入来看,2019 年 Palantir 年收入为 7.426 亿美元,较 2018 年增长 25%。2020 年上半年,Palantir 的收入为 4.812 亿美元,较去年同期增长 49%。回顾 Palantir 在 2008 年至 2019 年的表现,其年收入的平均增长率高达 82.34%。同时,由于规模效应以及业务效率的提升,Palantir 的毛利率也一直稳步增长。然而,虽有不断增长的营收和毛利率,高昂的研发支出和销售费用仍旧使得公司自成立以来从未盈利,也由此引发了市场对其盈利能力的持续质疑。2019 年,公司全年净亏损 5.796 亿美元,2020 年上半年公司净亏损 1.647 亿美元。

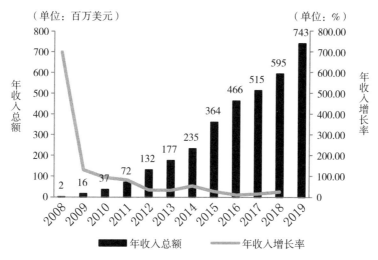

图 6-10　2008—2019 年 Palantir 年收入总额及其增长率变化图

资料来源:作者根据招股说明书整理。

（三）发展历程

Palantir 的发展历程可以分为起步探索期、产品构建期、规模扩张期三大阶段（如图 6-11 所示）。

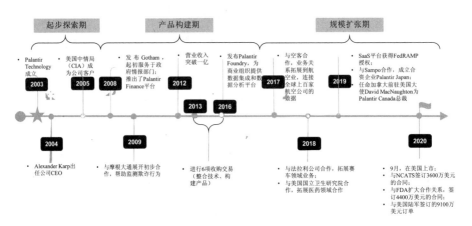

图 6-11　Palantir 公司发展历程

资料来源：作者根据公司官网整理。

1. 起步探索期（2003 年—2007 年）

2003 年前夕美国恐怖活动十分猖獗，美国中情局（CIA）、FBI 等情报机构致力于利用数据提前掌握恐怖分子的动态，但却均遭遇掌握着大量数据却难以分析的困境。在此背景下，Palantir 于 2003 年应运而生，希望通过整合分散数据、提高分析效率来帮助美国情报机构解决技术难题。然而，公司前期发展经营较为困难，几度濒临破产。尽管经验丰富的 Alexander Karp 于 2004 年正式出任 CEO，并领导公司于 2005 年达成与 CIA 的合作，但依然无法缓解公司资金周转困境。Alexander Karp 认为这是由于公司早期在硅谷无深厚的人脉关系，导致其商业模式也很难得到资本的认可。因此，在这一阶段 Palantir 不得不结束部分早期产品的经营，继续探索发展模式。

2. 产品构建期（2008 年—2016 年）

2008 年，Palantir 先后推出了 Palantir Finance 和 Gotham 平台，前者是专门

面向金融机构的分析平台,后者主要服务政府情报部门。由于正值金融危机,Palantir Finance 的目标客户没有余力进行数据分析方面的改革,因此该产品的获客并不可观,随后公司暂停了这一业务。2010 年,Palantir 与摩根大通合作,帮助其监测欺诈行为,也拉开了开拓面向金融机构业务的序幕。同年,Palantir Gotham 平台揭露了著名跨国黑客网络 Ghostnet 和 the Shadow Network,由此声名大噪。2012 年,Palantir 实现营业收入破亿。2013 年到 2016 年,Palantir 先后收购了 6 家数据分析相关技术公司,进一步构建和完善产品,最终于 2016 年推出了面向企业的 Palantir Foundry 平台,为其提供数据集成和数据分析服务。

3. 规模扩张期(2017 年至今)

在经营方向与商业模式得到确定后,公司进入规模扩张期,获取了来自不同行业的大客户。2017 年,公司与空客合作,业务关系拓展到航空业,连接全球上百家航空公司的数据。2018 年,公司先后与法拉利和美国国立卫生研究院合作,平台数据服务的行业范围拓展到汽车和医药领域。2019 年,Palantir 推出的 SaaS 云平台获得美国联邦风险与授权管理计划(FedRAMP)的授权。除此以外,Palantir 还在各国建立分公司,积极拓展国际市场:在日本,公司与日本著名的保险和医疗公司 Sampo 合作,成立合资企业 Palantir Japan;在加拿大,公司任命加拿大前驻美国大使 David MacNaughton 为 Palantir Canada 总裁。2020 年,公司成功在美国上市,并且签订了 3 个大订单,包括与美国国立卫生研究院(NCATS)签订的 3600 万美元订单,与美国食品药品监督管理局(FDA)续签的 4400 万美元订单,以及与美国陆军签订的 9100 万美元订单。

二、产品服务与商业模式

(一)市场痛点解决与用户画像

1. 市场痛点解决

企业和政府部门在管理与分析数据时往往面临着数据孤岛、传统信息系统的死板陈旧以及数据安全难题。

首先,企业和政府部门普遍面临组织内部的数据孤岛问题,即各部门产生并存储的数据无法相互联系,犹如孤岛一般。因此,他们在进行运营决策时不得不投入大量的时间和资源兼容相关部门的数据库,且常因时效性问题而不得不经常从头来过。针对此痛点,在 Palantir 的产品 Gotham 和 Foundry 中,数据不再以电子表格中的单元格或从不同系统导出的数据形式呈现,而是结合实际情况用事件及其关系、结果和解决方案来表示,得以将企业和政府的数据系统重塑为统一的数据库,将海量的信息转化为机构内部统一的语言,且可实现灵活的访问。

其次,目前市场上大部分机构采用的数据系统、数据库和服务器较为传统陈旧,局限性明显,具体包括:存储成本高,难以保留全量、海量数据;元数据定义僵化,当业务增多或细化,要描述更多数据(即定义新的元数据)时,机构无法灵活集成多种数据源查找相应信息;随着数据规模、用户规模的不断增加,需要判别的标准增多,实时分析无法达成双方都认可的协议;等待数据分析和处理过程中机器响应时间过长等。针对这类痛点,Palantir 的产品将集成并协调客户内部的不同数据系统,通过 API 和 Gotham、Foundry 中构建的多个应用程序子模块集成各类数据并加以整合分析,有效减轻系统负担。

最后,数据分析面临着关于数据安全性与保密性的难题,突出表现在企业和政府内部各部门使用的安全系统是孤立分散,没有全面覆盖的统一安全规则,且存在功能弱、数据专人专管难实现等困难,进而容易导致信息泄露或出现数据漏洞。针对这一痛点,Palantir 提供了同时兼顾安全性和系统间协同性的平台和服务,所有查询信息的用户将在系统中留下痕迹,所有数据的查看、提取都可以根据其信息保密级别赋权给相应用户,以最大限度防止泄密事件发生。

2. 用户画像

如前文所述,Palantir 的客户可分为政府部门和企业两类,后者主要目标客群为年收入超过 5 亿美元的企业(全美约为 6000 家)。在 2020 年上半年,共有分布于能源、生物医药、IT 信息、交通运输、人工智能、财务合规、制造业等 36 个领域的 125 家政府和企业客户正在使用 Palantir 的产品与服务。此外,从其 2020 年第三季度的收入情况来看,政府客户贡献了 56.21% 的营收,而商业客户则为 43.79%。

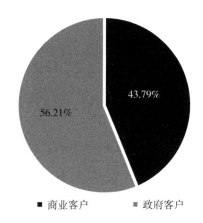

图 6-12　2020 年第三季度不同类型客户贡献的收入占比图

资料来源:Palantir 2020 年第三季度报告。

从客户的地域分布来看,除美国本土市场外,Palantir 在海外的业务规模亦持续扩张。2020 年,Palantir 有超过一半的客户来自海外并主要集中在欧洲,最重要的客户包括 bp(英国石油公司)、空客、Credit Suisse、德国默克,以及 FCA 美国责任有限公司(原克莱斯勒集团)。亚洲也是 Palantir 未来业务扩张的重点。Palantir 于 2020 年与日本最大的保险公司 SAMPO 合资建立公司,计划借助 SAMPO 在日本的影响力,发展在日本市场的商业和政府客户。

表 6-18 是 Palantir 的代表性客户及其对应的产品使用情况:

表 6-18　Palantir 代表性客户及其使用产品情况

类型	客户名称	客户使用产品情况
政府部门	Danish National Police（丹麦国家警局）	2016 年,Palantir 开始与丹麦国家警局合作。2020 年,丹麦有 8000 多名官员使用 Palantir 的平台来分析本土 10 余个警察系统中的情报,进行复杂的刑事调查,包括涉及纵火、毒品走私和洗钱的案件。
	United States Department of Defense（美国国防部）	2008 年,美国国防部开始使用 Palantir 平台来协助执行任务计划和作战行动。2020 年,Palantir 助力国防部开展 100 万个部队的任务准备工作。美国陆军的每个营都使用 Palantir 平台进行情报分析,美国海军、空军、海军陆战队以及其他国防部门也都使用了 Palantir 的平台。
企业	Airbus（空客）	2016 年,空客将 Foundry 用作公司的核心数据平台,使用 Foundry 来完成其商用飞机计划,提高运营效率和生产率,改进的飞机设计。
	bp（英国石油公司）	Palantir 为 bp 的石油和天然气生产团队建立了数据分析平台,帮助 bp 更高效地作出运营决策,提高了生产的安全性和效率。
	Credit Suisse AG（瑞士信贷集团）	瑞士信贷集团自 2013 年起开始使用 Foundry 来分析合规性和金融市场风险,至 2020 年 9 月已集成并分析了来自 100 多个系统的数据。
	Fiserv（金融技术企业）	自 2013 年起,Fiserv 使用 Palantir 的平台作为其技术改造的关键要素,包括实现风险管理,智能定价以及为其客户开发数据驱动产品等功能。
	Merck KGaA（德国默克集团）	Palantir 为 Merck KGaA 提供数据集成和高级分析平台,用于业务和供应链管理。
	Scuderia Ferrari（法拉利）	法拉利的工程师自 2017 年起开始使用 Foundry,通过将不同的数据源整合到一个统一的数据处理系统中来改善汽车数据驱动的性能分析。

资料来源:作者根据公司招股说明书整理。

（二）产品与服务

Palantir 的产品与服务主要围绕三个平台展开,其中 Palantir Gotham 和

Palantir Foundry 这两个平台对外提供产品服务，而另一个平台 Palantir Apollo 则为 Gotham 和 Foundry 提供支持的连续交付（continuous delivery）与基础设施支撑，用以实现产品在客户端的自动稳定更新。下文将对这三个平台逐一进行介绍：

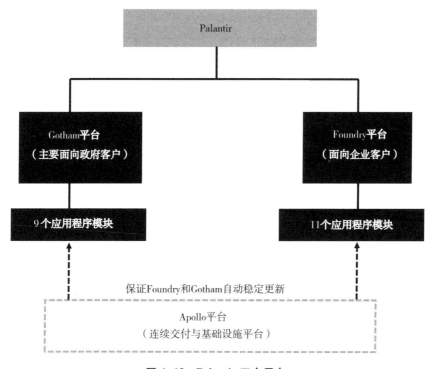

图 6-13　Palantir 三个平台

资料来源：作者根据 Palantir 官网整理绘制。

1. Palantir Gotham 平台

Palantir Gotham 是主要服务国防、情报等政府部门的 SaaS 数据平台，同时还会协助小部分企业客户（如金融机构）进行欺诈调查。该平台将获取客户拥有的文字、图片、音视频等信息，按照一定的规则和语言集成并转换为一致的数据形式，使分析人员能够识别隐藏在数据集背后关键信息的关系、模式和趋势。此外，它还能促进分析师和具体业务执行人员之间的交互，帮助规划和实施应对紧急情况的措施。值得一提的是,该平台具有较好的包容开放性,可以实现多种数据设备的实时共享互通,同时也建立了严格的安全系统维护系统安全。

具体而言,Palantir Gotham 平台共提供了三大类共 9 个应用程序模块,客户可根据自身的数据特点和分析需求选择特定模块进行组合。

表 6-19　Palantir Gotham 平台模块介绍

模块		功能
数据输入、编辑与筛选	Stencil	一个结构化的数据输入工具。
	Dossier	一个可以实时协作的交互式文档编辑器。
	Table	一个交互式的数据过滤和分析工具,它对大规模、低信号和基于基础事实的数据集提供了灵活的搜索功能。用户可以利用 Table 对数十亿条记录进行过滤,以找出其数据集中的可疑点和关键信息,或将特定结果可视化。
数据关联分析与可视化	Ava	Ava 是一个扫描海量数据点的人工智能系统,提醒用户注意数据点中新的、难以发现的潜在联系,以协助国防和情报部门的调查人员识别数据并协同合作。
	Gaia	为用户提供了一份共享的实时地图以跟踪实时数据。
	Video	一个可交互视频数据和其他格式数据的分析工具。用户可以在该应用中查看视频片段,并利用地理空间信息和其他数据源来增强或者覆盖原始片段,改善对项目情况的认知和实时决策。
	Graph	为用户提供一个类似白板的可视化界面以直观了解数据间的关系。
移动端支持	Forward	Forward 模块基于数据同步技术之上,可以在没有网络连接的笔记本电脑上运行的 Gotham 服务,实现独立的分析和操作。
	Mobile	支持分析人员在移动端进行数据上传、获取以及与其他同伴进行协作。

资料来源:作者根据 Palantir 招股说明书整理。

下文将从上表的三类应用程序模块中各选取一个具有代表性的模块进行展开说明或示意图展示。

（1）Stencil 应用程序

Stencil 应用程序为用户提供了一个结构化的数据输入工具,支持多维协作数据的输入和报告编写。与传统文档模板不同的是,Stencil 在支持多用户协作和审查定制流程的同时,强制构建了结构化内容以便于数据的后续集合与分析。

（2）Graph 应用程序

Graph 应用程序为用户提供了一个类似白板的可视化界面,使用户以节点和网络的形式直观地浏览数据对象之间的语义关系,用户可以在 Graph 中创建或者编辑数据,还可以筛除重复对象以确保数据质量的稳健性。此外,借助时间线、直方图和演示功能,用户可以将事件序列可视化,借助直观的视图得出自己的见解。

（3）Mobile 应用程序

Mobile 支持分析人员将 Gotham 载入移动设备,使其可以通过 Android 或 iOS 移动设备归档现场报告、上传照片和视频、跟踪队友的位置以及搜索和浏览 Gotham 中集成的数据等。同时,Mobile 还可以与 Forward 和 Gaia 集成,在各种半连接的网络环境中提供分布式的命令和控制功能,如使用 Gaia 的中央指挥中心可以与前线的特种部队进行实时协作,以监控任务行动并对不断变化的环境做出反应。

2. Palantir Foundry 平台

Palantir Foundry 是企业端 SaaS 数据平台,主要为企业提供商业化解决方案,可为每家企业内部具有不同技术能力和专业知识的员工提供处理数据的平台,多名员工可以在同一个平台中获取、连接、整合并分析数据。除了具备强大分析能力以外,Foundry 的亮点还在于其后台的图形界面可以帮助用户了解并追踪不同的数据来源。Palantir Foundry 平台共提供五大类 11 个应用程序模块,具体如下。

表 6-20 Palantir Foundry 平台模块介绍

模块		功能
数据搜索与挖掘	Monocle	使用图形界面了解和管理 Foundry 中的数据链。
	Contour	自上而下地探索大规模数据,使用户在 Foundry 中过滤和加入可视化数据集。
	Workshop	一个应用程序构建器,使用户能够在低代码或无代码的环境中快速构建交互式工作流,从本体数据集中进行读取和回写。
数据管理	Object Explorer	一种管理程序,允许用户与以对象(object)形式表示的数据进行交互。
	Fusion	提供电子表格展现形式的模块,允许用户创建单元格和函数,创建新的数据集或报告,对大型基础数据集进行汇总。
数据分析	Vertex	一个模拟机构供应链的虚拟化引擎,使用户模拟变化并进行敏感性分析,帮助机构优化其运营。
	Quiver	一个多维图表应用程序,用于分析超大型的时间序列数据集,例如来自机器上的传感器或国防应用中的流数据。
	AI/ML	AI/ML(Artificial Intelligence/Machine Learning)界面显示了有关统计模型的关键信息,包括图形、统计检验、模型变换、参数和元数据。
	Code Workbooks	Foundry 的高级分析和数据科学模块组件。用户可以在上面编写代码,并将其分析的结果转换为可视化图形。每个计算步骤都可以保存为 Foundry 数据集,并提供给其他应用程序。
代码编译	Code Authoring	为数据工程师提供的一套应用程序,使数据工程师可以自己选择编码语言来编写数据转换代码,使用基于网络的代码编辑器来编辑代码库中的代码,或者将代码复制到本地的代码库中。
整合呈现	Reports	允许用户在文档中发布来自 Palantir 其他应用程序的分析报告结果,并且随着基础数据的变化而实时更新。

资料来源:作者根据 Palantir 招股说明书整理。

下文将从上表的数据搜索与挖掘、数据管理以及数据分析三个分类中各选取一个模块进行展开说明与示意图展示:

（1）Monocle 应用程序

Monocle 使用户能够通过图形界面探索 Foundry 中的数据链,包括查看数据的上游依赖关系或下游消费者,跟踪数据集的逻辑,追溯其源头等。用户还可以使用 Monocle 来管理数据构建计划、监控数据质量及使用权限。此外,Monocle 图表是完全互动的,用户可以对图上的任何数据资源进行细致挖掘和深入研究。

（2）Object Explorer 应用程序

Object Explorer 是一种管理程序,允许用户与客户、设备或工厂等以对象(object)形式分类表示的数据进行交互,而不是常规表格中的行数据,这使得用户可以在索引数据功能中进行搜索,并建立对象之间的连接。

（3）AI ／ ML 应用程序

AI/ML 程序利用人工智能的相关技术,整合统计模型的关键信息,包括图形、统计检验、模型变换、参数和元数据。除此以外,其还提供数据历史浏览器、部署工作流和不同版本数据比较的视图。Foundry 将 AI/ML 提供的技术以及相关统计模型,与平台的其余核心组件整合在一起,以便用户在 Foundry 中用不同算法和软件包创建模型并应用,新模型可以由其他用户进行标准化变换或在其他 Foundry 模块中使用。

3. Palantir Apollo 平台

如上文所述,Palantir Apollo 是为 Gotham 和 Foundry 提供支持的连续交付(continuous delivery)与基础设施平台,用以实现产品在客户端的自动稳定更新,无需用户进行停机操作或任何人工干预。Palantir 2020 年二季度公开数据显示,Apollo 每周可以连续提供超过 4.1 万次的增量自动更新。还值得一提的是,Apollo 几乎可以在客户端软件部署的所有地方(云、本地和分类网络)运行,并且可以事先改变软件的扩展方式。

（三）商业模式

Palantir 主要依靠收取平台使用费来盈利,公司会就客户的产品使用时间、具体应用程序使用数目、系统维护情况等协商定价、拟定合同。Palantir 一般与客户签订多年期协议合同,截至 2020 年 6 月 30 日,协议期限平均为 3.5 年。

此外,Palantir 并不是按行业或部门进行客户类型的划分,而是极具特色的根据客户所处的发展阶段将其分为获取阶段型、扩张阶段型以及规模阶段型三类,并且会依据客户的实际情况在每年年底进行重新的评估和分类。

（1）获取阶段型客户。为证明其产品价值、吸引客户,Palantir 会在不盈利甚至亏损的情况下为对其产品感兴趣的客户提供试用,客户在这一阶段可能会根据产品使用满意度支付一些费用。如果在第一年试用期,从某客户处确认的收入少于 10 万美元,Palantir 便将该客户正式归为获取阶段型客户。在下一年,Palantir 会根据客户新一年内带来的收入是否大于 10 万美元来评估该阶段的获客是否成功。

（2）扩张阶段型客户。Palantir 将处于扩张阶段的客户定义为在一年内确认的收入超过 10 万美元的客户,针对该类型客户,Palantir 的主要任务是了解客户面临的困难和痛点,确保其为客户提供的产品能切实解决客户的问题并留住客户。

（3）规模阶段型客户。Palantir 将处于规模阶段的客户定义为一年内贡献收入超过 10 万美元且对 Palantir 贡献正现金流的客户。此类型客户将安装和配置 Palantir 软件平台并形成一定的客户黏性,Palantir 不用投入过多成本,盈利情况将得到改善。Palantir 相信,随着公司业务部署、管理和运营的效率日益优化,规模阶段型客户对公司总收入的贡献率逐步提高。

三、分析及总结

（一）行业及竞品分析

如上文所述，Palantir 的客户可以分为政府部门与企业两类。根据客户类型，Palantir 的主要竞争对手一是服务政府部门的 IT 公司，如 Raytheon Technologies、i2，二是为企业服务的大型软件技术供应商和系统集成商，如 Digital Reasoning、Recorded Future。

表 6-21　Palantir 主要竞争对手

	竞争者名称	简介
面向政府业务	Raytheon Technologies	Raytheon Company 成立于 1922 年，主要提供军工电子技术与产品。该公司是美国的大型国防合约商，超过 90% 的营业额来自国防合约，其他客户则遍布全球 70 多个国家和地区。2020 年 Raytheon Company 与 United Technologies 合并后更名为 Raytheon Technologies。
	i2	i2 是一家英国的数据关联分析及可视化平台，在国家安全与国防、执法、反欺诈、反洗钱监测和金融犯罪以及搜寻网络威胁等领域有广泛应用，于 2011 年被 IBM 收购。
面向企业业务	Digital Reasoning	Digital Reasoning 成立于 2000 年，是一家美国的人工智能企业，主要为银行与金融机构提供数据分析服务。该公司开发的机器学习平台能够比传统工具更准确地捕捉到用户所输入语句的真正意图，从而减少 70% 的虚假情报。
	Recorded Future	Recorded Future 是一家成立于 2009 年的美国网络安全监控服务商，为客户提供安全威胁情报（threat intelligence）相关的数据挖掘、分析和智能预测工具。

资料来源：作者根据各公司官网整理。

从服务政府部门的 IT 公司来看，Raytheon Technologies 的业务范围十分广泛，与 Palantir 竞争的数据业务只是其国防电子工业领域业务的一部分。因此，相比于 Raytheon Technologies，Palantir 的业务更为集中，技术更为专业，具有明显的技术优势和成本优势。2018 年 3 月，在美国陆军的情报分析平台招标采购计划中，Palantir 成功击败了 Raytheon Technologies 的 FoXTEN 系统，取得了价值 2000 万美元的交付订单。

i2 的产品线非常丰富，能够利用可视化的方式直观地展现关联关系、时间关系、空间关系，辅助情报人员对数据进行关联分析。Palantir 成立之初，曾通过学习 i2 来积累情报分析经验。然而，i2 只能用于中小数据量的分析，缺乏针对海量数据的分析机制，而 Palantir 则一直致力于解决海量数据的分析处理问题。

从为企业服务的大型软件技术供应商和系统集成商来看，Digital Reasoning 和 Palantir 都在金融风险评估和反欺诈领域有所应用，二者均利用人工智能技术，在事前预警步骤过滤带有欺诈目的的人群，在事中监控步骤及时发现欺诈行为，在事后分析中挖掘欺诈者的关联信息，降低后续风险。

Palantir 和 Recorded Future 都注重挖掘数据集之间的关联性，但与 Palantir 直接使用客户提供的数据不同，Recorded Future 通过扫描并分析成千上万的网站、博客、Twitter 账户等公共信息源，识别出各类组织、活动和事件之间的关联性，从而预测事件的发展趋势。在公司规模和业务收入方面，Palantir 均大幅领先于 Recorded Future。

（二）关键成功要素

1. 产品功能强大，赋能客户内部合作

Palantir 提供了多个独立的分析模块，集成了内部数据搜索、统计分析和地理空间分析等多种功能，使得任意数据都可以在平台上集成，分析人员可以在平台上进行交互，相比市面上的各种统计、分析软件更加全面。所以即使统

计及数据分析、可视化领域有如 MATLAB,R,ArcGIS 等更加精且专的软件,Palantir 依然能够脱颖而出。

此外,Palantir 可以帮助客户实现组织内部跨部门、跨功能的合作和共同决策。Palantir 的平台将客户组织内部各种决策者聚集在一起,包括数据工程师、数据科学家和机器学习专家,以及高级主管、总监等,均可使用平台进行协作交流。举例来看,高管可以为数据科学家设定销售目标,供应链经理则根据销售目标制定采购计划并选择最恰当的采购方案,而工厂主管则根据采购情况进行生产安排。强大的功能和便捷的运作模式为客户带来了良好的使用体验,也为 Palantir 的发展打下了深厚坚实的根基。

2. 品牌效应凸显,用户黏性较高

Palantir 依托政府部门客户起步,而政府的影响力又帮助 Palantir 树立了良好的商业形象,从而助力 Palantir 成功深入到多个垂直行业。Palantir 的第一个非政府类客户摩根大通正是由纽约警察局于 2010 年向其引荐。

Palantir 重视客户体验,一流的产品和服务满足了客户对数据分析功能性、安全性、稳定性和透明性等方面的需求,所以其用户黏性与续约概率较高。例如,Palantir 在帮助某客户实现原材料产值增加 20 亿美元后,成功与该客户签订了每年数千万美元的订单;美国陆军使用 Palantir 平台来转换战场情报后,取消了原采用的一个逾期多年且耗资数十亿美元的项目。这两个例子中,Palantir 签署的单个合同的潜在价值都超过 8 亿美元。据 Palantir 自身统计,截至 2019 年末,Palantir 与前 20 名客户的平均合作年限长达 6.6 年。

3. 注重研发投入,深耕数据技术

Palantir 始终重视研发投入,2019 年其研发费用较前一年增加了 2010 万美元(7%)。2008 年至 2019 年间,Palantir 在研发方面共计投资 15 亿美元,带来了先进技术的突破与专利开发数量的连年增长,使其技术护城河持续加深:2015 年和 2016 年,Palantir 分别申请了 80 个和 151 个专利,增长率高达 88.75%,此后的三年其仍保持着平均每年 170 个左右的专利输出。截至 2020

年底,Palantir 共拥有 1005 项技术专利(已注册与正在审批中的专利总数),主要分布在数据库开发、数据及数据库管理和基础图表构建等领域。此外,Palantir 表示其将在未来进一步增加研发支出,用于软件平台的开发及功能的扩展。

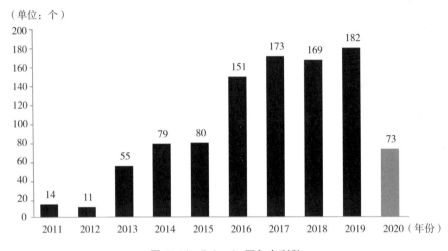

图 6-14　Palantir 历年专利数

资料来源:CBInsights。

(三)挑战与风险

1. 持续亏损盈利未知,客户集中依赖程度过高

Palantir 的销售模式比较特殊,业务开展前期工作量较大,公司通常需要花费数月的时间与客户合作进行试点部署,如培训客户使用软件、定期进行维护和升级、打通服务器间的数据,导致其产品销售周期长,需要耗费大量的运营费用,进而使得 Palantir 自成立以来持续亏损。此外,Palantir 的客户数量有限且较为集中,收入大部分由头部客户贡献。截至 2019 年末,前 3 大客户的销售额构成了其 60% 的收入来源,这意味着如果 Palantir 无法维护现有客户或及时开发潜在客户,其财务状况和经营业绩将受到大幅影响。

2. 政企两端业务难以兼顾，负面新闻损毁公司声誉

不可避免的是，Palantir 服务的政府部门和企业两类客户存在一定的利益冲突。对于企业客户而言，由于 Palantir 和政府部门包括军方合作，企业担忧自身的数据可能会被泄露给军方，或者会因为敏感业务而不愿意使用 Palantir 的平台，这给 Palantir 在商业领域的扩张带来了不小的困难。

与此同时，Palantir 的业务涉及隐私、数据安全等敏感话题，其业务模式常常受到争议。业务的敏感性以及对客户的保密义务使得 Palantir 的信息公开受到限制，Palantir 经常无法及时对争议进行回应，导致部分新闻媒体的不实报道可能会损害品牌商誉，影响品牌形象，降低 Palantir 的社会认可度。

全球金融科技创新案例之金融IT
及其他篇:modeFinance研究

　　摘　要:modeFinance是欧洲首家通过欧盟证券市场管理局(ESMA)信用评级机构认证的金融科技企业,主要从事企业信用评级,同时还开发企业信息查询、财务风险评估与管理软件。该公司现阶段仍处于成长期,业务发展迅速。针对欧洲缺乏本土可靠的评级机构、投资市场信息不对称以及企业缺乏高效的内部风控管理工具等痛点,modeFinance建立了MORE(Multi Objective Rating Evaluation)算法进行数字化信用评级,并开发免费的信息查询软件为用户提供企业信息,同时还推出了Tigran财务风险评估与管理平台,帮助客户灵活高效地管理内部风险并根据平台提供的分析作出决策。modeFinance具有较好成长性的主要原因在于:第一,精准把握市场痛点,开创欧洲金融科技企业提供信用评级服务的先河,并能够通过开发多元产品扩大公司影响力;第二,技术实力较为强劲,可以及时满足不断变化的经济形势中客户的分析需求;第三,立足全球发展战略,通过构建国际合作关系增强业务实力。然而,modeFinance的发展也面临信用评级市场发展空间不足、评级机构公信力低、自身国际化程度不足等挑战。本案例将从modeFinance的基本情况、经营指标和发展历程入手描述公司概况,从市场痛点解决、用户画像、产品与服务、盈利模式等方面深入分析其商业模式,并在此基础上结合行业及竞品分析,总结其关键成功要素与现存风险挑战。

一、企业概况

(一)基本介绍

1. modeFinance:欧洲首家从事信用评级的金融科技企业

modeFinance 是欧洲第一家从事企业信用评级的金融科技企业,在欧洲本土具有较大的影响力。此外,公司利用大数据、人工智能等技术构建数字化信用风险评估模型,为客户提供目标企业在质量、效率、透明度等方面的信息,帮助其衡量信用风险。同时,公司也为企业客户打造了财务风险评估与管理平台,帮助其更高效、低成本地进行内部风险控制并优化管理决策。

表 6-22　modeFinance 基本情况

成立时间/总部	2009 年/意大利弗留利—威尼斯朱利亚
创始人	Mattia Ciprian(现任首席①) Valentino Pediroda(现任 CEO)
累计融资额	140 万欧元(截至 2020 年 12 月)
总营业收入	2019 年度约 230 万欧元(约 279 万美元)
员工数	50 多名(截至 2020 年 12 月)

资料来源:作者根据官网、Crunchbase 整理。

2. 高学历创始团队,金融科技经验丰富

modeFinance 的创始人 Valentino Pediroda 和 Mattia Ciprian 相识于意大利的里雅斯特大学,两人均从该大学获得了博士学位。其中,Valentino 在攻读博士期间主要研究数字化工具,并自 2001 年 2 月起在的里雅斯特大学(University of Trieste)任教。Mattia Ciprian 则在硕士时期就读机械工程专业,

---

① Presidentepressomodefinance.

博士阶段主攻公司金融,并先后在两家公司从事量化分析工作①。

2003 年,二人在意大利科研项目"Complex Systems in Economics"中共事。在这个项目中,Valentino Pediroda 和 Mattia Ciprian 为意大利的评级机构提供了咨询业务,主要负责开发企业故障预测的数值模型。在拥有较为丰富的相关经验之后,二人决定建立 modeFinance,致力于以金融科技为基础,以量化方式解决金融问题②。

3. 融资尚在起步阶段,收获欧盟重视

截至 2020 年 12 月,modeFinance 只拥有一次融资经历,即 2015 年 Gruppo Corvallis 对其投资了 130 万欧元(约 150 万美元)。

表 6-23　modeFinance 融资情况

轮次	投资方	时间	融资额(欧元)
种子轮	Gruppo Corvallis	2015. 12	130 万

资料来源:作者根据 Crunchbase 整理。

此外,公司在 2016 年获得了来自欧盟中小企业执行机构(EASME)的 5 万元拨款。EASME 由欧盟委员会设立,旨在支持中小企业在创新、环境、气候行动、能源和海事领域的发展。EASME 的拨款虽然金额不是很大,但是也在一定程度上反映了欧盟对 modeFinance 的鼓励和认可。

(二)经营指标

在营业收入方面,modeFinance 总体营收规模相对较小,但是在 2015 年至 2019 年间快速攀升。其中,2017 年营业收入约为 117. 3 万欧元(约 142 万美元),较 2016 年的 804 欧元(约 975 美元)有极大进步。2019 年,公司营业收

---

① 领英网,valentino-pediroda 个人主页,2021。
② modeFinance 官网,简介页,2021。

入较 2018 年增长 64.3%,达 230 万欧元(约 279 万美元)。

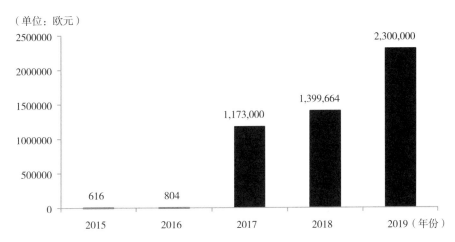

图 6-15　modeFinance 2015 年至 2019 年主营业务收入

资料来源:作者根据公司官网发布的透明度报告整理。

　　从地区分布来看,modeFinance 的业务遍布全球,其中欧洲地区对于其收入的贡献最大。2015 年至 2019 年期间,公司每年在欧洲地区的收入均占当年收入的 70% 左右。

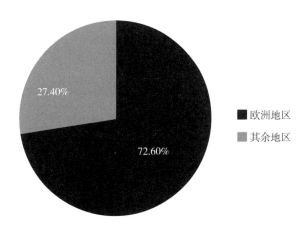

图 6-16　2019 年 modeFinance 主营业务收入地区分布比例

资料来源:作者根据公司官网发布的透明度报告整理。

（三）发展历程

modeFinance 的发展历程可以分为起步期、成长期、扩张期三大阶段（如图 6-16 所示）。

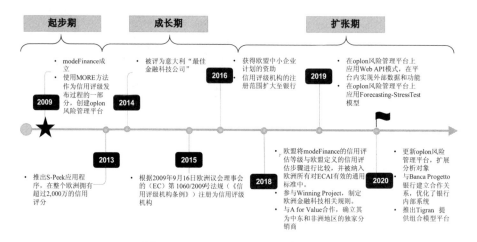

图 6-17　modeFinance 公司发展历程

资料来源：作者根据公司官网整理。

1. 起步期（2009 年—2013 年）

得益于二位创始人较为丰富的金融科技相关从业经历，modeFinance 在成立初始建立了以 MORE（Multi Objective Rating Evaluation）算法为基础的 oplon 风险管理平台，允许用户创建自定义的风险评估流程。MORE 算法得到了欧洲监管机构的支持，被写进了欧洲第 1060/2009 号法规《信用评级机构条例》。经过起步期 4 年的经验和客户积累后，modeFinance 于 2013 年推出了企业信息查询移动应用程序 S-Peek，在当时，用户通过该应用可以查询多达 2000 万家①欧洲企业的信息。

———————

　　①　modeFinance 官网，简介页，2021。

2. 成长期（2014 年—2017 年）

在此阶段，modeFinance 收获了更多的关注，业务逐渐迈入正轨。2014年，modeFinance 被意大利创新创业杂志 Startupitalia 评为意大利"最佳金融科技公司"之一。2015 年，公司通过欧盟证券市场管理局（ESMA）的认证，正式注册成为信用评级机构，获得官方评级权限。2016 年，modeFinance 的评级业务扩大至银行，不再局限于非金融企业[①]。

3. 扩张期（2017 年至今）

在扩张期，modeFinance 对信用评级与风险评估方法进行了更新，并进一步拓展相关业务合作。2018 年，modeFinance 的信用评级标准被纳入欧洲外部信用评级机构（ECAI）通用标准。同年，公司加入 Winning Project 项目，参与制定欧洲金融科技相关规则，该项目旨在提高欧洲金融科技行业的竞争力，引入国际上通用的监管方法框架。除此以外，公司还与阿联酋一家名为 A for Value 的全球管理咨询公司合作，将业务范围扩大至中东和非洲地区。2019 年，modeFinance 更新并扩建了 oplon 风险管理平台，应用 WebAPI 和 Forecasting-StressTest 模型，实现内外部信息的流通互补。2020 年，公司与意大利 Banca Progetto 银行建立合作关系，优化了银行内部系统，业务范围朝银行业深化[②]。同年 11 月，公司推出 Tigran 平台，通过提供组合模型为客户搭建了一个便捷高效的内部财务风险控制与管理平台。随着modeFinance 各项业务的逐步深化，其服务的客户群体逐步扩大，开始覆盖大型企业客户。

---

① modeFinance 官网，简介页，2021。

② modeFinance 官网，the-partnership-between-modefinance-and-banca-progetto，2020。

二、产品服务与商业模式

（一）市场痛点解决与用户画像

1. 市场痛点解决

modeFinance 作为欧洲首家信用评级的金融科技公司,主要缓解了欧洲金融发展的三大痛点:缺乏本土可靠的评级机构,投资市场信息不对称,以及企业缺乏高效的内部风控管理工具。具体如下:

首先,欧盟期望建立本土评级机构已久。自 1978 年欧洲第一家评级机构——国际银行评级机构(IBCA)建立以来,欧盟不断通过立法、降低准入和减少门槛等措施鼓励本土中小型信用评级机构发展,希望打破美国评级机构的垄断局面。然而,美国的评级体系起步远早于欧洲:企业评级公司邓白氏成立于 1841 年;资本市场评级方面,穆迪评级成立于 1900 年,惠誉评级成立1913 年,标准普尔公司则于 1923 年开始编制标普评级。这些机构在悠久的发展历史中积累了大量经验,牢牢把握先发优势,占据了行业垄断地位,因此欧盟后来扶持本土机构的努力收效甚微。随着信用评级机构在金融危机中的影响凸显,尤其是次贷危机和欧债危机的爆发使欧盟国家意识到完善信用相关体系的重要性和紧迫性,于是欧盟先后在 2009 年和 2011 年通过了《信用评级机构第 1060/2009 号监管条例》("第 1060/2009 号法规")及其修正法规,确定构建"以欧盟证券与市场管理局为主、成员国主管机构为辅"的欧盟信用评级监管架构①。modeFinance 正是在此特殊时期成立,精准把握住欧洲缺少本土可靠的信用评级机构这一痛点,积极开发信用评级算法和工具,并于2015 年注册为正式的评级机构。

---

① 搜狐网,【专题研究】欧盟信用评级行业发展及监管演变对我国的启示,新世纪评级,2019。

其次,全球金融市场上普遍存在信息不对称,缺乏供投资者全面了解企业状况的渠道。针对这一痛点,modeFinance 推出了企业信息查询应用程序 S-Peek,基于独特的 MORE 算法,针对企业的财务报表中的 5 个领域(盈利能力、资本充足率、资产质量、流动性和效率)进行公开数据的挖掘与分析,考虑目标企业的资本充足性、资产质量、管理、收益和流动性,并结合自身的评级分析师团队观点,为用户提供目标企业的风险评估结果和深度分析。S-Peek 的数据库保持实时更新状态,至 2020 年可查询的企业数已突破 2500 万家[①]。

最后,传统风险评估与管理过程中存在效率低下问题。传统方法需要在纸质报告中手动进行数据收集和集成,再通过复杂的分析得出新的参数和报告,最后输出解决方案。这样的风险评估模式分散且效率低下,会产生较高的费用和时间成本。针对该痛点,modeFinance 推出了 Tigran 平台。在 Tigran 上,数据输入只需通过单一入口即可完成,还可以与客户已经正在使用的财务软件及 S-Peek 进行集成。Tigran 帮助用户实现对财务决策从前期可行性分析到审批环节的全方位风险管理,有效简化客户的工作流程并节省财务决策制定的费用和时间成本。根据官网数据,Tigran 可以为客户节省 76% 的决策时间,38% 的评估费用以及 99% 的手动数据操作[②]。

2. 用户画像

modeFinance 业务面向的用户范围广泛,可划分为企业客户、公共部门客户以及个人用户。根据 modeFinance 官网,企业客户可进一步分为非金融企业和金融机构,前者包括服装、食品、通信等多个行业的企业,同时金融科技企业也归属于该分类。金融机构类客户以银行客户为重点,此外也包含保险、投资基金、财务咨询公司等。

公共部门客户则主要包括公共组织和政府机构两类,同时,需要借助 modeFinance 产品获取企业评级等信息的个人也是 modeFinance 用户来源的

---

① S-peek 官网,简介,2021。

② modeFinance 官网,Tigran 主页,2021。

重要组成部分。

modeFinance 的代表性客户包括三星、意大利金融服务企业 Finanziaria Internazionale、多渠道银行 CheBanca!、挑战者银行 Banca Progetto、基金公司 Generali Investments(忠利投资)等。

表 6-24　modeFinance 用户画像情况

用户分类		细分或说明
企业	非金融企业	多行业企业,同时包含金融科技企业
	金融机构	银行
		保险
		投资基金
		财务咨询公司
公共部门		公共组织
		政府机构
个人		—

资料来源:作者根据公司官网整理。

(二)产品与服务

modeFinance 主要提供信用评级、企业信息查询以及财务风险评估与管理三方面的产品及服务,并均以 MORE 算法为核心。

其中,信用评级服务根据评级对象类别分为企业信用评级(Companies Rating)和银行信用评级(Banks Rating),modeFinance 运用不同的评级方法论对两类对象分别出具评估报告,任何组织或个人均可订购感兴趣的报告。S-Peek 应用程序提供企业信息查询服务,为组织或个人用户提供目标企业的财务信息、信用评估等级、经济金融基本面分析、行业分析以及负面信息提示服务。Tigran 平台则开展财务风险评估与管理服务,是一项 2B 的产品。

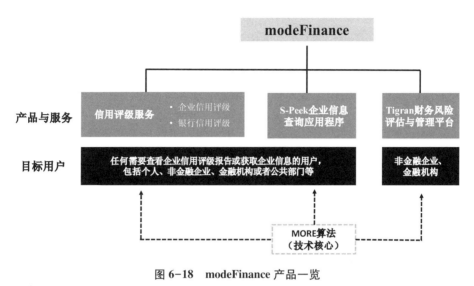

图 6-18　modeFinance 产品一览

资料来源：作者根据 modeFinance 官网整理绘制。

1. 核心算法 MORE

modeFinance 独创的 MORE（Multi Objective Rating Evaluation）算法模型是一种基于大数据、机器学习和人工智能的信用风险评估方法，利用国家信息、行业及市场信息、企业财务信息、定性信息等，通过多目标算法（multi-objective algorithms）及多种特定的分析功能，从企业或银行盈利能力、流动性、偿付能力、效率、生产质量等方面对评估对象开展综合评估，提供准确可靠的评估分析结果。基于 MORE 算法，modeFinance 得以提供经过 ESMA 认证的企业信用评级、信用风险评估平台、企业内部财务大数据分析、定制财务模型、投资组合分析、信用报告、行业分析等产品服务。截至 2021 年 1 月，modeFinance 可对 200 多个国家或地区的超 2.5 亿家企业进行信用等级评估，即使部分企业缺少资产负债表数据，并可对全球 65000 多家银行提供 ESMA 认可的信用评级。

2. 信用评级服务（Credit Rating）

modeFinance 通过两种评级方法开展评级并向客户出具报告，被评对象可分为银行和非金融企业两类。第一种评级方法是纯粹定量方法(即使用上文提及的 MORE 算法模型)计算出信用评分(Credit Score);第二种是通过评级分析师团队对目标企业进行调研,得出信用评级(Credit Rating),该团队的主要工作包括发行信用评级报告和进行相关信用评级监控活动。具体的评级过程①如下:

(1)搜索被评级银行或企业的公开信息;

(2)通过 MORE 算法完全自动化生成信用评分(Credit Score);

(3)modeFinance 评级分析师团队进行人工信用评级(Credit Rating)操作;

(4)评级分析师团队批准信用评级(Credit Rating);

(5)通知被评级主体其信用评级结果,部分评级主体可能会启用上诉程序;

(6)向信用评级发送至订阅的客户。

modeFinance 在对银行和非金融企业两个类别的主体进行评级时的具体标准不同。针对非金融企业的评级,modeFinance 首先根据企业公开信息,例如年度报告,针对规模、法律地位、管理机制等方面进行分析,其次分析企业所在国的国家风险给企业带来的影响,主要通过经济规模、GDP 增长和波动、国民收入、通货膨胀水平和波动、广义政府总债务、经常账户余额和政治风险等指标进行衡量,整体更加侧重对企业本身资产规模的考察。而针对银行的评级则首先确定银行整体的财务状况,从投资组合、资产负债管理等方面进行衡量,其次考虑该银行在整个国家中的专业化程度和在行业中的地位,整体更加侧重对银行财务健康状况方面的考察。

在以上两种评级方式基础上,modeFinance 独创了一套信用等级评级认定标准,包含 21 个信用等级,从 A1(最高信用度)到 C3(最低信用度)。低于 C3

---

① https://cra.modefinance.com/en/methodologies.

等级的企业处于违约或破产程序中,并不包含在 modeFinance 的具体信用评定范围内。

3. S-Peek 企业信息查询应用程序

该应用可以帮助用户了解欧洲大部分企业的财务状况、信用评级、商业信用额度等信息。S-Peek 的产品形态包括网页端与电脑、手机移动客户端,可提供多达 2500 万家企业的数据。该产品的数据来源是目标企业所在国家的官方公共机构提供的公开数据,包括各个国家与地区的年度账目①。在没有官方来源的情况下,S-Peek 直接从目标企业官网或信息披露网站收集数据。

S-Peek 运用 MORE 算法,深度分析企业的盈利能力、流动性、偿付能力等指标,并将企业分为健康、平衡和脆弱三大级别,每一级别又分别分为 4.2.4 小类,以较为准确直观地反应企业的经营状况。此外,该产品可以提供企业近三年的财务报表,以及关于企业的所有负面信息。

4. Tigran 财务风险评估与管理平台

Tigran 是 modeFinance 于 2020 年 11 推出的"评分即平台"(Rating-as-a-Platform)服务,以 modeFinance 成立时推出的 oplon 风险管理平台为基础打造,为金融机构(包括投资基金)、金融科技和传统企业提供模块化的财务风险评估与管理解决方案。Tigran 允许客户选择 modeFinance 提供的功能模块并个性化制定自身财务分析模型,实现完全自动化地处理日常业务。Tigran 为客户提供自身信用评分、财务比率、敏感性分析、投资组合分析以及资产配置等方面的分析服务,对企业预测趋势变化和及时应对未来挑战具有重要意义。

Tigran 平台的优势在于完全的数字化评估过程,具体步骤主要分为 4 步:

(1)依靠商务智能,输入分析所需的数据,包括企业披露的财务数据、大数据爬取的相关信息以及监管机构公布的官方数据情况等。该步骤可以与客

---

① https://www.s-peek.com/en/faq.

户正在使用的财务软件及 S-Peek 进行集成,轻松进行数据输入。

(2)在 Tigran 提供的独立平台上,依靠大数据、人工智能以及独特的 MORE 算法,通过确立合适的模型进行数据整合、内部评级及压力测试,必要时建立相关的投资组合并分析预测未来走向。modeFinance 特别提到,该平台可同时容纳 1000 个以上的分析过程,给用户一个良好的平台分析体验。

(3)依靠后台算法与程序,建立数字化流程进行自动监控。客户的财务状况、基本信息以及需求的变更,均可以被平台监测,并对结果和投资组合产生影响,通过多种以云算法为基础的 API 及时准确传达给用户。

(4)生成多样化决策模式,拓展分析路径方案。根据客户需要,最终的决策机制还可以包括相关高级分析、综合决策分析系统(DSS)和人性化自然语言生成(NLG)。

Tigran 平台的功能强大,囊括全球化数据路径来源、高效率人工智能决策、平台化大容量数据分析、多场景应用分析、全流程数字化自动监控、多元云平台传输链接、灵活化数据融合过程、人性化报告结果输出[①]等多种的功能,可以高效地对公司内部的风险进行控制,节约时间和人力成本。

(三)营利模式

在 2015 年至 2018 年间,modeFinance 全部收入均来自上述产品与服务项目。其中,公司的信用评级业务在 2019 年终于突破零收入,实现了 10000 欧元的营收,但是仍然只占据当年总收入的 0.4%,不是 modeFinance 的主要收入来源[②]。在公司的整体收入中,S-Peek 贡献高达 98%,Tigran 业务由于 2020 年正式开始运行,占据的比例也较小。

具体来看,modeFinance 的信用评级服务有三种模式:第一,公司基于订阅

---

① https://www.modefinance.com/files/tigran_brochure_sito_ENG.pdf.

② https://cra.modefinance.com/en/transparency/transparency-report.

者付费模式（subscriber-pays model）发行报告，即任何个人或组织均可付费订阅感兴趣企业的信用评级报告；第二，公司会定向发行私密信用评级（private credit ratings）报告，即根据单个付费客户的特定要求发布报告，此类报告可能会在极为有限的范围内公布；第三，进行完全自动化的信用评估，分析师不进行干预，该模式目前已覆盖全球数百万家公司，但盈利模式尚不清晰。

S-Peek 则设有三种费用套餐：第一种完全免费，提供目标企业的总体评估，通过简单地将企业信用划分为三个等级，反映大致的财务状况。第二种是 Flash Report，收费 0.99 欧元/份起，该报告对目标企业更加精细的等级划分（AAA-D 级），提供包括商业信用额度、总债务的定性趋势、盈利能力等信息，以及目标企业所处行业的分析；第三种是 Extended 12M Report，收费 16.99 欧元/份起，在 Flash Report 的基础上增加了目标企业三年内的财务报表具体分析、注册信息、金融基本面分析等内容。modeFinance 尚未公布 Tigran 的具体收费模式。

三、分析及总结

（一）行业及竞品分析

modeFinance 面临的激烈竞争来自针对企业的信用评级机构和提供风险管理服务的企业。信用评级机构方面，主要选取邓白氏（Dun & Bradstreet）、Axesor Marketing Intelligence 和 The Economist Intelligence Unit 三家竞争者，其中邓白氏在企业信用评级方面处于全球领先地位，后两家公司均是 EASME 授权的欧盟信用评级机构，但是业务方向与 modeFinance 有所区别。风险评估与管理方面选取发展成熟的 Kyriba 与 modeFinance 进行分析比较。

表 6-25 modeFinance 竞品信息

类别	竞品名称	简介	与 modeFinance 比较
信用评级	邓白氏	邓白氏成立于 1841 年,是一家为企业提供商业化数据和信用风险管理的公司。该公司主要的业务包括信用评级、数据库服务以及企业商业化管理评估。	邓白氏更加注重于为目标客户提供商业化数据支持,且成立时间较早,市场份额比 modeFinance 庞大许多,整体规模上优势更加明显。
	Axesor Marketing Intelligence	Axesor 成立于 1996 年,是一家专注于 B2B 信用风险管理的西班牙公司,业务遍及欧洲和拉丁美洲。该公司通过给目标客户提供商业化信用管理方案来加速业务增长。Axesor 的主要产品有:Axesor 360 信用风险管理云平台、Atlax 数据库(专注于支付方向)、Axesor Rating 信用评级机构。	相较于 modeFinance,Axesor 更加注重信用风险管理方面的服务,同样也获得了 EASME 的许可,拥有信用评级机构的资格,规模略高于 modeFinance,属于欧洲一家中型信用评级公司。
	The Economist Intelligence Unit	The Economist Intelligence Unit 成立于 1946 年,是经济学人报纸的姊妹公司经济学人集团的研究和分析部门。团队成员数量庞大,包含全球经济学家、行业专家、政策分析师和顾问,从全国大选和国际贸易到粮食安全和可持续城市等各个方面的研究和分析。	与 modeFinance 一样,该机构也是在欧盟正式注册的信用评级机构。但是它提供的业务范围更加广泛,包含评估跨国企业风险与机遇、支持政府决策、为学术机构提供政治和经济情报等。
风险评估与管理	Kyriba	Kyriba 成立于 2000 年,是一家云资金和财务解决方案供应商,该公司在 IDC 进行的全球资金和风险管理解决方案评选中排名第一,截至 2021 年初为 100 多个国家和地区的 2000 多名客户提供服务。	Kyriba 的业务范围更为广泛,除 modeFinance 也提供的财务风险管理以外,Kyriba 还提供资金管理、外汇风险管理、合规软件、支付和营运资金解决方案等服务。

资料来源:作者根据各公司官网及网络资料整理。

在信用评级业务的对比方面,modeFinance 的体量与市场份额比邓白氏和

The Economist Intelligence Unit 小很多，是一家正在发展的金融科技企业。在业务范围上，邓白氏专注于运用企业的大数据库为企业提供商业化指导方案，更加注重于市场营销板块的咨询；Axesor Marketing Intelligence 注重 B2B 的信用风险管理板块，对于支付行为的评估有独特优势；The Economist Intelligence Unit 业务最为广泛，除企业评级以为还为学术和政治机构提供服务，而 modeFinance 专注于企业与银行的信用评级，尤其在对欧洲银行的评级方面，由于政策的支持和合作对象提供的便利，占据绝佳优势地位。

在风险评估与管理方面，相较于该领域标杆企业 Kyriba，modeFinance 的产品体量较小且功能单一（如表 6-24 所示），尚未被市场熟知，但其独创的算法以及 Tigran 的"评分即平台"模式仍然极具亮点并且拥有助力未来发展的潜力。

（二）关键成功要素

1. 精准把握市场痛点，多元产品扩大影响力

正如上文提到，modeFinance 成立之初正值欧盟着力构建本土评级机构之时。modeFinance 以其创新的算法对欧洲的中小企业进行信用评级，填补了欧洲缺少可靠评级机构的空缺，秉持"让市场变得更加透明"的理念，立足于创新性金融科技前端技术，开创了欧洲金融科技企业提供信用评级服务的先河。公司精准把握欧洲市场上的痛点，由此获得了欧盟的重视与认可。

在获得欧盟 EASM 评级机构认证以后，modeFinance 的业务方向没有局限于信用评级业务板块，又开发了 S-Peek 企业信息查询应用程序，并向风险评估与管理方面继续拓展，推出了 Tigran 平台，该平台一经推出就受到市场的广泛青睐，包括三星在内的大公司陆续与 modeFinance 合作。业务范围的扩张以及知名客户带来的品牌效应进一步推动了 modeFinance 被市场熟知。

2. 技术实力强大，及时满足客户需求

modeFinance 的成功得益于深厚的技术实力，两位创始人扎实的工科与金

融交叉背景给公司带来了竞争优势。他们开发的公司技术核心 MORE 算法将经济、金融信息与数字工程技术深度结合,使其既能理解和分析评级和资产负债表,又能设计和掌握复杂系统。具体业务上,公司的分析师团队采用强大的数值方法(例如机器学习、神经网络、遗传算法和模糊逻辑)来定制和垂直化已开发的模型,提供精准分析结果。

技术帮助公司在不断变化的经济环境中及时跟进并满足客户的分析需求。以 Tigran 平台上的功能完善为例,modeFinance 与 Bureau Van Dijk 和穆迪分析(Moody's Analytics)合作开发了 Market Reactive More Score 模型①,以实现对宏观经济和社会经济的全球变化的分析和预判。2020 年 7 月,modeFinance 推出 ForST 压力预测与评估模型②,用于预测 COVID-19 对公司绩效的影响,该模型设置三种未来可能的情况(正面、中性和负面),逐个测试企业抵御财务冲击的能力。据公司数据,该模型的准确度高达为 81.3%。

3. 立足全球发展战略,构建国际合作关系

随着公司与全球多家机构开展合作并开拓分销渠道,其业务能力不断增强。modeFinance 的合作伙伴主要分布在两个领域:信息技术和科技创新。

在信息技术合作方面,modeFinance 的主要合作对象包括意大利信息技术运营商 Corvallis、英国 AI 解决方案提供商 AInfinity、私人企业信息收集与分析服务商 Bureau van Dijk。modeFinance 与 AInfinity 的伙伴关系强化了公司的评级分析能力,增加了基于 3 万多家新闻和社交媒体数据的实时情绪和非结构化数据分析,为危机预测和风险评估提供更全面的解决方案。此外,AInfinity 人工智能技术的范围辐射至全球数据库,使更快地实现人工智能建模能力。而通过与 Bureau van Dijk 合作,modeFinance 开发了新的评分模型(上一点提到),且其评分结果被 Bureau van Dijk 旗下的 Amadeus、ORIANA 以

---

① modeFinance 官 网, modefinance-and-bureau-van-dijk-present-the-market-reactive-more-score, 2020。

② modeFinance 官网, forst-evolution-the-new-features-of-the-forecasting-model, 2020。

及 ORBIS 数据库收录，而这三者分别覆盖欧洲、中东和亚太地区、全球的企业，有效提升了 modeFinance 的全球知名度。

科技创新方面，modeFinance 的主要合作伙伴有意大利科技创新公司 Innovation Factory scrl。上述伙伴关系帮助 modeFinance 获得广泛的信息来源，并可以与时俱进地优化分析技术，为用户提供全面深入的企业分析。

（三）挑战与风险

1. 垄断局面制约成长，核心业务可替代性强

美国信用评级巨头常年占据欧洲信用评级 90% 左右的市场份额①，留给欧洲本土及其他中小型评级机构的市场空间不足。加之评级机构经营模式的特殊性，历史悠久的评级机构即便现在遭受诟病，其垄断的地位短期内也很难动摇。面对相对狭窄的市场份额，modeFinance 未来发展信用评级业务时容易触及经营规模的天花板。

此外，modeFinance 的业务具有较高的可替代性。随着金融科技的发展，越来越多的企业可能会增加数字化信用评级与风险管理的业务。目前全球多数评级机构也已经在发展以金融科技为基础的相关数字化服务，modeFinance 现有的创新业务容易被市场效仿。如何巩固自己的领先地位、创造新的业务优势并进一步扩大自己的市场份额，是 modeFinance 面临的挑战。

2. 评级机构公信力不足，业务全球化仍需扩宽

由于评级机构的历史特殊性，社会对于评级机构评级的真实性与公正性持怀疑态度。modeFinance 作为新晋企业，需要面临社会对评级机构的固有偏见，确保自己的信用评级为公众所信服。

其次，业务范围方面，虽然 modeFinance 正在积极布局业务全球化，但公司大部分业务收入仍然来源于欧洲地区，其余地区的客户群体数量较少。公

---

① ESMA 官网，信用评级市场机构评估详情，2018。

司技术实力可以承载全球范围内的服务,但业务开展受限于获客能力。

　　除此以外,modeFinance 的业务开展基于数据的基础分析。在某些公开数据较少的国家或者地区,获取数据的来源和途径的开发,是 modeFinance 未来发展面临的另一大难题。

全球金融科技创新案例之金融 IT 及其他篇：Credit Karma 研究

摘　要：Credit Karma 是美国一家提供消费者信用信息以及财务管理服务的消费技术公司，主要业务包括提供免费的信用分数及报告、信贷及保险产品推荐、免费报税工具等。自 2007 年成立以来，Credit Karma 的公司规模不断扩大，至 2020 年底其用户数量已超过 1 亿，2019 财年公司收入突破 10 亿美元；公司累计融资达 3.68 亿美元，并已于 2020 年 2 月被 Intuit 公司以 71 亿美元收购。针对美国消费者长期面临信用数据不透明、无法及时掌控自身信用状况并根据变动做出调整这一痛点，Credit Karma 向消费者提供免费信用分数和报告，并依靠从这一过程中获取的海量消费者信息为金融机构精准导流，获取收益。Credit Karma 的关键成功要素主要在于：第一，精准把握市场痛点，创新地开启了消费者、公司、金融机构"三赢"的商业模式；第二，坚持用户至上，紧跟用户需求；第三，秉持理智专注的态度进行业务扩张。然而，随着银行逐步向用户提供免费信用分数，Credit Karma 面临着用户黏性降低的挑战；此外，公司产品还存在功能深度不足等问题。本案例将从 Credit Karma 的基本情况、经营指标和发展历程入手描述公司概况，从市场痛点解决、用户画像、产品与服务、商业模式等方面深入分析其产品战略及运营机制，并在此基础上结合行业及竞品分析，总结其关键成功要素与现存风险挑战。

一、企业概况

(一)基本介绍

1. Credit Karma:美国首家提供免费信用分数的消费技术公司

Credit Karma 是一家提供消费者信用信息以及财务管理服务的消费技术(Consumer Technology)公司,以开创性地向用户提供免费信用分数而闻名,并逐步构建起多元财务管理服务平台,帮助用户监控和改善信用状况,处理税务相关业务,并利用人工智能技术为用户推荐最符合自身信用水平和需求的信用卡、贷款、保险等金融产品。

表 6-26 Credit Karma 基本情况

成立时间/总部	2007 年/美国旧金山
创始人	Kenneth Lin(现任 CEO) Nichole Mustard(现任 CRO) Ryan Graciano(现任 CTO)
累计融资额	3.68 亿美元(截至 2020 年 2 月)
收购机构/时间	Intuit 公司/2020 年 2 月
被收购价格	71 亿美元
员工数	1300 多名(截至 2020 年 12 月 31 日)
用户数	1 亿多名(截至 2020 年 12 月 31 日)
覆盖范围	美国、加拿大、英国(截至 2020 年 12 月 31 日)

资料来源:作者根据官网、领英等整理。

2. 创始团队:团结一致,各抒所长

Credit Karma 由 Kenneth Lin、Nichole Mustard 和 Ryan Graciano 三人共同创立。尽管 Credit Karma 的发展之路并非一帆风顺,但三人始终通过发挥各自的专长尽心经营、共克时艰。Kenneth Lin 是一位具有使命感、经验丰富的创业家,是公司的灵魂人物。创立 Credit Karma 的灵感来源于 Lin 发现查看自己的信用分数价格昂贵,一番调研之后他发现许多家庭都面临着信用管理难题。由此,他建立了 Credit Karma,希望帮助消费者了解并改善自身财务状况。Lin 出生于中国广东,4 岁随父母移民美国,后来考入波士顿大学学习经济与数学专业。毕业后他曾在多家创业公司工作,其中包括使命驱动型的企业 Upromise 和 Eloan,前者是折扣信息集合网站,后者是消费信贷公司,这两段工作经历都对 Lin 后续创办 Credit Karma 产生了重要的影响。

Nichole Mustard 是 Credit Karma 现任首席营收官(Chief Revenue Officer),主要负责为公司寻找合适的金融合作伙伴,以及优化公司数据科学及商务智能能力。凭借出色的业务水平,Mustard 帮助 Credit Karma 在成立早期与美国三大信用局之一的 TransUnion(另外两家为 Equifax 与 Experian)建立了合作伙伴关系,从而使公司成功构建了现有的商业模式。Mustard 目前主要在英国专注负责公司的国际扩张。

Ryan Graciano 是公司现任首席技术官,领导着公司数百人的工程技术部门。Graciano 毕业于佐治亚理工学院的计算机专业,成立 Credit Karma 前在 IBM 有 5 年工作经历,其计算机专业知识和创新能力将公司金融服务技术的可用性和复杂性提升到了新的水平①。

3. 深受投资机构青睐,收购交易规模庞大

2020 年 2 月,Intuit 宣布以 71 亿美元收购 Credit Karma;同年 12 月,收购交易完成。此次交易前,Credit Karma 累计开展了 6 轮融资,获投总金额约 3.68 亿美元。由于看好 Credit Karma 的发展前景,多家投资机构对其进行了连续跟投,如 Tiger Global Management 和 Susquehanna Growth Equity 均连投三轮。

---

① Credit Karma 官网,关于公司,2021。

表 6-27　Credit Karma 融资情况

融资轮次	投资方	时间	融资额（美元）	估值（美元）
天使轮	Undisclosed Angel Investors	2008.10	100 万	
A 轮	Founders Fund；Felicis Ventures；Aydin Senkut；SV Angel；QED Investors；FF Angel；500 Startups	2009.11	250 万	
B 轮	Felicis Ventures；Susquehanna Growth Equity；Ribbit Capital	2013.4	3000 万	1.31 亿
C 轮	Tiger Global Management；Susquehanna Growth Equity；Ribbit Capital；capitalG	2014.3	8500 万	
C 轮-II	Tiger Global Management；Susquehanna Growth Equity；capitalG	2014.9	7500 万	10 亿
D 轮	Tiger Global Management；Viking Global Investors；Valinor Management	2015.6	1.75 亿	35 亿
收购	Intuit	2020.2	收购价格：71 亿	

资料来源：作者根据 CB Insights、Crunchbase 整理。

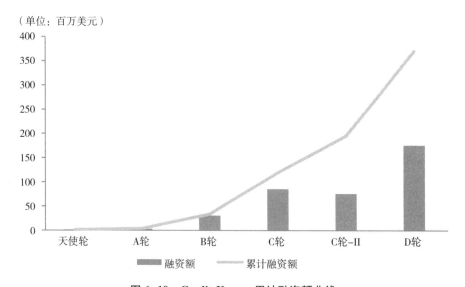

（单位：百万美元）

图 6-19　Credit Karma 累计融资额曲线

资料来源：作者根据 CB Insights、Crunchbase 整理。

Credit Karma 的收购方 Intuit 成立于 1983 年,该公司从最初的个人理财服务商逐渐发展为开发财税软件的高科技公司。收购 Credit Karma 是其成立以来开展的最大一笔收购交易,也是截至目前整个金融科技领域规模最大的收购案之一(其他重量级的收购案包括:2019 年 1 月,金融信息服务公司 Fiserv 斥资 220 亿美元收购支付服务商 First Data;法国支付服务企业 Worldline 以 86 亿美元收购本国同行竞争者 Ingenico)。被收购后 Credit Karma 将作为独立部门运营,并在 Intuit 的报表中单独报告经营情况。

Intuit 收购 Credit Karma 的核心原因在于:一方面,Credit Karma 于 2013 年推出了账户管理工具,和 Intuit 旗下的 Mint 开启了直接竞争,随后推出的免费报税工具也对 Intuit 的业务造成了较大威胁,收购 Credit Karma 可以帮助 Intuit 减少业内竞争,稳定自身市场占有率。另一方面,由于 Credit Karma 坐拥庞大的客群与相关数据,此次收购可以帮助 Intuit 扩展更广泛、更个性化的金融服务。Intuit 在 2020 年三季度报表中指出,公司的成长战略是发展成为 AI 驱动的专业平台,利用机器学习、知识工程(Knowledge Engineering)以及自然语言处理相关技术帮助消费者解决问题。实现该战略最关键的问题之一是为消费者"开启精明理财决策"(Unlocking smart money decisions),而 Intuit 表示这需要依靠 Credit Karma 来实现。

(二)经营指标

在用户方面,Credit Karma 深受广大消费者喜爱。2012 年,Credit Karma 在上线 iOS 版应用后的第一天就登上苹果 App Store 财务类软件下载量榜首;2016 年,公司在进入加拿大市场后的短短四个月内成为了加拿大最大的免费在线信用评分和信用报告提供商之一。截至 2020 年 12 月,Credit Karma 已在美国、加拿大和英国三个国家开展了业务,累计用户数突破 1 亿,与五年前相比翻了三倍;月活用户总量超过 3700 万,其中 88%使用移动设备[1]。

---

[1] Intuit 官网,收购 Credit Karma 公告,2020。

在营收方面,Credit Karma 也表现耀眼。从 2009 至 2012 年的三年间,Credit Karma 的营业收入增长率高达 5200%,成为了该时期美国成长最快的企业之一①。在 2015 至 2019 年的五年间,公司每年的营业收入增长率虽逐步下降但仍始终保持在 20% 以上。其中,2019 财年公司未经审计的营业收入突破 10 亿美元。

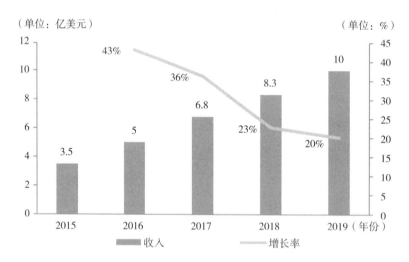

图 6-20　Credit Karma 2015 至 2019 年收入及其增长率

资料来源:作者根据公司官网、彭博社、Techcrunch 网以及 Intuit 公告整理。

(三)发展历程

Credit Karma 的发展历程可以分为起步期、拓展期、完善期三大阶段(如图 6-21 所示)。

1. 起步期(2007 年—2009 年)

Credit Karma 的起步阶段并不顺利,甚至可以说是较为艰辛。在 2007 年成立之初,公司团队仅由三位创始人组成,其中 Ryan Graciano 身兼数职并负责了所有的技术工作,白天需要编写代码进行应用程序开发,晚上则需要继续

① Credit Karma 官网,Ourhistory,2021。

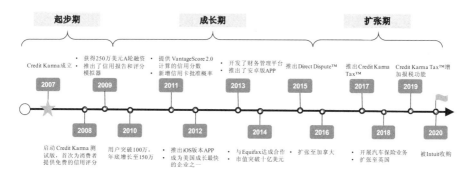

图 6-21　Credit Karma 公司发展历程

资料来源：作者根据公司官网整理。

维护服务器的运行。2008 年 3 月，Credit Karma 测试版对外上线，开始向用户提供免费的信用分数，这时公司才雇佣了除创始人之外的第一位正式员工。正在 Credit Karma 开始谋求发展之际，2007 年美国次贷危机不期而至，全球经济金融环境急转直下，致使公司根本无法获得融资，几度濒临破产，公司团队也一直维持在较小的规模，截至 2009 年上半年，全公司除创始人外仅有 5 位员工，其中一名工程师负责了整个后端程序的开发和运维[①]。直到 2009 年 11 月，随着全球金融市场逐步回暖，Credit Karma 终于收获了首笔 250 万美元的 A 轮融资，公司发展开始逐渐步入正轨。

2. 成长期（2010 年—2015 年）

在此阶段，Credit Karma 因深谙当时美国市场痛点并针对性开发了各项服务开始迅速崛起。一方面，公司不断完善和丰富产品要素，通过与美国信用局 TransUnion 和 Equifax 合作，逐步为用户提供更为准确的 VantageScore 2.0 信用分数。另一方面，公司在免费信用分数和报告的基础上增添了信用监控、Direct Dispute（直接报错）、账户管理等产品功能，帮助用户更好地掌管个人财务情况。此外，Credit Karma 还在此期间先后推出了 iOS 与安卓版应用，抢占

---

① 　Credit Karma 官网，Ourhistory，2021。

移动端市场。在这5年的成长期中,Credit Karma用户数从2010年的100万一路激增至2015年的3500万,估值突破10亿美元,成为美国同期成长最迅速的企业之一。

3. 扩张期(2016年至今)

Credit Karma在扩张期的核心特点表现为公司业务和地理版图的不断拓展。具体而言,业务拓展上,公司于2017年推出了免费的个人报税工具Credit Karma Tax™,2019年进军汽车保险业务,通过推荐合适的产品帮助用户节省保费开支[1]。版图扩张上,公司在美国洛杉矶和夏洛特设置了新的办公点,并在海外先后打入了加拿大和英国市场。

二、产品服务与商业模式

(一)市场痛点解决与用户画像

专题:美国征信行业概况

1. 美国征信体系

美国是世界上社会信用体系发展最完善的国家之一,形成了主要依靠市场管理运作的信用模式,其中征信机构发挥了主导作用。美国政府部门对征信机构的干预较少,主要通过以《公平信用报告法案》为中心的相关法律对其进行监管。

美国征信体系可按照征信对象分为机构征信和个人征信两大部分,其中机构征信又分为资本市场信用和普通企业信用,针对前者的机构主要包括标准普尔、穆迪以及惠誉这世界三大评级公司,针对后者的有覆盖过亿企业信息

---

① Credit Karma Press Release, Credit Karma Makes Significant Move With New Insurance Experience,2018.

的邓白氏；而个人征信机构则包括 Experian、Equifax 以及 TransUnion 这三大信用局。此外，有超过 400 余家区域性或专业性机构依附于上述七家机构或向其提供数据。

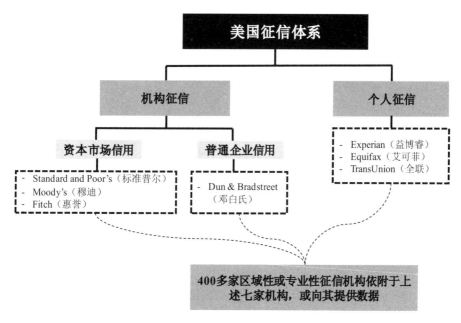

图 6-22　美国征信体系

资料来源：作者根据 BCG 报告整理。

2. 个人征信产业链

个人征信产业链以三大信用局为核心展开，并包含三个主要的环节：

产业链的第一环是数据收集与标准化处理。三大信用局的数据主要来源于以下三种渠道：一是从金融机构、零售企业及公共部门免费或付费获取消费者的信用额度、房屋贷款还款、银行开户记录等信息，二是主动到企业进行实地调查收集，三是信用局之间也会共享部分数据。此后，信用局通过消费者的社保账号关联并记录四处收集而来的数据，并按照美国信用局协会制定的统一标准数据格式进行清洗和加工。由于三大信用局各自的数据源不全相同，因而每家记录的消费者数据也有所不同。

图 6-23　美国个人征信产业链

资料来源:作者根据 BCG 报告整理。

产业链第二环主要由数据分析公司承担。三大信用局分别将自己获取的消费者数据交给 FICO、VantageScore Solution 等数据分析公司,后者通过其信用评分模型生成 FICO 分数和 VantageScore 分数等结果,再将其返回给信用局。值得一提的是,虽然市面上往往用直接用"FICO Score"或者"VantageScore"来指代金融机构或消费者获取的信用分数,但在这种称呼仅说明了分数的计算模型和背后的数据分析公司。在实际运作中,数据分析公司仅负责生成分数结果并发送给信用局,再由三大信用局最终向使用人提供信用分数。

在产业链的最后一环,三大信用局包装并销售各自的信用分数、报告等产品,其客户最终将这些产品应用于贷款、租房等业务。此外,三大信用局均会有自己的"FICO Score"或者"VantageScore",虽然名称相同但是由于前文所述的三大信用局原始数据不尽相同,故实际分数值会有细微差异。

需要注意的是,Credit Karma 并不处于上述产业链中的任何一环,其既不与信用局一样收集信用数据,也不开发算法生成信用分数,它只是征信产业链下游的一个创新环节,作为机构客户以较为便宜的批发价格购买了

TransUnion 和 Equifax 两大信用局的信用产品，免费为消费者提供 VantageScore 3.0(VantageScore 第三代模型)分数和信用报告。

3. FICO 公司及其分数

FICO 是美国个人征信行业中最重要、最知名的参与者之一。1956 年，工程师 Bill Fair 和数学家 Earl Isaac 成立了 Fair Isaac & Company(现已更名为 Fair Isaac Corporation,缩写为 FICO)，致力于研究开发信用评分系统。经过六十余年的发展，FICO 公司已经成为了一个综合的数据分析企业。除信用评分以外，其业务范围还包括为全球超过 90 个国家的企业提供决策优化及管理、客户发展、债务追收、合规等方面的分析软件和整套解决方案。

为便于读者更好地理解，本部分将进一步明确 FICO 与信用局、Credit Karma 之间的关系，并简要分析其成功原因：

(1)FICO 与信用局

正如上文在介绍个人征信产业链中所展示的，FICO 与信用局之间存在的是一种合作伙伴关系，双方的联系可以追溯到 FICO 公司发展的早期：在 FICO 创立后的最初十余年里，公司开发了信用评分系统和自动审理贷款的软件，并尝试向金融机构推广，但获取的客户寥寥。1979 年起，公司转而确立了通过信用局收集的个人信用记录创建通用信用评分的愿景。1981 年，公司开发了针对信用局的第一代 FICO 模型。1989 年，公司与 Equifax 达成合作，基于 Equifax 收集的信用数据推出了全美首个通用的消费者信用评分。至 1991 年，三大信用局已均与 FICO 签约，向其客户提供 FICO 分数。时至今日，FICO 一直为信用局提供评分系统，并不断更新迭代其 FICO 模型。

(2)FICO 与 Credit Karma

如上文所述，FICO 与 Credit Karma 处于不同的产业链中，且 FICO 在信用产品的提供上只与三大信用局对接，并不会与其他机构进行直接业务往来，因而与 Credit Karma 目前并无任何实质的竞争或合作关系。

（3）FICO 的成功原因

FICO 公司成功发展成为美国个人征信行业中最重要、最知名的参与者之一，原因主要有两点：

第一，FICO 是美国最早涉足信用评分领域的数据分析公司，并且率先创新性地构想出了基于信用局数据的"通用信用评分"这一概念，由此牢牢把握了发展先机。

第二，FICO 的评分模型可以对消费者违约概率进行快速、客观、准确的预测，其所产生的 FICO 分数得到了使用者的一致认可，由此强势占据市场主导地位。1995 年，通过信用局获取并使用 FICO 分数的房利美（Fannie Mae）和房地美（Freddie Mac）对 FICO 分数在预测贷款违约概率上的运用大加赞赏，并公开进行了推荐，从此 FICO 分数成为了美国信贷机构首选的评分。如今，FICO 分数是被美国金融机构运用最广泛的信用分数，其官网数据显示，约有90%的信贷机构都使用该分数，这是 VantageScore 等新兴信用评分系统尚难以追赶的。

1. 市场痛点解决

美国的个人征信体系整体较为成熟完善，信用分数和记录在申请个人贷款时扮演着决定额度和利率的重要角色，是消费者十分重要的无形资产。然而，一方面，美国消费者长期面临着信用信息不透明的问题，致使其无法及时掌控自身的信用状况并根据变动做出调整。另一方面，美国三大信用局只在监管要求下为消费者提供每年一份的免费信用报告，额外的更新报告需要付费，价格在十到几十美元不等；而金融机构往往能够以一美元甚至更低的批发成本从信用局调用消费者的信用分数，通过数据制定合理的信贷交易条款。

Credit Karma 的创始团队认为信用分数是属于消费者自身的信息，个人查询自身信息需要承担比金融机构等更高的成本颇不公平，应该免费获取。基于这样的理念，Credit Karma 精准把握到美国消费者信用管理的痛点，从 TransUnion 和 Equifax 以批发价购买信用产品和服务，进而为用户提供免费的信用分数和报告。

除信用信息不透明以外，消费者还在个人财务管理的各个环节面临着难题。例如，他们不知道如何提升信用分数，不知道应该申请什么贷款以及选择怎样的保险；又如在税收方面，美国民众每年必须申报个人所得税，申报过程烦琐，使用专业的报税软件会花费上百美元。针对以上痛点，Credit Karma 在提供免费的信用分数和报告的基础上逐步开发出了多元一体的财务管理平台，向用户展示各项财务活动如何影响信用分数，同时给出提高分数的相应建议；利用先进的数据建模来为用户分析和识别最佳的金融产品；针对报税难题推出免费的报税工具 Credit Karma Tax™。

2. 用户画像

从地域来看，公司现有的 1 亿用户全部分布于美国、加拿大和英国三个市场，并以美国为主。从客群来看，Credit Karma 的用户群体较为多元，以美国为例，由于美国的家庭和个人普遍十分依赖贷款，Credit Karma 的用户覆盖了各个年龄层，其中青年人群占比最高，美国几乎所有的千禧一代（约 7200 万人①）都在使用 Credit Karma 的产品。

（二）产品与服务

Credit Karma 的产品与服务可分为信用信息与财务管理两大类。前者包括免费的信用分数、报告、监控及信用评分模拟器；后者是针对消费者的信用水平和财务需求提供的多元服务，主要包括信贷及保险产品推荐、免费报税工具、储蓄账户等。

1. 信用信息产品

（1）信用评分：用户每周可以免费查看一次信用评分。如上文"美国征信行业概况"专题中所提到的，Credit Karma 并不产生信用分数，其向消费者提

---

① PewResearchCenter，Richard Fry，Millennials overtake Baby Boomers as America's largest generation，2020.

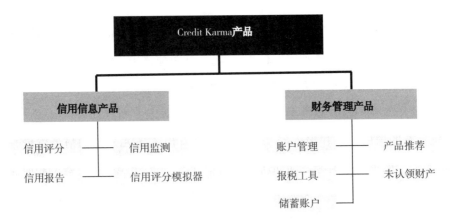

图 6-24　Credit Karma 产品与服务一览

资料来源：作者根据 Credit Karma 官网整理并绘制。

供的是从 TransUnion 和 Equifax 两大信用局批发购买的两个 VantageScore 3.0 分数，这两个分数通常存在微小的差异，用户可以在分数查询页切换标签查看两者。相比于 FICO 分数而言，VantageScore 3.0 分数虽然及时性和准确性稍逊一等，但对用户而言该分数仍可以较好地反映信用水平及其变化趋势，而对 Credit Karma 而言其购买成本更低。

Credit Karma 将信用分数的影响因素归纳为六点，分别为还款历史、信用卡使用额度、不良行为记录、信贷户龄、总计持有账户数以及近期申卡数，前三者为高影响指标。用户可以看到每个维度的权重和单独评分以更透彻地了解自身分数情况和具体组成。

（2）信用报告：用户可以通过 Credit Karma 免费查看或下载详尽的信用报告。除了信用分数外，信用报告还可为用户呈现所有信用卡的详细信息，以及近期申卡数、是否被催款、法律记录等其他影响分数的信息，帮助用户更好地理解自己的信用历史及其影响。

（3）信用监测：当信用分数和信用报告信息出现重大变化时，Credit Karma 将发送邮件提醒用户，以及时避免身份被盗或信息错误等因素给用户造成信用损失。

（4）信用评分模拟器:该产品帮助用户了解各种行为对信用分数的影响。用户可以在模拟器里假设开设或关闭新的信用卡、信用卡申请被拒等不同情况并知晓大概后果。

2. 财务管理服务

（1）账户管理:Credit Karma 为用户提供了一个可全面掌握自身财务状况的平台,用户可以在平台上绑定自己的银行卡、信用卡,并查看自己的房屋、汽车或助学贷款等各项内容。账户管理产品解决了用户多平台管理财务不便、跟进账户信息困难等问题,降低了用户因为账户管理疏漏而导致还款滞后、信用下降的概率。

（2）产品推荐:Credit Karma 上的信用卡、贷款和保险等金融产品种类齐全、信息详细,平台会根据消费者的信用状况进行合理的推荐,用户也可以自行选择看重的产品特点,然后进行筛选。在贷款和保险上,Credit Karma 的推荐主要针对汽车和房屋购买需求。

（3）报税工具:用户可以在 Credit Karma Tax™ 上申报美国联邦税和州税,在线填写电子表单或打印后邮寄。Credit Karma Tax™ 为用户提供了简化的申报流程,只向用户显示需要申报的表格,部分信息只需用户拍照上传即可自动填写。在用户提交税表前,Credit Karma 会再次核对信息,识别潜在错误。不过由于 Credit Karma Tax™ 是免费工具,它相比于市面上其他收费的专业报税软件功能有限,不适用于非常复杂的税表。

（4）储蓄账户:Credit Karma 与 MVB Bank 合作开展了储蓄业务,用户可以从外部银行账户向 Credit Karma 的储蓄账户转入资金,并获得利息收益。储蓄收益率随时间和联邦基准利率等因素变化,以 2020 年 11 月 21 日为例,该产品主页展示的年化收益率为 0.4%。

（5）未认领财产:该产品帮助美国用户找回未认领的财产,如因为搬家没有收到的支票或者商家无法返还到账的现金。这些财产往往被转移到了州政府,政府会建立详细的清单并代为保管。截至 2020 年 11 月,美国各州政府保管了超过 400 亿美元的未认领财产①。用户可以在 Credit Karma 上搜索自己的名字,然后跳转至对应州政府的网站进行财产认领。

(三)商业模式

Credit Karma 充当了消费者与金融机构之间的导流平台,其商业模式构成了 Credit Karma、消费者、金融机构"三赢"局面。消费者注册 Credit Karma 并提交可以共享的财务信息,即可免费获取信用报告以及其他财务管理服务。Credit Karma 通过挖掘并分析获取的数据,向用户推荐符合自身财务状况及实际需求的金融产品,从而将用户向金融机构导流。Credit Karma 帮助金融机构实现了更精准的广告投放,有效降低了获客成本,金融机构则向 Credit Karma 支付产品推广的费用。

从盈利模式来看,Credit Karma 主要以收取金融机构的广告费,以及按照客户引流的效果与金融机构进行分成等形式获取收入,而其成本主要来自于从信用局购买消费者信息以及网站的运营。

三、分析及总结

(一)行业及竞品分析

由于 Credit Karma 的产品与服务可分为信用信息与财务管理两类,下文也将分别从这两方面来对公司与其竞品进行对比分析。

单从面向个人消费者的信用信息业务来看,Credit Karma 竞争优势巨大,不过市场上仍然存在用户可以选择的替代品,常见的有 Credit Sesame、

———————

① Credit Karma 官网,Unclaimed Money 业务介绍,2021。

WalletHub。值得说明的是，虽然美国三大信用局定期为消费者提供免费的信用分数（Experian 每月提供一次，TransUnion 与 Equifax 每年提供一次），但其业务重心在 2B 业务上，商业模式也与 Credit Karma 截然不同，故不将其列为 Credit Karma 的竞争者。从财务管理业务来看，Credit Karma 面临着来自其他公司如 Mint、Personal Capital 的竞争。具体分析如下。

表 6-28　Credit Karma 竞品信息

类别	竞品名称	简介	相较于 Credit Karma 的特点
信用信息	Credit Sesame	Credit Sesame 成立于 2010 年，为用户免费提供信用分数、信用报告及报告变动提醒，并同 Credit Karma 一样通过财务数据分析向用户推荐合适的金融产品。	Credit Sesame 为用户免费提供价值 5 万美元的个人身份被盗保险（Identity Theft Insurance）。如果用户由于网站数据泄露导致信息被盗而产生财产损失，会获取一定的赔付。
	WalletHub	WalletHub 成立于 2013 年，是为消费者提供信用信息的网站。其商业模式与 Credit Karma 及 Credit Sesame 高度相似。	WalletHub 的界面对用户更加友好，不会在信息查询的界面出现广告，只在专门的推荐板块展示金融产品的信息；社区及深度内容更丰富，有利于用户学习理财。
财务管理	Mint	Mint 是一家个人理财服务公司，成立于 2006 年，并于 2009 年被 Intuit 收购。Mint 提供多元化的服务，包括个人账户管理、免费的信用分数及报告等。	相较于 Credit Karma，Mint 的重点在于帮助用户记账并制定预算。虽然提供免费的信用信息，但不如 Credit Karma 详细，并且只有来自 Equifax 一家信用局的数据。
	Personal Capital	Personal Capital 成立于 2009 年，是一家个人财务管理公司，为用户提供管理所有银行及投资账户的平台。	Personal Capital 的服务更加侧重投资管理和分析，包括了养老金计划等。

资料来源：作者根据各公司官网及其他网络资料整理。

在信用信息方面，Credit Karma 的体量远超商业模式相似的 Credit Sesame 和 WalletHub 等产品，提供的信息也更加全面详细。Credit Karma 打造的产品从信用分数、报告到信用维护建议、评分模拟器，功能齐全且完全免费，可以吸引更加广泛的客群。此外，由于 Credit Karma 的财务管理业务增加了用户黏性,其影响力自然也非仅提供信用信息的公司所能及。

而当 Credit Karma 与 Mint 或 Personal Capital 这类财务管理平台进行比较时,不同平台的差异较为明显,竞争对手的发力点各不相同。Mint 更侧重帮助消费者制定预算、记账以了解自身开支,用户可以自定义各种情形下的警报提醒,如消费大于一定金额、账单即将到期等,这些功能是 Credit Karma 尚未开发的。Personal Capital 则侧重投资管理。

总体而言,Credit Karma 的信用信息业务最为突出,财务管理平台也富有特色,并且正在不断丰富平台功能以获得竞争优势,推出免费报税服务就是最好的例证。

(二)关键成功要素

1. 精准把握市场痛点,创新开启"三赢"模式

正如上文提到,在 Credit Karma 发展壮大之前,美国征信业长期忽视个人消费者对自身信用信息的需求。征信机构把业务的重点定位于与银行等信贷机构的合作,市场上缺乏针对消费者的产品和服务,仅有的产品价格高昂。Credit Karma 正是因为准确把握了这一市场痛点,从"基础的金融服务应该是免费的"理念出发,强调为消费者个人赋权,从而提供了前所未有的创新解决方案。Credit Karma 由此成为了美国第一家为消费者免费提供信用报告的公司,作为开拓者牢牢占据先发优势,其市场占有率令后来的效仿者难以超越。

在公司、金融机构以及消费者的"三赢"商业模式下,Credit Karma 吸引了大批用户,掌握了海量的消费者数据。在大数据时代,信息的共享和交换是创造价值的源泉。公司注重数据整合能力,运用深度学习和人工智能等技术实现精准营销,进而吸引了众多金融机构的合作。可以说 Credit Karma 是成为了消费技术领域的 Google,向用户提供免费的基础信息服务,依靠商业广告和产品推荐盈利。当 Credit Karma 体量足够大时,金融机构为了保持竞争优势必须与 Credit Karma 合作。

2. 使命驱动用户至上，主动沟通紧跟需求

Credit Karma 把公司使命放在盈利的优先级之前。在成立时，团队给公司的特质定位为"给予帮助的""关系导向的""诚信的"等，强调关注消费者的利益，希望以此指导公司作出正确决策。公司在后续发展中的确始终以消费者利益为中心，构建出了一个值得信赖的品牌。举例而言，Credit Karma 的禁忌是收取用户查询信息的费用，所以即使公司成立后几度遭遇窘境，也不曾违背对用户免费的初心。

在提升用户满意度方面，Credit Karma 不惧挑战，重视用户的质疑以及抱怨。通过与用户的直接沟通，公司可以准确把握其态度和需求，了解公司是否真正在为用户创造价值。在成立初期，Credit Karma 的 CEO Lin 常常每天花费数小时与用户进行交流，回复抨击与质疑。2014 年，Lin 在论坛 Reddit 上发起了一个"尽情问我"（Ask Me Anything）的帖子，解答用户疑问并输出公司的运营逻辑等核心构想。此外，公司还长期追踪、回访 Reddit 上的支持者，询问他们希望产品得到改进的地方。在日常开发中，公司紧跟各个渠道反馈的用户需求。比如，当用户抱怨更正信用报告中不准确信息十分烦琐时，公司推出了 Direct Dispute 功能使用户只需点击几下就能向信用局提出质疑。Lin 在 2017 年表示，Credit Karma 每周执行多达 15 次 A/B 测试[①]，以了解用户的习惯，并相应地在产品上做出调整。

Credit Karma 在这样的长期发展中积累了大量的忠实用户，CEO Lin 在 2017 年称 65% 的用户是因为被他人推荐而使用 Credit Karma。虽然公司的技术壁垒不高，但忠诚度高、数量众多的用户是 Credit Karma 最牢固的护城河。

3. 业务发展理智专注，脚踏实地扩张版图

Credit Karma 在扩张上始终保持着谨慎的态度，公司坚持在现有市场中进行深耕，为其创造了可持续发展的根本。具体而言，从业务范围来看，公司

---

① FirstRoundReview，Credit Karma's CEO Built a Sexy Brand in an Unsexy Category with No PR Firm and a Tiny Budget — Here's How，2018.

专注于在现有的商业模式下做大做强,明确表示不会自行发售金融产品。公司推出的免费报税服务也是为了提高用户黏性并积累更多数据,以便更加准确地匹配用户和金融机构的产品。从地域来看,公司已进入加拿大和英国市场,通过收购与投资积极扩张版图。早在 2017 年,公司便投资了墨西哥的个人理财公司 Coru,透露出发展更广阔海外市场的野心。2018 年,公司收购了英国的信用报告公司 Noodle 和消费者数据公司 Callcredit Information。在理智专注的扩张理念的引领下,Credit Karma 可以利用自身的经验及资源一步一脚印地成长为国际领先的消费技术公司。

(三)挑战与风险

1. 银行提供免费报告成趋势,或降低公司用户黏性

美国消费金融市场过饱和,信用卡行业竞争激烈,银行为了吸引新用户开卡、提升现有用户体验,纷纷开始提供免费的信用分数。以花旗银行为例,其信用卡会员可以每月获取一次自己的信用分数。由于银行本身需要从信用局购买消费者分数进行信用卡及贷款的审批,他们为持卡人提供分数不需要额外的成本。更重要的是,银行提供的 FICO Score 能直接准确地反映消费者在信贷机构视角的信用水平,相较于 Credit Karma 提供的 VantageScore 更具有参考价值。未来,若银行提高用户可获取分数的频率,或者附上更为全面分析报告,消费者很可能更倾向于从银行官方渠道获取信用信息,而降低对 Credit Karma 这类第三方机构的依赖度。

2. 功能深度稍显不足,尚未渗透至日常应用

在 Credit Karma 的官网,公司的自身定位从 2019 年以前的"个人理财公司"已更改为"消费技术公司"。然而,Credit Karma 现有业务的功能深度对于一个消费技术公司而言仍显得不足,无法为消费者的投资、还款等一系列具体操作带来便捷。以其竞争者为例,Mint 通过 Plaid 实现了与各大银行连接,帮助用户实现在 Mint 上直接进行多张信用卡的还款,无需再打开网络银行

App。而 Credit Karma 的主要功能还停留在消费者财务活动的表层,没有渗透到日常生活的具体应用。Credit Karma 仍需继续深化业务以应对激烈的竞争。

责任编辑：冯　瑶

封面设计：常　帅

浙江大学-蚂蚁集团金融科技研究中心
Zhejiang University-Ant Group Fintech Centre

ISBN 978-7-01-025118-9

9 787010 251189 >

定价：168.00元